新世界出版社
NEW WORLD PRESS

图书在版编目(CIP)数据

贾平凹散文自选集/贾平凹著. —北京：新世界出版社，2012.9
ISBN 978-7-5104-3221-7

Ⅰ.①贾… Ⅱ.①贾… Ⅲ.①散文集-中国-当代 Ⅳ.①I267

中国版本图书馆 CIP 数据核字(2012)第 175477号

贾平凹散文自选集

作　　者：贾平凹
责任编辑：赵　涛　鲍翠芳
排版设计：刘　杰　于超英
责任印制：李一鸣　黄厚清
策划出品：北京兴盛乐·李江华
出版发行：新世界出版社
社　　址：北京市西城区百万庄大街 24 号(100037)
发 行 部：(010)6899 5968　(010)6899 8733(传真)
总 编 室：(010)6899 5424　(010)6832 6679(传真)
http://www.nwp.cn
http://www.newworld-press.com
版 权 部：+8610 6899 6306
版权部电子信箱：frank@nwp.com.cn
印　　刷：廊坊市华北石油华星印务有限公司
经　　销：新华书店
开　　本：787×1092　1/16
字　　数：318千字
印　　张：20.25
版　　次：2012年10月第1版 2014年7月第2次印刷
书　　号：ISBN 978-7-5104-3221-7
定　　价：29.00元

Contents

目录

说 话

我出门不大说话，是因为我不会说普通话，人一稠，只有安静着听，能笑的也笑，能恼的也恼，或者不动声色。口舌的功能失去了重要的一面，吸烟就特别多，更好吃辣子，吃醋。

我曾经努力学过普通话，最早是我补过一次金牙的时候，再是我恋爱的时候，再是我有些名声，常常被人邀请。但我一学说，舌头就发硬，像大街上走模特儿的一字步，有醋熘过的味儿。自己都恶心自己的声调，也便羞于出口让别人听，所以终没有学成。后来想，毛主席都不说普通话，我也不说了。而我的家乡话外人听不懂，常要一边说一边用笔写些字眼，说话的思维便要隔断，越发说话没了激情，也没了情趣，于是就干脆不说了。

数年前同一个朋友上京，他会普通话，一切应酬由他说，遗憾的是他口吃，话虽说得很慢，仍结结巴巴，常让人有没气儿了，要过去了的危险感觉。偏偏一日在长安街上有人问路，这人竟也是口吃，我的朋友就一语未发，过后我问怎么不说，他说，人家也是口吃，我要回答了，那人以为我是在模仿戏弄，所以他是封了口的。受朋友的启示，以后我更不愿说话。

有一个夏天，北京的作家叫莫言的去新疆，突然给我发了电报，让我去西安火车站接他，那时我还未见过莫言，就在一个纸牌上写了“莫言”二字在车站转来转去等他，一个上午我没有说一句话，好多人直瞅着我也不说话，那日莫言因故未能到西安，直到快下午了，我迫不得已问一个人某次列车到站了没有，那人先把我手中的纸牌翻个过儿，说：“现在我可以对你说话了。我不知道。”我才猛然醒悟到纸牌上写着莫言二字。这两个字真好，可惜让别人用了笔名。我现在常提一个提包，是一家聋哑学校送我的，我每每把有“聋哑学校”字样亮出来，出门在外觉得很自在。

不会说普通话，有口难言，我就不去见领导，见女人，见生人，慢慢乏于社交，越发瓜呆。但我会骂人，用家乡的土话骂，很觉畅美。我这么说的时候，其实心里很悲哀，恨自己太不行，自己就又给自己鼓劲，所以在许多文章中，我写我的出生地绝不写是贫困的山地，而写“出生的地方如同韶山”，写不会说普通话时偏写道：普通话是普通人说的话嘛！

一个和尚曾给我传授过成就大事的秘诀：心系一处，守口如瓶。我的女儿在她的卧房里也写了这八个字的座右铭，但她写成：“心系一处，守口如平。”平是我的乳名，她说她也要守口如爸爸。

不会说普通话，我失去了许多好事，也避了诸多是非。世上有流言和留言，——流言凭嘴，留言靠笔。——我不会去流言，而滚滚流言对我而来时，我只能沉默。

弈　人

在中国，十有六七的人识得棋理，随便于何时何地，偷得一闲，就人列对方，汉楚分界，相士守城保帅，车马冲锋陷阵，小小棋盘之上，人皆成为符号，一场厮杀就开始了。

一般人下棋，下下也就罢了，而十有三四者为棋迷。一日不下瘾发，二日不下手痒，三日不下肉酒无味，四五日不下则坐卧不宁。所以以单位组织的比赛项目最多，以个人名义邀请的更多。还有最多更多的是以棋会友，夜半三更辗转不眠，提了棋袋去敲某某门的。于是被访者披衣而起，挑灯夜战。若那家妇人贤惠，便可怜得彻夜被当当棋子惊动，被腾腾香烟毒雾熏蒸；若是泼悍角色，弈者就到厨房去，或蹴或爬，一边落子一边点烟，有将胡子烧焦了的，有将烟拿反，火红的烟头塞入口里的。相传五十年代初，有一对弈者，因言论反动双双划为右派遣返原籍，自此沦落天涯。二十四年后甲平反回城，得悉乙也平反回城，甲便提了棋袋去乙家拜见，相见就对弈一个通宵。

对弈者也还罢了，最不可理解的是观弈的，在城市，如北京、上海，何等的大世界，或如偏远窄小的西宁、拉萨，夜一降临，街上行人稀少，那路灯杆下必有一摊一摊围观下棋的。他们是些有家不归之人，亲善妻子儿女不如亲善棋盘棋子，借公家的不掏电费的路灯，借夜晚不扣工资的时间，大摆擂台。围观的一律伸长脖子（所以中国长脖子的人多!），双目圆睁，嘶声叫嚷着自己的见解。弈者每走一步妙着，锐声叫好，若一步走坏，懊丧连天，都企图垂帘听政。但往往弈者仰头看看，看见的都是长脖颈上的大喉结，没有不上下活动的，大小红嘴白牙，皆在开合，唾沫就乱雨飞溅，于是笑笑，坚不听从。不听则骂：臭棋！骂臭棋，弈者不应，大将风范，应者则是别的观弈人，双方就各持己见，否定，否定之否定，最后变脸失色，口出秽言，大打出手。西安有一中年人，夜里孩子有病，妇人让去医院开药，路过棋摊，心里说：不看不看，脚却将至，不禁看了一眼，恰棋正走到难处，他就开始指点，但指点不被采纳反被观弈者所讥，双双打了起来，口鼻出血。结果，医院是去了，看病的不是儿子而是他。

在乡下，农人每每在田里劳作累了，赤脚出来，就于埂头对弈，那赫赫红日当顶，头上各覆荷叶，杀一盘，甲赢乙输，乙输了乙不服，甲赢了乙再赢，这棋就杀得一盘未了又复一盘。家中妇人儿女见爹不归，以为还在辛劳，提饭罐前去三声四声喊不动，妇人说：“吃！”男人说：“能吃个球！有马在守着怎么吃?!”孩子们最怕爹下棋，赢了会搂在怀里用胡楂扎脸，输了则脸面黑封，动辄擂拳头。以致流传一个笑话，说是一孩子在家做作业，解释“孔子曰……而已”，遂去问爹：“而已是什么?”爹下棋正输了，一挥手说：“你娘的脚!”孩子就在作业本上写了：“孔子曰……你娘的脚!”

不论城市乡村，常见有一职业性之人，腰带上吊一棋袋，白发长须，一脸刁钻古怪，在某处显眼地方，摆一残局。摆残局者，必是高手。来应战者，走一步两步若路数不对，设主便道：“小子，你走吧，别下不了台!”败走的，自然要在人家的一面白布上留下红指印，设主就抖着满是红指印的白布四处张扬，以显其威。若来者一步两步对着路数，设主则一手牵了对方到一旁，说：“师傅教我几手吧!”两人进酒铺坐喝，从此结为挚友。

能与这些设主成挚友的，大致有两种人，一类是小车司机。中国的小车坐的都是官员，官员又不开车，常常开会或会友，一出车门，将车留下，将司机也留下，或许这会开得没完没了，或许会友就在友人家用膳，酒醉半天不醒，这司机就一直在车上等着，也便就有了时间潜心读棋书，看棋局了。一类是退休的干部。在台上时日子万般红火，退休后冷落无比，就从此不饲奸贼猫咪，宠养走狗，喜欢棋道，这棋艺就出奇地长进。

中国号称礼仪之邦，人们做什么事都谦谦相让，你说他好，他偏说“不行”，但偏有两处撕去虚伪，露了真相。一是喝酒，皆口言善饮，李太白的“唯有饮者留其名”没有不记得的，分明醉如烂泥，口里还说：“我没有醉……没醉……”倒在酒桌下了还是：“没……醉……醉!”另外就是下棋，从来没有听到过谁说自己棋艺不高，言论某某高手，必是：“他那臭棋篓子呗!”所以老者对少者输了，会说：“我怎么去赢小子?!”男的输了女的，是“男不跟女斗嘛!”找上门的赢了，主人要说：“你是客人!”年龄相仿，地位等同的，那又是：“好汉不赢头三盘呀!”

象棋属于国粹，但象棋远没围棋早，围棋渐渐成为高层次的人的雅事，象棋却贵贱咸宜，老幼咸宜，这似乎是个谜。围棋是不分名称的，棋子就是棋子，一子就是一人，人可左右占位，围住就行，象棋有帅有车，有相有卒，等级分明，各有限制。而中国的象棋代代不衰，恐怕是中国人太爱政治的缘故儿吧?他们喜欢自己做将做帅，调车调马，贵人者，以再一次施展自己的治国治天下的策略，平民者则作一种精神上的享受，以致词典上有了“眼观全局，胸有韬略”之句。于是也就常有“××他能当官，让我去当，比他有强不差!”中国现在人皆浮躁，劣根全在于此。古时有清谈之士，现在也到处有不干实事、夸夸其谈之人，是否是那些古今存在的观弈人呢？所以善弈者有了经验：越是观者多，越不能听观者指点；一人是一套路数，或许一人是雕龙大略，三人则主见不一，互相抵消为雕虫小技了。虽然人们在棋盘上变相过政治之瘾，但中国人毕竟是中国人，他们对实力不如自己的，其势凶猛，不可一世，故常有“我让出你两个马吧!”“我用半边兵力杀你吧!”若对方不要施舍，则在胜时偏不一下子致死，故意玩弄，行猫对鼠的伎俩，又或以吃掉对方所有棋子为快，结果棋盘上仅剩下一个帅子，成孤家寡人。而一旦遇着强手，那便“心理压力太大”，缩手缩脚，举棋不定，方寸大乱，失了水准。真怀疑中国足球队的教练和队员都是会走象棋的。

这样，弈坛上就经常出现怪异现象：大凡大小领导，在本单位棋艺均高。他们也往往产生错觉，以为真个“拳打少林，脚踢武当”了。当然便有一些初生牛犊以棋对话，警告顶头上司，他们的战法既不用车，也不架炮，专事小卒。小卒虽在本地受重重限制，但硬是冲过河界，勇敢前进，竟直捣对方城池擒了主帅老儿。

×地便有一单位，春天里开展棋赛，是一英武青年与几位领导下盲棋。一间厅子，青年坐其中，领导分四方，青年皓齿明眸，同时以进卒向四位对手攻击，四位领导皆十分艰难，面色由黑变红变白，搔首抓耳。青年却一会儿去上厕所，一会儿去倒水沏茶，自己端一杯，又给四位领导各端一杯。冷丁对方叫出一字，他就脱口接应走出一步。结果全胜。这青年这一年当选了单位的人大代表。

敲门

人问我最怕什么？回答：敲门声。在这个城里我搬动了五次家，每次就那么一室一厅或两室一厅的单元，门终日都被敲打如鼓。每个春节，我去郊县的集市上买门神，将秦琼敬德左右贴了，二位英雄能挡得住鬼，却拦不住人的，来人的敲打竟也将秦琼的铠甲敲烂。敲门者一般有规律，先几下文明礼貌，等不开门，节奏就紧起来，越敲越重，似乎不耐烦了，以至于最后“咚”地用脚一踢。如今的来访者，谦恭是要你满足他的要求，若不得意，就是传圣旨的宦官或是有搜查令的警察了。可怜做我家门的木头的那棵树，前世是小媳妇，还是公堂前的受挞人，罪孽深重。

我曾经是有敲声就开门的，一边从书房跑出来，一边喊：来了来了！来的却都是莫名其妙的角色，几乎干什么的都有，而一律是来为难我的事，我便没完没了地陪他们，我感觉我的头发就这么一根根地白了。以后，没有预约的我坚决不开门，但敲打声使我无法读书和写作，只有等待着他们的走开。贼也是这么敲门的，敲过没有反应就要撬门而入，但我是不怕贼的，贼要偷钱财，我没钱财，贼是不偷时间的，而来偷我时间的人却锲而不舍，连续敲打，我便由极度的反感转为欣赏：看你能敲多久?! 门终于是不敲了。可过一会儿，敲声又起，才知敲者并没有走，他的停歇或许是敲累了，或许以为我刚才在睡觉或上厕所，为此敲敲停停，停停敲敲，相信我在家中，非敲开不可。我只有在家不敢作声，越是不敢作声，喉咙越发痒想咳嗽，小便也憋起来，我恨我成了一名逃犯。

狡兔三窟，我想，我还不如只兔子。这么大的城里，广厦千万间，怎么就没有一个别处的秘密房子，让我安静睡一觉和读书写作呢？我当然不敢奢想有深宅大院，有门子在前可以挡驾，有那么一小间放张桌子和小床即可，但我不能。以至于我在任何地方去上厕所，都设想有这么个地方，把蹲坑填了，封了天窗，也蛮好嘛。我的房间从来是一室一厅或二室一厅，前无院子，后无后门，什么人寻我，都是瓮中捉鳖。

事实是，我并不是个不需要朋友的人，读书写作之余，我也要约三朋四友来喝酒呀，谈天呀，博弈搓麻将。但往往是想念的朋友不来，来的都是不想见的人。我曾坚持不开门，挡住了几次我的从老家来的亲戚，他们是忙人，敲几下以为我不在家就走了，过后令我捶胸顿足。我挡不住的是那些要我写条幅去送他的上级的人，是那些有什么堂会让我去捧场的人，或是他们什么事也没有，顺脚过来要解闷的，他们有的是闲工夫，上午来敲不开门，下午又来敲，今日敲不开明日再来敲，或许就蹲在门外和楼下。他们是猎人，守在那里须等小兽出来。

明代的陈继儒说过：闭户即是深山，闭户哪里又能是深山呢？

或说，那是你红火啊。可我并不红火，红火能住这么小的房子吗？如果我是官人家，客来又有重礼，所求之事谈完即走，走时还得说：不打扰了，您老辛苦，需要休息。找我的双手空空，只吸我的烟，喝我的茶。如果我是歌星影星，从事的就是热闹工作，可我热闹了能写出什么文章？又是读陈继儒的小品，陈先生恐怕在世时也多骚扰，曾想去作隐者，但他说：“隐者多躬耕，余筋骨薄，一不能；多弋钓，余禁杀，二不能；多有二顷田，八百桑，余贫瘠，三不能；多酌水带素，余不耐苦饥，四不能。”我同陈继儒一样，我可能者，也是“唯嘿处淡饭著述而已”。但淡饭几十年一贯，著述也只是为了生计和爱好，嘿处竟如此不能啊！想想从事写作以来，过几年就受冲击，时时备受诽谤，命运之门常被敲打，灵魂何时有过安妥？而家居之门也被这般敲打不绝，真是声声惊心。小儿发愿，愿明月长圆，终日如昼，我却盼永远是在夜里，夜里又要落雪下雨，使门永不被敲打。

但这怎么可能呢？我还要活的，我还有豪华的志向，还有上养老下哺小，红尘更深，我的门恐怕还是不停地被人敲打。我的命就是永远被人敲门，我的门就是被人敲的命吧。有一日我要死了，墓碑上是可以这样写的：这个人终于被敲死了！

编辑逸事

堂兄向我说：上海某出版社编辑陈君，一日下班时，收到南京李某寄来的一份书稿，顺手堆在小山似的稿件堆里，正起身要走，偶然瞥见那书稿上附有一信，仅三行：“寄上拙稿《赶海集》，因身患癌症，盼能尽快审阅。”陈便心想：一个行将去世的人，还著书立说？觉得好奇，顺手翻开一页。才读一行，目光便被吸住，不觉慢慢移近书案，慢慢将身坐下，竟读得如痴如醉。晚上九点二十分，家人寻到编辑部，见他正手捧书稿，仄在椅上，看得入神。问：“你还没有吃饭啊！”答曰：“吃什么饭？”家人摇头苦笑：“魂儿又被勾去了！”陈方醒悟，却笑而不答，又抱书稿去敲总编家门，要求连夜复审，说：“此人朝不保夕，此书可长存于世啊！”复审后，需作局部小改，陈便于次日搭车去南京。南京正值雨夜，陈将书稿藏在怀里，猫腰寻到李家。见李家锁门闭户，问及邻人，答曰：“病危，于昨天送进医院，怕已不在人世了。”陈大惊，脚高步低又寻到医院。李病已到晚期，其身长不足五尺，体重不过六十，出气多，入气少，卧床不能起坐了。李三十有余，并未婚娶，全部家产堆满床头床尾，皆书也。两人相识，互道“相见恨晚！”李遂伏床改稿，但力不能及，每写一字，需一分钟，手抖不已。陈便说：“我替你改，改一句，念给你听，同意的点头，不同意的你用嘴说。”如此改至五更。医生、护士无不为之感动，握住陈手说：“老李真是奇人，病成这个样子，犹念念不忘他的书稿。他的生命全系在事业之上，是你拯救了他，我们真要感谢你了！”天明，陈回上海，临走说：“我回去，稿子立即以急件编发，很快就能印出校样，你多保重！”李笑曰：“我不会死的，我还未见到铅字啊！”

陈走后，李病急剧恶化，疼痛难忍，滴水不咽。医生已经无奈，预料存世之日不过一两天。但十天过去，终未瞑目。又过十天，已失人形，疼痛尤烈，任何针药无济于事。医生皆惊诧：此人生命力如此顽强；但眼见得日夜折磨，无特效良药可治，令人不忍。到了第二十一天，忽有上海邮包至，拆开，《赶海集》校样，遂大叫："灵丹妙药来了!"果然，李倚床而坐，让人扶着，将校样一一看过，神情安静，气色盈和。末了，满把握笔，签上"李××"三字，忽然仰身大笑："我无愧矣!"随声气绝。

消息传到上海，陈正整理稿件，便以笔作香，伏案痛哭失声。出版社派陈为代表，去南京参加追悼会，会上追忆书稿一事，全场哭声一片。又二十天，样书印出，陈复携书到南京，在李坟上以书作纸钱焚之，时正值李"三七"忌日。《赶海集》发行于世，大受欢迎，再次刊印，仍供不应求。堂兄与陈系早年同学，关系笃厚，常偕一帮作者去他家，陈每每谈起此事，不免热泪长流。他从此更热心编辑，手书"以文章会朋友，举事业为性命"于案头，作座右铭。

好读书

好读书就得受穷。心用在书上，便不投机将广东的服装贩到本市来赚个大价，也不取巧在市东买下肉鸡针注了盐水卖到市西；车架后不会带单位几根铁条几块木板回来做个沙发，饭盒里也不捎工地上的水泥来家修个浴池。钱就是那几张没奖金的工资，还得抠着买涨了价的新书，那就只好穿不悦人目的衣衫，吸让别人发呛的劣烟，吃大路菜，骑没铃的车。但小屋里有四架五架书，色彩之斑斓远胜过所有电器，读书读得了一点新知，几日不吃肉满口中仍有余香。手上何必戴那么重的金银，金银是矿，手铐也是矿嘛！老婆的脸上何必让涂那么厚的脂粉，狐狸正是太爱惜它的皮毛，世间才有了打猎的职业！都说当今贼多，贼却不偷书，贼便是好贼。他若要来，钥匙在门框上放着，要喝水喝水，要看书看书，抽屉的作家证中是夹有两张国库券。但贼不拿，说不定能送一条字条："你比我还穷?!"300 年后这字条还真成了高价文物。其实，说穷也不是穷到要饭，出门还是要带 10 元钱的，大丈夫嘛，视钱如粪土，它就只能装在鞋壳里头。

好读书就别当官。心谋着书，上厕所都尿不净，裤裆老是湿的，哪里还有时间串上级领导的家去联络感情？也没有钱，拿什么去走通关关卡卡？即使当官，有没有整日开会的坐功？签发的文件上能像在新书上写读后感一样随便？或许知道在顶头上司面前要如谦谦后生，但懒散惯了，能在拜会时屁股只搭个沙发沿儿？也懂得猪没架子都不长，却怎么戏耍成性突然就严肃了脸面？谁个要整，要防谁整，能做到喜怒不露于色？何事得方，何事得圆，能控制感情用事？读书人不反对官，但读书人当不了好官，让猫拉车，车就会拉到床下。那么，住楼就住顶层吧，居高却能望远，看戏就坐后排吧，坐后排看不清戏却看得清看戏的人。不要指望有人来送东西，也不烦有人寻麻烦，出门没人见面笑，也免了有朝一日墙倒众人推。

好读书必然没个好身体。一是没钱买蜂王浆，用脑过度头发稀落，吃咸菜牙齿好肠胃虚寒；二是没权住大房间，和孩子争一张书桌，心绪浮躁易患肝炎；三是没时间，白日上班，晚上熬夜，免不了神经衰弱。但读书人上厕所时间长，那不是干肠，是在蹲坑读书；读书人最能忍受老婆的咕囔，也不是脾性好，是读书入了迷两耳如塞。吃饭读书，筷子常会把烟灰缸的烟头送到口里，但不易得脚气病，因为读书时最习惯抠脚丫子。可怜都是蜘蛛般的体形，都是金鱼似的肿眼，没个倾国倾城貌，只有多愁多病身。读书人的病有治其病的药，药不在《本草》而直接是书，一是得本性酷好之书，二是得急需之书，三是得未见之书。但这药医生常不用，有了病就让住院，住院也好，总算有了囫囵时间读书了。所以，约伙打架，不必寻读书人，那鸡爪似的手没四两力；要欺负也不必对读书人，老虎吃鸡不是山中王。读书人性缓，要急急不了他，心又大，要气气不着，要让读书人死，其实很简单，给他些樟脑丸，因为他们是书虫。

说了许多好读书的坏处，当然坏处还多，譬如好读书不是好丈夫，好读书没有好人缘，好读书性情古怪。但是，能好读书必有读书的好，譬如能识天地之大，能晓人生之难，有自知之明，有预料之先，不为苦而悲，不受宠而欢，寂寞时不寂寞，孤单时不孤单，所以绝权欲，弃浮华，潇洒达观，于嚣烦尘世而自尊自重自强自立不卑不畏不俗不谄。说到这儿，有人在骂：瞧，这就是读书人的酸劲了，为什么不说“万般皆下品，唯有读书高”呢？真是阿 Q 精神喽！这骂得好，能骂出个阿 Q 来，便证明你在读书了，不读书怎么会知道鲁迅先生曾写过个阿 Q 呢?！因此还是好读书者好。

两代人

一

爸爸，你说：你年轻的时候，狂热地寻找着爱情。可是，爸爸，你知道吗？就在你对着月光，绕着桃花树一遍一遍转着圈子，就在你跑进满是野花的田野里一次一次打着滚儿，你浑身沸腾着一股热流，那就是我；我也正在寻找着你呢！

爸爸，你说：你和我妈妈结婚了，你是世上最幸福的人。可是，爸爸，你知道吗？就在你新喜之夜和妈妈合吃了闹房人吊的一颗枣儿，就在你蜜月的第一个黎明，窗台上的长明烛结了灯彩儿，那枣肉里的核儿，就是我，那光焰中的芯儿，就是我。——你从此就有了抗争的对头了！

二

爸爸，你总是夸耀，说你是妈妈的保护人，而善良的妈妈把青春无私地送给了你。可是，爸爸，你知道吗？妈妈是怀了谁，才变得那么羞羞怯怯，似莲花不胜凉风的温柔；才变得绰绰雍雍，似中秋的明月丰丰盈盈？又是生了谁，才又渐渐褪去了脸上的一层粉粉的红晕，消失了一种迷迷丽丽的灵光水气？

爸爸，你总是自负，说你是妈妈的占有者，而贤惠的妈妈一个心眼儿关怀你。

可是，爸爸，你知道吗，当妈妈怀着我的时候，你敢轻轻撞我一下吗？妈妈偷偷地一个人发笑，是对着你吗？你能叫妈妈说清你第一次出牙，是先出上牙，还是先出下牙吗？你的人生第一声哭，她听见过吗？

三

爸爸，你总是对着镜子忧愁你的头发。他明白是谁偷了你的头发里的黑吗？你总是摸着自己的脸面焦虑你的皮肉。你明白是谁偷了你脸上的红吗？爸爸，那是我，是我。在妈妈面前，咱们一直是决斗者，我是输过，你是赢过，但是，最后你是彻底地输了的。所以，你嫉妒过我，从小就对我不耐心，常常打我。

爸爸，当你身子越来越弯，像一棵曲了的柳树，你明白是谁在你的腰上装了一张弓吗？当你的痰越来越多，每每咳起来一扯一送，你明白是谁在你的喉咙里装上了风箱吗？爸爸，那是我，是我。在妈妈的面前，咱们一直是决斗者，我是输过，你是赢过，但是，最后你是彻底地输了。所以，你讨好过我，曾把我架在你的脖子上，叫我宝宝。

四

啊，爸爸，我深深地知道，没有你，就没有我，而有了我，我却是将来埋葬你的人。但是，爸爸，你不要悲伤，你不要忌恨，你要深深地理解：孩子是当母亲的一生最得意的财产，我是属于我的妈妈的，你不是也有过属于你的妈妈的过去吗？啊，爸爸，我深深地知道，有了我，我就要在将来埋葬了你。但是，爸爸，你不要悲伤，你不要忌恨，你要深深地相信，你曾经埋葬过你的爸爸，你没有忘记你是他的儿子，我怎么会从此就将你忘掉了呢？

真品

世上再没有比西安更古意的城市了。那里遗迹多，文物多，老街坊多。连寺庙也多呀，熙熙攘攘的街市上，你常会看到那些穿了黄袍的或木棍儿束了头发的和尚道士，就感觉他们是远昔的人，历史一下子与你拉近。可是，在很窄很窄的小巷里你往一家饭馆里走，粗糙的木桌边就坐着个老头儿寂然地喝酒，吃一碗羊肉泡馍，你可能轻视他，却保不准儿这正是某个大学的教授，或者是饱知天文地理的易学大师。西安这地方，实在是难于理喻，如同进了佛殿，你可以张望，但不容嚣张。我和我的老板为着淘寻古字画来到西安的那天，从河西走廊沙漠上刮起的沙尘正弥罩了古城，虽然太阳还悬挂在空中，已失去了颜色，在城楼的沉沉钟声里渐渐惨淡如纸。我们去的是碑林博物馆。碑林博物馆在海内外闻名，竟原来是一片灰砖灰瓦的老建筑，朴素着，也萧然着。而围绕着博物馆四周的一棵一棵合抱粗的古树古松间，则搭就了一排排店铺，色彩斑斓。这些店铺都清一色的经营着字画。据说这里在以前买卖非常好，曾经有那么多日本的新加坡的游客如蜂如蚁，每一天里销量超过了二百幅，但现在却冷清了，因为大量的赝品败坏了声誉。我们在店铺巷里走过的时候，巷外的马路上正停着一辆旅游车，举着三角小旗子的旅行社导游员每每往外跑，他可能再难以让游客在这里购物，没有得到店铺的提成，也懒得停下脚来与女店主打情骂俏了。那些鲜艳的女人叫不住导游员，便都笑脸向我们招呼：哈罗，哈罗！

我的老板鼻子大，又是自来卷头发，鬼晓得怎么就认他是外国人？我的老板说："请说中国话。"

"你不是外国的？"她们说，"自己人好说呀，进来看呀，看上什么都给你便宜啦！"

我们当然不敢再理，身后飘来的就是一句：傻×！

"西安人怎么这样？"我的老板气愤了。

"打着亲骂着爱么，"我嘿嘿笑起来，"你听，你听……"

我让我的老板听的是歌声："走头的骡子哟三盏灯，白脖子狗朝南哇哇的声，赶牲灵的人儿过来了。你是我的哥哥你招一招手，你不是我的哥哥哟你走你的路！"这是陕西有名的民歌，在西安，尤其在沙尘笼罩的天气里，听起来是别一番的滋味。

"你听得懂歌词吗?"我说，"这是给你唱情歌了。"

我的老板驻足细听的时候，歌声却戛然而止了，回头四顾，店铺里的条凳上三个女人凑了一堆说趣话，一个人笑得从条凳上跌下来，而拴在门槛上的一只狗，埋头啃一根骨头，吞进去，吐出来，再吞进去再吐出来。歌声是从哪儿传来的呢？不远处的槐树下，那个老头已经蹴了许久，现在用手在剔牙缝。可能是风沙钻进了口里，一只手在牙缝里剔，一只手却在怀里掏东西，一时掏不出来，站起身了，穿着的是一件袍子，长过了膝盖。

"咹，"我的老板给我说，"那是个道士。"

"哪儿是道士?"我说，"那蓝衫是菜场的工作服。"

蓝衫人终于掏出来了，是个破旧的小录放机。录放机可能卡了盒带，他摇着，又啪啪拍打了几下。

"原来是录放的，"我有点丧气，"亏了这么好的情歌!"

"情歌?"蓝衫人并不看我们，只是继续摆弄他的录放机。"这是窑姐儿拉客哩。"

我愣住了。多少年来，北京的舞台上总保留着这首民歌，所有的人都以为是爱的缠绵而感动着，原来竟是路边野店的妓女们拉客情景的小曲！想了想，蓝衫人说的有道理，我们噢噢着，虽有一种被戏谑的难堪，却对这个枯瘦而邋遢的蓝衫人感兴趣了。

我们向他走近，并掏出了一支纸烟递他，他的录放机突然又出声了，几乎是撕帛碎瓶般地一阵激越的鼓点，夹杂着声嘶力竭的呐喊。"这是《安塞腰鼓舞曲》么，"我挥了一下拳头，"多激越的旋律!"

"是吗，你们喜欢穷人的艺术?"

"穷人的艺术?"

"听口音是打北边的首都来的?"

"是从北京来的。"

"噢。"

蓝衫人将我递过的纸烟接住了，没有吸，却夹在树的枝桠上，目光仰视了树梢。树梢上正栖了一只鸟，鸟叫了一声：呀。

"老先生是……"

"鄙吝一销，白云亦可赠客；渣滓尽化，明月自来照人。"

我和我的老板面面相觑，我们知道我们又遇上了一位高深莫测的人，谁知道他是个什么角色呢？但蓝衫人似乎并没有要与我们交谈的意思，他重新蹴下去，靠住了树，眼睛已经微微闭上了。录放机里开始飘出另一种乐曲，似乎是《春江花月夜》，但又不似，蓝衫人摇头晃脑了起来。我们不敢造次，迟疑了一会，便往店铺门口的摊子上翻动那些各种各样的碑拓。

店铺里的女人立即迎上来，叫我们是老总。

“我们不是老总。这都是在哪儿拓的？”

“靠山吃山，靠水吃水，守着个碑林，你想想老总！”

“不是说那些碑子都罩了玻璃不准拓了吗？”

“正是不准再拓了以前拓的才珍贵啊！”

“这一幅欧阳询《皇甫诞碑》多少钱？”

“今日天气不好，图个吉祥便宜给你了，一万二。”

“给个实价吧，我们要买就买得多哩。”

店铺外一声冷笑。这冷笑我和我的老板听见了，店铺的女主人也听见了，她脸上有了明显的愠怒，顺手将柜台上的一杯残茶泼出去。我的老板悄悄扯了一下我的衣襟，我扭过头看见了冷笑正是槐树下蓝衫人的鼻子里哼出来的。蓝衫人似乎压根儿就没有看着我们在挑选碑拓，也没有看着我们扭头在正看他，残茶的水点溅到了他的蓝衫上，他动也不动，又连续地哼着鼻子。我知道，他并不是患有鼻炎，连续的哼鼻子是为了掩饰那一声冷笑。

“这该不是假的吧？”

“你说对了，别的店铺是翻刻木板拓下的，只有我们店卖的是真拓。”

女店主越是这般说，我们越不敢买她的货了。离开摊子，一辆卖镜糕的三轮车就咿呀咿呀推过来，小贩脸上没表情，只盯着我们，吆喝：镜——儿——糕！西安的小吃品类繁多，但镜糕第一回见，瞧了瞧，觉得不卫生，却对挂在三轮车扶手上的小木牌上的字感兴趣了。这一次见面就这么遗憾地结束了，但我们留下了手机号码，约定三天后郗蓝衫安排好地点了随时通知。我们请郗蓝衫去宾馆喝茶，他推辞了，矮子要跟他一块走，他偏让留下，矮子有点不愿意，他示了个眼神，自个就先走了，一边走一边扭头四顾着，然后便消失在夜幕中。我笑着说：“郗先生怕我们跟踪他呀。”矮子怔了一下，慌忙说：“这，这……不是的，他急着回去是他弟弟今日得了孙孙，他得过去看看。你猜，是男娃还是女娃？”我说：“男娃？”矮子说：“不对！”我说：“女娃。”矮子说：“呀，你真行，只猜了两下就猜准了！”

沙尘暴终于是停止了，第三天的早晨下了一场小雨，雨都是黄的，街上的行人全穿了雨衣或撑着伞，而所有的车辆被黄泥雨涂成了迷彩。雨一停，每家洗车房门前排着等待清洗的车辆，司机们三三两两站在那里骂天，抱怨着西安之所以做过十三朝国都而后来衰败至今，都是这风沙所害，要不，秦腔就该是普通话了。又恨着往往把车清洗了，隔二日三日又得下雨，雨是黄汤，又得来洗。西安做什么生意都难，唯独羊肉泡馍和洗车房把钱赚海啦。我们耐心地等待着郗蓝衫的通知，但哭笑不得的是，约定的地点竟是城东南角一条巷头的公共厕所门口。我和我的老板在那里等了许久，未见到郗蓝衫出现，连矮子也没个踪影。我安排了我的老板先到附近的夜市上吃饭，西安的小吃在国内有名，小吃又都集中在夜市上，我们吃过一碗鸡蛋醪糟，觉得肚子难受，就进了厕所蹲坑。厕所里光线幽暗，臭气烘烘，我听见紧挨的隔档里有人在大声努劲，似乎不是在出恭，而有物堵于肛门，憋得命悬一线。如此哼哼哈哈了半天，安静下来，却见一只手伸出隔档，企图去捡坑台前一张什么人已经用过的脏纸，而有趣的是恰恰一股阴风从厕所门口刮进来，竟将那张脏纸卷起，飘然落入另一个坑去，隔档里沉沉地发了一声恨。这实在是一场巧得不能巧的风的恶作剧，偏偏让我瞧着，差点笑出来，便将一张手纸递过隔档，说："用这个吧。"那边的人说声"谢谢"，站起来了，我看见他竟是郗蓝衫！郗蓝衫也同时看见了是我，很窘地，立即缩回身子咳嗽，然后提了裤子出了隔档，将那张手纸又回给了我，说："是你呀！是你给我的纸吗？我不用纸的，我用钱揩了！"他走出厕所，一边走一边说："你瞧这墙上，这便是屋漏痕，黄宾虹的线条就这般画。"我没有去端详厕所墙上的脏迹，只疑惑：他真的是用钱揩过了吗？或许碍于面子压根就没有揩！在厕所门口，他又恢复了他的怪异，大声放着录放机中的歌曲，在音乐声中，告诉我巷子尽头的三十五号是他的朋友家，他已经把真迹从银行保险柜取来放在那儿，让我和我的老板过会儿来，说完扭头便走，那录放机中开始唱"你要拉我的手，我就要亲你的口，拉手手，亲口口，咱们黑屹崂里走。"声越来越小。

我和我的老板拐弯抹角地在巷子里寻到了三十五号，门是破旧的木门，上面用墨写了：院中有狗，小心咬你。我忙捡了一块石头在手，可一进院就爬梯子，并不见狗，刚刚扔了石头，还说：是空城计么！一只狗呼地向楼梯冲来，吓得我的老板险些跌倒。我急喊："郗先生！郗先生！"狗却停在楼梯上的平台上，原来一条铁绳拴着它，再扑不过来，就汪汪锐叫。是矮子先跑出来，唬住了狗，招呼我们进屋，我们还是不敢动步，一定要矮子将狗用双腿夹了，才迅速地跑进平台上的一间屋去。屋小得可怜，除了一张桌子上乱七八糟堆满了杂物外，几乎就是那张床了。我的老板不知道该往哪儿坐，我把床上的没有叠起的脏被子往床根拥了拥，要让我的老板坐在床头，没想褥子下压着一张百元的钞票，矮子赶忙拿了，塞给了郗蓝衫。

"我那里宽敞，"郗蓝衫说，"可这里安全啊！我这兄弟光棍一条，以替人讨债为业的，别瞧他个头小，好勇斗狠，比这狗要凶的！"

"能看出来。"我说，"你需要一个保镖！"

郗蓝衫干笑了一下，就对矮子说："一回生二回熟，都是朋友了，你给我和两个朋友留影做个纪念吧。"

我明白郗蓝衫的意思，就说："好么，好么。"让矮子拿了相机给我们拍照，我的老板偏又将汗手在墙上按了一下，又在一块破了半边的镜子上按了一下，说："我再给你留个手印！"

郗蓝衫有些不好意思了，说："你这同志有趣，我就爱和有趣的人交朋友。看货，看货！"

郗蓝衫就拍打了几下床铺，将一个报纸卷儿展开，里边是一个塑料卷儿，又展开，是一个布卷儿。布卷儿虽旧，却是湘绣，一下一下再展开了，露出画轴，郗蓝衫才从怀里取出一副白线手套，戴上了，说："你把纸烟掐了。"我把纸烟丢在地上，用脚踩灭。他说："把放大镜拿来。"矮子说："放在哪儿？"他说："枕头底下。"矮子翻开枕头，果然下边一个硬盒，盒中取出一面镜子，但枕头上的尘土扬起来，一股呛味直钻鼻子，我就咳嗽，走到平台上要吐痰。我的老板也咳嗽，跟出来擤鼻涕，悄声说："这里就是姓郗的家。"还要再说，矮子就出来了，我们遂返回屋，矮子也跟进来。郗蓝衫说："你们可以俯着身看，但不得用手摸，汗手。"慢慢将画轴展开。

这确实让我们大开眼界，整幅作品是横的，几乎和床一样长短。在展开的过程中你们似乎能感觉到祥云缠绕，有一股神气扑面而来，再仔细看去，婉丽处如飞鸟出林，惊蛇入草，劲健处奔马走虺，骤雨旋风。我周身颤抖，且有热流迅速从丹田涌起，通向脑顶和四肢，回头看我的老板，他只是呲着眼，呆若木鸡，我说："好啊！宝气逼人！"我的老板怔了一下，俯身再看，手却在我腿上掐了一下。我晓得我的老板城府深，不再叫好，拿放大镜又细照了一遍。

"怎么样？"郗蓝衫说，"要看货，这就是一眼货，比碑林博物馆的字碑气韵强了数倍吧？"

"这……怎么这般干净的？"我说，看着郗蓝衫的脸。郗蓝衫脸上的麻子是黑麻子，好像没有洗过。

"算你看出门道了。"郗蓝衫说，"你瞧我像个乡下来城里打工的吧，可我世世代代都是城里人！真的往往看上去像假的，假的倒像真的。西装革履的显得气派，可一身行头能值几个钱呢，一万元穿得什么都有了！"

郗蓝衫缓缓地将《圣母帖》卷起来，一层一层包裹，矮子帮着往盒子里装，一失手，掉在地上，他哎哟叫，忙捡起来，轻轻地拍着，说：摔疼你了，摔病你了。然后说他得和矮子连忙将《圣母帖》送回银行保险柜去，如果愿意购买，改日再选个时间面议。

《圣母帖》肯定是真品，这已毋庸置疑，我的老板极尽和蔼，一定要请郗蓝衫和矮子去夜市上吃饭，郗蓝衫却表现得很不情愿，我的老板就说在吃饭时可以先议一议价钱，如果双方觉得合适，我们就要筹款了，至于安全么，四个人一块走，会万无一失的。郗蓝衫沉吟了一下，就从桌上取了一把菜刀让矮子揣在怀里，自个又将一个小瓶装在口袋。我说："不用带酒，夜市上都能买到。"郗蓝衫说："这是硫酸，谁要敢抢《圣母帖》，我就喷他的眼睛！"他说得狠，大家都没有言传，他又将裹着真品的纸卷儿装进一个帆布口袋，口袋里又放着了六七根竹笛，然后斜挂在肩上，四人方下得楼来。

"郗先生是个卖笛子的人了，"为了缓和气氛，我笑着说，"你这口袋，扔在街上也没人捡的。"

"狐狸有好皮毛才遭猎杀哩。"郗蓝衫也笑了，却对矮子说："你急什么呀，让客人先下楼么。"

他让矮子断后，防备的还是我们，我们就知趣地先下楼，我的老板说："郗先生这么大年纪了住得这么高，越往后就越不方便啊！"

"是吗？"郗蓝衫说，"能走动的时候住高住低都能走，等走不动了，住在一楼你还是走不动。你说什么？这房子可不是我的。"他转过头向矮子："你在这儿住几年了？"

矮子怔了怔，赶忙说："五年吧。"

郗蓝衫说："你想不想换个地方？"

矮子说："谁不想？"

郗蓝衫说："那就包在我身上啦！"

到了夜市，拣墙角的一张桌子，我故意让郗蓝衫坐在里边，并让矮子挨着他，我和我的老板坐在对面。夜市上十分热闹，那些卖烙饸饹的，煎饼的，粉蒸肉的，凉皮的，踅面的，灯火通明，热气腾腾，人声吵嘈。我们先是感叹着西安的小吃这么丰富又疑惑西安竟没有自己的大菜系，郗蓝衫就开口了，说："你知道西安是几代首都？"我说："十三。"郗蓝衫说："你想想，十三朝的皇帝在这儿，各省市为了争宠，都要把他们的饭食贡献来，久而久之就形成菜系了，西安是一张大餐桌，它只摆贡献来的美味佳肴，知道了吧？"我说："知道了。"郗蓝衫更得意了，说："那我再告诉你，西安将来还是要做首都的，历史上有王气的地方只有三处，南京、北京和西安，在南京建都是短命王朝，在北京则容易腐败，只有在西安建都的都会强盛啊！"我说："这可能。"郗蓝衫说："你笑什么？"我说："我想，西安建都了，我们公司就可以搬过来了，一想到这儿，我就笑了。”郗蓝衫看着我，半天不言语，突然说：“我对你这个人有个评价，一个字，只一个字……”我说：“是骂我了吧？”郗蓝衫还举着一个指头：“一个字：不错！”我的老板就大笑起来，一边让端饭的往上摆八宝稀饭，一边说再谈正经事吧，让郗蓝衫报个《圣母帖》的价格。郗蓝衫就一脸严肃了，只咬定一个底价，不再松口，几乎将八宝稀饭吃完，又吃了几十串烤羊肉串，讨价还价总算有了个结果。郗蓝衫就环顾四周，低声说：“你们是识货人，我也就委屈了。就你给的这个价，有人也出过，还外加一套红木家具，我是没松口的。项羽在乌江岸上，和刘邦的两个将军碰上了，原本是能搏杀一场的，但他说：我成全二位将军立功了，把这颗头献给你吧，就拔剑自刎……”郗蓝衫竟说起汉楚之争的故事来，我还未醒过神来，听他再说下去，他却垂了头，一颗眼泪叭嗒地溅在桌面上。他的突然落泪，遂使我感动起来，却不知说什么话好，他终于一抹眼睛，说：“活该《圣母帖》与我的缘分尽了……不说了，喝茶，再来一壶龙井吧！”

我赶忙让饭摊上的人上茶，一边起来用指头将郗蓝衫面前桌面上的泪水擦去，一边说：“这么大的数目，我们得让公司电汇，三天后怎么样？”

“不急，十天八天也不急的，你们再考虑考虑，即便不愿意了，那也没什么。”郗蓝衫说，让矮子寻张纸，“你把电话留给他们，他们考虑妥了来个电话就是。”

矮子一直伸着脑袋看对面街上的一座高楼，有无数的亮的方块，郗蓝衫的话他没有听见，郗蓝衫又说了一句。

“你卖啥眼哩？”

“我数楼层的。”

“你想住几层，将来给你弄上。”

“我可不要三室两厅的，我一个人，我才懒得打扫卫生哩！”

“老婆难道不是你找的，没出息！像这个模样的怎么样？”

一个穿旗袍的高挑个头的女人从桌前走过，矮子低声说：“我有个瘸子烂眼的就行啦。”

“要娶就娶个时髦的！”

郗蓝衫一脸的麻子都涨红了，我看着他的脸，想到了猴的屁股，也笑起来。

“这有啥笑的，是瞧着我的麻子吧。”

“郗先生小时候出过麻疹？”

“不是，西安的风沙大呀。”

这一回，四个人全都笑了，惹得周围饭桌上的人就朝我们看，而路边柳树下的两男一女指指点点了一番，竟落座在我们旁边的桌上。郗蓝衫突然地不笑了，紧了紧身上的口袋，悄声说："这些人是冲我来的！"

我抬头看看来人，说："哪里会，就算他们不怀好意，咱这么多人的……"

郗蓝衫镇静下来了，却说："谁来我都不怕的，公安局里有我的熟人。"掏出一张名片让我看。"我一打电话他立马就来的。"我没有看那名片。

但是，郗蓝衫却并没有再坐下去，匆匆离开了夜市，而且他让矮子厮跟着，拒不让我们送他。

在自后的三天里，我和我的老板带着郗蓝衫给我们的那些报纸，专门去找了西安字画界鉴定的权威，权威也已知道《圣母帖》真迹问世的事，并应允在购买时可当场鉴定，以免发生掉包。就这样，我们筹齐了款额便给矮子拨电话，但矮子的电话却怎么也拨不通，便再一次去了那条有着公共厕所的小巷去找。

我的老板是个有心的人，他要给郗蓝衫带一份礼品，以示我们的诚意，因为他怀疑郗蓝衫是不是反悔了。在买礼品时我们费了思忖，先是要给他买些腊汁羊肉，后又准备买一件西服，结果还是觉得买了个收录机得体。我们穿过了纬十街，才到了城墙外丁字路口，听见有很大的吵骂声，接着就一阵哐哩哗啦锐响，扭头看时，路斜对面的一家饭馆里，三四个穿着保安服的人在殴打一个人，被殴打者还在强辩，便被提了胳膊腿一下子扔了出来，骂道："没有钱你吃毬饭？你吃了饭不给钱?!"

"我有钱的！你以为我没钱吗?"被殴打者往起爬，没爬起来，头就努力地往上撅，像是个出头龟，口里的血沫使牙齿也看不见。"我有钱的，我的钱能砸死你!"

保安又跑出来，用脚踩下了他的头，说："你有钱？你掏么，一碗面三块钱你掏出来呀？掏呀！"

"我有……"

"你有你娘的×！"

头被保安再一次踩下去，踩下去头又往起撅。保安就在他怀里掏，他捂着怀，蓝衫就嘶啦撕开，掏出来的是一个破旧的录放机，保安将录放机摔在了地上。

我突然看这是郗蓝衫啊，忙呼啸着跑过去，将保安推开。扶郗蓝衫时，他的手里握着那个公安局熟人的名片，要我打电话："我明白他们为什么打我了，他们要谋财害命……"

我说："你是欠人家一碗面钱吗?"

他说："他们是冲着《圣母帖》的！"

我说："他们认识你?"

他说："不认识，可保准儿是他们认识我了，我知道谋算我的人多，贼可以防，防不住的是贼惦记呀！"

我的老板也从马路那边过来，我们把他扶起来，他的口鼻血沫模糊，而且额角也有个口子，用手捂了，血水从指缝往出流。我问他家住在哪儿，可以送他回去，或者直接去医院。郗蓝衫已经站起来了，梗着脖子骂已退去的保安："你瞧着吧，我会收购你们店的，收购了还让你们当保安，你们给我当狗！"骂着骂着，却突然甩开了我，盯着我不言语。

我说："你怎么啦，感觉头晕吗？"

"你们为什么这么关心我？"

我说："你是被打晕了吗，认不得我们了吗？"

他说："我怎地认不得？把你们烧成灰我也能认得的！可……这么大个西安城，为什么巧不巧就遇上你们在这儿？"

郗蓝衫极快地往后一跳，指着我说："你们和这些保安在演双簧！你们是来救我吗？不！不是的！是要寻着我家，或者要把我绑架到别的地方！"

我和我的老板哭笑不得。我还要去扶他，他双手沾着血挥舞着，我的老板让我不要扶了，别让他的血沾在身上，别人还以为是我们殴打了他。我的老板说："你不就是有《圣母帖》吗？我们正是筹齐了款要寻你交易的，偏巧在这儿遇上，如果有不良企图，那次看到真迹时就下手了，是我们打不过你和你的那朋友呢，还是怕你小瓶里装的自来水？"

"你知道那是水？你知道了当时为啥不挑明，你这么鬼的，你越发有大企图的，你只是瞅机会，是不是？"

气得我的老板再不理他。

我瞧见郗蓝衫往前走了几步就摔倒在地上，便又去扶他去医院，他趴在地上，怎么也不肯起来了。"我朋友不在场，我是不跟你们走的。"

我和我的老板只好离开。当天晚上，第二天和第三天，我们一直给矮子拨电话，仍是拨不通，第四天终于拨通了，让他赶快找到郗蓝衫，还未告诉说郗蓝衫被人殴打了，矮子却开口便说："生意做不成了，他死了！"

他死了？郗蓝衫死了！问郗蓝衫怎么就死了，矮子说是被一家饭店的保安打伤后，就趴在饭店外的马路边，保安以为仅仅是打了一顿不会出事的，可两个小时后，他还趴在马路边，保安觉得不对劲，出来看时，他因失血过多已昏了过去，急忙往医院送，还未到医院就断气了。

"那，《圣母帖》呢？"

"谁知道藏在哪儿。"

"真可怜，他把《圣母帖》丢了。"

"是《圣母帖》把他丢了，先生。"

2003 年 1 月 10 日草毕

2003 年 1 月 30 日改完

祭 父

父亲贾彦春，一生于乡间教书，退休在丹凤县棣花；年初胃癌复发，七个月后便卧床不起，饥饿疼痛，疼痛饥饿，受罪至第二十六天的傍晚，突然一个微笑而去世了。其时中秋将近，天降大雨，我还远在四百里之外，正预备着翌日赶回。

我并没有想到父亲的最后离去竟这么快。以往家里出什么事，我都有感应，就在他来西安检查病的那天，清早起来我的双目无缘无故地红肿，下午他一来，我立即感到有悲苦之灾了。经检查，癌已转移，半月后送走了父亲，天天心揪成一团，却不断地为他卜卦，卜辞颇吉祥，还疑心他会创造出奇迹，所以接到病危电报，以为这是父亲的意思，要与我交代许多事情。一下班车，看见戴着孝帽接我的堂兄，才知道我回来得太晚了，太晚了。父亲安睡在灵床上，双目紧闭，口里衔着一枚铜钱，他再也没有以往听见我的脚步便从内屋走出来喜欢地对母亲喊："你平回来了！"也没有我递给他一支烟时，他总是摆摆手而拿起水烟锅的样子，父亲永远不与儿子亲热了。

守坐在灵堂的草铺里，陪父亲度过最后一个长夜。小妹告诉我，父亲饲养的那只猫也死了。父亲在水米不进的那天，猫也开始不吃，十一日中午猫悄然毙命，七个小时后父亲也倒了头。我感动着猫的忠诚，我和我的弟妹都在外工作，晚年的父亲清淡寂寞，猫给过他慰藉，猫也随他去到另一个世界。人生的短促和悲苦，大义上我全明白，面对着父亲我却无法超脱。满院的泥泞里人来往作乱，响器班在吹吹打打，透过灯光我呆呆地望着那一棵梨树，还是父亲亲手栽的，往年果实累累，今年竟独独一个梨子在树顶。

父亲的病是两年前做的手术，我一直对他瞒着病情，每次从云南买药寄他，总是撕去药包上癌的字样。术后恢复得极好，他每顿已能吃两碗饭，凌晨要喝一壶茶水，坐不住，喜欢快步走路。常常到一些亲戚朋友家去，撩了衣服说：瞧刀口多平整，不要操心，我现在什么病也没有了。看着父亲的豁达样，我暗自为没告诉他病情而宽慰，但偶尔发现他独坐的时候，神色甚是悲苦，竟有一次我弄来一本算卦的书，兄妹们都嚷着要查各自的前途机遇，父亲走过来却说："给我查一下，看我还能活多久?"我的心咯噔一下沉起来，父亲多半是知道了他得的什么病，他只是也不说出来罢了。卦辞的结果，意思是该操劳的都操劳了，待到一切都好。父亲叹息了一声："我没好福。"我们都黯然无语，他就又笑了："这类书怎能当真？人生谁不是这样呢!"可后来发生的事情，不幸都依这卦辞来了。

先是数年前母亲住院，父亲一个多月在医院伺候，做手术的那天，我和父亲守在手术室外，我紧张得肚子疼，父亲也紧张得肚子疼。母亲病好了，大妹出嫁，小妹高考却不中，原本依父亲的教龄可以将母亲和小妹的户口转为城镇户民，但因前几年一心想为小弟有个工作干，自己硬退休回来，现在小妹就只好窝在乡下了。为了小妹的前途，我写信申请，父亲四处寻人说情，他是干了几十年教师工作，不愿涎着脸给人家说那类话，但事情逼着他得跑动，每次都十分为难。他给我说过。他曾鼓很大勇气去找人，但当得知所找的人不在时，竟如释重负，暗自庆幸，虽然明日还得再找，而今天却免去一次受罪了。整整两年有余，小妹的工作有了着落，父亲喜欢得来人就请喝酒，他感激所有帮过忙的人，不论年龄大小皆视为贾家的恩人。但就在这时候，他患了癌病。担惊受怕的半年过去了，手术后身体一天天好起来，这一年春节父亲一定要我和妻子女儿回老家过年，多买了烟酒，好好欢度一番，没想年前两天，我的大妹夫突然出事故亡去。病后的父亲老泪纵横，以前手颤的旧病又复发，三番五次划火柴点不着烟。大妹带着不满一岁的外甥重又回住到我家，沉重的包袱又一次压在父亲的肩上。为了大妹的生活和出路，父亲又开始了比小妹当年就业更艰难的奔波，一次次的碰壁，一夜夜的辗转不眠。我不忍心看着他的劳累，甚至对他发火，他就再一次赶来给我说情况时，故意做出很轻松的样子，又总要说明他还有别的事才进城的。大妹终于可以吃商品粮了，甚至还去外乡做临时工作，父亲实想领大妹一块去乡政府报到，但癌病复发了，终未去成。父亲之所以在动了手术后延续了两年多的生命，他全是为了儿女要办完最后一件事，当他办完事了竟不肯多活一月就悠然长逝。俗话讲，人生的光景几节过，前辈子好了后辈子坏，后辈子好了前辈子坏，可父亲的一生中却没有舒心的日月。在他的幼年，家贫如洗，又常常遭土匪的绑票，三个兄弟先后被绑票过三次，每次都是变卖家产赎回，而年仅七岁的他，也竟在一个傍晚被人背走到几百里外。贾家受尽了屈辱，发誓要供养出一个出头的人，便一心要他读书。父亲提起那段生活，总是感激着三个大伯，说他夜里读书，三个大伯从几十里外扛木头回来，为了第二天再扛到二十里外的集市上卖个好价，曾半夜在院中用石槌砸木头的大小截面，那种“咣咣”的响声使他不敢懒散，硬是读完了中学，成为贾家第一个有文化的人。此后的四五十年间，他们兄弟四人亲密无间，二十二口的大家庭一直生活到六十年代，后来虽然分家另住，谁家做一顿好吃的，必是叫齐别的兄弟。我记得父亲在邻县的中学任教时期，一直把三个堂兄带在身边上学，他转哪儿，就带在哪儿，堂兄在学生宿舍里搭合铺，一个堂兄尿床，父亲就把尿床的堂兄叫去和他一块睡，一夜几次叫醒小便，但常常堂兄还是尿湿了床，害得父亲这头湿了睡那头，那头暖干了睡这头。我那时和娘住在老家，每年里去父亲那儿一次，我的伯父就用箩筐一头挑着我，一头挑着粮食翻山越岭走两天，我至今记得我在摇摇晃晃的箩筐里看夜空的星星，星星总是在移动，让我无法数清。当我参加了工作第一次领到了工资，三十九元钱先给父亲寄去了十元，父亲买了酒便请了三个伯父痛饮，听母亲说那一次父亲是醉了。那年我回去，特意跑了半个城买了一根特大的铝盒装的雪茄，父亲拆开了闻了闻，却还要叫了三个伯父，点燃了一口一口轮流着吸。大伯年龄大，已经下世十多年了，按常理，父亲应该照看着二伯和三伯走，可谁也没想到，料理父亲丧事的竟是二伯和三伯。在盛殓的那个中午，贾家大小一片哭声，二伯和三伯老泪纵横，瘫坐在椅子上不得起来。

“文化大革命”中，家乡连遭三年大旱，生活极度拮据，父亲却被诬陷为历史反革命关进了牛棚。正月十五的下午，母亲炒了家中仅有的一疙瘩肉盛在缸子里，伯父买了四包香烟，让我给父亲送去。我太阳落山时赶到他任教的学校，父亲已经遭人殴打过，造反派硬不让见，我哭着求情，终于在院子里拐角处见到了父亲，他黑瘦得厉害，才问了家里的一些情况，监管人就在一边催时间了。父亲送我走过拐角，却将缸子交给我，说：“肉你拿回去，我把烟留下就是了。”我出了院子的栅栏门，门很高，我只能隔着栅栏缝儿看父亲，我永远忘不了父亲呆呆站在那儿看我的神色。后来，父亲带着一身伤残被开除公职押送回家了，那是个中午，我正在山坡上拔草，听到消息扑回来，父亲已躺在床上，一见我抱了我就说：“我害了我娃了！”放声大哭。父亲是教了半辈子书的人，他胆小，又自尊，他受不了这种打击，回家后半年内不愿出门。但家庭从政治上、经济上一下子沉沦下来，我们常常吃了上顿没有下顿，自留地的包谷还是嫩的便掰了回来，包谷棵儿和穗儿一起在碾子上砸了做糊糊吃，麦子不等成熟，就收回用锅炒了上磨。全家唯一指望的是那头猪，但猪总是长一身红绒，眼里出血似地盼它长大了，父亲领着我们兄弟将猪拉到十五里的镇上去交售，但猪瘦不够标准，收购站拒绝收。听说二十里外的邻县一个镇上标准低；我们决定重新去交，天不明起来，特意给猪喂了最好的食料，使猪肚撑得滚圆，我们却饿着，父亲说：“今日把猪交了，咱父子俩一定去饭馆美美吃一顿！”这话极大地刺激了我和弟弟，赤脚冒雨将猪拉到了镇上。交售猪的队排得很长，眼看着轮到我们了，收购员却喊了一声："下班了！"关门去吃饭。我们叠声叫苦，没有钱去吃饭，又不能离开，而猪却开始排泄，先是一泡没完没了的尿，再是翘了尾巴要拉，弟弟急了，拿脚直踢猪屁股，但最后还是拉下来，望着那老大的一堆猪粪，我们明白那是多少钱的分量啊。骂猪，又骂收购员，最后就不骂了，因为我和弟弟已经毫无力气了。直等到下午上班，收购员过来在猪的脖子上捏捏，又在猪肚子上踹踹，头不抬他说："不够等级！下一个——"父亲首先急了，忙求着说："按最低等级收了吧。"收购员翻着眼训道："白给我也不收哩！"已经去验下一头猪了。父亲在那里站了好大一会儿，又过来蹲在猪旁边，他再没有说话，手抖着在口袋里掏烟，但没有掏出来，扭头对我们说："回吧。"父子仨默默地拉猪回来，一路上再没有说肚子饥的话。

在那苦难的两年里，父亲耿耿于怀的是他蒙受的冤屈，几乎过三天五天就要我来写一份翻案材料寄出去。他那时手抖得厉害，小油灯下他讲他的历史，我逐字书写，寄出去的材料百分之九十泥牛入海，而父亲总是自信十足。家贫买不起纸，到任何地方一发现纸就眼开，拿回来仔细裁剪，又常常纸色不同，以致后来父子俩谈起翻案材料只说"五色纸"，就心照不宣。父亲幼年因家贫害过胃疼，后来愈过，但也在那数年间被野菜和稻糠重新伤了胃，这也便是他恶变胃癌的根因。当父亲终于冤案昭雪后，星期六的下午他总要在口袋里装上学校的午餐，或许是一片烙饼，或是四个小素包子，我和弟弟便会分别拿了躲到某一处吃得最后连手也舔了，末了还要趴在泉里喝水涮口咽下去。我们不知道那是父亲饿着肚子带回来的，最最盼望每个星期六傍晚太阳落山的时候。有一次父亲看着我们吃完，问："香不香？"弟弟说："香，我将来也要当个教师！"父亲笑了笑，别过脸去。我那时稍大，说现在吃了父亲的馍馍，将来长大了一定买最好吃的东西孝敬父亲。父亲退休以后，孩子们都大了，我和弟弟都开始挣钱，父亲也不愁没有馍馍吃，在他六十四岁的生日我买了一盒寿糕，他却直怨我太浪费了。五月初他病加重，我回去看望，带了许多吃食，他却对什么也没了食欲，临走买了数盒蜂王浆，叮咛他服完后继续买，钱我会寄给他的，但在他去世后第五天，村上一个人和我谈起来，说是父亲服完了那些蜂王浆后曾去商店打问过蜂王浆的价钱，一听说一盒八元多，他手里捏着钱却又回来了。

父亲当然是普通的百姓，清清贫贫的乡间教师，不可能享那些大人物的富贵，但当我在城里每次住医院，看见老干楼上的那些人长期为小病疗养而坐在铺有红地毯的活动室中玩麻将，我就不由得想到我的父亲。

在贾家族里，父亲是文化人，德望很高，以至大家分为小家，小家再分为小家，甚至村里别姓人家，大到红白喜丧之事，小到婆媳兄妹纠纷，都要找父亲去解决。父亲乐意去主持公道，却脾气急躁，往往自己也要生许多闷气。时间长了，他有了一定的权威，多少也有了以“势”来压的味道，他可以说别人不敢说的话，竟还动手打过一个不孝其父的逆子的耳光，这少不得就得罪了一些人。为这事我曾埋怨他，为别人的事何必那么认真，父亲却火了，说道：“我半个眼窝也见不得那些龌龊事！”父亲忠厚而严厉，胆小却疾恶如仇，他以此建立了他的人品和德行，也以此使他吃了许多苦头，受了许多难处。当他活着的时候，这个家庭和这个村子的百多户人家已经习惯了父亲的好处，似乎并不觉得什么，而听到他去世的消息，猛然间都感到了他存在的重要。我守坐在灵堂里，看着多少人来放声大哭，听着他们哭诉：“你走了，有什么事我给谁说呀？”的话，我欣慰着我的父亲低微却崇高，平凡而伟大。

在我小小的时候，我是害怕父亲的，他对我的严厉使我产生惧怕，和他单独在一起，我说不出一句话，极力想赶快逃脱。我恋爱的那阵，我的意见与父亲不一致，那年月政治的味道特浓，他害怕女方的家庭成分影响了我，他骂我，打我，吼过我“滚”。在他的一生中，我什么都听从他，唯那件事使他伤透了心。但随着时代的变化，家庭出身已不再影响到个人的前途，但我的妻子并未记恨他，像女儿一样孝敬他，他又反过来说我眼光比他准，逢人夸说儿媳的好处，在最后的几年里每年都喜欢来城中我的小家中住一个时期。但我在他面前，似乎一直长不大，直到我的孩子已经上小学了，一次他来城里，见面递给我一支烟来吸，我才知道我成熟了，有什么事可以直接同他商量。父亲是一个普通的乡村教师，又受家庭生计所累，他没有高官显禄的三朋，也没有身缠万贯的四友，对于我成为作家，社会上开始有些虚名后，他曾是得意和自豪过。他交识的同行和相好免不了向他恭贺，当然少不了向他讨酒喝，父亲在这时候是极其慷慨的，身上有多少钱就掏多少钱，喝就喝个酩酊大醉。以致后来，有人在哪里看见我发表了文章，就拿着去见父亲索酒。他的酒量很大，原因一是“文革”中心情不好借酒消愁，二是后来为我的创作以酒得意，喝酒喝上了瘾，在很长的日子里天天都要喝的，但从不一人独喝，总是吆喝许多人聚家痛饮，又一定要母亲尽一切力量弄些好的饭菜招待。母亲曾经抱怨：家里的好吃好喝全让外人享用了！我也为此生过他的气，以我拒绝喝酒而抗议，父亲真有一段时间也不喝酒了。一九八二年的春天，我因一批小说受到报刊的批评，压力很大，但并未透露一丝消息给他。他听人说了，专程赶三十里到县城去翻报纸，熬煎得几个晚上睡不着。我母亲没文化，不懂得写文章的事，父亲给她说的时候，她困得不时打盹，父亲竟生气得骂母亲。第二天搭车到城里见我，我的一些朋友恰在我那儿谈论外界的批评文章，我怕父亲听见，让他在另一间房内休息，等来客一走，他竟过来说：“你不要瞒我，事情我全知道了。没事不要寻事，有了事就不要怕事。你还年轻，要吸取经验教训，路长着哩!”说着又返身去取了他带来的一瓶酒，说：“来，咱父子都喝喝酒。”他先倒了一杯喝了，对我笑笑，就把杯子交给我。他笑得很苦，我忍不住眼睛红了，这一次我们父子都重新开戒，差不多喝了一瓶。

自那以后，父亲又喝开酒了，但他从没有喝过什么名酒。两年半前我用稿费为他买了一瓶茅台，正要托人捎回去，他却来检查病了，竟发现患的是胃癌。手术后，我说：“这酒你不能喝了，我留下来，等你将来病好了再喝。”我心里知道，父亲怕是再也喝不成了，如果到了最后不行的时候，一定让他喝一口。在父亲生命将息的第十天，我妻子陪送老人回老家，我让把酒带上。但当我回去后，父亲已经去世了，酒还原封未动。妻说：父亲回来后，汤水已经不能进，就是让喝酒，一定腹内烧得难受，为了减少没必要的痛苦，才没有给父亲喝。盛殓时，我流着泪把那瓶茅台放在棺内，让我的父亲在另一个世界上再喝吧。如今，我的文章还在不断地发表出版，我再也享受不到那一份特殊的祝贺了。

父亲只活了六十六岁，他把年老体弱的母亲留给我们，他把两个尚未成家的小妹留给我们，他把家庭的重担留给了从未担过重的长子的我。对于父亲的离去，我们悲痛欲绝，对于离去我们，父亲更是不忍。当检查得知癌细胞已广泛转移毫无医治可能的结论时，我为了稳住父亲的情绪，还总是接二连三地请一些医生来给他治疗，事先给医生说好一定要表现出检查认真，多说宽心话。我知道他们所开的药全都是无济于事的，但父亲要服只得让他服，当然是症状不减，且一日不济一日，他说：“平呀，现在咋办呀?”我能有什么办法呀，父亲。眼泪从我肚子里流走了，脸上还得安静，说：“你年纪大了，只要心放宽静养，病会好的。”说罢就不敢看他，赶忙借故别的事走到另一个房间去抹眼泪。后来他预感到了自己不行了，却还是让扶起来将那苦涩的药面一大勺一大勺地吞在口里，强行咽下，但他躺下时已泪流满面，一边用手擦着一边说：“你妈一辈子太苦，为了养活你们，舍不得吃，舍不得穿，到现在还是这样。我只说她要比我先走了，我会把她照看得好好的……往后就靠你们了。还有你两个妹妹……”母亲第一个哭起来，接着全家大哭，这是我们唯有的一次当着父亲的面痛哭。我真担心这一哭会使父亲明白一切而加重他的负担，但父亲反倒劝慰我们，他照常要服药，说他还要等着早已订好的国庆节给小妹结婚的那一天，还叮咛他来城前已给菜地的红萝卜浇了水，菜苗一定长得茂密，需要间一间。就在他去世的前五天，他还要求母亲去抓了两副中草药熬着喝。父亲是极不甘心地离开了我们，他一直是在悲苦和疼痛中挣扎，我那时真希望他是个哲学家或是个基督教徒，能透悟人生，能将死自认为一种解脱，但父亲是位实实在在地为生活所累了一生的平民，他的清醒的痛苦的逝去使我心灵不得安宁。当得知他在最后一刻终于绽出一个微笑，我的心多多少少安妥了一些。可以告慰父亲的是，母亲在悲苦中总算挺了过来，我们兄妹都一下子更加成熟，什么事都处理得很好。小妹的婚事原准备推迟，但为了父亲灵魂的安息，如期举办，且办得十分圆满。这个家庭没有了父亲并没有散落，为了父亲，我们都在努力地活着。

按照乡间风俗，在父亲下葬之后，我们兄妹接连数天的黄昏去坟上烧纸和燃火，名曰："打怕怕"，为的是不让父亲一人在山坡上孤单害怕。冥纸和麦草燃起，灰屑如黑色的蝴蝶满天飞舞，我们给父亲说着话，让他安息，说在这面黄土坡上有我的爷爷奶奶，有我的大伯，有我村更多的长辈，父亲是不会孤单的，也不必感到孤单，这面黄土坡离他修建的那一院房子不远，他还是极容易来家中看看；而我们更是永远忘不了他，会时常来探望他的。

佛　事

五月二十九日天下大雨，有客从台湾来，自称姓陈，是三毛的朋友。一听说三毛，陌生客顿做亲近人；先生却立在那里只是说，我送三毛的遗物到敦煌去，经过西安一定要来看看你。

看看我？我望着先生，眼睛便有些涩了。先生既然是三毛的朋友，带了三毛的遗物去敦煌，冥冥之中，三毛的幽灵一定也是到了；我与先生素不相识，也无书信联系，这么大的雨，他从我的单位打问到我住的医院，偏偏我又从医院回来，他又冒雨寻来了。如此耐烦辛苦，活该是三毛的神使鬼差呢。

三毛，三毛，我轻声地叫起来了："快让我瞧瞧！"等不及先生把一包东西放在桌上，我说，我要见三毛。

先生从一个大塑料包里往外掏，掏出一顶太阳帽来，说这是三毛生前一直戴着的；掏出一条发带，红色的，极有弹性，再是掏出一件水手裙了。先生的声调沉下来，介绍这种裙子在台湾一般有些年纪的妇女是不大敢穿的，四十多岁的人了，敢穿的恐怕只有三毛了。三毛性情坦真，最不愿约束。报上发表的一张照片，是她在成都的街头，赤了脚坐在一家木板门面前，样子顽皮如小狗，三毛穿了这件水手裙走着，走着的是个性，走着潇洒。先生还在掏着，是一件棉织衫，一条棉织裤，全是白色的，上边似乎还残留着几点什么斑痕。"我没有带她的袜子。"先生说，三毛是以长筒丝袜悬颈的，袜子对于我们都太刺激了。最后掏出来的是一包三毛十多年来一直喜欢用的西班牙产的餐纸，一瓶在沙漠上护肤的香水，一包美国香烟，淡味型的，硬纸盒里仅剩五支了，明显地已经霉了。

从头到脚的穿戴，吃的用的小品，完整的一个三毛，出现在面前了。我久久地目视着，一句话也说不出来。我能说什么呢，物在人去，生命已不可复得。她的归宿是她选择的。她的选择应该是对的，潇洒而美丽，虽然对于读者是一种遗憾和痛惜。

我走向了窗前，推开窗扇，檐前垂下的扯也扯不断那样的粗而白的雨，我喃喃起来，我并不自觉我说了些什么，是一句三毛你好，是一句阿弥陀佛？在场的我的妻子给我倒了一杯水，说我的脸色很是可怕了。

元月十六的清晨，三毛将最后的一封信，于亡日后第十二天寄给了我，信上写着五月份她是要来西安的。那时候，看过信的人都感到遗憾，三毛果然不失言，她真的在五月的最后的日子来到了！我虽然见到的不是她的真人，但以她的性格，和我的性格，这种心灵的交流，是最好的会见方式。

先生说，他居住的地方与三毛家很近。他常常去她那儿聊天，三毛在生前曾对他说过，死后她希望一半葬在台北，一半就留到浙江乡下的油菜田边，但至她去年十月到过了西北，主意改变，希望能葬在敦煌前的鸣沙山上，她说她把地点方位都选好了。

鸣沙山，三毛真会为她选地方，那里我是去过的，多么神奇的山，全然净沙堆成，千人万人旅游登临，白天山里是矮小了。夜里四面的风又将山吹高吹大，那沙的流动呈一层薄雾，美丽如佛的灵光，且五音齐鸣，仙乐动听。更是那山的脚下，有清澄幽静月牙湖，没源头，也没口，千万年来日不能晒干，风也吹不走，相传在那里出过天马。鸣沙山，月牙湖，连同莫高窟构成了艺术最奇艳的风光，三毛要把自已的一半永远安住在那里，她懂得美的，她懂得佛。

一生跑遍了世界，最后觉得最依恋的还是祖国的西北，鸣沙山可以重温到撒哈拉的故事，月牙湖可以浸润温柔的夜，喜欢音乐和绘画正好宜于在莫高窟。谁的一生活得如此美丽，死后又能选中这般地方浪漫？她是中国的作家，她的作品激动过海峡两岸无数的读者，她终于将自已的魂灵一半留在日月潭的台北，一半遗给有月牙湖的西北。月亮从东到西，从西到东，清纯之光照着一个美丽的灵魂。美丽的灵魂使从东到西从西到东的读者永远记着了一个叫三毛的作家。

陈先生打开了厚厚的三本相册，都是三毛生前的照片，有一张拍摄的是三毛的灵堂，一张是三毛周日的场面，先生几乎是噙着泪水详细给我讲了三毛最后走了的事情。他说，在三毛死后，她的母亲在医院整理遗物，发现病床枕边还放着我的一本书。老太太感谢为三毛住院和后事帮了大忙的一位医生。那本书就送作纪念了。但是，陈先生却也带来了他送我的一件礼物。这就是三毛最后赠送给他的著作《红尘滚滚》。“我再送给你吧！”陈先生说，我浑身都在颤抖了，这何尝不又是三毛算中的旨意呢？永久的纪念品，够我一生来珍存了。

我询问陈先生去敦煌以后怎样活动。陈先生说原准备到了鸣沙山，就在三毛选中的方位处修个衣冠冢，竖一块碑子，但后来又想，立碑子太惊动地方，势必以后又会成为个旅游点，这不符合三毛的性格。她是真情诚实的人，不喜欢一切的虚张，所以就想在那里焚化遗物，这样更能安妥她的灵魂的。

这想法是对的，三毛还需要一块什么碑子吗？月牙湖的月亮就是她的碑子，鸣沙山就是她的碑子。她来来往往永驻于读者的心里，长留在中国的文学史上，人世间有如此的大美，这就够了。

我深深地感谢着三毛的这位朋友，却遗憾我自己身体有病，不能同陈先生一块去敦煌，我送陈先生到大门口，满天雨水的淋打中祝他一路顺利到敦煌，陈先生和我握别，脸上突然闪动了一个微笑。我立即觉得这微笑应该是三毛的，三毛式的微笑，她微笑着告别了。雨哗哗地下着，满地都是水泡，陈先生的身影消失在窄窄的长长的小巷的那头。这时候，灰蒙蒙的天上有了声音，是隐隐的雷，我知道三毛的灵魂在启行了，脱离了躯体的灵魂是更自由的。它在台北，它在敦煌，它随着月亮的周返转往两地，它会是做了月里的嫦娥，仙人之眼夜夜注视着她的祖国。它又会是在那莫高窟里做一个佛的，一个不生不死元生无死的佛。

在米脂

走头头的骡子三盏盏的灯，
挂上那铃儿哇哇的声
白脖子的哈巴朝南咬，
赶牲灵的人儿过来了；
你是我的哥哥你招一招手，
你不是我的哥哥你走你的路。

在米脂县南的杏子村里，黎明的时候，我去河里洗脸，听到有人唱这支小调。一时间，山谷空洞起来，什么声音也不再响动；河水柔柔的更可爱了，如何不能掬得在手；山也不见了分明，生了烟雾，淡淡的化去了，只留下那一抛山脊的弧线。我仄在石头上，醉眼暖俄，看残星在水里点点，明灭长短的光波。我不知这是谁唱的。三年前，我听过这首小调的唱片，但那是说京腔的人唱的，毕竟是太洋了；后来又在西安大剧院听人唱过，又觉得舒扬有余，神韵不足。如今在这么一个边远的山村，一个欲明未明的清晨，唱起来了，在它适应的空间里，味儿有了，韵儿有了。

歌唱的，是一位村姑。在上岸的柳树根下，她背向而坐；伸手去折一枝柳梢，一片柳叶落在水里，打个旋儿，悠悠地漂下去了。

这是极俏的人，一头淡黄的头发披着，风动便飘忽起来，浮动得似水中的云影，轻而细腻，倏忽要离头而去。耳朵一半埋在发里，一半白得像出了乌云的月亮。她微微地斜着身子，微微地低了头，肩削削的，后背浑圆，一件蓝布衫子，窕窕地显着腰段。她神态温柔、甜美，我不敢弄出一点响动，一任儿小曲摄了魂去。

这是一首古老的小调，描绘的是一个迷人的童话。可以想象到，有那么一个村子，是陕北极普遍的村子。村后是山，没有一块石头，浑圆得像一个馒头，山上有一二株柳，也是浑圆的，是一个绿绒球。山坡下是一孔一孔窑洞，窑里放着油得光亮的门箱，窑窗上贴着花鸟剪纸，窑门上吊着印花布帘，学儿在崖畔上啃草，鸡儿在场捻上觅食。从门前小路上下去，一拐一拐，到了河里，河水很清，里边有印着丝纹的石子，有银鳞的小鱼，还有蝌蚪，黑得像眼珠子。少妇们来洗衣，一块石板，是她们一席福地。衣服艳极了，晾在草地上，于是，这条河沟就全照亮了。

有那么一个姑娘，该叫什么名字呢？她是村里的俊仁者。父母守她一个，村里人爱她，见过她的人都爱她。她家在大路口开了个饭店，生意兴旺。进店的，为了吃饭，也为着见她。她却最是端庄，清高得很，对谁也不肯一笑。

姑娘有姑娘的意中人，眼波只属于清风，只属于他。他是后山的后生，十八或者二十岁，每天要从这里路过去县上赶脚。进得店来，看见她，粗茶淡饭也香，喝口凉水也甜，常常饥着而来，待会儿便走，不吃不喝也就饱了。她给他擀面，擀得白纸一张，切面，刀案齐响，下到锅里莲花转，捞到碗里一窝丝。她一回头，他正看她，给她一笑，她想回他个笑，但她却变了脸。他低了头，连脖子都红了，却看见了桌布下她露出的两只鞋尖。她看出他的意思了，却更冷了脸儿，饭端上来，偏不拿筷子。他问。她说："在筷笼，你没长手？"他凉了心，吃得没味，出去了。她得意地笑，终又恨他。骂他"肩头"。

他几天竟不来了，她坐在家里等。等得久了，头也懒得梳，她说："不来了，好！"却哭了。

一天却听见门外树上的喜鹊叫。她走出来，却是他在用石子打那鸟儿。她愣了，眼泪都流了出来。他瞧着她喜欢，向她走来，她却又上了气："为什么打鸟？""我恨！""恨鸟儿？""它住在这里。""那碍你什么了？""也恨我。""恨你？""恨我不是鸟儿！"她想了想，突然笑了。他一看她，她立即面壁不语。他向她走近来，她却又走了，一直走到窑里。只想他会一挑帘儿进来，回头一看，他没有进来，走出窑看时，他却走了，边走边抹着眼泪。

她盼他再来。再盼他来。他却再也没来。每天赶脚人从门口来往：三头五头的骡子，头上缠着红绸，绸上系着铜铃，铜铃一响，她出门就看，骡子身上架着竹筐，一边是小米、南瓜、土豆，一边是土布、羊皮、麻线，他领头前边走，乜她一眼，鞭儿甩得叭叭地响，走过去了。

一次，两次，眼睁睁看他过去了，她恨自己委屈了他，又更恨那个他！夜里拿被子堆一个他，指着又骂又捶又咬，末了抱住流眼泪。等着他又路过了，她看着他的身影，又急切切盼着他能回过头来，向她招一招手……

小调停了，我却叹息起来，千般万般儿猜想，那后生是招了招手呢，还是在走他的路？一抬头，却见岸那边走来一个年轻人，白生生赶了一群羊，正向那唱小调的村姑摇手。村姑走了过去，双双走到了崖那边的洼地，坐在深深的茅草丛中立了。茅草在动着，羊鞭插在那里，是他们的卫兵。

我悄悄退走了，明白这边远的米脂，这贫瘠的山沟，仍然是纯朴爱情的乐土，是农家自有其乐的地方。

延安街市记

街市在城东关，窄窄的，那么一条南低北高的漫坡儿上；说是街市，其实就是河堤，一个极不讲究的地方。延河在这里掉头向东去了，街市也便弯成个弓样；一边临着河，几十米下，水是深极深极的，一边是货棚店舍，仄仄斜斜，买卖人搭起了，小得可怜，出进都要低头。棚舍门前，差不多设有小桌矮凳；白日摆出来，夜里收回去。小商小贩的什物摊子，地点是不可固定，谁来得早，谁便坐了好处；常常天不明就有人占地了，或是用绳在堤栏杆上绷出一个半圆，或是搬来几个石头垒成一个模样。街面不大宽阔，坡度又陡，卖醋人北头跌了跤，醋水可以一直流到南头；若是雨天，从河滩看上去，尽是人的光腿；从延河桥头看下去，一满是浮动着的草帽。在陕北的高原上，出奇的有这么个街市，便觉得活泼泼的新鲜，情思很有些撩拨人的了。

站在街市上，是可以看到整个延安城的轮廓。抬头就是宝塔，似乎逢着天晴好日头，端碗酒，塔影就要在碗里；向南便看得穿整个南街；往北，一直是望得见延河的河头了。乍进这个街市，觉得不大协调，而环顾着四周的一切，立即觉得妥帖极了：四面山川沟岔，现代化的楼房和古老式的窑洞错落混杂，以山形而上，随地势而筑，对称里有区别，分散里见联系，各自都表现着恰到好处呢。

街市开得很早，天亮的时候，赶市的就陆陆续续来了。才下过一场雨，山川河谷有了灵气，草木绿得深，有了黑青，生出一种呈蓝的气霭。东川里河畔，原是作机场用的，如今机场迁移了，还留下条道路来，人们喜欢的是那水泥道两边的小路，草萋萋的，一尺来高，夹出的路面平而干净无尘，蚂蚱常常从脚下溅起，逗人情性，走十里八里，脚腿不会打硬了。山峁上，路瘦而白，有人下来，蹑手蹑脚地走那河边的一片泥沼地，泥起了盖儿，恰好负起脚，稀而并不沾鞋底。一头小毛驴，快活地跑着。突然一个腾跃，身子扭得像一张弓。

一入街市，人便不可细辨了，暖和和的太阳照着他们，满脸浮着油汗。他们都是匆匆的，即使闲逛的人，也要紧迫起来，似乎那是一个竞争者的世界，人的最大的乐趣和最起码的本能就是拥挤。最红火的是那些卖菜者：白菜洗得无泥，黄瓜却带着蒂巴，洋芋是奇特的，大如瓷碗小，小如拳头大，一律紫色。买卖起来，价钱是不必多议，称都翘得高高的，末了再添上一点，要么三个辣子，要么两根青葱，临走，不是买者感激，偏是卖主道声“谢谢”。叫卖声不绝的，要数那卖葵籽的，卖甜瓜的。延安的葵籽大而饱满，炒得焦脆；常言卖啥不吃啥，卖葵籽的却自个嗑一颗在嘴里了，喊一声叫卖出来。一般又不用称，一抓一两，那手比秤还准呢。爪是虎皮瓜，一拳打下去，“砰”地就开了，汁液四流，黏手有胶质。

饭店是无言的，连牌子也不曾挂，门开得最早，关得最迟。店主人多是些婆姨，干净而又利落。一口小锅，既烧粉丝汤，也煮羊肉面；现吃现下。买饭的，坐在桌前，端碗就吃，吃饱了，见空碗算钱，然而，坐桌吃的多是外地人，农民是不大坐的，常常赶了毛驴，陕北的毛驴瘦筋筋的，却身负重载，被拴在堤河栏杆上，主人买得一碗米酒，靠毛驴站着，一口酒，一口黄面馍干粮。吃毕，一边牵着毛驴走，一边眼瞅着两旁货摊，一边舌头舔着嘴唇。还在说：好酒，好酒。

中午时分，街市到了洪期，这里是万千景象，时髦的和过时的共存：小摊上，有卖火镰的，也有卖气体打火机的；人群中，有穿高跟皮鞋的女子，也有头扎手巾的老汉，时常是有卖刮舌子的就倚在贴有出售洗衣机的广告牌下。人们都用鼻音颇重的腔调对话，深沉而有铜的音韵。陕北是出英雄和美人的地方，小伙子都强悍英俊，女子皆丰满又极耐看。男女的青春时期，他们是山丹丹的颜色，而到了老年，则归返于黄土高原的气质，年老人都面黄而不浮肿，鼻耸且尖，脸上皱纹纵横，俨然是一张黄土高原的平面图。

两个老人，收拾得臃臃肿肿的，蹲在街市的一角，反复推让着手里的馍馍，然后一疙瘩一疙瘩塞进口里，没牙的嘴那么嚅嚅着，脸上的皱纹，一齐向鼻尖集中，嘴边的胡子就一根根乍起来：“新窑一满弄好了。”

“尔格儿就让娃们家订日子去。”

这是一对亲家，在街市上相遇了，拉扯着。在闹哄哄的世界，寻着一块空地，谈论着儿女的婚事。他们说得很投机，常常就仰头笑喷了唾沫溅出去，又落在脸上。拴在堤栏杆上的毛驴，便偷空在地上打个滚儿，叫了一声；整个街市差不多就麻酥酥的颤了。

傍晚，太阳慢慢西下了，延安的山，多不连贯，一个一个浑圆状的模样，山头上是被开垦了留作冬麦子的，太阳在那里泛着红光。河川里，一行一行的也是浑圆状的河柳却都成了金黄色。街市慢慢散去了，末了，一条狗在那里走上来，叼起一根骨头，很快地跑走了。

北方的农民，从田地里走到了街市，获得了生活的物质和精神的愉快，回到了每一孔窑洞里，坐在了每一家土炕上，将葵籽皮留在街市，留下了新生活的踪迹。延河滩上，多了一层结实的脚印，安静下来了。水依然没有落，起着浪，从远远的雾里过来，一会儿开阔，一会儿窄小，弯了，直了，深沉地流去。

做个自在人

——《中国当代才子书·贾平凹卷》序

去年，出版社决意要编辑出版这本书时，我是迟迟地不合作：不提供照片，不提供书与画的作品，甚至不回信。这样的态度使许多人愤慨了，以为我要傲慢。不是的，我从来不敢傲慢，之所以学着逃避是觉得作家就是作家，没必要弄出个琴棋书画无一不精的面目来招摇过市。今年出版社又来了人，我是同意了，因为这套书要出四本的，别人的三本都编好了，单等着这一本，若再不合作，就……原本是很真诚的，但真诚却要成了矫情，人活着真是难以违背世态啊！

去年四十四岁，今年四十五岁，到了斤斤计较岁数的年龄，足以证明开始衰老了。从二十岁起立志要做个好的文人，如今编这本书只让人丧气：就那些速成的文字吗，就那些涂鸦般的书与画吗？往日里，也曾在朋友面前夸口：我是预测第一，书法第二，绘画第三，作曲第四，写作第五，那全是什么不行偏说什么好，要学齐白石的，如喝酒夸酒量的醉话。那年去美国，见到一个诗人，旁边一个作家告诉我：这是在美国人人都知道的著名诗人，但人人都不知道他写了些什么诗。我当时笑了，心里想，我将来千万不要做这样的作家。

我也见过一些官人写文章和写文章的官人，在文坛上他是官人，在官场上他是文人，似乎两头特别，其实两头让人不恭的，如果还算有才，也全然浪费了。一个人的能力会有多少呢，主要地从事一项了，别的项目都是为了这一项而进行的基本修养训练罢了。嘴的功能是吃饭说话的，当然，嘴也可以咬瓶子盖。我的那点书呀画呀，甚至琴呀棋呀，算什么呢，如果称之为才子，还真不如称这为歌妓，歌妓还必须是貌美的女子。

真正的才子恐怕是苏东坡，但苏东坡已经死在宋朝，再没有了。

我之所以最后同意编辑出版这本书，也有一点，戳戳我的西洋景，明白自己的雕虫小技而更自觉地去蹈大方。如果往后还要业余去弄弄那些书法呀，绘画呀，音乐呀，倒要提醒自己：真要学苏东坡，不仅仅是苏东坡的多才多艺，更是多才多艺后的一颗率真而旷达的心，从而做一个认真的人，一个有趣味的人，一个自在的人。今早起来，许多人事要联系，去拨电话时却发现往日携在身上的电话号码本丢失了，一时满头闷水，嗷嗷直叫。要联系的人事无法联系，才突然明白，在现代社会里活人，人是活在一堆数字里的。那么，属于我的数字是哪些呢？

1997 年 5 月 7 日

《贾平凹书画集》自序

这一本书画集，书多画少，可以说是本书法集，收辑了近几年所写的一部分，但我却是从六岁起至现在几乎天天在写字，以字活人的人。如果在古时，一个写字的人是不会出一本书法集的，他们的任何一位也比我在这本集中的字写得好，然而现在，我却是书法家，想起来委实可笑。苏东坡是我最向往的人物，他无所不能，能无不精，但他已经死在了宋朝。我的不幸是活在了把什么都越分越细，什么里都有文化都有艺术的年代，所以，字就不称之为字，称书法了。食之精细，是胃口已经衰弱，把字纯粹于书法艺术，是我们的学养已经单薄不堪。越是单薄不堪，越是要故弄玄虚，说什么最抽象的艺术呀，最能表现人格精神呀，焚香沐浴方能提笔呀，我总是不大信这个。庙里的大和尚，总是让乡下的老太太在佛像前磕头烧香，但他们知道佛是什么，骂佛是屎瓶子。

我喜欢写字，是我从事着写文章的工作不能不写字，没有当兵的不爱武器的。

我看到过许多人，以至于许多人让他的孩子，没黑没明坐在房子里练字，我就想起了乡间剪窗花的妇人和日本人的相扑，有趣或许有趣，但毕竟过去了。我坦自招来，我没有临习过碑帖，当我用铅笔钢笔写过了数百万字的文章后，对汉字的象形来源有所了解，对汉字的间架结构有所理解，也从万事万物中体会了汉字笔画的趣味。如果我真是书法家，我的书法的产生是附带的，无为而为的，这犹如我去种麦子，获得了麦粒也获得了麦草。

有人说，书法必须是毛笔创造的。这话若被肯定，那么，我的字被书法了是八十年代的中期。那时，我用毛笔在宣纸上写字，有了一种奇异的感觉，从此一发不能收拾。我的烟也是那时吸上瘾的。毛笔和宣纸使我有了自娱的快意，我开始读到了许多碑帖，已经大致能懂得古人的笔意，也大致能感应出古人书写时的心绪。从那一阵起，有人向我索字了，我的字给许多人办过农转非、转干、调动的好事，也给许多人办过贿赂、巴结、讨官的坏事，我把我的字看得烂贱如草，谁要就给谁写，曾经为吃得三碗搅团写过一大卷纸哩。

但是，被人索字渐渐成了我生活中的灾难，我家无宁日，无法正常的读书和写作，为了拒绝，我当庭写了启事：谁若要字，请拿钱来！我只说我缺钱，钱最能吓人的，偏偏有人真的就拿钱来。天下的事有趣，假作真时真亦假，既然能以字易钱，我也是爱钱的，那我就做书法家呀！

在我有了做“书法家”的意识，也可以说有了“书法家”的责任，我认真地了解了当今的书风。当今的书风，怎么说呢，逸气太重，好像从事者已不是生活人而是书法人了，象牙塔里个个以不食烟火的高人自尊，博大与厚重在愈去愈远。我既无夙命，能力又简陋，但我有我的崇尚，便写“海风山骨”四字激励自己，又走了东西两海。东边的海我是到了江浙，看水之海，海阔天空，拜谒了翁同龢和沙孟海的故居与展览馆。西边的海我是到了新疆，看沙之海，野旷高风，莫把冰山与大漠。我永远也不能忘记在这两个海边的日日夜夜，当我每一次徘徊在碑林博物馆和霍去病墓前石雕前，我就感念了两海给我的力量，感念我生活在了西安。

我最清楚不过，我的书法是缺乏基本训练——而这又是当今流行的一种要求——它充其量属于顿悟式，这如非洲的一些国家实行民选一样，民选是民选了，却常有军人们起来就把民选的总统颠覆。我也明白，我的书法多多少少借助了我在文学上的声名，但我想，这和那些领导的题字还是两码事吧，所以，才敢于让出版社出版这本集子。

但我仍坚持，我写的是一些汉字，不是书法，我也不要书法家。

1998年3月5日

《高老庄》后记

今年我将出版我的文集，一共是十四卷，没有包括过去的《废都》和现在完成的《高老庄》。设计封面的曹刚先生在每一卷上以一个字做装饰，他选用了“大风起兮云飞扬，威加海内兮归故乡，安得猛士兮守四方”。这是刘邦的诗，二十三个字。瞬间的感觉里，我立即知道我的一生是会能写出二十三卷书的。《高老庄》应该为第十六卷，也就是我在这个世纪的最后一部长篇。

在世纪之末写完《高老庄》，我已经是很中年的人了。人是有本命年的，几乎每一个中国人在自己的本命年里莫不是恐慌惧怕，同样，天地运动也有它的周期性，过去的世纪之末景象如何，我们不能知道，但近几年来全球范围内的频繁的战争，骚乱，饥荒，瘟疫，旱涝，地震，恶性事故和金融危机，使得整个人类都焦躁着。世纪末的情绪笼罩着这个世界，于我正偏偏在中年。中年是人生最身心憔悴的阶段，上要养老，下要哺小，又有单位的工作，又有个人的事业，肩膀上扛的是一大堆人的脑袋，而身体却在极快地衰败。

经历了人所能经受的种种事变（除过坐牢），我自信我是一个坚强的男人，我也开始相信了命运，总觉得我的人生剧本早被谁之手写好，我只是一幕幕往下演的时候，有笑声在什么地方轻轻地响起。《道德经》再不被认作是消极的世界观，《易经》也不再是故弄玄虚的东西，世事的变幻一步步看透，静正就附体而生，无所羡慕了，已不再宠辱动心。一早一晚都在仰头看天，象全在天上，蹲下来看地上熙熙攘攘物事，一切式又都在其中。年初的一个黄昏，低云飞渡，我出门要干事去，当一脚要踏下去的时候，我突然看见了一只虫子就在脚下活活地蠕动，但我的脚因惯性已无法控制，踏下去就把它踏死了。

我站在那里，悲哀了许久，忏悔着我无意的伤害，却一时想到这只虫子是多么像我们人类呀，这虫子正快乐地或愁苦地生活着，突然被踏死，虫子们一定在惊恐着这是一场什么灾难呢？也就在那个晚上，我坐在书房里，脑子里还想着虫子们的思考，电视中正播放着西藏的山民向神灵祈祷的镜头，蓦地醒悟这个世界上根本是不存在着神灵和魔鬼的，之所以种种离奇的事件发生，古代的比现代的多，乡村的比城市的多，边地的比内地的多，那都是大自然的力的影响。

类似这样的小事，和这样的小事的启示，几乎不断地发生在我的中年，我中年阶段的世界观就逐渐变化。我曾经在一篇短文里写过这样的话：道被确立之后，德将重新定位。于是，对于文学，我也为我的评判标准和审美趣味的变化而惊异了。

当我以前阅读《红楼梦》和《楚辞》，阅读《老人与海》和《尤里西斯》，我欣赏的是它们的情调和文笔，是它们的奇思妙想和优美，但我并不能理解他们怎么就写出了这样的作品。而今重新捡起来读，我再也没兴趣在其中摘录精彩的句子和段落，感动我的已不在了文字的表面，而是那作品之外的或者说隐于文字之后的作家的灵魂！偶尔的一天，我见到了一副对联，其中下联是："青天一鹤见精神"，我热泪长流，我终于明白了鹤的精神来自于青天！回过头来，那些曾令我迷醉的一些作品就离我远去了，那些浅薄的东西，虽然被投机者哗众取宠，被芸芸众生的人云亦云地热闹，却为我不再受惑和所骗。对于整体的，浑然的，元气淋漓而又鲜活的追求，使我越来越失却了往昔的优美、清新和形式上的华丽。我是陕西的商州人，商州现属西北地，历史上却归之于楚界，我的天资里有粗犷的成分，也有性灵派里的东西，我警惕了顺着性灵派的路子走去而渐巧渐小，我也明白我如何地发展我的粗犷苍茫，粗犷苍茫里的灵动那是必然的。我也自信在我初读《红楼梦》和《聊斋志异》，我立即有对应感，我不缺乏他们的写作情致和趣味，但他们的胸中的块垒却是我在世纪之末的中年里才得到理解。我是失却了一部分我最初的读者，他们的离去令我难过而又高兴，我得改造我的读者，征服他们而吸引他们。

我对于我写作的重新定位，对于曾经阅读过的名著的重新理解，我觉得是以年龄、经历的丰富后做基础的，时代的感触和人生的感触并不是每一个人都能深切体会的，即使体会，站在了第一台阶也只能体会到第二台阶，而不是从第一台阶就体会到了第四第五台阶。世纪末的阴影挥之不去的今天，少男少女们在吟唱着他们的青春的愁闷，他们其实并没有多大的愁，满街的盲流人群步履急促，他们唠唠叨叨着所得的工钱和物价的上涨，他们关心的仅是他们自身和他们的家人。大风刮来，所有的草木都要摇曳，而钟声依然是悠远而舒缓地穿越空间，老僧老矣，他并没有去悬梁自尽，也不激愤汹汹，他说着人人都听得懂的家常话。

《高老庄》落笔之后，许多熟人和生人碰见了我，总在问我又写了什么？我能写什么呢，长期以来，商州的乡下和西安的城镇一直是我写作的根据地，我不会写历史演义的故事，也写不出未来的科学幻想，那样的小说属于别人去写，我的情结始终在现当代。我的出身和我的生存的环境决定了我的平民地位和写作的民间视角，关怀和忧患时下的中国是我的天职。

但我有致命的弱点，这犹如我生性做不了官（虽然我仍有官衔）一样，我不是现实主义作家，而我却应该算作一位诗人。对于小说的思考，我在许多文章里零碎地提及，尤其在《白夜》的后记里也有过长长的一段叙述，遗憾的是数年过去，回应我的人寥寥无几。

这令我有些沮丧，但也使我很快归于平静，因为现在的文坛，热点并不在小说的观念上，没有人注意到我，而我自《废都》后已经被烟雾笼罩得无法让别人走近。现在我写《高老庄》，取材仍是来自于商州和西安，但我绝不是写的是商州和西安，我从来也没承认过我写的就是行政管理意义上的商州和西安，以此延伸，我更是反对将题材分为农村的和城市的甚或各个行业。我无论写的什么题材，都是我营造我虚构世界的一种载体，载体之上的虚构世界才是我的本真。

我终生要感激的是我生活在商州和西安二地，具有典型的商州民间传统文化和西安官方传统文化孕育了我作为作家的素养，而在传统文化的其中淫浸愈久，愈知传统文化带给我的痛苦，愈对其的种种弊害深恶痛绝。

我出生于一九五二年，正好是二十世纪的后半叶，经历了一次一次窒息人生命的政治运动和贫穷，直到现在，国家在改革了，又面临了一个速成的年代。我的一个朋友曾对我讲过，他是在改革年代里最易于接受现代化的，他购置了新的住宅，买了各种家用电器，又是电脑，VCD，摩托车，但这些东西都是传统文化里的人制造的第一代第二代产品，三天两头出现质量毛病，使他饱尝了修理之苦。

他的苦我何尝没有体会呢，恐怕每一个人都深有感触。文学又怎能不受影响，打上时代的烙印呢？我或许不能算时兴的人，我默默地欢呼和祝愿那些先蹈者的举动，但我更易于知道我们的身上正缺乏什么，如何将西方的先进的东西拿过来又如何作用，伟大的五四运动和五四运动中的伟人们给了我多方面的经验和教训。

我在缓慢地、步步为营地推动着我的战车，不管其中有过多少困难，受过多少热讽冷刺甚或误解和打击，我的好处是依然不掉头就走。生活如同是一片巨大的泥淖，精神却是莲日日生起，盼望着浮出水面开绽出一朵花来。

《高老庄》里依旧是一群社会最基层的卑微的人，依旧是蝇营狗苟的琐碎小事。我熟悉这样的人和这样的生活，写起来能得于心又能应于手。为什么如此落笔，没有扎眼的结构又没有华丽的技巧，丧失了往昔的秀丽和清晰，无序而来，苍茫而去，汤汤水水又黏黏糊糊，这缘于我对小说的观念改变。我的小说越来越无法用几句话回答到底写的什么，我的初衷里是要求我尽量原生态地写出生活的流动，行文越实越好，但整体上却极力去张扬我的意象。这样的作品是很容易让人误读的，如果只读到实的一面，生活的琐碎描写让人疲倦，觉得没了意思，而又常惹得不崇高的指责，但只谈到虚的一面，阅历不够的人却不知所云。

我之所以坚持我的写法，我相信小说不是故事也不是纯形式的文字游戏，我的不足是我的灵魂能量还不大，感知世界的气度还不够，形而上与形而下结合部的工作还没有做好。人在中年里已挫了争胜好强心，静伏下来踏实地做自己的事，随心所欲地去做，大自在地去做，我毕竟还有七卷书要写。沈从文先生在他的《边城》里写：“他或许明日就回来，或许永远也不回来了。”我套用他的话，我寄希望于我的第十七卷书，或者就寄希望于那第二十四卷了。

1998 年 6 月 10 日下午

《路小路作品集》序

朋友是气味相投的，况且他同我一样属于相貌丑陋一类，见面少不了要互相戏谑。“呀，才从花果山来的，去哪儿呀这么急的?”“你说巧不巧，才要上你的高老庄找你的，却就碰上了!”老鸦笑猪黑，猪也笑老鸦黑，两个人就拥抱了，哈哈大笑。

是蛇才想着吞象，是蛤蟆才想吃天鹅肉，丑人最讲究美好。所以，他要办事就要办成功，要写文章就要写得华丽，甚至连要择偶就要漂亮。他竟能样样实现了！正如此，他有他的魅力，走到哪儿都有听从者，有拥护者，有热爱者，真是瞎人有瞎福。

丑陋的皮囊裹着一颗很高贵的精神，这就是路小路。

路小路本名叫王路遥，他开始弄文学的时候，另一个作家路遥声名震远，于是他就改名了。我说应该改叫大道，他说，伏低伏小着好。但他并不是平地肯卧的角色，凭着写作，从油田上一名小工人变成了干部，由干部变成了专职文化人。没任何人肯抬举他，相貌又时时阻碍他，他真是在荆棘中硬走出了一条小路。

路细而乱如绳索，缠着山却往山上走，这是我曾经写给他的诗。

我是在油田上认识他的，那一年我去油田采风，他作向导，我们翻大山，跑沙漠，上井架，钻帐篷，他一双小眼睛红得如烂桃一般，那一张嘴却除了吃饭和睡着以外就不停地说，说正经的，也说不正经的，都说得蛮有趣，让你像吃老家饭一样，肚子已经不要了口里还想要。天下的事没有他不知道的，说出来水能点着灯，牛皮可以吹破。自那以后，我再去别的油田都找他联系，并约他同行。他精力过人，思维超前，善于社交，处事果断，其之长正是我之短，我笑着对他说，如果你相貌好，可以去竞选总理的。

不，他说，文学正是丑人的事业。

他写下了相当数量的文学作品，早年我在油田上就读过他许多小说稿，其意境的深远，构思的奇特，让我十分惊羡，后来又读过他一批随笔，更觉见解新颖，文笔洒脱。这是一个人与文都有趣，趣味很高的人，又是做人做文志向都豪华的人。面对了这册作品集，我在祝愿，这个朋友与我友好地交往下去，他的不断的新作能让我继续读到。

1997 年 9 月 14 日

《观云奇石》序

人可以无知，但不可以无趣，这是从旁观的眼光看的，与无趣之人对坐，如坐牢狱。人可以无爱，但不可以无好，这是从自身的眼光看的，无好之人活着，活着如同死了。人有好，人必有趣，有趣之人则肯定有神至而灵，是性情中人。

广东李观云好石。我去过他家，一座有三层楼的家院里，上上下下摆满了石头万件，有大若柜的，有小如珠的，五光十色，千奇百怪。他曾经开办过工厂，盈润颇丰，数年间却驱车全国各地，千金散去，广纳美石，人多不能理解，以为是疯子，他当然知道，苦苦奋斗了十多年，所赚的钱财原来全为了这些石头！这犹如招寻民间的鸡鸣狗盗之徒，组织演练了一支精兵，又犹如遣散于各地的孤儿终被收养。自己省吃俭用，独于山石不能廉，李观云有了孟尝君之风，天下奇石就为之而趋——这其中发生过许许多多神秘的故事——如果石能语，石类必有言传：今没梁山泊，却有观云庄。

今年夏初，观云突然从广东来西安，携一册他写的关于石头的书稿嘱我为序，哈，观云好石也知石，石能归他也始他，原是不捉笔之人现在竟一身斯文，笔意通脱沉着！我欣然应允，遂为记之。

1998 年 6 月

孙存蝶

中国戏曲说雅很雅，说俗也俗，是平民大众的艺术，这就造就了演员深入浅出、举重若轻的本事。孙存蝶是一位天才的秦腔艺人，他的丑角想象奇特，又极具放松，若能剔除一些不洁的俚语与动作，风格有卓别林的味。他的表演如水决堤，随物赋形，以至汤汤汪汪，不可收拾，使台下台上两者皆醉。这是他有了酣畅淋漓的长处，同时也有了泛滥为灾的短处。

他有许多精彩的折子，令人过目难忘，即使在一些并不成功的表演里，也依然在某一处显现了他的绚烂之光。

西北民众是酷爱秦腔的，酷爱秦腔的没有不喜欢孙存蝶，喜欢他模拟生活的真实，喜欢他艺术上的抽象。他是浪漫型的，如梁祝之蝶，如炭火之焰。他比秦腔前几代的名丑少些控制和节奏，但自在和灵动最具才情。人的天分有时如空气一般，你把它装在气球里，气球就能升飞，你把它装在轮胎里，轮胎就能负重车辆行驶，孙存蝶的艺术表演潜力仍没有得到充分发挥，有幸于他的是秦腔在民间的根基很深且广，没有使舞台只局限于庙堂，不幸于他的是没有更好地适应于他的剧本供其表演。

秦腔需要一代名丑，但产生大艺术家却得呼吁大的环境。

1998 年 1 月 5 日夜

怀念金铮

金铮有个习惯，常常会半夜三更给你打电话，这曾经令我很恼火，我在电话里说他：你又在喝酒了？但金铮去世后，我总觉得他没有死，说不定哪个半夜就会打来电话的。然而，我们再也收不到这样的电话了，甚至生活中也难见到那么可爱的喝酒，那样让你又恨又爱的朋友了。

金铮是在北京去世的，而调在北京的时间又特别短，我当时想，西安一直是成文人而不养文人的地方，许多人到了北京都成了气候，但金铮却宜于在西安。他是豪人爽人，喜欢自在，北京官宦深如海，他一生最大的失策是不该由边沿移向中心的。

我认识金铮的时候，是一次会上，那天我和路遥在一起，我穿了一件大红 T 恤衫，路遥穿了一件深黑的 T 恤衫，金铮则一头如雪的白发，我们三人都跑到会场外吸烟，金铮就左右搂了我们说：颜色多好！要摄影师拍照。现在，这张照片我保留着，每每看到三人者两人已逝，不禁有兔死狐悲之感。那次会后，我们没有在会上用餐，金铮一定要请我和路遥喝酒，我因病只是象征性碰杯，路遥也喝得少，他却是一杯接一杯，很快就有些醉了。他不喝酒的时候样子很威风，一醉就十分可爱，说某某的是，也说某某的非，爱憎分明，毫不忌讳，又直恨我心善，太软弱，接着拍着腔子说要保护我。但那晚他没有保护我，倒是我和路遥得搀扶他，劝他以后少喝些，他却说："喝酒有喝酒的好处。"我说："什么好处？"他说："但得酒中趣，勿与醒者传。你回去就给我写这样一副对联吧！"

我没有给他写。因为后来我觉得我是醒者，醒着却卑微，窝囊，我有病不能得酒中趣，写那对联就更无趣。

从此我们熟起来，常常聚会，相聚他就是主角，又要喝酒，又要高谈阔论。许多需要交涉的事都是他出头的，他有一头白发，可以充老者。于是他很得意自己的白发。有人呼他是伍子胥，我知道他的一生曾蒙过大难，但我不知道那头发是从小就白的，还是蒙难时一夜白的。

我的一位同乡从小县到西安谋生，人是极聪明的，却生活无着，十分狼狈。他寻到我帮忙，我无力帮他，就给金铮写了一封信，没想金铮就收留他在《喜剧世界》杂志社打工。几年过去，在金铮的关怀下，他进步极大，后来独立为一家杂志的主编，也写作了大量的文学作品。这位同乡现在很风光，一提起金铮就说：没有老金就不会有我今天！金铮当年搞创作，是写过许多优秀剧的，后来编刊物，自己不写了，却十分爱才，只要有才，别人不敢用的他用，别人不敢发的作品他发，为了人才，别人不敢说的话他说。仅我知道，在陕西，就有三四个在他的关心培养下都成了气候的。

许多人也是怕金铮的，因为金铮见不得伪人和小人，他会当众刺你，使你下不了台。他的一位朋友告诉说，因有一件事金铮以为他做得不当，其实金铮是误解了，金铮指着他鼻子大骂，他搭坐了金铮的车，金铮竟能把他推出车门。那一年，我因写了一本书，遭到一些人以想当然的理由诽谤，谣言四起，我又无法诉说，尤其有人先是盗印我的书赚钱，再是写骂我的书又赚钱，金铮非常气愤，时不时打来电话问我的近况。冬天里我们偶尔在北京的街头碰上，他一定要请我吃饭，我说，请我什么饭，要吃回西安吃羊肉泡去！他说，你听我的，这饭要吃，我请几个北京的名人陪你吃，我要解释一些问题，不能猪属的狗厨的都是你感的！席间，他澄清了许多是非，又大讲他的文学观，说：你接着写吧，作品的价值要经过时空检验的，不是某一个人两个人说了算的。你想写什么就在我们刊物上发吧。我感谢他的好意，但我没有写什么，我只写过一个条子给他：默雷止谤，转毁为缘。

金铮要离开西安的时候，给我说过他的去向，我不主张他走，他说：树挪一步死，人挪一步活嘛。但没想到他是树命，再大的树也是不能挪的。他走时我不在西安，一天接到他的电话，我问你在哪儿？他说在北京，我才知道他已经走了。他在电话里还在问我的病情，叮咛我要注意身体，但如今常年有病的我还不自在地活着，他却截截快快就死了！他是大刚的人，又是工作狂，又喜欢喝酒放浪形骸，这个世界岂能过久地容纳他呢？

一个朋友死去了，但朋友常常让我们想到他的好处，可以说这个朋友并没有真正死去。

1997 年 11 月 21 日夜

李广瑞

二十年前我们是朋友，二十年后我们还是朋友，朋友这么长久，真是不容易。初识的时候，我们家境都很贫寒，以至于谁有一包好烟，也忘不了分给对方一半，现在不愁了吃喝，分烟的习惯却还保持着。他是O型血，交人直诚，处事果断，走向了仕途，我属A型，优柔寡断，从事了写作，我们走了两条路，但并不妨碍做人的平等，我到他家去，我并不是所谓的“名人”，他来我家，也不是什么官人，我们下棋力悔一步，两人倒在沙发上争夺棋子儿，为争执对某件事的看法，脸红脖子粗以致有粗野话骂出。他曾在许多部门任职，政绩声名很好，他所在的任何部门我都去过，在周至时，他领我一块钻山串村去发动和检查杂果林带的经营，在民委时，又领我去过众多的寺院道观，直到教委，我也就结识了一大批城乡的教师。而我出版的各类书籍，他都存留。我在他那里了解了中国的官场，虽然官场各色人等，虽然他一直是小小的官，但我知道了群众对一个清正有为的官人是如何拥戴的，也知道了官做到清正有为才怎样能为群众办些切实之事。他也在我的书中看我对社会的思考，了解更基层的民心民情，以警示自己。他总是忙碌的，逢年过节才能闲下来，这当儿，有些人却又别一样的忙碌了，他从未趁机走动上级人家，而一直坚持着去乡下的父母坟头奠祀，再就去看望有老人的朋友，提一盒点心或一袋水果。我是吃过他的水果的，那是他当年在周至经营果林，他调走了，已经挂果的农家忘不了他，进城来给他带的。吃这样的水果，我觉得非常甜。

作为一个人，不论从事什么工作，尽心尽力，需要的就是一种成就感，但各有各的烦恼。人生就是享受这种欢乐与烦恼的。他在仕途上久了，对官场十分清醒，他越是明白，越是提上劲把自己所干的政务做好。业余闲暇他把精力转换到他一直嗜好的书法艺术上，尤其在知天命的前后数年。字是人的精神的绝好体证，他人在官场，作风肃正，书法也刚健苍劲，且十分有势。一般书法求势，多用侧锋，但他中锋运笔，其势内含，有清冽君子之气。严格地讲，他不是才华横溢之人，涉笔成趣；也不是社会浪人，出入堂会，染沾匪媚之味。他的作品继承传统的东西更多，笔意和对字的间架结构又有自己的审美，他的作品与自己的心性、爱好、学养、经历和职业是极其和谐的，所以，骨而不枯，势而不悍，威严清正又有静气。现在，他未举办过展出，也未出版过集子，但他的书法作品却在民间流布，堂而皇之地悬挂于相当多人的厅堂里。

中国历来是有着官本位的习气的，以至于在民间里，存在着有人当面谄官背后骂官的现象，尤其对于文艺人当官或官人爱好文艺是不屑的。其实，这是缺乏对官场的了解，或是一种偏见。诚然，我也认为时下社会改革最大的改革是官人思想的改革，反对腐败而最大的腐败是干部任用上的腐败，但官场毕竟较多地集中了精英人物，即便以书法而论，历史上相当多的大书法家都是官人。李广瑞不是什么了不得的大官，他的书法最后能进入何等境界，我也无法料就，而他为官为艺的品格令我对人说起来气壮。那年我去海南见到一个石碑上的话，回来书写了送他，这碑刻是四个字：灵雨广瑞。

1998 年初

李相虎

青泥是蓝田的古地名，李相虎是蓝田人，自号青泥散人，既不忘故土，又十分贴合本性。青泥散人早年做油画，声名昭著，拿过一次全国美展的奖，但随之就十数年泥牛入海，没了消息。他在陕南的小县里呆了许久，孩子都长大成人了，才调入西安，又在半坡博物馆伏下来。他在乡下的时候我去过他的住处，窝酸菜，吃杂面，门口篱笆上有牵牛花，屋后矮院墙根狗在吠。而半坡博物馆的工作室更是幽静，几乎要掩门藏明月，开窗放野云。在这永远有青泥相伴的日子里，他兴趣了书法，除了工作就没完没了地钻研碑帖。搞艺术要沉寂，但沉寂如龟者，我见过的只有青泥散人，他不急不躁，不事张扬，整日言语不多，笑眯眯的，以至于周围的人也不知他在练字，以至于连朋友们也骂他懒虫。我大约半年出城去看他一次，每次他在写字，立即卷了笔纸，他不愿我看他的字，我也不说着字的话，吃茶聊天，直聊得月上柳梢，才兴尽回城。回来，朋友又问他的状况，又恨他懒得没了出息。我说，懒虫一般说的是老虎吧，老虎平日总是卧在那里的，鸟叫虫鸣他是不理的，风吹草动他也是不理的，但真有猎物出现，老虎是一跃而起，任何猎物都不可逃脱了，青泥散人是有虚怀的，虚怀者是初若无能。

今年冬天，忽儿日奇冷，窗外树上的几只鸟也瑟缩如拳，如石，呼喊也不惊起，我与人在屋下棋，正为悔一棋子而厮夺，青泥散人敲门进来。他两颊通红，戴了耳套，胳肘后夹了一卷纸，是来要我看他的字的。他能主动让我看字，一定是字能耐看了，我偏不急着看，只问他乘的几路公共车，转了几站才到我这里的？他显示未遂，很快就平淡了，和我谈棋说茶，问到我的病。他说，肝病是淤血，要气血通畅，宜于读《石门铭》的。我说是呀，我每日用气功治病哩。他说：你做气功？我说，看好的书法，好的画，读好书，听好的音乐，好的演说，凡是真心身投入了的东西都有气功效果的。他笑了，说：你是要我挂出我的字了?！就把那卷纸一张一张挂了四壁。这是我第一次全面地看到了他的书法，我说了四个字：苍老苦涩。他问：有酒没？我说：没酒。他在茶里又添了茶叶，和我碰了一下喝了。

翌日，我赶到青泥散人的家去，赏读了他积存的全部作品，又目睹了他伏案实际操作，度过一个受活的下午。末了，我笑着说：字写成这样，人是不能发达的。他点了头，说：我是青泥散人。

从他家出来的时候，一收破烂人正从走廊里抱了一大捆废纸要过称，这是青泥散人练习过的字纸。我忙喝住，从那废品里挑出了四幅要收藏，收破烂的人疑惑：我每一星期来收这么二三捆的。收破烂的人并不识艺术，否则他全部留下来，他的后人就要发大财了！之所以说后人发财，是因为青泥散人的字并不为世所重，目下世风靡丽，没有多少人能欣赏他的字的，他的字只供搞书法的人去看，趣味太高，感应人寡。

回城的路上我想，青泥散人日月清贫，这是必然的，不出名也属必然，他全然不在乎，也是必然，他的艺术会长久也一定会必然。但这样的字即使再发展到极致，只能是大家却不能成宗师，这是因为这一路还不是书法的主流，苦涩仅为一味。但是，但是，话说回来，人的一生又能几个弄出惊天地泣鬼神的事呢？

1998 年 1 月 23 日

闲　人

不知从什么时候起，社会上有了闲人。

闲人总是笑笑的。“喂，哥们!”他一跳一跃地迈雀步过来了，还趿着鞋，光身子穿一件褂子，也不扣，或者是正儿八经的西服领带——总之，他们在着装上走极端，却要表现一种风度。他们看不起黑呢中山服里的衬衣很脏的人，耻笑西服的纽扣紧扣却穿一双布鞋的人。但他们戴起了鸭舌帽，许多学者从此便不戴了，他们将墨镜挂在衣扣上，许多演员从此便不挂了——“几时不见哥们了，能请吃一顿吗?”喊着要吃，却没乞相，扔过来的是一颗高档的烟。弹一颗自个吸了，开始说某某熟人活得太累，脸始终是思考状，好像杞人忧天，又取笑某某熟人见面总是老人还好，孩子还乖，末了就谈论天气，那一颗烟在说话的嘴上左右移动，间或喷出一个极大的烟圈，而拖鞋里的小拇指头一开一合地动。

闲人的相貌不一定俊，其实他们忌恨是小白脸，但体格却非常好，有一手握破鸡蛋之力。和你握手的时候，暗中使劲令你生痛，据说其父亲要教训，动手来打，做闲人的儿子会一下子将老子端起来，然后放到床上去，不说一句话，老子便知道儿子的存在了。他要请客，裹胁你去羊肉串摊，说一声吃吧，自己就先吃开，看见他一气吃下一百二十串羊肉，喝下十瓶啤酒，你目瞪口呆，“我有一个好胃!”他向你夸耀，还介绍他还能饿，常常一天到黑只吃一顿饭，却不减膘，仍有力气。他说：“你行吗?”你不行。

闲人的钱并不多，这如同时髦女子的精致的小提兜里总塞着卫生纸一样，可闲人不珍贵钱，所以显得总有钱。他们口袋里绝不会装两种不同质量的烟，从没有摸索半天才从口袋里捏出一颗自个吸，嘶啦一声，一包高档烟盒横着就撕开了，分给所有在场的人，没有烟了，就蹴在屋角刨寻垃圾中的烟头。钱是人身上垢痂，这理论多达观，所以出门就招出租车，也往豪华宾馆里去住一夜两夜。逢着骑自行车，那几乎是表演杂技，于人窝里穿来拐去，快则飞快，慢则立定，姿势是头缩下去，腰弓着，腿圈成圆形，用脚跟不停地倒转脚踏板。

闲人的朋友最多，没有贵贱老幼之分，三句话能说得来，咱们就是朋友了，“为朋友两肋插刀”，让我办事就是看得起我呀！闲人的有些朋友是在厕所撒尿时就交上了。当然，这些朋友有的交往时间长，有的交往时间短，但走了旧的来了新的，闲人没有“世上难逢一知己”之苦。若有什么紧俏东西买不到，寻闲人去。闲人很快就买来了，而且比一般价格还便宜。要搬家，寻闲人去，闲人一个人会扛件大衣柜上楼的。不幸的是家中失盗，你长吁短叹，闲人骂一顿娘就出动了，等回来，说：“我问过一个贼头了，他说你们家这一片不属于他管，我告诉了他，不属于他的地盘就查查是谁的地盘?!”闲人不偷人，但偷人的贼是不敢得罪闲人的。

闲人真瞧不起小偷，流氓，甚至那些嫖客、暗娼和拦路强奸者，觉得没意思，恶心，也害怕艾滋病。但闲人谈女人的头发、鼻子，他们相信男人的成熟和人生的圆满是需要有一个醉心的女人，甚至公开讥笑自己的从事文艺工作的父亲之所以事业不辉煌是只守了一个自己的母亲，他们有意地留神看街上来往的女人，张口闭口阐述花朵是花草的什么，到后来，闲人们分别是有了姑娘，姑娘自然很漂亮，他们就会同骑一辆车子招摇过市，姑娘分腿骑在后座上，腿长而圆像两个大白萝卜。闲人待姑娘好时好得你吃饱了还要往你嘴里塞油饼，不好了，就吼一声“滚!”但姑娘不滚，十分忠诚。

闲人爱姑娘，但最感痛快的并不是姑娘，因为闲人们都年轻，又都练过拳脚，至少家里有一把四十斤重的石锁。路过树下，忍不住要跳起来抓那树枝，抓住了要一把拉断下来，杀鸡就剁鸡头，偏再放开让没头的鸡瞎走一阵，将那桃花一般的血印在雪地上。街上有人打架了，闲人会立即前去围观，是几个男的为了一个女子在恶斗，女子娇嫩艳丽，他看着谁个有理，谁个弱者，便上去抱打不平了，混战中男的一尽逃散，人们都在说闲人是为了那个女子，闲人上前却要扇女子一个巴掌，骂一声“没志气!”而去。艳丽的女子当然使闲人也感悦目，但女子在挨过巴掌之后嘴角淌下血来更使闲人觉得奇艳无比！在回家的路上乃至回家之后，闲人还在激动不已，眼前尽是女子嘴角的血道红蚯蚓般地顺下巴和脖子涎流而下的图像，甚至想象到乱交情人的女子如果被人剖开了腔腹，倒地痉挛，样子又是何等壮观！但闲人这时候忽觉手疼，看时，右手的无名指却没有了，知道一定是混乱中被男的刀砍了，他赶忙跑回现场，沙土地果然有一节手指，遗憾是没有见到手指初断时的蹦跳。闲人是个直肠人，但闲人偏不自认，因为在一些年里，闲人最讨厌那些拍胸膛说“咱是粗人”的人，“粗人”本是自贱，却成了一种美饰。所以，谁家夫妇闹矛盾，闹得厉害，他不会“见婚姻说合”，“过不成就换班子!”他总是这么说：“我给你物色一个!”闲人不失言，果然物色了一个又一个。有的家庭后来是散了，有的家庭闹过又好了，又好的家庭少不得男方将闲人的话说知女方，闲人就恶下了这家的主妇，闲人见面仍叫“嫂子!”嫂子不理，不理了拉倒。

闲人的眼里才没有什么权威的，孔圣人不就是那个老孔吗？剧院里看戏，戏不好，“换节目！换节目!”领导作报告又是官话套话空话，闲人就头一歪睡着了。闲人顶熟悉的是体育明星，次之是通俗歌星，当然也有想一睹风采而去听一位外地来的大名人的专场报告，回来了就打开录音机模仿名人的声调也演说，但演说的内容就是：中华人民共和国×省×市伟大的政治家、杰出的哲学家、天才的艺术家×先生……。这位先生的名字一定是他的名字。录毕就放，一边听一边哈哈大笑，随之也就将让名人签名的纸展示众人，然后让某一位去上厕所用。

闲人却并不是四肢发达头脑简单的角色，可以说，都极聪慧，他们都有文化，且喜欢买书，只是从不读完每一本书。但学问已经足够了，知道弗洛伊德，知道后羿，知道孟子、荷马、毕加索和阿Q。当穿着牛仔裤并让它拖在地上在夜街上转悠，闲人差不多会碰着闲人，他们就会一起走到某一个闲人家去，在狼籍不堪的小屋中拒绝筷子而用手抓食着卤肉和鸡腿，就谈论天文、地理、玄学、哲学、经济，由女人说到了造人的女娲，由官倒说到了戈多，最多的说人生，说人生说到地球旋转，那么每一个人都是倒挂在地球上的，就不免说一句每次都说的“上帝死了!”然后有人出门就尿，有人将一口痰就吐在桌子下，咒骂“地球太小了!”有人推开了窗户看着城市的夜的风景，伤心了，有人庄严地去厕所，蹲下拉屎，有人抓过一本书想读，却又压在了屁股下。这一夜他们门窗洞开着让酒醉到天明，天明，洗脸，刷牙，弹掉衣服上的灰尘，道貌岸然地出去各干各的事了。

闲人不怕苦，不怕死，满世界里唯有两怕。一怕结婚，虽然不断地有姑娘相伴，但闲人已经是老大年龄了仍未结婚。他们总希望有一个美丽的，既温柔又风野，能吸烟能喝酒能跳舞能谈人生能打麻将的老婆，遗憾的是没有能将这些条件集中于一身的姑娘。二怕寂寞。寂寞如狼怕火，寂寞如鬼怕睡。他们预防着某一日任何人任何力量治不倒他们而要将他们寂寞独处的残酷，于是就幻想着真有那么一日，他们要爬上城中的报话大楼的顶尖上，然后用一条绳索一头系在楼顶尖一头套在脖子上纵身一跳，吊在半空了。因为吊在城中的最高点，全城的人都看得见，而且报话的大钟是每一小时要长鸣一次。

说闲人是一个阶段，这肯定有人要批评用词不准，那么，是一些人，是阶层，是……，反正闲人在社会上多了。据闻在一次高级的会上，天文学家说，因为天上的太阳的黑子增多才有了这些闲人，地理学家说，因为地上的草木减少才有了这些闲人，人类学家却一口咬定是人太多的缘故，南瓜葫芦一条蔓上花开得太多必然是有荒花的。会议上的这些争论当然闲人不可能听到，听到的是平日周围的人喊其“闲人”，闲人就甚是不悦，回一句：哼，我们才是忙人哩！

笑口常开

著作得以出版，殷切切送某人一册，扉页上恭正题写："赠×××先生存正"。一月过罢，偶尔去废旧书报收购店见到此册，遂折价买回，于扉页上那条题款下又恭正题写："再赠×××先生存正"。写毕邮走，踅进一家酒馆坐喝，不禁乐而开笑。

大学毕业，年届三十，婚姻难就，累得三朋四友八方搭线，但一次一次介绍终未能成就。忽一日，又有人送来游票，郑重讲明已物色着一位姑娘，同意明日去公园××桥第三根栏杆下见面。黎明早起，赶去约会，等候的姑娘竟是两年前曾经别人介绍见过面的。姑娘说："怎么又是你?!"掉身而去。木木在桥上立了半晌，不禁乐而开笑。

好友×君，编辑十五年杂志，清苦贫困，英年早逝。保存下那一支笔和一副深度近视镜。租三轮车送亡友去火葬场火化，待化的队列冗长，忽见墙上张贴有"本场优待知识分子"，立即返回取来编辑证书，果然火化提前，免受尸体臭烂，不禁乐而开笑。

入厕所大便完毕，发现未带手纸，见旁边有被揩过的一片脏纸，应急欲用，却进来一个人蹲坑，只好等着那人便后先走。但那人也是没手纸，为难半天，也发现那片脏纸，企图我走后应急。如此相持许久，均心照不宣，后同时欲先下手为强，偏又进来一人，背一篓，拄一铁条，为拣废纸者，铁条一点，扎去脏纸入篓走了。两人对视，不禁乐而开笑。

居住于A城的伯父，沉沦于二十年右派生涯，早妻离子散，平反后已垂垂暮老，多回忆早年英武及故友。我以他大学的一位女生名义去信慰藉，不想他立即复信，只好信来信往，谈当年的友情，谈数十年的思念，谈现在鳏寡人的处境，及至发展到黄昏恋。我半月一封，连续四年不断，且信中一再说要去见他，每次日期将至又以患病推延。伯父终老弱病倒，我去看他，临咽气说："我等不及她来了。她来了，你把这个箱子交她。"又说一句："我总没白活。"安详瞑目。掩埋了伯父，打开箱子，竟是我写给他的近百封信，得意为他在爱的幸福中度过晚年，不禁乐而开笑。

陪领导去某地开会，讨论席上，领导突然脖子发痒，用手去摸，摸出一个肉肉的小东西，脸色微红旋又若无其事说："我还以为是个虱子哩！"随手丢到地上。我低头往地上瞅，说："噢，我还以为不是个虱子哩！"会后领导去风景区旅游，而我被命令返回，列车上买一个鸡爪边嚼边想，不禁乐而开笑。

夜里正在床上半醒半睡，有人影推门闪进来，在立柜里翻，翻出一堆破衣服和书报，扔了；再往架板上翻，翻出各类米袋子、面袋子和书报，扔了；在桌斗里又翻，是一堆读书卡片，凑眼前看了看，扔了。嘟囔了一句顺门便走，我在床上说："朋友，把门拉上，夜里有风的。"小偷把门拉上了。天明起来整理房间，一地乱书乱报，竟发现找了好久未找着的一份资料，不禁乐而开笑。

上大街回来，挤了一身臭汗，牢骚道："用枪得在街十字路口扫一通！"回家一杯茶未喝尽，楼梯上步声杂乱，巷中有人呼："大街上有人用枪打死几十人了！"遂也往街上跑，街上人山人海，弯腰往里挤，问："尸体在哪儿？"一熟人说："不是你讲的吗？"忽记得那一句顺口的牢骚，不禁乐而开笑。

剧场里正巧和一位官太太邻座，太太把持不住放一屁，四周骚哗，骂问："谁放的？不文明！"太太窘极不语，骂问声更甚。我站起说："我放的！"众人骚哗即息，却以手作扇风状，太太也扇，畏我如臭物，回望她不禁乐而开笑。

出外突然有人迎面过来打招呼，立即停下，作疑惑状。"你不认识我了？""怎么不认识！"于是握手，互问哪儿来，到哪儿去，互问老人康健孩子可乖，互说又胖了，又瘦了，半天的淡而无味的话。分手了，终想不起这是谁，不禁乐而开笑。

弄文学的穷朋友来家侃山，酒瘾发而酒瓶仅能空出一杯酒，取马鬃四根，各人蘸吮，却大声划拳："三匹马，五魁手……你一盅（鬃）！我一盅（鬃）！"窗外卖茶蛋的老妪对老翁说："怪不得咱出钱让人家写文章宣传咱不干，人家钱多酒量也大，喝了整晌也未醉！"听着不禁乐而开笑。

路过一条小巷，忽见有长队排出，以为又在出售紧俏物件了，急忙列入其中，排到跟前，方见是巷口唯一的厕所，居民等候出恭，不禁乐而开笑。

去给孩子买一双袜子，昨日看时价是一元，今日是一元二角，怏怏出店门，打响一个喷嚏，喷带出一口痰。正想是售货员在嘲笑我，我方有喷嚏打出，一位戴"卫管员"袖章的人却责斥我吐了痰要罚五角钱。掏出那一元钱，卫管员没零钱找，遂再当地吐一口，愤愤而走，走过十步，不禁乐而开笑。

出差去旅社住宿，服务员开发票"作协"写成"做鞋"，不禁乐而开笑。夏月偏停电，爬十二屋楼梯去办公室，气喘吁吁到门口了，门钥匙却和自行车钥匙系在一起，遗忘在车子锁孔了，不禁乐而开笑。

路遇一女子，回望我嫣然一笑，极感幸福，即趋而前去搭话，女子闪进一家商店，尾随入店，玻璃上映出自己衣服纽扣错位，不禁乐而开笑。

名字是自己的，别人却用得最多，不禁乐而开笑。

写完《笑口常开》草稿，去吸一根烟，返身要誊写时，草稿不见了，妻说："是不是一大页写过的纸，我上厕所用了。"惊呼："那是一篇散文!"妻说："白纸舍不得用，我只说写过的纸就没用了。"急奔厕所，幸而虽臭但未全湿，捂鼻子抄出一份，不禁乐而开笑。

静虚村记

如今，找热闹的地方容易，寻清静的地方难；找繁华的地方容易，寻拙朴的地方难，尤其在大城市的附近，就更其为难的了。

前年初，租赁了农家民房借以栖身。

村子南九里是城北门楼，西五里是火车西站，东七里是火车东站，北去二十里地，又是一片工厂，素称城外之郭。奇怪台风中心反倒平静一样，现代建筑之间，偏就空出这块乡里农舍来。

常有友人来家吃茶，一来就要住下，一住下就要发一通讨论，或者说这里是一首古老的民歌，或者说这里是一口出了鲜水的枯井，或者说这里是一件出土的文物，如宋代的青瓷，质朴，浑拙，典雅。

村子并不大，屋舍仄仄斜斜，也不规矩，像一个公园，又比公园来得自然，只是没花，被高高低低绿树、庄稼包围。在城里，高楼大厦看得多了，也便腻了，陡然到了这里，便活泼泼地觉得新鲜。先是那树，差不多没了独立形象，枝叶交错，像一层浓重的绿云，被无数的树桩撑着。走近去，绿里才见村子，又尽被一道土墙围了，土有立身，并不苫瓦，却完好无缺，生了一层厚厚的绿苔，像是庄稼人剃头以后新生的青发。

拢共两条巷道，其实连在一起，是个“U”形。屋舍相对，门对着门，窗对着窗；一家鸡叫，家家鸡都叫，单声儿持续半个时辰；巷头家养一条狗，巷尾家养一条狗，贼便不能进来。几乎都是茅屋，并不是人家寒酸，茅屋是他们的讲究：冬天暖，夏天凉，又不怕被地震震了去。从东往西，从西往东，茅屋撑得最高的，人字形搭得最起的，要算是我的家了。

村人十分厚诚，几乎近于傻味，过路行人，问起事来，有问必答，比比划划了一通，还要领到村口指点一番。接人待客，吃饭总要吃得剩下，喝酒总要喝得昏醉，才觉得惬意。衣着朴素，都是农民打扮，眉眼却极清楚。当然改变了吃浆水酸菜，顿顿油锅煎炒，但没有坐在桌前用餐的习惯，一律集在巷中，就地而蹲。端了碗出来，却蹲不下，站着吃的，只有我一家，其实也只有我一人。

我家里不栽花，村里也很少有花。曾经栽过多次，总是枯死，或是萎缩。一老汉笑着说：村里女儿们多啊，瞧你也带来两个！这话说得有理。是花嫉妒她们的颜色，还是她们羞得它们无容？但女儿们果然多，个个有桃花水色。巷道里，总见她们三五成群，一溜儿排开，横着往前走，一句什么没盐没醋的话，也会惹得她们笑上半天。我家来后，又都到我家来，这个帮妻剪个窗花，那个为小女染染指甲。什么花都不长，偏偏就长这种染指甲的花。

啥树都有，最多的，要数槐树。从巷东到巷西，三搂粗的十七棵，盆口粗的家家都有，皮已发皱，有的如绳索匝缠，有的如渠沟排列，有的扭了几扭，根却委屈得隆出地面。槐花开放，一片嫩白，家家都做槐花蒸饭。没有一棵树是属于我家的，但我要吃槐花，可以到每一棵树上去采。虽然不敢说我的槐树上有三个喜鹊窠、四个喜鹊窠，但我的茅屋梁上燕子窝却出奇地有了三个。春天一暖和燕子就来，初冬逼近才去，从不撒下粪来，也不见在屋里落一根羽毛，从此倒少了蚊子。

最妙的是巷中一眼井，水是甜的，生喝比熟喝味长。水抽上来，聚成一个池，一抖一抖地，随巷流向村外，凉气就沁了全村。村人最爱干净，见天有人洗衣。巷道的上空，即茅屋顶与顶间，拉起一道一道铁丝，挂满了花衣彩布。最艳的，最小的，要数我家：艳者是妻子衣，小者是女儿裙。吃水也是在那井里的，须天天去担。但宁可天天去担这水，不愿去拧那自来水。吃了半年，妻子小女头发愈是发黑，肤色愈是白皙，我也自觉心脾清爽，看书作文有了精神、灵性了。

当年眼羡城里楼房，如今想来，大可不必了。那么高的楼，人住进去，如鸟悬案，上不着天，下不踏地，可怜怜掬得一抔黄土，插几株花草，自以为风光宜人了。殊不知农夫有农夫得天独厚之处。我不是农夫，却也有一庭土院，闲时开垦耕耘，种些白菜青葱。菜收获了，鲜者自吃，败者喂鸡，鸡有来杭、花豹、翻毛、疙瘩，每日里收蛋三个五个。夜里看书，常常有蝴蝶从窗缝钻入，大如小女手掌，五彩斑斓。一家人喜爱不已，又都不愿伤生，捉出去放了。那蛐蛐就在台阶之下，彻夜鸣叫，脚一跺，噤声了，隔一会儿，声又起。心想若是有个儿子，儿子玩蛐蛐就不用跑蛐蛐市掏高价购买了。

门前的那棵槐树，唯独向横里发展，树冠半圆，如裁剪过一般。整日看不见鸟飞，却鸟鸣声不绝，尤其黎明，犹如仙乐，从天上飘了下来似的。槐下有横躺竖蹲的十几个碌碡，早年碾场用的，如今有了脱粒机，便集在这里，让人骑了，坐了。每天这里人群不散，谈北京城里的政策，也谈家里婆娘的针线，谈笑风生，乐而忘归。直到夜里十二点，家家喊人回去。回去者，扳倒头便睡的，是村人，回来捻灯正坐，记下一段文字的，是我呢。

来求我的人越来越多了，先是代写书信，我知道了每一家的状况，鸡多鸭少，连老小的小名也都清楚。后来，更多的是携儿来拜老师，一到高考前夕，人来得最多，提了点心，拿了水酒。我收了学生，退了礼品，孩子多起来，就组成一个组，在院子里辅导作文。村人见得喜欢，越发器重起我。每次辅导，门外必有家长坐听，若有孩子不安生了，进来张口就骂，举手便打。果然两年之间，村里就考中了大学生五名，中专生十名。

天旱了，村人焦虑，我也焦虑，抬头看一朵黑云飘来了，又飘去了，就咒天骂地一通，什么粗话野话也骂了出来。下雨了，村人在雨地里跑，我也在雨地跑，疯了一般，有两次滑倒在地，磕掉了一颗门牙。收了庄稼，满巷竖了玉米架，柴火更是塞满了过道，我骑车回来，常是扭转不及，车子跌倒在柴堆里，吓一大跳，却并不疼。最香的是鲜玉米棒子，煮能吃，烤能吃，剥下颗粒熬稀饭，粒粒如栗，其汤有油汁。在城里只道粗粮难吃，但鲜玉米面做成的漏鱼儿，搅团儿，却入味开胃，再吃不厌。

小女来时刚会翻身，如今行走如飞，咿呀学语，行动可爱，成了村人一大玩物，常在人掌上旋转，吃过百家饭菜。妻也最好人缘，一应大小应酬，人人称赞，以至村里红白喜事，必邀她去，成了人面前走动的人物。而我，是世上最呆的人，喜欢静静地坐着，静静地思想，静静地作文。村人知我脾性，有了新鲜事，跑来对我叙说，说毕了，就退出让我写，写出了，嚷着要我念。我念得忘我，村人听得忘归；看着村人忘归，我一时忘乎所以，邀听者到月下树影，盘腿而坐，取清茶淡酒，饮而醉之。一醉半天不醒，村人已沉睡入梦，风止月暝，露珠闪闪，一片蛐蛐鸣叫。我称我们村是静虚村。

鸡年八月，我在此村为此村记下此文，复写两份，一份加进我正在修订的村史前边，作为序，一份则附在我的文集之后，却算是跋了。

平凹作画记

在年纪不老的作家里，我自诩我的毛笔字可入书品。但我确实没有临过帖，用钢笔写稿写得多了，随时又爱读一些碑，别人要我在宣纸上写，就写出来了。原本是一场玩事，所以从不为难他人的求索，给他写字不正好是练我的书法吗？差不多是求我一幅字的总事先拿数张纸来，剩下的便白落，竟落下了几大捆的便宜。有一日突发奇想：有这么多纸，何不也作些画呢？见过一些画家是将墨大泼大涂的，于是也泼，也涂，怪畅美的。刚画毕，恰好来了一位搞美术理论的先生，瞧我一嘴唇墨，问我干什么了？我说作画了，小时候在寺庙里看过画匠骑在木架上画檐头，时不时将笔在口里蘸唾沫，多半我作画时也这么不自觉地模仿了。就擦着嘴说，“小娃的屁股画家的嘴”，当画家就要敢不卫生呀！先生说要看画，看，一拳却把我击倒了，大叫你小子是鬼狐附体！我可怜地说：“我可从没受过训练，压根不懂技法。”意思是别以高标准来要求我。先生倒严肃起来，讲了许多使我也吃惊的好话，我瞧他不是在戏弄我，我来劲了，我是个见不得鼓动的人，一时得意叫道：那我就画呀！就画起来了。

我真是有无知无畏的秉性。

说老实的，我可不想作个画家，纯乎一种取乐的方式，没想后来更有了一层好处。我家来客过多，尤其晚上，常是小屋坐那么三位四位，宏谈滔滔，我很烦，又不能黑了脸赶人家，作起画就可以既不失礼又可平心，你若要走，说一句“啊，你慢走”，阿弥陀佛，你不走就待着看我作画，我反正要两不误的。

初冬到现在画下了30余幅，也是有生以来30余幅作品。画一幅，觉得还满意就编号，编了号的画是决意不送人的。不知这兴趣还有多久，也不知还要画出多少幅，我想天要我画多少就画多少，我才不受硬要画的累呢。

一、《唐僧取经》

画唐僧是一只很凶的虎，虎背上驮着一尊睡佛，这可能要遭佛门人骂，但我佛慈悲，佛是不会怪罪的。读《西游记》，我理解的唐僧是一分为四的，也就是说四而合一，孙悟空、猪八戒、沙和尚只是作为唐僧的另三个侧面。取经行走了那么多地方，遇到了那么多魔怪，应该说，唐僧是凶猛者。由此想到，凶的东西，则可开辟一个新的世界，而美好的东西如佛，则只能在开辟了新的世界后来平和与安详这个新的世界。

此画作于深夜，屋里还待着三个来访人，画完后见其中一人亲自又要沏一壶新茶来喝，我说："为不浪费茶，再喝一杯你们走吧，今日我困了！"又打了一个哈欠。第一次平静了脸赶客，觉得自己也有了虎气。人一走，满身清静，叼颗烟欣赏我画，欣赏半小时，我也成佛了。

二、《武松杀嫂》

要我说，武松是这样杀的嫂：

潘金莲，淫荡妇，你既是嫁给了武家，恁狠心就同奸夫害我哥哥?！武大无能却有武二，我岂能饶了你这贱人！今日你睁眼看看，这把钢刀白的要进去，红的要出来，割你的头祭我哥哥，我还要戳了你的胸腹掏出心来，瞧瞧天下的女人心是怎么个黑法?

她怎么不声不吭并没吓软?贱雌儿竟换上了娇艳鲜服，别戴着颤巍巍一朵玫瑰，仄靠了被子在床上仰展了。哎呀，她眼像流星一般闪着光，发如乌云，凝聚床头，那粉红薄纱衫儿不系领扣，且鼓凸了奶子乍猛得老高。以前她是嫂嫂，不能久看，如今刀口之下，她果真美艳绝伦，天底下有这样的佳人，真是上帝和魔鬼的杰作了！天啊，她这是临死亡之前集中要展现一次美吗?

啊，这么美的尤物，我怎么就要杀了她呢?她是害死我哥哥，哥哥实在是与她不般配，一朵花插在牛粪上，她是委屈了。武松若不是武二，武二若没有个太矮的哥哥，我也会是同情这女人的，也会是不满意这门婚姻的，可武大毕竟是我的哥哥，一个奶头掉下来的同胞，我哪能不维护亲生的兄长呢?哼，杀人者偿命，你就是九天玄女，是观音菩萨，武松若不杀你，武松算什么英雄武松?！

她笑了，无声而笑，不是冷笑，也不是苦笑，笑而摄魂，这女人，怎么我要杀她，她还以为这又是同那一个雪天她与我接风的酒桌上一样吧?这女人是对自己有过感情的，扪心而想，我何尝没有爱过她呢?现在我真的要杀了她吗?如果那一天我接受了她的爱，我也被爱所冲动，那我会怎么样呢?今日要杀的除了她难道没有我吗?正因为我武松是英雄，才避免了一场千古谴责的罪恶，可正是我成了英雄，才将她推到了西门庆的贼手吗?！

武松呀武松，你这是想到什么地方去了，现在哥哥的灵前，灵堂阴气凝重，哥哥的屈死的灵魂在呼唤着你来申冤，你怎能就要饶了狠毒角色?是的，你个潘金莲，就是不爱我的哥哥，你可以再嫁他人，嫁谁都可以，却偏偏是同那个泼皮西门庆？同了西门庆也还可以，竟合谋害了哥哥性命，我武松放过了你，别人又会怎样议论我呀！一顶绿帽子戴给了哥哥，也戴给了景阳冈的英雄。或许更有人说武松不杀嫂，是嫂曾经爱过武松，我一场英雄会在人们眼中是个什么形象呢？

杀吧，杀吧，潘金莲，武松真格要杀你了！

刀怎么提不起来，这般重呀？那么一刃，一代美色就灭绝了吗？世上少了潘金莲，多少人为之丧气了，我武松是不是心太硬了？哥哥，哥哥，我该怎么办呢，我已杀了西门庆，咱就放了这个尤种吧？

咳，咳，这是个景阳冈的老虎就好了。

罢了，罢了，由她去吧。可是可是，我不杀她，她能老老实实在武家守节吗？她一定又要另嫁他门，或许又会与别的不三不四的恶徒勾搭，那这么鲜活的小兽与其他人猎去，就不如我武松杀了她。杀了她，看着殷红的血怎样染红白瓷般的胸脯，看着她睁开了杏眼在咽气前的痉挛，岂不是更使人刺激吗？我不能成全她爱我，却可以让她死在所爱的人的刀下，不是于她也于我都是一场最合适的解脱办法吗？好了，好了，潘金莲，那我就这么杀你了！

于是，武松就把潘金莲杀了。

三、《贵妃赏蝶》

杨贵妃已经被文人墨客描述得太多了，我也爱这个女人。因为爱着她，就不忍心读她死于马嵬坡的故事，相信着东渡了日本的传说，以致对胖胖的东西都有感情，甚至一次在大街上碰见行刑前的游行车上押着一个天生丽质的女子就伤悲了几日。可是，我怎么也没想到，当我画出了贵妃的上半身，正待画她的下半身，口中叼着的烟头掉下来，一时拂不去，竟将宣纸烧出难看的洞来。妈的，我骂我，索性拿打火机要焚了这张宣纸，以宣纸充冥钱送给她了。看着宣纸燃到仅剩下杨贵妃的上半身的多半时，我瞧见火光中的贵妃似乎要活起来，一派富贵中的深沉的忧愁，忙就趴过去，用身子压灭了火。这就是我的贵妃。

女人的作用就是给世上贡献美的，我总这样认为的，女人的悲剧也就是太美了。杨玉环正是如此才成了唐代的国母，国母正如此也才勒死在马嵬。如今我画贵妃原本要让她处优地赏蝶，天意竟还让她残缺。残缺的美更美，我永远也忘不了我的这幅画。

四、《石鲁》

生活在西安，又要作画，总就想到那个石鲁。石鲁的艺术在石鲁疯了以后更进入大的境界，这使我独坐了常寻思：在那样个文艺差不多有着僵壳的时期，石鲁的成功在于他有了异于别人的思维吗?！我很羡慕有这种思维，但我不愿以疯来建构，更恐惧思维“疯”的产生背景。眼下气功时兴，我求拜过许多气功师，要给我开慧眼，看鬼，看神，看别人看不到的世界情形，以来突破我的写作。可悲惨的是气功师都拒绝了，这倒令我怀疑了这些气功师，他们或者胡说，或者他们的功法太浅。

于是我又想，或许石鲁并没有疯，因为他感应自然、体验生命的思维与当时社会不同，众人看他才疯了，疯的其实是认为他疯了的人。

五、《景阳冈之后》

时下，到处都在崇尚男子汉气派，文学艺术作品里凡是要歌颂的人物，胸口都要贴上一些胸毛。但在中国古典文学艺术中，男人的形象可分两类，一是白脸，包括那个刘备、贾宝玉和所有戏曲的小生，一是黑脸。白脸的皆阴柔虚涵，予以张扬，黑脸的则往往刚烈，视为鲁莽之徒。

这个晚上不知怎么就想起了为武松作画。

武松在景阳冈上敢打虎，面对嫂嫂能杀淫，如果武松在今日，胸毛是够茂密了，或许会演出更惊天泣地的业绩来的。但古时的标准为他定了性，梁山泊的头把二把交椅轮不到他，只能是个将领而已，所以上了梁山，他的贡献就十分之小了。

但武松当然还是英雄，我就要画出个英雄来。画毕，有一远路朋友来，却以为武松模样窝囊了：戴了颈枷，瑟瑟作抖，虽然以你的名章按在额上作罪犯烙印而构思奇妙。我说，英雄也是血肉长的，对死谁个不恐惧，面临失败和委屈谁个不沮丧，愈是这样活下去，才是英雄！我们的现代意识里，以为男子汉一味阳刚，让他不爱生命，如归一般地死，那么，鼓励一个人连自己的生命都不爱，他还能爱别的什么吗？再者，不画英雄万众欢呼，画一个英雄落难，使我们懂得人生的艰辛了就更爱英雄，而不是以为英雄是轻而易举的风光的事体而许多人去做荒诞的梦。

六、《鬼才李贺》

我喜欢那个李贺，却不明白怎么世人就称他是鬼才，有了非凡的才能只能归之于鬼的作用吗？细读他的诗，除了大写阴阳之事外，他的思维是与一般人异同的。记得数年前见到大作家汪曾祺先生，他说李贺是黑纸上写白字，先生的话使我顿开茅塞。今日为李贺造像，当然是一团黑气汹涌而来，他是没地位之人，家境贫寒，潜心了艺术可能人缘不会好，过早地就驼了背，眉眼就画在黑团之中吧，那头寻诗所骑的毛驴却是极瘦极瘦的了。年轻时爱读蒲松龄的狐狸精，盼不得夜深人静有个女子破窗而入，今画李贺，我还是不怕鬼，爱鬼，则更希望能得些李贺的鬼气以匡正我的思维定式。

七、《百年孤独》

读了马尔克斯的书，就永远记住了“百年孤独”四个字，但我没有以此而冲动着作画。1991 年元月 6 日，得知台湾作家三毛自杀消息，心中无限痛惜。世人对三毛之死的原因猜测纷纷，我认为她死于天才的孤独。大凡世界上进入了大境界的人都是孤独的。夜幕降临，寒星闪烁，立于高楼凉台仰天怆悲，返回画案作下此画。树是枯桩形，人是老井状，一个不以红花繁叶热闹炫世，一个风吹不走，日晒不干的深茂虚涵。用不着再在画面上行文题字了，用不着的。

我是农民
——乡下五年记忆

读了不到两年的初中，学校便放了长假。我被划为了1967年的初中毕业生，那时我才14岁，瘦瘦的脖子上顶着一个大脑袋，脑袋的当旋上有一撮高高翘起的毛发。我总打不过人，常常人揪了那撮毛打，但我能哭，村里人说我是刘备。

回到了棣花，我成了名副其实的农民，在农民里又属于知识青年。但是，当我后来成为一名作家，而知青文学在相当长的时间里走红于中国文坛，我却没有写过一个字的知青文学作品。在大多数人的概念中，知青指那些原本住在城里，有着还算富裕的日子，突然敲锣打鼓地来到乡下当农民的那些孩子；我的家却原本在乡下，不是来当农民，而是本来就是农民。我读过许多知青小说，那些城里的孩子离开了亲情、离开了舒适，到乡下去受许许多多的苦难，应该诅咒，应该倾诉，而且也曾让我悲伤落泪，但我读罢了又常常想：他们不应该到乡下来，我们就该生在乡下吗？一样的瓷片，有的贴在了灶台上有的贴在了厕所里，将灶台上的拿着贴往厕所，灶台上的呼天抢地，哪里又能听到厕所里的啜泣呢？而我那时是多么羡慕着从城里来的知青啊！他们敲锣打鼓地来，有人领着队来，他们从事着村里重要而往往是轻松的工作，比如赤脚医生、代理教师、拖拉机手、记工员、文艺宣传队员，他们有固定的中等偏上的口粮定额，可以定期回城，带来收音机、手电筒、万金油，还有饼干和水果糖。他们穿军裤，脖子上挂口罩，有尼龙袜子和帆布裤带。他们吸引了村里漂亮的姑娘，姑娘们在首先选择了他们之后才能轮到来选择我们。

从运麦糖开始，我被队长派了运粪、套牛等农活，每天挣三个工分。那时一个劳动日是十分，十分工分折合人民币是两角，这就是说，我一天从早到晚的劳动可以赚得六分钱。由于个小，力气又不大，我总是被骂，他们骂人都非常难听，还算运气好，在相当长的时间里，队长是分配了我和妇女一块劳动的。

我是棣花公社棣花大队东街村的社员了，我已经能闭着眼睛说出我们村的土地在前河滩是多少亩水田，西河滩是多少新修地；东是多少亩旱田，西又有多少亩梯田。我爱土地，爱土地上的每一株庄稼苗……

在贫困的环境里，我学会了自私，因为一分钱，一根柴火，一把粮食，对于生命是多么重要！

然而，我又恨土地，我不甘心就这样受穷一辈子，只要有机会，一定要从这繁重的劳动中解脱出来。

上面几次来招工，由于没人说情更没礼送，我一次次被刷下来。

征兵时，开始是公社武装部没熟人送不上礼，而第二年，却因为父亲突然被清理下放回家，连名都没报上！

难道就这样窝一辈子？

我曾看着劁猪匠干活想学会阉猪，也曾想过当代理教师——机会终归来了，我正兴奋地等着消息时，等来的却是被别人顶替了的结果！

父亲一直认为是他的问题影响了我，看到他“是我误了娃呀”的愧疚样，我心如刀剐！

终于有一天傍黑，我偷偷地上了水库大坝工地！我上大坝一则是想换个地方让心情轻松一下，重要的是我一直暗恋着的那个“她”也在工地上！80年代中，我写过一首小诗，名为《单相思》，诗是这样写的：

“世界上最好的爱情/是单相思/没有痛苦/可以绝对勇敢/被别人爱着/你不知别人是谁/爱着别人/你知道你自己/拿一把钥匙/打开我的单元房间。”

这首诗是为了追忆我平生第一次爱上一个女子的感觉。

在初上水库工地的一天半里，我没有见到她，也没问堂弟她是住在哪儿。我睡不着，顺手拿了一本民工的书——几年后读大学时我才知道这本没封面也没封底的书叫《白洋淀纪事》——我读了十几页，突然觉得被窝那边凉飕飕，似乎还有什么在动，用脚一挑被子，天呀，是一条蛇！

第二天，我就到了指挥部，开始了写标语和办战报的工作。在指挥部，一天可以记八分工，近乎我在村里劳动一天的三倍工分，而且还可以拿到每月两元钱的补贴！如此的好事降临于我，我一个人跑到河滩的一处深水潭里去游泳，脱得精精光光，大呼小叫，发誓要保住这份工作，踏踏实实勤勤恳恳，一定要让指挥部的所有领导满意我，长久地留用我。我游泳的深水潭在工地的下河滩，晚饭后并没有人来这里，但偏偏我暗恋着的人出现了。我正从水里钻出脑袋，就看见了她从远处走过来，我啊了一声，立即潜下水去，因为我是赤身裸体的。当她已经走过了水潭，我穿上了衣服在后面叫：“喂！喂——”她怔了一下，一下子跑过来，说：“听说你来了，可就是不见你，你到指挥部去了?!”我说：“下午才算正式去的。”她改变了出来的目的，领我返回了她们的宿舍。我们一进去，大家就都看我，我经不起这么多女子的目光，一时窘得耳脸通红，耳脸一红，她们就怀疑上我了，目光顿时异样。她说："这是我叔，我把他叫叔哩！"大家说："是吗！这么小的叔？"

我最早对她留意，应该追溯于在魁星楼上睡午觉。这一个中午，吃过了午饭，我们去丹江玩了一会水，就爬上被村人称为光棍楼的魁星楼，没多久便呼呼睡着了，但一个鸟儿老在楼台边叫，我睁眼看看，就看见她一边打着绒线衣一边从官路上走过去，那绒线团却掉在地上，她弯下腰去捡，长长的腿登直着，臀部呈现成一颗大的蜜水桃。似乎她也听到了鸟叫，弯下的身子将头仰起来，我的心里"铮"地响了一下。我确实听到了我的心的响声，但我立即伏下头去，害怕让她看见了我正在看她。从此我就在乎起她来，对她脸上的那颗麻子也觉耐看，常常就想见她，见了她就愉快（虽然她不姓贾，但却往我喊叔）！从此我开始了愉快而苦恼的对她的暗恋。每天上工的铃响了，我站在门前的土堰上往小河里看，村里出工的人正从河边的列石上走过，我就看人群中有没有她。若有她了，突然地精神亢奋，马上也去上工，并会以极自然的方式凑在一块儿劳动，那一天就会有使不完的劲。若是人群里没有了她，我出工是出工了却灰不沓沓，与谁也不说话，只觉得身子乏，打哈欠。生产队办公室与她家近，每天晚上去办公室记工分，原本弟弟要去的，但我总是争先恐后，谋的是能经过她家院门口。她家的门总是半开半闭，望进去，院内黑幽幽的，仅堂屋里有光，我很快就走过去，走过去了又故意寻个原因返回去，再走过来，希望她能从院门里出来。有一次她是出来了，但院门左侧的厕所里咳嗽了一声，她的嫂子的脑袋冒出了厕所土墙，姑嫂俩就隔了土墙说话，我贼一样逃走了，千声万声恨那嫂嫂。等我回到家里，我悔恨自己怯弱，发誓明日上工见到她了，一定要给她说破我的心思，可第二天见了面，话说得多，却只是兜圈儿，眼看着兜圈儿要兜到圈中了，一拐又说起不盐不淡的话。……有一次，和村里一个很蛮横的人在一起挖地，他说："我恨不是旧社会哩！"我说："为啥？"他说："要是旧社会，我须抢了×不可，做不成老婆，我也要强奸她！"我吃了一惊，原来他也想着她，但我恨死了这个人，我若能打过他，我会打得他爬在地上，扳了他的一嘴牙，让嘴变成屁眼的。

一个晚上，生产队加班翻地，歇伙时在地头燃了一堆篝火，大家围上去听三娃说古今，她原来和几个妇女去别处方便了，回来见这边热闹，说："我也要听！"偏就挨着我和另一个人中间往里插，像插楔子插坐进来了。我双手抱着膝盖，一动不动，半个身子却去感受她，半个身子的血管全都活跃起来，跳得别儿别儿响。后来听说山外来了个后生找她提亲，果然就是了，她来问过我，我硬硬地说那是你的事！而心里却恨起那个山外人来。

我到水库工地不久，她便与一个军人订了婚，我恨呀！气呀！恨我是农民，气我没参上军，更恨我一直没与她说破我的心思。

后来母亲为我托人说过几门亲事，没成，倒是指挥部的福印为我介绍了一个对象，这就是田×。

第一次按福印的安排去见田×，心里也不踏实，虽然我早就见过她，而且远不止一次两次。我照福印说的地方走去，只见那儿有屋大的石头和一棵从石堰上斜长过来的柿树，但没有人影。我立了一会，才要转身走开，大石后闪出一个人来，是田×。她说："你不守时，福印说你要在这儿见我，我来你却不在!"我走过去，说："我不是要见你，他说让我到这儿来……"她说："你不承担责任，那好，算我在这儿约你!"……她说："咱就敲开窗子说明话吧，福印让你来说什么呀?"我说："……福印说你愿意?"我说这话时声音发颤，她说你冷？说了好多话，我有些自卑，末了我还是说："你愿意吗?"她说："你呢?"我说："我是农民，我父亲还有历史问题，我恐怕一辈子窝在农村了，这你想好。"她说了一句："只要你有本事!"

真正的谈恋爱，这算是第一回。第一回的恋爱是从黑夜开始的，又冻坏了我的脚，也冻坏了她的脚。数年后，当我们解除了我们的恋爱关系，我就觉得那一晚选择的地方不好，我现在想想，我的第一次恋爱是冷爱。虽然我和田先是自由的、地下的，但不久双方父母都认可了，我们还订了婚，田喊我爸妈做爸、妈，一年后，仍然分了手。

二十年后我才明白，忧伤和烦恼是在我离开棣花的那一时起就伴随我了。我没有摆脱掉苦难，人生的苦难是永远和生命相关的，而回想起在乡下的日子，日子变得是那么透明和快乐。

1993 年，我刚刚出版了我的长篇《废都》，我领着我的女儿到渭北塬上，在一大片犁过的又刚刚下了一场雨的田地里走，脚下是那么柔软，地面上新生了各种野菜，我闻到了土地的清香味。我问女儿：你闻到了清香吗？女儿说没有。我竟不由自主地弯腰挖起一撮泥土塞在嘴里嚼起来，女儿大惊失色，她说："爸，你怎么吃土?"我说："爸想起当年在乡下的事了，这土多香啊!"女儿回家后对妻子说："我爸真脏，他能吃土?!"我不禁又想到了那碗面条，那面上两个黄灿灿的荷包蛋。

那天，为招不了工又参不了军而一直沉闷的我，突然听到了当民兵连长的堂兄带来的好消息：小学校一个女教师去生孩子，要一个代理教师。堂兄说他推荐了我，欢喜得母亲给他煮了一碗面，还加了两只煎鸡蛋！而结果，当我彻夜不眠，翘首以盼，并对教书如何讲课如何用凳子垫了踩上去在黑板上写字想象过无数遍后，堂兄却骂咧咧地来说：平娃字好，学习好，我推荐了他当代理教师，大队也有一个干部推荐了别人，可那娃学习不好，举手时一直定不下来，就在堂兄转身出去尿完尿泡回来，大队的几个人已表决了那个干部推荐的娃！

这是怎么回事呀！

偏偏又碰上了一个同学，他穿戴整齐，我说："相亲啊?"他说："地质队招工我招上了，这是报到去!"一个鼻涕虫，才读过半年的初中啊，我心里恨恨地，刚好看见一对交配的狗在不远处，我恶狠狠地就拣了土块扬过去，并粗暴地骂了一句粗话……

后来我上了水库大坝工地，在指挥部办了战报，当时出于充实版面目的而写的诗，客观上开始了我的创作生涯。

现在，我已不是那个土著知青、地地道道的农民贾李平了，也没人叫我平娃，我从农民变成了作家，成了城市人，而我却成了一堆数字：

贾平凹，男，陕西省丹凤县棣花乡人，生于1952年农历2月21日，属龙相，身高1.65米，体重62公斤，1975年毕业于西北大学，分配于陕西人民出版社任文学编辑，1980年至今在西安市文联供职。单位邮政编码710069，地址莲湖巷2号，电话（029）7274959。家居西北大学6—3—407，邮政编码710003，电话是（029）8302328，在住宿楼我是407，住院护士发药，我是348，在单位我是001，电话局催交电话费时我是8302328，去机场安检处，我是610103530221121。犹如商店里出售的那些饮料，包装盒上就写满了各种成分的数字。

秦　腔

山川不同，便风俗区别，风俗区别，便戏剧存异；普天之下人不同貌，剧不同腔；京，豫，晋，越，黄梅，二簧，四川高腔，几十种品类；或问：历史最悠久者，文武最正经者，是非最汹汹者？曰：秦腔也。正如长处和短处一样突出便见其风格，对待秦腔，爱者便爱得要死，恶者便恶得要命。外地人——尤其是自夸于长江流域的纤秀之士——最害怕秦腔的震撼；评论说得婉转的是：唱得有劲；说得直率的是：大喊大叫。于是，便有柔弱女子，常在戏台下以绒堵耳，又或在平日教训某人：你要不怎么怎么样，今晚让你去看秦腔！秦腔成了惩罚的代名词。所以，别的剧种可以各省走动，唯秦腔则如秦人一样，死不离窝；严重的乡土观念，也使其离不了窝：可能还在西北几个地方变腔走调的有些市场，却绝对冲不出往东南而去的潼关呢。

但是，几百年来，秦腔却没有被淘汰，被沉沦，这使多少人在大惑而不得其解。其解是有的，就在陕西这块土地上。如果是一个南方人，坐车轰轰隆隆往北走，渡过黄河，进入西岸，八百里秦川大地，原来竟是：一扶黄褐的平原；辽阔的地平线上，一处一处用木椽夹打成一尺多宽墙的土屋，粗笨而庄重；冲天而起的白杨，苦楝，紫槐，枝干粗壮如桶，叶却小似铜钱，迎风正反翻覆……你立即就会明白了：这里的地理构造竟与秦腔的旋律惟妙惟肖的一统！再去接触一下秦人吧，活脱脱的一群秦始皇兵马俑的复出：高个，浓眉，眼和眼间隔略远，手和脚一样粗大，上身又稍稍见长于下身。当他们背着沉重的三角形状的犁铧，赶着山包一样团块组合式的秦川公牛，端着脑袋般大小的耀州瓷碗，蹲在立的卧的石磙子碌碡上吃着牛肉泡馍，你不禁又要改变起世界观了：啊，这是块多么空旷而实在的土地，在这块土地摸爬滚打的人群是多么“二愣”的民众！那晚霞烧起的黄昏里，落日在地平线上欲去不去的痛苦的妊娠，五里一村，十里一镇，高音喇叭里传播的秦腔互相交织，冲撞，这秦腔原来是秦川的天籁，地籁，人籁的共鸣啊！于此，你不渐渐感觉到了南方戏剧的秀而无骨吗？不深深地懂得秦腔为什么形成和存在而占却时间，空间的位置吗？

八百里秦川，以西安为界，咸阳，兴平，武功，周至，凤翔，长武，岐山，宝鸡，两个专区几十个县为西府；三原，泾阳，高陵，户县，合阳，大荔，韩城，白水，一个专区十几个县为东府。秦腔，就源于西府。在西府，民性敦厚，说话多用去声，一律咬字沉重，对话如吵架一样，哭丧又一呼三叹。呼喊远人更是特殊：前声拖十二分的长，末了方极快地道出内容。声韵的发展，使会远道喊人的人都从此有了唱秦腔的天才。老一辈的能唱，小一辈的能唱，男的能唱，女的能唱；唱秦腔成了做人最体面的事，任何一下乡下男女，只有唱秦腔，才有出人头地的可能，大凡有出息的，是个人才的，哪一个何曾未登过台，起码不能吼一阵乱弹呢！

农民是世上最劳苦的人，尤其是在这块平原上，生时落草在黄土炕上，死了被埋在黄土堆下；秦腔是他们大苦中的大乐，当老牛木犁疙瘩绳，在田野已经累得筋疲力尽，立在犁沟里大喊大叫来一段秦腔，那心胸肺腑，关关节节的困乏便一尽儿涤荡净了。秦腔与他们，要和“西凤”白酒，长线辣子，大叶卷烟，牛肉泡馍一样成为生命的五大要素。若与那些年长的农民聊起来，他们想象的伟大的共产主义生活，首先便是这五大要素。他们有的是吃不完的粮食，他们缺的是高超的艺术享受，他们教育自己的子女，不会是那些文豪们讲的，幼年不是祖母讲着动人的迷丽的童话，而是一字一板传授着秦腔。他们大都不识字，但却出奇地能一本一本整套背诵出剧本，虽然那常常是之乎者也的字眼从那一圈胡子的嘴里吐出来十分别扭。有了秦腔，生活便有了乐趣，高兴了，唱“快板”，高兴得像被烈性炸药爆炸了一样，要把整个身心粉碎在天空！痛苦了，唱“慢板”，揪心裂肠的唱腔却表现了多么有情有味的美来，美给了别人的享受，美也熨平了自己心中愁苦的皱纹。当他们在收获时节的土场上，在月在中天的庄院里大吼大叫唱起来的时候，那种难以想象的狂喜，激动，雄壮，与那些献身于诗歌的文人，与那些有吃有穿却总感空虚的都市人相比，常说的什么伟大的永恒的爱情是多么渺小、有限和虚弱啊！

我曾经在西府走动了两个秋冬，所到之处，村村都有戏班，人人都会清唱。在黎明或者黄昏的时分，一个人独独地到田野里去，远远看着天幕下一个一个山包一样隆起的十三个朝代帝王的陵墓，细细辨认着田埂土，荒草中那一截一截汉唐时期石碑上的残字，高高的土屋上的窗口里就飘出一阵冗长的二胡声，几声雄壮的秦腔叫板，我就痴呆了，猛然发现了自己心胸中一股强硬的气魄随同着胳膊上的肌肉疙瘩一起产生了。

每到农闲的夜里，村里就常听到几声锣响：戏班排演开始了。演员们都集合起来，到那古寺庙里去。吹，拉，弹，奏，翻，打，念，唱，提袍甩袖，吹胡瞪眼，古寺庙成了古今真乐府，天地大梨园。导演是老一辈演员，享有绝对权威，演员是一定几口，夫妻同台，父子同台，公公儿媳也同台。按秦川的风俗：父和子不能不有其序，爷和孙却可以无道，弟与哥嫂可以嬉闹无常，兄与弟媳则无正事不能多言。但是，一到台上，秦腔面前人人平等，兄可以拜弟媳为帅为将，子可以将老父绳绑索捆。寺庙里有窗无扇，屋梁上蛛丝结网，夏天蚊虫飞来，成团成团在头上旋转，薰蚊草就墙角燃起，一声唱腔一声咳嗽。冬天里四面透风，柳木疙瘩火当中架起，一出场一脸正经，一下场凑近火堆，热了前怀，凉了后背。排演到什么时候，什么时候都有观众，有抱着二尺长的烟袋的老者，有凳子高、桌子高趴满窗台的孩子。庙里一个跟头未翻起，窗外就哇的一声叫倒好，演员出来骂一声：谁说不好的滚蛋！他们抓住窗台死不滚去，倒要连声讨好：翻得好！翻得好！更有殷勤的，跑回来偷拿了红薯、土豆，在火堆里煨熟给演员作夜餐，赚得进屋里有一个安全位置。排演到三更鸡叫，月儿偏西，演员们散了，孩子们还围了火堆弯腰踢腿，学那一招一式。

一出戏排成了，一人传出，全村振奋，扳着指头盼那上演日期。一年十二个月，正月元宵日，二月龙抬头，三月三，四月四，五月五日过端午，六月六日晒丝绸，七月过半，八月中秋，九月初九，十月一日，再是那腊月五豆，腊八，二十三……月月有节，三月一会，那戏必是上演的。戏台是全村人的共同的事业，宁肯少吃少穿也要筹资集款，买上好的木石，请高强的工匠来修筑。村子富不富，就比这戏台阔不阔。一演出，半下午人就找凳子去占地位了，未等戏开，台下坐的、站的人头攒拥，台两边阶上立的卧的是一群顽童。那锣鼓就叮叮咣咣地闹台，似乎整个世界要天翻地覆了。各类小吃趁机摆开，一个食摊上一盏马灯，花生，瓜子，糖果，烟卷，油茶，麻花，烧鸡，煎饼，长一声短一声叫卖不绝。锣鼓还在一声儿敲打，大幕只是不拉，演员偶尔从幕边往下望望，下边就喊：开演呀，场子都满了！幕布放下，只说就要出场了，却又叮叮咣咣不停。台下就乱了，后边的喊前边的坐下，前边的喊后边的为什么不说最前边的立着；场外的大声叫着亲朋子女名字，问有坐处没有，场内的锐声回应快进来；有要吃煎饼的喊熟人去买一个，熟人买了站在场外一扬手，“日”的一声隔人头甩去，不偏不倚目标正好；左边的喊右边的踩了他的脚，右边的叫左边的挤了他的腰，一个说：狗年快完了，你还叫啥哩？一个说：猪年还没到，你便拱开了！言语伤人，动了手脚；外边的趁机而入，一时四边向里挤，里边向外扛，人的旋涡涌起，如四月的麦田起风，根儿不动，头身一会儿倒西，一会儿倒东，喊声，骂声，哭声一片；有拼命挤将出来的，一出来方觉世界偌大，身体胖肿，但差不多却光了脚，乱了头发。大幕又一挑，站出戏班头儿，大声叫喊要维持秩序；立即就跳出一个两个所谓“二杆子”人物来。这类人物多是头脑简单，四肢发达，却十二分忠诚于秦腔，此时便拿了枝条儿，哪里人挤，哪里打去，如凶神恶煞一般。人人恨骂这些人，人人又都盼有这些人，叫他们是秦腔宪兵，宪兵者越发忠于职责，虽然彻夜不得看戏，但大家一夜满足了，他们也就满足了一夜。

终于台上锣鼓停了，大幕拉开，角色出场。但不管男的女的，出来偏不面对观众，一律背身掩面，女的就碎步后移，水上漂一样，台下就叫：瞧那腰身，那肩头，一身的戏哟是男的就摇那帽翎，一会双摇，一会单摇，一边上下飞闪，一边纹丝不动，台下便叫：绝了，绝了！等到那角色儿猛一转身，头一高扬，一声高叫，声如炸雷豁啷啷直从人们头顶碾过，全场一个冷颤，从头到脚，每一个手指尖儿，每一根头发梢儿都麻酥酥的了。如果是演《救裴生》，那慧娘站在台中往下蹲，慢慢地，慢慢地，慧娘蹲下去了，全场人头也矮下去了半尺，等那慧娘往起站，慢慢地，慢慢地，慧娘站起来了，全场人的脖子也全拉长了起来。他们不喜欢看生戏，最欢迎看熟戏，那一腔一调都晓得，哪个演员唱得好，就摇头晃脑跟着唱，哪个演员走了调，台下就有人要纠正。说穿了，看秦腔不为求新鲜，他们只图过过瘾。

在这样的地方，这样的环境，这样的气氛，面对着这样的观众，秦腔是最逞能的，它的艺术的享受，是和拥挤而存在，是有力气而获得的。如果是冬天，那风在刮着，像刀子一样，如果是夏天，人窝里热得如蒸笼一般，但只要不是大雪，冰雹，暴雨，台下的人是不肯撤场的。最可贵的是那些老一辈的秦腔迷，他们没有力气挤在台下，也没有好眼力看清演员，却一溜一排地蹲在戏台两侧的墙根，吸着草烟，慢慢将唱腔品赏。一声叫板，便可以使他们坠入艺术之宫，“听了秦腔，肉酒不香”，他们是体会得最深。那些大一点的，脾性野一点的孩子，却占领了戏场周围所有的高空，杨树上，柳树上，槐树上，一个枝杈一个人。他们常常乐而忘了险境，双手鼓掌时竟从树杈上掉下来，掉下来自不会损伤，因为树下是无数的人头，只是招致一顿臭骂罢了。更有一些爬在了场边的麦秸积上，夏天四面来风，好不凉快，冬日就趴个草洞，将身子缩进去，露一个脑袋，也止是有闲阶级享受不了秦腔吧，他们常就瞌睡了，一觉醒来，月在西边，戏毕人散，只好苦笑一声悄然没声儿地溜下来回家敲门去了。

当然，一次秦腔演出，是一次演员亮相，也是一次演员受村人评论的考场。每每角色一出场，台下就一片嘁嘁喳喳：这是谁的儿子，谁的女子，谁家的媳妇，娘家何处？于是乎，谁有出息，谁没能耐，一下子就有了定论。有好多外村的人来提亲说媒，总是就在这个时候进行。据说有一媒人将一女子引到台下，相亲台上一个男演员，事先夸口这男的如何俊样，如何能干，但戏演了过半，那男的还未出场，后来终于出来，是个国民党的伪兵，还持枪未走到中台，扮游击队长的演员挥枪一指，“叭”的一声，那伪兵就倒地而死，爬着钻进了后幕。那女子当下哼一声，闭了嘴，一场亲事自然了了。这是喜中之悲一例。据说还有一例，一个老头在脖子上架了孙孙去看戏，孙孙吵着要回家，老头好说好劝只是不忍半场而去，便破费买了半斤花生，他眼盯着台上，手在下边剥花生，然后一颗一颗扬手喂到孙孙嘴里，但喂着喂着，竟将一颗塞进孙孙鼻孔，吐不出，咽不下，口鼻出血，连夜送到医院动手术，花去了七十元钱。但是，以秦腔引喜的事却不计其数。每个村里，总会有那么个老汉，夜里看戏，第二天必是头一个起床往戏台下跑。戏台下一片石头、砖头，一堆堆瓜子皮，糖果纸，烟屁股，他掀掀这块石头，踢踢那堆尘土，少不了要捡到一角两角甚至三元四元钱币来，或者一只鞋，或者一条手帕。这是村里钻刁人干的营生，而馋嘴的孩子们有的则夜里趁各家锁门之机，去地里摘那香瓜来吃，去谁家院里将桃杏装在背心兜里回来分红。自然少不了有那些青春妙龄的少男少女，则往往在台下混乱之中眼送秋波，或者就悄悄退出，相依相偎到黑黑的渠畔树林子里去了……

秦腔在这块土地上，有着神圣的不可动摇的基础。凡是到这些村庄去下乡，到这些人家去做客，他们最高级的接待是陪着看一场秦腔，实在不逢年过节，他们就会要合家唱一会乱弹，你只能点头称好，不能耻笑，甚至不能有一点不入神的表示。他们一生最崇敬的只有两种人：一是国家领导人，一是当地的秦腔名角。即是在任何地方，这些名角没有在场，只要发现了名角的父母，去商店买油是不必排队的，进饭馆吃饭是会有座位的，就是在半路上挡车，只要喊一声：我是某某的什么，司机也便要嘎地停车。但是，谁要侮辱一下秦腔，他们要争死争活地和你论理，以致大打出手，永远使你记住教训。每每村里过红白丧喜之事，那必是要包一台秦腔的，生儿以秦腔迎接，送葬以秦腔致哀，似乎这人生的世界，就是秦腔的舞台，人只要在舞台上，生，旦，净，丑，才各显了真性，恶的夸张其丑，善的凸现其美，善的使他们获得美的教育，恶的也使丑的化作了美的艺术。

广漠旷远的八百里秦川，只有这秦腔，也只能有这秦腔，八百里秦川的劳作农民只有也只能有这秦腔使他们喜怒哀乐。秦人自古是大苦大乐之民众，他们的家乡交响乐除了大喊大叫的秦腔还能有别的吗？

1983 年 5 月 2 日草于五味村

对月

月，夜愈黑，你愈亮，烟火熏不脏你，灰尘也不能污染，你是浩浩天地间的一面高悬的镜子吗？

你夜夜出来，夜夜却不尽相同；过几天圆了，过几天又亏了；圆得那么丰满，亏得又如此缺陷！我明白了，月，大千世界，有了得意有了悲哀，你就全然会照了出来的。你照出来了，悲哀的盼你丰满，双眼欲穿；你丰满了，却使得意的大为遗憾，因为你立即又要缺陷去了。你就是如此千年万年，陪伴了多少人啊，不管是帝王，不管是布衣，还是学士，还是村孺，得意者得意，悲哀者悲哀，先得意后悲哀，悲哀了而又得意……于是，便在这无穷无尽的变化之中统统消失了，而你却依然如此，得到了永恒！

你对于人就是那砍不断的桂树，人对于你就是那不能歇息的吴刚？而吴刚是仙，可以长久，而人却要以短暂的生命付之于这种工作吗？

这是一个多么奇妙的谜语！从古至今，多少人万般思想，却如何不得其解，或是执迷，将便为战而死，相便为谏而亡，悲、欢、离、合，归结于天命；或是自以为觉悟，求仙问道，放纵山水，遁入空门；或是勃然而起，将你骂杀起来，说是徒为亮月，虚有朗光，只是得意时锦上添花，悲哀时火上加油，是一个面慈心狠的阴婆，是一泊平平静静而溺死人命的渊潭。

月，我知道这是冤枉了你，是曲解了你。你出现在世界，明明白白，光光亮亮。你的存在，你的本身就是说明这个世界，就是在向世人作着启示：万事万物，就是你的形状，一个圆，一个圆的完成啊！

试想，绕太阳而运行的地球是圆的，运行的轨道也是圆的，在小孩手中玩弄的弹球是圆的，弹动起来也是圆的旋转。圆就是运动，所以车轮能跑，浪涡能旋。人何尝不是这样呢？人再小，要长老；人老了，却有和小孩一般的特性。老和少是圆的接笋。冬过去了是春，春种秋收后又是冬。老虎可以吃鸡，鸡可以吃虫，虫可以蚀杠子，杠子又可以打老虎。就是这么不断的否定之否定，周而复始，一次不尽然一次，一次又一次地归复着一个新的圆。

所以，我再不被失败所惑了，再不被成功所狂了，再不为老死而悲了，再不为生儿而喜了。我能知道我前生是何物所托吗？能知道我死后变成何物吗？活着就是一切，活着就有乐，活着也有苦，苦里也有乐；犹如一片树叶，我该生的时候，我生气勃勃地来，长我的绿，现我的形，到该落的时候了，我痛痛快快地去，让别的叶子又从我的落疤里新生。我不求生命的长寿，我却要深深地祝福我美丽的工作，踏踏实实地走完我的半圆，而为完成这个天地万物运动规律的大圆尽我的力量。

月，对着你，我还能说些什么呢？你真是一面浩浩天地间高悬的明镜，让我看见了这个世界，看见了我自己，但愿你在天地间长久，但愿我的事业永存。

作于 1981 年 11 月 29 日静虚村

读书示小妹生日书

七月十七日，是您十八生日，辞旧迎新，咱们家又有一个大人了。贾家在乡里是大户，父辈那代兄弟四人，传到咱们这代，兄弟十个，姊妹七个；我是男儿老八，你是女儿最小。分家后，众兄众姐都英英武武有用于社会，只是可怜了咱俩。我那时体单力孱，面又丑陋，十三岁看去老气犹如二十，村人笑为痴傻，你又三岁不能言语，哇哇只会啼哭，父母年纪尚老，恨无人接力，常怨咱这一门人丁不达。从那时起，我就羞于在人前走动，背着你在角落玩耍；有话无人可说，言于你你又不能回答，就喜欢起书来。书中的人对我最好，每每读到欢心处，我就在地上翻着跟头，你就乐得直叫，读到伤心处，我便哭了，你见我哭了，也便趴在我身上哭。但是，更多的是在沙地上，我筑好一个沙城让你玩，自个躺在一边读书，结果总是让你尿湿在裤子上，你又是哭，我不知如何哄你，就给你念书听，你竟不哭了，我感激得抱住你，说："我小妹也是爱书人啊！"

东村的二旦家，其父是老先生，家有好多藏书，我背着你去借，人家不肯，说要帮着推磨子。我便将你放在磨盘顶上，教你拨着磨眼，我就抱着磨棍推起磨盘转，一个上午，给人家磨了三升包谷，借了三本书，我乐得去亲你，把你的脸蛋都咬出了一个红牙印儿。你还记得那本《红楼梦》吗？那是你到了四岁，刚刚学会说话，咱们到县城姨家去，我发现柜里有一本书，就蹲在那里看起来，虽然并不全懂，但觉得很有味道。天快黑了，书只看了五分之一，要回去，我就偷偷将书藏在怀里。三天后，姨家人来找，说我是贼，我不服，两厢骂起来，被娘打过一个耳光，我哭了，你也哭了，娘也抱住咱们哭，你那时说："哥哥，我长大了，一定给你买书！"小妹，你那一句话，给了兄多大安慰，如今我一坐在书房，看着满架书籍，我就记想那时的可怜了。

咱们不是书香门第，家里一直不曾富绰，即使现在，父母和你还在乡下，地分了，粮是不短缺了，钱却有出没入，兄虽每月寄点，也只能顾住油盐酱醋，比不得会做生意的人家。

但是，穷不是咱们的错，书却会使咱们位低而人品不微，贫困而志向不贱。这个社会，天下在振兴，民族在发奋，咱们不企图做官，以仕图之路做功于国家，但作为凡人百姓，咱们却只有读书习文才能有益于社会啊。你也立志写作，兄很高兴，你就要把书看重，什么都不要眼红，眼红读书，什么朋友都可抛弃，但书之友不能一日不交。贫困倒是当作家的准备条件，书是嫉富，人富则思惰，你目下处境正好逼你静心地读书，深知书中的精义。这道理人往往以为不信，走过来了方才醒悟，小妹可将我的话记住，免得以后悔之不及。

兄在外已经十年，自不敢忘了读书，所作一、两篇文章，尽属肤浅习作，愈是读书不已。过了二月二十一日，已到了而立之年，才更知立身难，立德难，立文难。夜读《西游记》，悟出“取经唯诚，伏怪以力”，不觉多怀感激，临风而叹息。兄在你这般年纪，读书目过能记，每每是借来之书，读得也十分注重，而今桌上，几上，案上，床上，满是书籍，却常常读过十不能记下四五，这全是年龄所致也，我至今只有以抄写辅助强记，但你一定要珍惜现在年纪，多多读书啊。

既有条件，读书万万不能狭窄。文学书要读，政治书要读，哲学，历史，美学，天文，地理，医药，建筑，美术，乐理……凡能找到的书，都要读读，若读书面窄，借鉴就不多，思路就不广，触一而不能通三。但是，切切又不要忘了精读，真正的本事掌握，全在于精读。世上好书，浩如烟海，一生不可能读完，且又有的书虽好，但不能全为之喜爱，如我一生不喜食肉，但肉确实是世上好东西。你若喜欢上一本书了，不妨多读：第一遍可囫囵吞枣读，这叫享受；第二遍就静心坐下来读，这叫吟味；第三遍便要一句一句想着读，这叫深究。三遍读过，放上几天，再去读读，常又会有再新再悟的地方。你真真正正爱上这本书了，就在一个时期多找些这位作家的书来读，读他的长篇，读他的中篇，读他的短篇，或者散文，或者诗歌，或者理论，再读外人对他的评论，所写的传记，也可再读读和他同期作家的一些作品。这样，你知道他的文了，更知道他的人了，明白当时是什么社会，如何的文坛，他的经历，性格，人品，爱好等等是怎样促使他的风格的形成？大凡世上，一个作家都有自己一套写法，都是有迹而可觅寻，当然有的天分太高了，便不是一时一阵便可理得清的。兄读中国的庄子，太白，东坡诗文，读外国的泰戈尔，川端康成，海明威之文，便至今于起灭转接之间不可测识。说来，还是兄读书太少，悟觉浅薄啊！如此这番读过，你就不要理他了，将他丢开，重新进攻另一个大家。文学是在突破中前进，你要时时注意，前人走到了什么地方，同辈人走到了什么地方？任何一个大家，你只能继承，不能重复，你要在读他的作品时，就将他拉到你的脚下来读。这不是狂妄，这正是知其长，晓其短，师精神而弃皮毛啊。虚无主义可笑，但全然跪倒来读，他可以使你得益，也可能使你受损，永远在他的屁股后了。这你要好好记住。

在家时，逢小妹生日，兄总为你梳那一双细辫，亲手要为你剥娘煮熟的鸡蛋。一走十年，竟总是忘了你生日的具体时间，这你是该骂我的了。今年一入夏，我便时时提醒自己，要到时一定祝贺你成人。邻居妇人要我送你一笔大钱，说我写书，稿费易如就地俯拾，我反驳，又说我“肥猪也哼哼”，咳，邻人只知是钱！人活着不能没钱，但只要有一碗吃，钱又算个什么呢？如今稿费低贱，家岂是以稿费发得?！读书要读精品，写书要立之于身，功于天下，哪里是邻居妇人之见啊！这么多年，兄并不敢奢侈，只是简朴，唯恐忘了往昔困顿，也是不忘了往昔，方将所得数钱尽买了书籍。所以，小妹生日，兄什么也不送，仅买一套名著十册给你寄来，乞妹快活。

1983 年 7 月初写于静虚村

乡党王盛华

因为是乡党，那年我回商州采风时盛华陪着去寺耳。寺耳是深山僻地，一连吃罢四天十二顿的老陈浆水面，肚子都呼噜呼噜打雷。我骂盛华弄不来好吃的。他跑三里路去上湾村的小饭馆里买了四个蒸馍，又要去河边的一块辣子地里偷摘几个辣子，没想一只狗就撵上了他。山里的狗声巨如豹，一个咬起，遂即惹来四个也咬着扑来，盛华从辣子地边的篱笆上拔出一根木棍，旋转着边打边退，狗仍是穷追不舍。我瞧见路旁有家木材站，从铁栅栏门的缝隙中钻进去，他钻不过来，他的鼻子太高，情急中把怀里的蒸馍当石头用，狗叼着蒸馍才跑远了。他站在栅栏门外给我耸肩，说："蒸馍吃到狗肚里去了！"

从寺耳返回到洛南县城，盛华供职在县文化馆，一定要招待我吃豆腐。洛南的豆腐是浆水点的，压得很瓷，可以用秤钩子钩着称。豆腐是烫热后切成小方块，蘸着辣子水儿吃的。我俩吃了五斤。他见我高兴，就拿出笔墨纸砚，要我写一个条幅给他。我那时的毛笔字虽没现在可以卖钱，但酷爱汉罐瓦当，不带几个来也是不肯动笔的。我说："嗨，一顿豆腐就想得一幅书法呀?!"盛华嘿嘿地笑，头一晃一晃的，而且揉起鼻子，说鼻子在钻铁栅栏门时撞坏了。我当时却也有些写字的瘾，提笔就在纸上写起寺耳的一路感受，写毕了，竟还是一篇短散文，后来盛华抄了一份拿去发表，这便是如今收进我文集中的那篇《游寺耳记》。

数年后，盛华从洛南县到西安上大学，毕业后又调入省内一家报纸当编辑。他寻到我家，很遗憾地说，他最近去安康出差，特意在茶农家给我买了几斤富硒茶，没想下火车时被人偷了。我安慰他，依他的要求给报纸写了稿。又一次，他又来约稿，说他去了韩城，买了四斤大红袍花椒，一人二斤的，来时搭出租车遗在车上了。他一走，我想，不对呀，怎么他总是丢东西?! 等他再一次来我家，我不等他说话，便去抓他的头发，他的头发进城后已经很稀薄了，我就拉住一条大红的领带说："盛华，今日给我拿的什么东西又丢了?!"盛华说："给你领了个人，在门外哩！”我这才看清门口还站着一个娇小羞涩的姑娘。

这姑娘半年后就成了盛华的太太。盛华能领她来目的是要我为他说好话的，我立即后悔我的行为，立即邀请那姑娘进来，进来后说了盛华一大堆优点。我说，盛华是嘻嘻哈哈惯了的人，口里没个正经，但本质是非常忠厚可爱的。说盛华年龄是大了些，他是苦出身，因为志向高远，一直在奋斗，才耽误了婚姻，他现在出人头地，若娶了你，必会加倍爱惜哩。最后我说，鼻子吗，是大些，大鼻子好哇。西方先进，西方人不全是大鼻子吗？

盛华结婚后，又得了一子。商州的乡党们一片哗然。在西安的商州籍的很多，仅文学艺术界就20人，而盛华来西安较晚，却第一个最快地完成了他人生最基本的东西，比如：调动，转干，当编辑，评职称，买房子，娶老婆，生孩子。孩子过满月的那天，他拿来几个染红的鸡蛋，问我送孩子什么礼物？我说送孩子一句话：“长大了像他爹一样能折腾！”他哈哈大笑突然说：“你知道不知道文坛发生了大事？”我摇着头，不知道什么事。他又说：“出现了一个后起之秀……”后起之秀？谁?！他拿出一本杂志来，杂志上发表着他的一个中篇小说。我大声叫骂起来，但我还是认真地拜读了他的小说，我不得不承认这是一部相当出色的小说，我惊讶他什么时候研究起了小说，结构如此奇特，文笔如此老到。盛华说：“你要觉得还可以，那我以后就折腾小说呀！”

他现在已经是很有名气的编辑、记者和作家。他常打电话说要来我家吃家乡的糊汤饭，糊汤做了一锅了他却不来。当得知我头一天晚上与几个乡党玩牌输了钱，第二天一早他就打来传呼：王先生对你昨晚的经济损失深表同情。但我逛八仙庵喜欢同他去，他西服领带，腆着肚子，那些算卦的就认他是老板，苍蝇一样只纠缠着他算卦。买东西我喜欢让他帮忙，他会拍着卖主的肩叽叽咕咕讨价还价，价能杀下去三分之一甚或一半。我一直约他能一块去商州再采采风，他说没问题的，现在不比当年，就是不找当地政府关照，我也会让你再不吃老陈浆水面了。我说：你会装大，是不是要我只叫你主任呀什么的？盛华说：我也可以叫你主任的。可你瞧瞧你长得像不像个主任呀！

制造声音

我去采访这个州刚刚离休的专员。采访结束后我们坐在客厅喝茶，他却放了一段录音问我听到什么，我说是风里的树声。是树声，他说，你听得懂这树声吗？

有树风就有了形状，但风里的树是要说话的。

你知道，这个州是一个贫困的地区，但因处在交通要道上，过往的官员就特别多。我已经是上些岁数的人，实在不宜于干那些恭迎欢送的事，当组织上安排我来，我就想提前离休，或者调往省城寻一个清闲的部门，拈弄笔墨，句读里暗度春光罢了。但到任后的那年秋天，我改变了心态，就一直在州里干了五年。

秋天的这一日，因下乡崴了左脚，在专署里调养，正读一册闲书，上有“留此一双脚，他日小则拜跪上官，胼胝民事；大则跨马据鞍，驰驱天下”句，嘿然而笑，却接到通知：省上又要来一位官员。差不多成了定规，大凡省城、京城来了重要人物，除了布置安全保卫措施，州城的社会环境得治理，卫生得打扫。公安局长就将城中的小商小贩全集中到城南角一条巷中，几条主要街道两旁都摆上了花盆。而一些破烂地段无钱改造，就统统砌了大幅广告。他们在向我汇报时，特意指出已将一个长年在城中上访的疯子用车拉到城外五十里地方去了，因为这疯子形状肮脏，而且叫嚣省上来了大官他要拦道喊冤呀。

省城的官员到了，他十分年轻。我的左脚打了封闭针，和地委书记汇报了我们的工作，再听取和认真记录了他的指示，然后陪他参观几个点。那个下午，我们从城南县回来，才要步行去视察我们的商厦，十字路口那里就拥了一堆人，听得很嘶哑的喊声：“树会说话的！树真的会说话的！”我立即知道出了事，脸都气红了，公安局长就跑过来拉我在一旁说，那个疯子谁也没有料到又出现在了城里，而且抱着那电杆拉不走，围观的群众就很多。他向我检讨着他的工作过错，我没时间去训责他，忙鼓动着省上的官员从另一条巷子转过去，但我仍听到那个嘶哑的喊声“树会说话的！树真的……”后边的话“唔”了一下，可能是被手捂住了。地委书记在介绍着那条巷里的明清建筑，我趁机退后，招手让公安局长过来，问疯子怎么喊树会说话的？公安局长说，他是为一棵树疯了的，就为一棵树多年在城里上访，满城人没有不认识他的。我说我来这么久了，怎么不知道？公安局长说一个疯子他怎能进了专署大院？我说，你去告诉他，让他不要找省上人，天大的冤枉，晚上到我办公室来说。

晚上，安排了省上官员在宾馆休息后，我虽然累着，但心轻松下来，也并没有睡意，在办公室等待那疯子。左等右等没来，我开始练书法。我这身份不可能去歌舞厅，不可能与人打麻将，下班之后就把自己关在办公室读书练字，我业余唯有这爱好。写了一幅古人句：“死之日，以青蝇为吊客；使天下有一人知己，死不恨。”公安局长就亲自坐车把疯子拉了来。疯子竟是下午被关进了拘留所的，我对公安局长大为光火，并且赔礼道歉。疯子是一个70岁左右的老头，个子高大，但枯瘦如柴，头发和胡子已成毡片，浑身散发着一股难闻的酸臭味。老头进拘留所似乎并未介意，对公安局长的道歉也无动于衷，只嚷道：“树会说话的！树是一九四八年栽的！”公安局长说：“你嚷什么呀？这是专员！”老头说：“专员，树会说话的！”公安局长就吓唬了：“你再嚷?!”老头偏梗着脖子，脖子上暴起了几条青筋说：“树就是会说话的！”我说：“好吧，树会说话的。”老头得意地看了公安局长一眼，一颗清涕就吊在鼻尖，一把捏下来要揩向桌腿，后来还是揩在身上的裤腰处。我让他坐，他说他不坐，公安局长说：“让你坐你就坐！”按他在椅子上。我摆摆手让公安局长出去，开始询问老头。

你叫什么名字？

杨二娃。

哪个县里的？

县乡东洼村。

多大岁数了？

不大，才70还差10天。

你有什么冤枉事？

树是一九四八年栽的，不是一九五二年栽的。怎么能是一九五二年呢？不是一九五二年，是一九四八年。树会说话的。

就为这事吗？

就为这事。

你告了多少年了？

十五年零三个月。

为一棵树值得告十五年？

可树就是一九四八年栽的，为什么要说是一九五二年栽的？

这点事村里就可以解决嘛！

德贵是坏人！

德贵是谁？

村长。他谋算这棵树哩，他想收回去再买了给他爹做棺材的。

你找过乡长吗？

人家在一个壶里尿！

一个壶里尿？

德贵的婆娘是个卖×的，她和乡长……

住嘴！你怎么这样骂人？

我不骂了。

你说吧。

乡长我找过三十二次，他派人打我，我到县上去，县上的父母官我都找过，父母官两年就换了人。张县长说要解决，但他调走了。又来了陆县长，他让乡里解决，乡里不解决，向上反映我是刁民。我不是刁民。我又找刘县长，王县长，马县长，他们都不理我了，说我是疯子。我是疯子吗？

不是疯子。

不是疯子！树是一九四八年栽的就是一九四八年栽的，我要是疯子我能记得树是一九四八年栽的？

你说树是一九四八年栽的，那树还在吗？

在的。它今年老了，身上有一个洞，东边那个枝丫枯了，那原先上边有个鸟窠的，八月初三的夜里刮风，窠就掉下来，这窠应该归我的，村长的儿子却捡了去，那是能做三天饭的柴火哩，我去……

你说树是一九四八年栽的，你有什么证明？

我老婆证明。一九四八年春上我和我老婆去她娘家当天回来我栽的，栽了树老婆给我擀的宽片杂面，调的干辣面，没有盐的，老婆说你将就将就吃。

那你老婆怎么不出来证明？

她死了。这娘们害了我一辈子，该她作证的时候，她就上吊死了！这狗娘儿们，她死了我懒得给她烧倒头纸，别人家的老婆都是帮夫运，她却猪一样要我养活！

还有什么证明？

拴狗那老怂能证明。我栽树时他正在地头捡粪哩，但他瞧别人都是说树是一九五二年栽的，他就说他记不住陈年老事了。拴狗老怂我瞧不起他！没人作证明，可树会说话呀，他们就是不去听！

家里还有什么人？

一个儿子，死了。儿子是好儿子。他像我，村人都说我们是一个模子倒出来的。儿子陪我去县上上访，回来搭的拖拉机，拖拉机翻了，我没事，拖拉机却压在他肚子上，肠子就压了出来。我那老婆向我要儿子，我骂了她，她就死在绳上的。

嗯。

专员，树肯定是一九四八年栽的，不是一九五二年栽的，你去听听，树会说话的。

杨二娃——

在的。

就这样吧。你拿上这点钱，明日去车站买了票回去。不要再跑了。我派人很快去给你落实，是一九四八年栽的就是一九四八年栽的，是一九五二年栽的就是一九五二年栽的，我给你个结果。

是一九四八年栽的！如果你们硬要说不是一九四八年栽的，我还要告的。你叫什么名字？

惠世清。

那好。那我就告德贵，乡长，王县长张县长陆县长刘县长马县长，还有你惠世清，惠专员！

送走了省上的官员，我打电话给县的马县长，托他把有关杨二娃的档案材料送上来。马县长亲自来州城向我汇报，杨二娃竟没有什么档案材料，但马县长知道这件事，说这棵树是在东洼村南头，树下的那块地解放前属杨二娃的地，解放后土地收公，树却归私人。那时树小，谁也没在意，后来树大了，杨二娃说树是一九四八年栽的，树权归他私人，村里人说树是一九五二年栽的，一九五二年栽在地头的树应归村里。村里每年要伐，杨二娃都护树，他把旧屋拆了重新盖在树下，现在树身就长在屋当堂里。

就为这棵树，能值几个钱？马县长说，农民爱认死理，杨二娃疯疯癫癫告了十五年，活得真没个意思！

那你说，怎么活着有意思呢？

我训斥着我的部下，命令他们组织个专案组，去东洼村落实这件事，树是有年轮的，可以请一些专家考证一下树到底是一九四八年的还是一九五二年的。

专案组很快就回来了，考证出树是一九四八年栽的。我作了批示：树归属于杨二娃。

这件事就这样结束了。

第二年春天，县旱象严重，我下去检查灾情，突然想起了杨二娃和那棵一九四八年栽下的树。我和马县长坐车往东洼村，打问杨二娃，村人说，杨二娃吗，早死了！

杨二娃死了。这老头瘦是瘦，精神头儿还好，而树被断定为一九四八年栽的，又归属于他，冬天里他就病倒了。一开春，地气上升，病又加重，不知什么时候咽气在家里，村人发现了的时候，人已经僵硬。

马县长说，这老头，他要是继续上访，可能还要活着。

马县长的话是对的，这么说，是我害死了这老头。

朝闻道，夕死可矣，这是孔子说的吧？马县长指着一个小虫子，小虫子是从树上吊一条丝下来的，但小虫子是死的：这小虫子也闻道了！

这树要是不断定为一九四八年栽的，老头就一百年一千年地活下去吗？

树依然活着，树是常见的那种椿树，确是老得身上有了洞，除了东边的枝丫枯了，西边的枝丫也枯了，树身三分之一在一间歪歪斜斜的屋子中间。杨二娃因是孤人，死后村人就以他家的柜作了棺材，在屋中掘坑下葬，这房子也锁了门，让它自废自塌了将来就是坟丘。

我说，给老头奠奠酒吧。

秘书去买了一瓶酒，我就把酒全浇在屋前。这时起了风，风是看不见的，但椿树枝叶摇摆，嘎嘎作响，风就有了形状，树也有了声。老头给我说过树会说话的，树会说什么话呢？我听不出来，便用录音机录了。

多少年里，我一直在企图听懂这树声，你听听，这树在说的什么话呢？

风　雨

树林子像一块面团了，四面都在鼓，鼓了就陷，陷了再鼓；接着就向一边倒，漫地而行的；呼地又腾上来了，飘忽不能固定；猛地又扑向另一边去，再也扯不断，忽大忽小，忽聚忽散；已经完全没有方向了。然后一切都在旋，树林子往一处挤，绿似乎被拉长了许多，往上扭，往上扭，落叶冲起一个偌大的蘑菇长在了空中。哗的一声，乱了满天黑点，绿全然又压扁开来，清清楚楚看见了里边的房舍，墙头。

垂柳全乱了线条，当抛举在空中的时候，却出奇地显出清楚，刹那间僵直了，随即就扑撒下来，乱得像麻团一般。杨叶千万次地变着模样：叶背翻过来，是一片灰白；又扭转过来，绿深得黑清。那片芦苇便全然倒伏了，一节断茎斜插在泥里，响着破裂的颤声。一头断了牵绳的羊从栅栏里跑出来，四蹄在撑着，忽地撞在一棵树上，又直撑了四蹄滑行，末了还是跌倒在一个粪堆旁，失去了白的颜色。一个穿红衫子的女孩冲出门去牵羊，又立即要返回，却不可能了，在院子里旋转，锐声叫唤，离台阶只有两步远，长时间走不上去。

槐树上的葡萄蔓再也攀附不住了，才松了一下屈蜷的手脚，一下子像一条死蛇，哗哗啦啦脱落下来，软成一堆。无数的苍蝇都集中在屋檐下的电线上了，一只挨着一只，再不飞动，也不嗡叫，黑乎乎的，电线愈来愈粗，下坠成弯弯的弧形。

一个鸟巢从高高的树端掉下来，在地上滚了几滚，散了。几只鸟尖叫着飞来要守住，却飞不下来，向右一飘，向左一斜，翅膀猛地一颤，羽毛翻成一团乱花，旋了一个转儿，倏忽在空中停止了，瞬间石子般掉在地上，连声响儿也没有。

窄窄的巷道里，一张废纸，一会儿贴在东墙上，一会儿贴在西墙上，突然冲出墙头，立即不见了。有一只精湿的猫拼命地跑来，一跃身，竟跳上了房檐，它也吃惊了；几片瓦落下来，像树叶一样斜着飘，却突然就垂直落下，碎成一堆。

池塘里绒被一样厚厚的浮萍，凸起来了，再凸起来，猛地撩起一角，唰地揭开了一片；水一下子聚起来，长时间的凝固成一个锥形；啪地摔下来，砸出一个坑，浮萍冲上了四边塘岸，几条鱼儿在案上的草窝里蹦跳。

最北边的那间小屋里，木架在吱吱地响着。门被关住了，窗被关住了，油灯还是点不着。土炕的席上，老头在使劲捶着腰腿，孩子们却全趴在门缝，惊喜地叠着纸船，一只一只放出去……

进山东

第一回进山东，春正发生，出潼关沿着黄河古道走，同车里有着几个和尚——和尚使我们与古代亲近——恍惚里，春秋战国的风云依然演义，我这是去了鲁国之境了。鲁国的土地果然肥沃，人物果然礼仪，狼虎的秦人能被接纳吗？沉沉的胡琴从那一簇蓝瓦黄墙的村庄里传来，音绵长，和那一条并不知名的河，在暮色苍茫里蜿蜒而来又蜿蜒而去，弥漫着，如麦田上浓得化也化不开的雾气，我听见了在泗水岸上，有了“逝者如斯夫”的声音，从孔子一直说到了现在。

我的祖先，那个秦嬴政，在他的生前是曾经焚书坑儒过的，但居山高为秦城，秦城已坏，凿池深为秦坑，自坑其国，江海可以涸竭，乾坤可以倾侧，唯斯文用之不息，如今，他的后人如我者，却千里迢迢来拜孔子了。其实，秦嬴政在统一天下后也是来过鲁国旧地，他在泰山上祀天，封禅是帝王们的举动，我来山东，除了拜孔，当然也得去登泰山，只是祈求上天给我以艺术上的想象和力量。接待我的济宁市的朋友说：哈，你终于来了！我是来了，孔门弟子三千，我算不算三千零一呢？我没有给伟大的先师带一束干肉，当年的苏武可以唱“执瓢从之，忽焉在后”，我带来的唯是一颗头颅，在孔子的墓前叩一个重响。

一出潼关，地倾东南，风沙于后，黄河在前，是有了这么广大的平原才使黄河远去，还是有了黄河才有了这平原？呕嘟呕嘟的车轮整整响了一夜，天明看车外，圆天之下是铅色的低云，方地之上是深绿的麦田，哪里有紫白色的桐花哪里有村庄，粗糙的土坯院墙砖雕的门楼，脚步沉缓的有着黑红颜色而褶纹深刻的后脖的农民，和那叫声依然如豹的走狗——山东的风光竟与陕西关中如此相似！这种惊奇使我必然思想，为什么山东能产生孔子呢？那年去新疆，爱上了吃新疆的馕，怀里揣着一块在沙漠上走了一天，遇见一条河水了，蹲下来洗脸，“日”地将馕抛向河的上游，开始洗脸，洗毕时馕已顺水而至，拣起泡软的馕就水而吃，那时我歌颂过这种食品，正是吃这种食品产生了包括穆罕默德在内的多少伟人！而山东也是吃大饼的，葱卷大饼，就也产生了孔子这样的圣人吗？古书上也讲，泰山在中原独高，所以生孔子。圣人或许是吃简单的粗糙的食品而出的，但孔子的一部《论语》能治天下，儒家的文化何以又能在这里产生呢？望着这大的平原，我醒悟到平原是黄天厚土，它深沉博大，它平坦辽阔，它正规，它也保守而滞积，儒文化是大平原的产物，大平原只能产生出儒文化。那么，老庄的哲学呢，就产生于山地和沼泽吧。

在曲阜，我已经无法觅寻到孔子当年真正生活过的环境，如今以孔庙孔府孔林组合的这个城市，看到的是历朝历代皇帝营造起来的孔家的赫然大势。一个文人，身后能达到如此的豪华气派，在整个地球上怕再也没有第二个了。这是文人的骄傲。但看看孔子的身世，他的生前凄凄惶惶的形状，又让我们文人感到一份心酸。司马迁是这样的，曹雪芹也是这样，文人都是与富贵无缘，都是生前得不到公正的。在济宁，意外地得知，李白竟也是在济宁住过二十余年啊！遥想在四川参观杜甫草堂，听那里人在说，流离失所的杜甫到成都去拜会他的一位已经做了大官的昔日朋友，门子却怎么也不传禀，好不容易见着了朋友，朋友正宴请上司，只是冷冷地让他先去客栈里住下好了。杜甫蒙受羞辱，就出城到郊外，仰躺在田埂上对天浩叹。尊诗圣的是因为需要诗圣，做诗圣的只能贫困潦倒。我是多么崇拜英雄豪杰呀，但英雄豪杰辈出的时代，斯文是扫地的。孔庙里，我并不感兴趣那些大大小小的皇帝为孔子树立的石碑，独对那面藏书墙钟情，孔老夫子当周之衰则否，属鲁之乱则晦，及秦之暴则废，遇汉之王则兴，乾坤不可久否，日月不可久晦，文籍不可久废啊！当我立于藏书墙下留影拍照时，我吟诵的是米芾赞词：孔子孔子，大哉孔子！孔子以前，既无孔子；孔子之后，更无孔子。孔子孔子，大哉孔子！出得孔府，回首府门上的对联，一边有富贵二字，将富字写成“富”，一边有文章二字，将章字写成“章”。据说“富”字没一点，意在富贵不可封顶，“章”字出头，意在文章可以通天。嗐，这只是孔子后人的得意。衍圣公也是一代一代的，这如现在一些文化名人的纪念馆，遗孀或子女大都能当个纪念馆长一样的。做人是不是伟大的，先前姑且不论，死后能福及子孙后代和国人的就是伟大的人。孔子是这样，秦嬴政是这样，毛泽东也是这样，看着繁荣富裕的曲阜，我就想到了秦兵马俑所在地临潼的热闹。

在孔庙里我睁大眼睛察看圣迹图，中国最早的这组石刻连环画，孔子的相貌并不俊美，头凹脸阔，豁牙露鼻。因父亲与一个年龄相差数十岁的女子结婚，他被称为野合所生，身世的不合俗理和相貌的丑陋，以及生存困窘，造就了千古素王。而秦嬴政呢，竟也是野合所得。有意思的是秦嬴政做了始皇，焚书坑儒，却也能到泰山封禅，他到了这里，不知对孔子作何感想？他登泰山天降大雨，想没想到过因泰山而有了孔子，也可以说因孔子而有了泰山，在泰山上他能祀天，是而得以武功得天下又以武功守天下吗？

我在泰山上觅寻我的祖先遇雨而避的山崖和古松，遗憾地没有找到这个景点。听导游的人解说，我的祖先毕竟还是登上了山顶，在那里燃起了熊熊大火与天接通，天给了他什么昭示，后人恐怕不可得知，而事实是秦亡后，就在泰山之下，孔庙孔府孔林如皇宫一样矗起而千万年里香火不绝。孔子就是五岳独尊的泰山吗？泰山就是永远的孔子吗？登泰山者，人多如蚁，而几多人真正配得上登泰山呢？我站在拱北石下向北面的峰头上看，我许下了我的宏愿，如果我有了完成夙命的能力和机会，我就要在那个峰头上造一个大庙的。我抚摸着拱北石，我以为这块石头是高贵的，坚强的，是一个阳具，是一个拳头，是一个冲天的惊叹号。

古人讲：登泰山而一览众山小。周围的山确实是小的，小的不仅仅是周围的山，也小的是天下。我这时是懂得了当年孔子登山时的心境，也知道了他之所以惶惶如丧家之犬一样到处游说的那一份自信的。

我带回了一块石头，泰山上的石头。过去的皇帝自以为他们是天之骄子，一旦登基了就来泰山封禅的，但有的定都地远，他们可以来泰山祀天，也可以自家门前筑一个土丘作为泰山来祀，而我只带回一块石头——泰山石是敢挡的——泰山就永远属于我，给我拔地通天的信仰了。

进山东的时候，我是带一批《土门》要参加签名售书活动的，在济宁城里搞了一场，书店的人又动员我能再到曲阜搞一次，我断然拒绝了。孔子门前怎能卖书呢？我带的是《土门》，我要上泰山登天门，奠地了还要祀天啊！我站在山顶的一节石阶上往天边看去，据说孔子当年就站在这儿，能看到苏州城门洞口的人物，可我什么也看不见，我是没有孔子的好眼量，但孔子教育了我放开了眼量，我需一副好的眼力去看花开花落，看云聚云散，看透尘世的一切。怀着拜孔子、登泰山的愿望进山东，额外地在济宁参观了武氏祠的汉画像石，多么惊天动地的艺术！数百块的石刻中，令我惊异的是最多的画像竟是孔子见老子图。中国最伟大的会见，历史的瞬间凝固在天地间动人的一幕，年轻的孔子恭敬地站在那里，大袖筒中伸出两只雁头，这是他要送给老子的见面礼。孔子身后是颜回等二十人，四人手捧简册，而子路头有雄鸡，可能是子路生性喜辩爱斗的吧。这次会见，两人具体说了些什么，史料没有详载，民间也不甚传说，而礼仪之邦的芸芸众生却津津乐道，乐此不疲，以至于有这么多的石刻图案。老子在西，孔子在东，孔子能如此地去见老子，但孔子生前为什么竟不去秦呢？这个问题我站在泰山顶上了还在追问自己，仍是究竟不出，孔子说登泰山而赋，我要赋什么呢？我要赋的就只有这一腔疑惑和惆怅了。

陶 俑

秦兵马俑出土以后，我在京城不止一次见到有人指着在京工作的陕籍乡党说：瞧，你长得和兵马俑一模一样！话说得也对，一方水土养一方人，一方人在相貌上的衍变是极其缓慢的。我是陕西人，又一直生活在陕西，我知道陕西在西北，地高风寒，人又多食面食，长得腰粗膀圆，脸宽而肉厚，但眼前过来过去的面孔，熟视无睹了，倒也弄不清陕西人长得还有什么特点。史书上说，陕西人“哆刚多蠢”，刚到什么样，又蠢到什么样，这可能是对陕西的男人而言，而现今陕西是公认的国内几个产美女的地方之一，朝朝代代里陕西人都是些什么形状呢，先人没有照片可查，我只有到博物馆去看陶俑。

最早的陶俑仅仅是一个人头，像是一件器皿的盖子，它两眼望空，嘴巴微张。这是史前的陕西人。陕人至今没有小眼睛，恐怕就缘于此，嘴巴微张是他们发明了陶埙，发动起了沉沉的土声。微张是多么好，它宣告人类已经认识到自己在这个世界上的位置，它什么都知道了，却不夸夸其谈。陕西人鄙夷花言巧语，如今了，还听不得南方“鸟”语，骂北京人的“京油子”，骂天津人的“卫嘴子”。

到了秦，就是兵马俑了。兵马俑的威武壮观已妇孺皆晓，马俑的高大与真马不差上下，这些兵俑一定也是以当时人的高度而塑的，那么，陕西的先人是多么高大！但兵俑几乎都腰长腿短，这令我难堪，却想想，或许这样更宜于作战。古书上说“狼虎之秦”，虎的腿就是矮的，若长一双鹭鸶腿，那便去做舞伎了。陕西人的好武真是有传统，而善武者沉默又是陕西人善武的一大特点。兵俑的面部表情都平和，甚至近于木讷，这多半是古书上讲的愚，但忍无可忍了，六国如何被扫平，陕西人的爆发力即所说的刚，就可想而知了。

秦时的男人如此，女人呢，跪坐的俑使我们看到高髻后挽，面目清秀，双手放膝，沉着安静，这些俑初出土时被认作女俑，但随着大量出土了的同类型的俑，且一人一马同穴而葬，又唇有胡须，方知这也是男俑，身份是在阴间为皇室养马的“围人”。哦，做马夫的男人能如此清秀，便可知做女人的容貌姣好了。女人没有被塑成俑，是秦男人瞧不起女人还是秦男人不愿女人做这类艰苦工作，不可得知。如今南方女人不愿嫁陕西男人，嫌不会做饭，洗衣，裁缝和哄孩子，而陕西男人又臭骂南方男人竟让女人去赤脚插秧，田埂挑粪，谁是谁非谁说得清?

汉代的俑就多了，抱盾俑，扁身俑，兵马俑。俑多的年代是文明的年代，因为被殉葬的活人少了。抱盾俑和扁身俑都是极其瘦的，或坐或立，姿容恬静，仪态端庄，服饰淡雅，面目秀丽，有一种含蓄内向的阴柔之美。中国历史上最强盛的为汉唐，而汉初却是休养生息的岁月，一切都要平平静静过日子了，那时的先人是讲究实际的，俭朴的，不事虚张而奋斗的。陕西人力量要爆发时，那是图穷匕首现的，而蓄力的时候，则是长距离的较劲。汉时民间雕刻有“汉八刀”之说，简约是出名的，茂陵的石雕就是一例，而今，陕西人的大气，不仅表现在建筑、服饰、饮食、工艺上，接人待物言谈举止莫不如此。犹犹豫豫，瞻前顾后，不是陕西人性格，婆婆妈妈，鸡零狗碎，为陕西人所不为。他不如你的时候，你怎么说他，他也不吭，你以为他是泼地的水提不起来了，那你就错了，他入水瞄着的是出水。

汉兵马俑出土最多，仅从咸阳杨家湾的一座墓里就挖出三千人马。这些兵马俑的规模和体型比秦兵马俑小，可骑兵所占的比例竟达百分之四十。汉时的陕西人是善骑的。可惜的是现在马几乎绝迹，陕西人自然少了一份矫健和潇洒。

陕西人并不是纯汉种的，这从秦开始血统就乱了，至后年年岁岁的抵抗游牧民族，但游牧民族的血液和文化越发杂混了我们的先人。魏晋南北朝的陶俑多是武士，武士里相当一部分是胡人。那些骑马号角俑，舂米俑，甚至有着人面的镇墓兽，细细看去，有高鼻深目者，有宽脸彪悍者，有眉清目秀者，也有饰“魋髻”的滇蜀人形象。史书上讲过“五胡乱华”，实际上乱的是陕西。人种的改良，使陕西人体格健壮，易于容纳，也不善工计，易于上当受骗。至今陕西人购衣，不大从上海一带进货，出门不愿与南方人为伴。

正是有了南北朝的人种改良，隋至唐初，国家再次兴盛，这就有了唐中期的繁荣，我们看到了我们先人的辉煌——

天王俑：且不管天王的形象多么威武，仅天王脚下的小鬼也非等闲之辈，它没有因被踩于脚下而沮丧，反而跃跃欲试竭力抗争。这就想起当今陕西人，有那一类，与人抗争，明明不是对手，被打得满头满脸的血了却还往前扑。

三彩女侍俑：面如满月，腰际浑圆，腰以下逐渐变细，加上曳地长裙构成的大面积的竖线条，一点也不显得胖或臃肿，倒更为曲线变化的优美体态。身体健壮，精神饱满，以力量为美，这是那时的时尚。当今陕西女人，两种现象并存，要么冷静，内向，文雅，要么热烈，外向，放恣，恐怕这正是汉与唐的遗风。

骑马女俑：马是斑马，人是丽人，袒胸露臂，雍容高雅，风范犹如十八世纪欧洲的贵妇。

梳妆女坐俑：裙子高系，内穿短襦，外着半袖，三彩服饰绚丽，对镜正贴花黄。随着大量的唐女俑出土，我们看到了女人的发式多达一百四十余种。唐崇尚的不仅是力量型，同时还是表现型。男人都在展示着自己的力量，女人都是展示着自己的美，这是多么自信的时代！

陕西人习武健身的习惯可从一组狩猎骑马俑看到，陕西人的幽默、诙谐可追寻到另一组说唱俑。从那众多的昆仑俑，骑马胡人俑，骑卧驼胡人俑，牵马胡人俑，你就能感受到陕西人的开放、大度、乐于接受外来文化了。而一组塑造在骆驼背上的七位乐手和引吭高歌的女子，使我们明白了陕西的民歌戏曲红遍全国的根本所在。秦过去了，汉过去了，唐也过去了，国都东迁北移与陕西远去，一个政治经济文化的中心日渐消亡，这成了陕西人最大的不幸。宋代的捧物女绮俑从安康的白家梁出土，她们文雅清瘦，穿着“背子”。还有“三搭头”的男俑。宋代再也没有豪华和自信了，而到了明朝，陶俑虽然一次可以出土三百余件，仪仗和执事队场面壮观，但其精气神已经殆失，看到了那一份顺服与无奈。如果说，陕西人性格中某些缺陷，呆滞呀，死板呀，按部就班呀，也都是明清精神的侵蚀。

每每浏览了陕西历史博物馆的陶俑，陕西先人也一代一代走过，各个时期的审美时尚不同，意识形态多异，陕西人的形貌和秉性也在复复杂杂中呈现和完成。俑的发生、发展至衰落，是陕西人的幸与不幸，也是两千多年的中国历史的幸与不幸。陕西作为中国历史的缩影，陕西人也最能代表中国人。十九世纪之末，中国实行改革开放政策，地处西北的陕西是比沿海一带落后了许多，经济的落后导致了外地人对陕西人的歧视，我们实在是需要清点我们的来龙去脉，我们有什么，我们缺什么，经济的发展文化的进步，最根本的并不是地理环境而是人的呀，陕西的先人是龙种，龙种的后代绝不会就是跳蚤。当许许多多的外地朋友来到陕西，我最于乐意的是领他们去参观秦兵马俑，去参观汉茂陵石刻，去参观唐壁画，我说：“中国的历史上秦汉唐为什么强盛，那是因为建都在陕西，陕西人在支撑啊，宋元明清国力衰退，那罪不在陕西人而陕西人却受其害呀。”外地朋友说我言之有理，却不满我说话时那一份红脖子涨脸：瞧你这尊容，倒又是个活秦兵马俑了！

壁　画

陕西的黄土厚，有的是大唐的陵墓，仅挖掘的永泰公主的，章怀太子的，懿德太子的，房陵公主的，李寿，李震，李爽，韦洞章浩的，除了一大批稀世珍宝，三百平方米的壁画就展在博物馆的地下室。这些壁画不同于敦煌，墓主人都是皇戚贵族，生前过什么日子，死后还要过什么日子，壁画多是宫女和骏马。有美女和骏马，想想，这是人生多得意事！

去看这些壁画的那天，馆外极热，进地下室却凉，门一启开，我却怯怯地不敢进去。看古装戏曲，历史人物在台上演动，感觉里古是古，我是我，中间总隔了一层，在地下室从门口往里探望，我却如乡下的小儿，真的偷窥了宫里的事。“美女如云”，这是现今描写街上的词，但街上的美女有云一样的多，却没云那样的轻盈和简淡。我们也常说“唐女肥婆”，甚至怀疑杨玉环是不是真美？壁画中的宫女个个个头高大，耸鼻长目，丰乳肥臀，长裙曳地，仪表万方，再看那匹匹骏马，屁股滚圆，四腿瘦长刚劲，便得知人与马是统一的。唐的精神是热烈，外向，放恣而大胆的，它的经济繁荣，文化开放，人种混杂，正是现今西欧的情形。我们常常惊羡西欧女人的健美，称之为“大洋马”，殊不知唐人早已如此。女人和马原来是一回事，便可叹唐以后国力衰败，愈是被侵略，愈是向南逃，愈是要封闭，人种退化，体格羸弱。有人讲我国东南一隅以南洋的华侨是纯粹的汉人，如果真是如此，那里的人却并不美的。说唐人以胖为美，实则呢，唐人崇尚的是力量。马的时代与我们越来越远了，我们的诗里在赞美着瘦小的毛驴，倦态的老牛，平原上虽然还有着骡，骡仅是马的附庸。

我爱唐美人。

我走进了地下室，一直往里走，从一九九七年走到五百九十三年，敦煌的佛画曾令我神秘莫测，这些宫女，古与今的区别仅在于服饰，但那丰腴圆润的脸盘，那毛根出肉的鬓发，那修长婀娜的体态，使我感受到了真正的人的气息。看着这些女子，我总觉得她们在生动着，是活的，以致看完这一个去看那一个，侧身移步就小心翼翼，害怕走动碰着了她们。她们是矜持的，又是匆忙的，有序地在做她们的工作，或执盘，或掌灯，或挥袖戏鹅，或观鸟捕蝉，对于陌生的我，不媚不凶，脸面平静。这些来自民间的女子，有些深深的愁怨和寂寞，毕竟已是宫中人，不屑于我这乡下男人，而我却视她们是仙人，万般企慕，又自惭形秽了。《红楼梦》中贾宝玉那个痴呆呆的形状，我是理解他了，也禁不住说句“女儿是水做的，男人是泥做的了”。看呀，看那《九宫女》呀，为首的梳高髻，手挽披巾，相随八位，分执盘、盒、烛台、团扇、高足杯、拂尘、包裹、如意，顾盼呼应，步履轻盈。天呐，那第六位，简直是千古第一美人呀，她头梳螺髻，肩披纱巾，长裙曳地，高足杯托得多好，不高不低，恰与婉转的身姿配合，长目略低，似笑非笑，风韵卓绝，我该轻呼一声“六妹”了！这样纯真高雅的女子，我坚信当年的画师不是凭空虚构的，一定是照生前真人摹绘，她深锁宫中，连唐时也不可见的，但她终于让我看到了，我看到了已经千年的美人。

“美人千年已经老了!”同我去看壁画的友人说。

友人的话，令我陡然悲伤，但友人对于美人老却感到快意。我没有怨恨友人，对于美人老的态度，从来都是有悲有喜的两种情怀，而这种秉性可能也正是皇戚贵族的复杂心理，他们生前占有她，死后还要带到阴间去，留给后世只是老了的美人。这些皇戚贵族化为泥土，他们是什么狗模人样毫无痕迹，而这美女人却留在壁画里，她们的灵魂一定还附在画上。灵魂当然已是鬼魂，又在墓穴里埋了上千年，但我怎么不感到一丝恐怖，只是亲切，似乎相识，似乎不久前在某一宾馆或大街上有过匆匆一面？我对友人说：你明白了吗，《聊斋志异》中为什么秀才在静夜里专盼着女鬼从窗而入吗?!

参观完了壁画，我购买了博物馆唐昌东先生摹古壁的画作印刷品，我不愿“六妹”千余年在深宫和深墓，现在又在博物馆，她原本是民间身子，我要带她到我家。我将画页悬挂室中，日日看着，盼她能破壁而出。我说，六妹，我不做皇戚贵族宫锁你，我也没金屋藏匿你，但我给你自在，给你快乐，还可以让你牧羊，我就学王若宾变成一只小羊，让你拿皮鞭不断轻轻打在我的身上。

龙柏树

龙是柏树，树长堰塘，塘在成都西的一个山坳里。我去看它的时候已经中午，天不晴不雨，恤恤地小船在长溪摇了一小时，人上岸，溪里的一群鸭子也上岸，竟一直导游到塘边。

塘实在的小，像一口游泳池，塘边的土赤上去就是人家，孤孤的一家，那个红袄绿裤的姑娘站在一堆柴火前望着我，红肥绿瘦般地鲜艳。龙树螺旋形地横卧在塘的上空，让人担心要倒坍下去，亏得这土峁，以及土峁上的孤屋和姑娘压住了树根。我想，龙是从这一家农户出来的，或是龙从天上来，幻变了农人在这里潜藏。

天气已在三月，树梢有了嫩叶，稀稀落落不易见，而由根至梢，凤尾蕨附生茂盛。尾随从溪岸而来的一个汉子，热情解说这凤尾蕨只能在岸畔长的，谁也弄不清怎么就长在树上，长得这般密。“这是龙衣，一年一换的。”四川的口音，第一声特别的用力。“龙换衣不是冬季，而是盛夏!”龙之所以是龙，毕竟有它的神奇。这棵树原是一对的，左右把持在塘上，塘面就被罩住，养鸭养鱼，放水灌溉坳里的几十亩稻田。那一年屋里的老头死了，夜里一棵树就“嘎啦啦”塌倒。将塌倒的树锯开来，颜色红得像血。剩下的这棵树，从此每到天要下雨，整个树就一团水雾，坳下边的农民一见到树一团雾气了，就知道天要下雨了。周围的农民吃水到塘里担，水清冽甘甜，最能泡茶，每年到土峁的孤屋里去看望那一位鹤首鸡皮的老太太，害怕老太太过世了，这一棵龙树也就要塌倒吗?老太太依然健在，爱说趣话，能咬蚕豆。

树长为龙形的，可能很多，我是到安徽见过龙拓树，在平地扭着往空中冲，那里出了陈胜吴广；也到陕西霸河源头见过龙松树，沿一山坡逶迤几十米，那里李先念曾住过三年，后来李先念担任了三年国家主席。龙形的树都附着伟人的传说，这柏树却躲在山坳中，土峁上的人家都是农民，这龙该是布衣龙。

但龙就是龙，它是潜龙。

解说的汉子喋喋不休地解说龙柏树的奇妙，末了让我站在一个方位看树根部是不是像个牛头，又让我站在另一方位看树干上的疙瘩像不像个狗，又让我站……说像马像鸡。说毕了，他伸手向我讨解说费，他原来是要挣钱的，我付了他一张纸币，却批评他解说的不好：大方处不拘小节，龙就是龙，哪里又有这么多鸡零狗碎的东西呢？龙潜是为了起飞，而不是被猪狗所欺啊！

我爬上土峁去拜望那位老太太，红袄绿裤的姑娘却谢绝了，说："我奶午睡哩！"终未能见。

古土罐

我来自乡下，其貌亦丑，爱吃家常饭，爱穿随便衣，收藏也只喜欢土罐。西安是古汉唐国都，出土的土罐多，土罐虽为文物，但多而价贱，国家政策允许，容易弄来，我就藏有近百件了。家居的房子原本窄狭，以至于写字台上，书架上，客厅里，甚至床的四边，全是土罐。我是不允许孩子们进我的房子，他们毛手毛脚，担怕撞碎，胖子也不让进来，因为所有空间只能独人侧身走动。曾有一胖妇人在转身时碰着了一个粮仓罐，粮仓罐未碎，粮仓罐上的一只双耳唐罐掉下来破为三片。许多人来这里叫喊我是仓库管理员，更有人抱怨房子阴气太重，说这些土罐都是墓里挖出来的，房子里放这么多怪不得你害病。我是长年害病，是文坛上著名的病人，但我知道我的病与土罐无关，我没这么多土罐时就病了的。至于阴气太重，我却就喜欢阴，早晨能吃饭的是神变的，中午能吃饭的是人变的，晚上能吃饭的是鬼变的，我晚上就能吃饭，多半是鬼变的。有客人来，我总爱显示我的各种土罐，说它们多朴素，多大气，多憨多拙，无人了，我就坐在土罐堆中默看默笑，十分受活。

我是很懒惰的人，不大出门走动，更害怕去社交应酬。自书画渐渐有了名，虽别人以金来购，也不大动笔，人骂我惜墨，吝啬佬，但凡听说哪儿有罐，可以弄到手，不管白日黑天，风寒雪雨，我立即就赶去了。许多人因此而骗我，提一只土罐来换几个字，或要送我一只土罐而要求去赴一个堂会，上当受骗多了，我也知道要去上钩入瓮，但我控制不了我，我受不了土罐的诱惑。我想，在权力、金钱、女色、名誉诸方面，我绝对有共产党人的品质，而在土罐方面不行。对于土罐的如此嗜好，连我也觉得不解，或许我上上的那一世曾经是烧窑的？或许我上上的哪一世是个君王富豪？

这些土罐，少量是古董市场上买的，大量是以字画变换，还有一些，是我使了各种手段从朋友、熟人手中强夺巧取而来。在我洋洋得意收藏了近百的土罐之时，一日去友人芦苇家，竟然见得他家有一土罐大若两人搂抱，真是馋涎欲滴，过后耿耿于怀，但我难以启口索要，便四处打听哪儿还有大的，得知陕北佳县一带有，雇车去民间查访，空手而归，又得知泾阳某人有一巨土罐，驱车而去，那土罐大虽大，却已破裂。越是得不到越想得到，遂鼓足勇气给芦苇去了一信，写道——古语说，神归其位，物以类聚。我想能得到您存的那只特大土罐。您不要急。此土罐虽是您存，却为我爱，因我收集土罐上百，已成气候，却无统帅，您那里则有将无兵，纵然一本巨大，但并不是森林，还不如待在我处，让外人观之叹我收藏之盛，让我抚之念兄友情之重。当然，君子是不夺人之美，我不是夺，也不是骗，而要以金购买或以物易物。土罐并不值钱，我愿出原价十倍数，或您看上我家藏物，随手拿去。古时友人相交，有赠丫环之举，如今世风日下，不知兄肯否让出瓦釜？信发出后，日日盼有回复，但久未音讯，我知道芦苇必是不肯，不觉自感脸红。正在我失望之时，芦苇来电话：“此土罐是我镇家之物，你这般说话，我只有割爱了！”芦苇是好人，是我知己，我将永远感谢他了。我去拉那巨大土罐时，特意择了吉日，回来兴奋得彻夜难眠，我原谅着我的掠夺，我对芦苇说：物之所得所失，皆有缘分啊！

现在，巨大土罐放在我的家中，它逼着一些家什移位于阳台上，而写字台仅留给我了报纸一般大的地方。我在想，这套房子到底是组织上分配给我住的还是给土罐住的？这些土罐是谁人所做，埋入谁人坟墓，谁人挖掘出土，又辗转了谁人之手来到了我这里？在我这里呆过百年了又落在哪人手中，又有谁能还知道我曾经收藏过呢？土罐是土捏烧而成，百年之后我亦化为土，我能不能有幸也被人捏烧成土罐，那么，家里这些土罐是不是有着汉武帝的土，司马迁的土，唐玄宗或李白的土？今夜，月明星稀，家人已睡，万籁俱静，我把每个土罐拍拍摸摸，以想象，在其身上书写了那些历史的人名，恍惚间，便觉得每个土罐的灵魂都从汉唐一路而来了，竟不知不觉间在一土罐上也写下了我的名字。

1998 年 2 月 19 日

动物安详

我喜欢收藏，尤其那些奇石、怪木、陶罐和画框之类，但经发现，想方设法都要弄来。几年间，房子里已经塞满，卧室和书房尽是陶罐画框乐器刀具等易撞易碎之物，而客厅里就都成了大块的石头和大块的木头，巧的是这些大石大木全然动物造型，再加上从新疆弄来的各种兽头角骨，结果成了动物世界。这些动物，来自全国各地，有的曾经是有过生命，有的从来就是石头和木头，它们能集中到一起陪我，我觉得实在是一种缘分，每日奔波忙碌之后，回到家中，看看这个，瞧瞧那个，龙虎狮豹，牛羊猪狗，鱼虫鹰狐，就给了我力量，给了我欢愉，劳累和烦恼随之消失。

但因这些动物木石不同，大小各异，且有的眉目慈善，有的嘴脸狰狞，如何安置它们的位置，却颇费了我一番心思。兽头角骨中，盘羊头是最大的，我先挂在面积最大的西墙上，但牦牛头在北墙挂了后，牦牛头虽略小，其势扩张，威风竟大于盘羊头，两者就调了个。龙是不能卧地的，就悬于内门顶上。龟有两只，一只蹲墙角，一只伏沙发扶手上。

柏木根的巨虎最占地方，侧立于西北角。海百合化石靠在门后，一米长的角虫石直立茶机前。木羊石狗在沙发后，两个石狮守在门口。这么安排了，又觉得不妥，似乎虎应在东墙下，石鱼又应在北边沙发靠背顶上，龙不该盘于门内顶而该在厅中最显眼部位，羊与狗又得分开，那只木狐则要卧于沙发前，卧马如果在厨房门口，仰起的头正好与对面墙上的真马头相呼应。这么过几天调整一次，还是看着不舒服，而且来客，又各是各的说法，倒弄得我不知如何是好。

一夜做梦，在门口的两个狮子竟吵起来，一个说先来后到我该站在前边，一个说凭你的出身还有资格说这话？两个就咬起来，四只红眼，两嘴茸毛。梦醒我就去客厅，两个狮子依然在门口处卧着，冰冰冷冷的两块石头。

心想，这就怪了，莫非石头凿了狮子真就有狮子的灵魂？前边的那只是我前年在南山一个村庄买来的，当时它就在猪圈里，当时发现了，那家农民说，一块石头，你要喜欢了你就搬去吧。待我从猪圈里好不容易搬上了汽车，那农民见我兴奋劲，就反悔了，一定要付款，结果几经讨价还价，付了他二十五元。这狮子不大威风，但模样极俊，立脚高望，仰面朝天，是个高傲的角色，像个君子。另一只是一个朋友送的，当时他有一个拴马桩和这只狮子，让我选一个，我就带回了这狮子，我喜欢的是它的蛮劲，模样并不好看，如李逵、程咬金一样，是被打破了头仍扑着去进攻的那种。

我拍了拍它们，说：吵什么呀，都是看门的有什么吵的?！但我还是把它们分开了，差别悬殊的是互不计较的，争斗的只是两相差不多的同伙，于是一个守了大门，一个守了卧室门。第二日，我重新调整了这些动物的位置，龙、虎、牛。

马当然还是各占四面墙上墙下，这些位置似乎就是它们的，而西墙下放了羊、鹿、石鱼和角虫石，东墙下是水晶猫、水晶狗、龟和狐，南墙下安放了石麒麟，北墙的沙发靠背顶上一溜儿是海百合化石，三叶虫化石，象牙化石，鸵鸟，马头石，猴头石。安置毕了，将一尊巨大的木雕佛祖奉在厅中的一个石桌上，给佛上了一炷香，想佛法无边，它可以管住人性也可以管住兽性的。又想，人为灵，兽为半灵，既有灵气，必有鬼气，遂画了一个钟馗挂在门后。还觉得不够，书写了古书中的一段话贴在沙发后的空墙上，这段话是：碗大一片赤县神州，众生塞满，原是假合，若复件件认真，竞争何已。

至今，再未做过它们争吵之梦，平日没事在家，看看这个瞧瞧那个，都觉顺眼，也甚和谐，这恐怕是佛的作用，也恐怕是钟馗和那段古句的作用吧。

残 佛

去泾河里捡玩石，原本是懒散行为，却捡着了一尊佛，一下子庄严得不得了。

那时看天，天上是有一朵祥云，方圆数里唯有的那棵树上，安静地歇栖着一只鹰，然后起飞，不知去处。佛是灰颜色的沙质石头所刻，底座两层，中间镂空，上有莲花台。雕刻的精致依稀可见，只是已经没了棱角。这是佛要痛哭的，但佛不痛哭，佛没有了头，也没有了腹，莲台仅存盘起来的一只左脚和一只搭在脚上的右手。那一刻，陈旧的机器在轰隆隆价响，石料场上的传送带将石头传送到粉碎机前，突然这佛石就出现了。佛石并不是金光四射，它被泥沙裹着，依样丑陋，这如同任何伟人独身于闹市里立即就被淹没一样，但这一块石头样子毕竟特别，忍不住抢救下来，佛就如此这般地降临了。

我不敢说是我救佛，佛是需要我救的吗？我把佛石清洗干净，抱回来放在家中供奉，着实在一整天里哀叹它的苦难，但第二天就觉悟了，是佛故意经过了传送带，站在了粉碎机的进口，考验我的感觉。我庆幸我的感觉没有迟钝，自信良善未泯，勇气还在。此后日日为它焚香，敬它，也敬了自己。

或说，佛是完美的，此佛残成这样，还算佛吗？人如果没头身，残骸是可恶的，佛残缺了却依然美丽。我看着它的时候，香火袅袅，那头和身似乎在烟雾中幻化而去，而端庄和善的面容就在空中，那低垂的微微含笑的目光在注视着我。“佛，”我说，“佛的手也是佛，佛的脚也是佛。”光明的玻璃粉碎了还是光明的。瞧这一手一脚呀，放在那里是多么安详！

或说，佛毕竟是人心造的佛，更何况这尊佛仅是一块石头。是石头，并不坚硬的沙质石头，但心想事便可成，刻佛的人在刻佛的那一刻就注入了虔诚，而被供奉在庙堂里度众生又赋予了意念，这石头就成了佛。钞票不也仅仅是一张纸吗，但钞票在流通中却威力无穷，可以买来整庄的土地，买来一座城，买来人的尊严和生命。或说，那么，既然是佛，佛法无边，为什么会在泾河里冲撞滚磨？对了，是在那一个夏天，山洪暴发，冲毁了佛庙，石佛同庙宇的砖瓦、石条、木柱一齐落入河中，砖瓦、石条、木柱都在滚磨中碎为细沙了而石佛却留了下来，正因为它是佛！请注意，泾河的泾字，应该是经，佛并不是难以逃过大难，佛是要经河来寻找它应到的地位，这就是他要寻到我这里来。古老的泾河有过柳毅传书的传说，佛却亲自经河，洛河上的甄氏成神，缥缈一去成云成烟，这佛虽残却又实实在在来我的书屋，我该呼它是泾佛了。

我敬奉着这一手一脚的泾佛。

许多人得知我得了一尊泾佛，瞧着皆说古，一定有灵验，便纷纷焚香磕头，祈祷泾佛保佑他发财，赐他以高官，赐他以儿孙，他们生活中缺什么就祈祷什么，甚至那个姓王的邻居在打麻将前也来祈祷自己的手气。我终于明白，泾佛之所以没有了头没有了身，全是被那些虔诚的芸芸众生乞了去的，芸芸众生的最虔诚其实是最自私。佛难道不明白这些人的自私吗，佛一定是知道的，但佛就这么对待着人的自私，他只能牺牲自己而面对着自私的人，这个世界就是如此啊。

我把泾佛供奉在书屋，每日烧香，我厌烦人的可怜和可耻，我并不许愿。

“不，”昨夜里我在梦中，佛却在说，“那我就不是佛了！”

今早起来，我终于插上香后，下跪作拜，我说，佛，那我就许愿吧，既然佛作为佛拥有佛的美丽和牺牲，就保佑我灵魂安妥和身躯安宁，作为人活在世上就好好享受人生的一切欢乐和一切痛苦烦恼吧。

人都是忙的，我比别人会更忙，有佛亲近，我想以后我不会怯弱，也不再逃避，美丽地做我的工作。

1997 年 2 月 20 日

记五块藏石

红蛙：红灵璧石，样子像蛙，不多一分，也不少一分；是站在田埂欲跳的那一种，或许是瞧见了稻叶上的一只蜻蜓的那个瞬间，形神兼备。它的嘴大而扁，沿嘴边一道白线。眼睛突鼓，粉红一圈，中间为红中泛紫色，产生一种水汪汪的亮色。通体暗红，颚下以至前爪红如朱砂。来人初见，莫不惊讶，久看之，颚下部似乎一呼一吸地动。我名凹，蛙与凹同音，素来在宴席上不食青蛙和牛蛙，得之此石，以为是生灵回报，珍视异常，置于案上石佛的左侧，让其成神。

乌鸡：家人属相是鸡，恰生日前得此葡萄玛瑙石，甚为吉祥。玛瑙石本身名贵，如此大的体积又酷像鸡就更稀罕。脖子以上，密集葡萄珠，乌黑如漆，翅至尾部色稍浅，光照透亮。我藏石头，一半是朋友赠送或自捡，一半是以字画换取，一幅字可换数件石，而此石来自内蒙，要价万元，几经交涉到 8 千元，遂书四幅斗方。

小鬼：灵璧石，完整无损的小人形状，有双目，有鼻有口，头颅椭圆。身子稍倾斜，双手相拱。有肚脐眼和下身。极其精灵幽默。买时围观者很多，都说此石太像人，但因双目深陷如洞，像是鬼，嫌放在家里害怕。我不怕鬼，没做亏心事，而且鬼有鬼的可爱处，何况家里画的有钟馗像哩。

珊瑚：这是一块巨大的珊瑚化石。我喜欢大的。搬上楼的时候，四个人抬的，放在厅里果然威风得很。整个石头是焦黑色，珊瑚节已磨平，呈现出鱼鳞一样的甲纹。珊瑚石许多，但如此大的平石板状的珊瑚石恐怕是极少极少的吧。我题词：海风山骨。唯一担心的是楼板负重不起，每次移动莫不小心翼翼。

胡琴：以前我有个树根，称谓美人琴，后来送了别人。又曾得到过一个八音石，敲之音韵极好，但没有形状。这块石头下是一椭圆，上是一个长柄，像琵琶，但比琵琶杆儿长了许多，且长柄梢稍弯，有几处突出的齿，我便称之为胡琴。此胡琴无弦的，以石敲之，各处音响不同。朋友送我的时候，是在酒席上，他喝多了，说有个宝贝，你如果说准琴棋书画中的一个就送你。我不假思索说是琴。他仰天长叹：这是天意！我怕他酒醒反悔，立即去他家，到家时他酒醒了，抱了这石琴一边作弹奏动作一边狂歌，样子让人感动，我就不忍心索要了。但他豪爽，一定要送我，再一次说：这是天意，这是缘分啊！

人与石头确实是有缘分的。这些石头能成为我的藏品，却有一些很奇怪的经历，今日我有缘得了，不知几时缘尽，又归落谁手？好的石头就是这么与人产生着缘分，而被人辗转珍藏在世间的。或许，应该再换一种思维，人与自然万物的关系不仅仅是一种和谐，我们其实不一定是万物之灵，只是普通一分子，当我们住进一所房子后，这房子也会说：我们有缘收藏了这一个人啊！

拓片闲记

安康友人三次送我八幅魏晋画像砖拓片，最喜其中二幅，特购大小两个镜框装置，挂在书屋。

一幅五寸见方，右边及右下角已残，庆幸画像完整，是一匹马，还年轻，却有些疲倦，头弯尾垂，前双足未直立，似作踢跶。马后一人，露头露脚，马腹挡了人腹，一手不见，一手持戟。此人不知方从战场归来，还是欲去战斗，目光注视马身，好像才抚摩了坐骑，一脸爱惜之意。刻线简练，形象生动，艺术价值颇高。北京一位重要人物，是我热爱的贵客，几次讨要此图，我婉言谢拒，送他珊瑚化石一座和一个汉罐。

另一幅是人马图的三倍半长，完整的一块巨砖拓的。上有一只虎，造型为我半生未见。当时初见此图，吃午饭，遂放碗推碟，研墨提笔在拓片的空余处写道：宋《集异记》曰：虎之首帅在西城郡，其形伟博，便捷异常，身如白锦，额有圆光如镜。西城郡即当今安康。宋时有此虎，而后此虎无，此图为安康平利县锦屏出土魏砖画像。今人只知东北虎，华南虎，不知陕南西城虎。今得此图，白虎护佑，天下无处不可去也。

友人送此图时，言说此砖现存安康博物馆，初出土，为一人高价购去，公安部门得知，查获而得，仅拓片三幅。为感念友人相送之情，为他画扇面三个。

1996 年 10 月记

茶 杯

我戒酒后，嗜茶，多置茶具，先是用一大口粗碗，碗沿割嘴，又换成宜兴小壶，隔夜茶味不馊，且壶嘴小巧，噙吮有爱情感。用过三月，缺点是透壶不能瞧见颜色，揭盖儿也只看着是白水一般，使那些款爷们来家了，并不知道我现在饮的是龙井珍品！便再换一玻璃杯，法兰西的，样子简约大方，泡了碧螺春，看薄雾绿痕，叶子发展，活活如枝头再生。便写条幅挂在墙上：无事乱翻书，有茶请待客。人便传我家有好茶，一传二，二传三，三传无数，每日来家饮茶人多，我纵然有几个稿酬，哪里又能这么贡献？藏在冰箱中的上等茶日日减少了。还有甚者，我写作时，烟是一根一根抽，茶要一杯一杯饮的，烟可以不影响思绪在烟色中去摸，茶杯却得放下笔去加水，许多好句就因此被断了。于是想改换大点茶杯，去街上数家瓷店，杯子都是小，甚至越来越到沙果般小，店主说，现在富贵闲人多，饮茶讲究品的。我无富贵，更无有闲，写作时吸烟如吸氧，饮茶也如钻井要注水一样，是身体与精神都需要的事，品能品出文章来？

十月十五日，本单位的宋老兄说过要请吃的，割八斤羊肉，红焖一顿，但却迟迟没动静，去穆老弟处打问，却见他桌上有一杯，高有六寸，粗到双掌张开方能围拢，还有个盖儿，通体白色，着青色山水楼阁人物图，古也不古，形状极其厚朴，顿生掠夺之心。问是哪儿买的，不嗜茶的人却用这等杯子？穆老弟口吻严重，说是专制的，无处可买，又说：你想要了，可以给你，得写一幅字交易。我惜我书法，素不轻易送人，说：一个杯子一千元呀?！却还是当下写就，清洗了杯子携回。从此饮茶用此杯，日晚不离案头。此杯之好，泡茶能观茶形水色，又不让谋我茶的人从外看见，仅我独享，抓盖顶疙瘩，椭圆洁腻，如温雪，如触人乳头。最合意的是它憨拙，搂在手中，或放在桌上，侧面看去，杯把儿作人耳，杯子就若人头，感觉里与可交之人相交。写作时不停地饮，视那里盛了万斛，也能饮得我满腹的文章。

我常想，世上能用此等大杯饮茶的，一是长途汽车的司机，二就是我了，都是靠苦力吃饭的人。但司机多用罐头瓶、咖啡瓶当壶，我却是青花白瓷杯，这便是写作人仅有的一点清高吧？李白有过一句：唯有饮者留其名，如果饮者不仅指饮酒，也该有饮茶，那我就属饮者之列了。今冬里，家有来客见我皆笑，说是个头小茶杯大，我笑而不答，但得大杯之趣了，是不与他人传授的。

1996 年 11 月 22 日早写

吃 烟

吃烟是只吃不尽，属艺术的食品和艺术的行为，应该为少数人享用，如皇宫寝室中的黄色被褥，警察的电棒，失眠者的安定片；现在吃烟的人却太多，所以得禁止。

禁止哮喘病患者吃烟，哮喘本来痰多，吃烟咳咳咔咔的，坏烟的名节。禁止女人吃烟，烟性为火，女性为水，水火生来不相容的。禁止医生吃烟，烟是火之因，医是病之因，同都是因，犯忌讳。禁止兔唇人吃烟，他们噙不住香烟。禁止长胡须的人吃烟，烟囱上从来不长草的。

留下了吃烟的少部分人，他们就与菩萨同在，因为菩萨像前的香炉里终日香烟袅袅，菩萨也是吃烟的。与黄鼠狼子同舞，黄鼠狼子在洞里，烟一熏就出来了。与龟同默，龟吃烟吃得盖壳都焦黄焦黄。还可以与驴同嚎，瞧呀，驴这老烟鬼将多么大的烟袋锅儿别在腰里！

我是吃烟的，属相上为龙，云要从龙，才吃烟吞吐烟雾要做云的。我吃烟的原则是吃时不把烟分散给他人，宁肯给他人钱，钱宜散不宜聚，烟是自焚身亡的忠义之士，却不能让与的。而且我坚信一方水土养一方人，是中国人就吃中国烟，是本地人就吃本地烟，如我数年里只吃“猴王”。

杭州的一个寺里有幅门联，是：“是命也是运也，缓缓而行；为名乎为利乎，坐坐再去。”忙忙人生，坐下来干啥，坐下来吃烟。

1996 年 11 月 26 日夜戏笔

秃顶

脑袋上的毛如竹鞭乱窜，不是往上长就是往下长，所以秃顶的必然胡须旺。自从新中国的领袖不留胡须后，数十年间再不时兴美髯公，使剃须刀业和牙膏业发达，使香烟业更发达。但秃顶的人越来越多，那些治沙治荒的专家，可以使荒山野滩有了植被，偏偏无法在自己的秃顶上栽活一根发。头发和胡子的矛盾，是该长的不长，不该长的疯长，简直如四人帮时期的社会主义的苗和资本主义的草。

我在四年前是满头乌发，并不理会发对于人的重要，甚至感到麻烦，朋友常常要手插进我的发里，说摸一摸有没个鸟蛋。但那个夏天，我的头发开始脱落，早晨起来枕头上总要软软地粘着那么几根，还打趣说：昨个夜里有女人到我枕上来了?！直到后来洗头，水面上一漂一层，我就紧张了，忙着去看医生，忙着抹生发膏，不济事的。愈是紧张地忙着治，愈是脱落厉害，终于秃顶了。

我的秃顶不属于空前，也不属于绝后，是中间秃，秃到如一块溜冰场了，四周的发就发干发皱，像一圈铁丝网。而同时，胡须又黑又密又硬，一日不刮就面目全非，头成了脸，脸成了头。

一秃顶，脑袋上的风水就变了，别人看我不是先前的我，我也怯了交际活动，把他的，世界日趋沙漠化，沙漠化到我的头上了，我感到了非常自卑。从那时起，我开始仇恨狮子，喜欢起了帽子。但夏天戴帽子，欲盖弥彰，别人原本不注意到我的头偏就让人知道了我是秃顶，那些爱戏谑的朋友往往在人稠广众之中，年轻美貌的姑娘面前，说："还有几根?能否送我一根，日后好拍卖啊!"脑袋不是屁股，可以有衣服包裹，可以有隐私，我索性丑陋就丑陋吧，出门赤着秃顶。没想无奈变成了率真和可爱，而人往往是以可爱才美丽起来，如此半年过去，我的秃顶已不成新闻，外人司空见惯，似乎觉得我原本就是秃了顶的，是理所当然该秃顶的。我呢，竟然又发现了秃顶还有秃顶的来由，秃顶还有秃顶的好处哩。

秃顶有秃顶的三大来由：

一、民间有理论：灵人不顶垂发。这理论必定是世世代代在大量的实情中总结出来的，那么，我就是聪明的了！

二、地质科学家讲：富矿的山上不长草。如此推断，我这颗脑袋已经不是普通的脑袋啊！

三、女人长发，发是雌性的象征。很久以来人类明显地有了雌化，秃顶正是对雌化的反动，该是上帝让肩负着雄的使命而来的。天降大任于我了，我不秃谁秃?！秃顶有秃顶的十大好处：

一、省却洗理费。

二、没小辫可抓。

三、能知冷知晒。

四、有虱子可以一眼看到。

五、随时准备上战场。

六、像佛陀一样慈悲为怀。

七、不被“削发为民”。

八、怒而不发冲冠。

九、长寿如龟。

十、不被误为发霉变坏。

现在，我常哼着的是一曲秃顶歌：秃，肉瘤，光溜溜，葫芦上釉，一根发没有，西瓜灯泡绣球，一轮明月照九州。我这么唱的时候，心里就想，天下事什么不可以干呢，哼，只要天上有月亮，我便能发出我的光来！

三月十五日，我和我的一大批秃顶朋友结队赤头上街，街上美女如云，差不多都惊羡起我们作为男人的成熟，自信，纷纷过来合影。合影是可以的，但秃顶男人的高贵在于这颗头是只许看而不许摸的！

1997 年 3 月

关于父子

作为男人的一生，是儿子也是父亲。前半生儿子是父亲的影子，后半生父亲是儿子的影子。

一个儿子酷像他的父亲，做父亲的就要得意了。世上有了一个小小的自己的复制品，时时对着欣赏，如镜中的花水中的月，这无疑比仅仅是个儿子自豪得多。我们常常遇到这样的事，一个朋友已经去世几十年了，忽一日早上又见着了他，忍不住就叫了他的名字，当然知道这是他的儿子，但能不由此而企羡起这一种生生不灭、永存于世的境界吗？

做父亲的都希望自己的儿子像蛇蜕皮一样的始终是自己，但儿子却相当多愿意像蝉蜕壳似的裂变。一个朋友给我说，他的儿子小时候最高兴的是让他牵着逛大街，现在才读小学三年级，就不愿意同他一块出门了，因为嫌他胖得难看。

中国的传统里，有"严父慈母"之说，所以在初为人父时可以对任何事情宽容放任，对儿子却一派严厉，少言语，多板脸，动辄吼叫挥拳。我们在每个家庭都能听到对儿子以"匪"字来下评语和"小心剥了你的皮"的警告，他们常要把在外边的怄气回来发泄到儿子身上，如受了领导的压制，挨了同事的排挤，甚至丢了一串钥匙，输了一盘棋。儿子在那时没力气回打，又没多少词汇能骂，经济不独立，逃出家去更得饿死，除了承接打骂外唯独是哭，但常常又是不准哭，也就不敢再哭。偶尔对儿子亲热了，原因又多是自己有了什么喜事，要把一个喜事让儿子酝酿扩大成两个喜事。在整个的少年，儿子可以随便呼喊国家主席的小名，却不敢悄声说出父亲的大号的。我的邻居名叫"张有余"，他的儿子就从不说出"鱼"来，饭桌上的鱼就只好说吃"蛤蟆"，于是小儿骂仗，只要说出对方父亲的名字就算是恶毒的大骂了。可是每一个人的经验里，却都在记忆的深处牢记着一次父亲严打的历史，耿耿于怀，到晚年说出来仍愤愤不平。所以在乡下，甚至在眼下的城市，儿子很多都不愿同父亲待在一起，他们往往是相对无言。我们总是发现父亲对儿子的评价不准，不是说儿子“呆”，就是说他“痴相”，以至儿子成就了事业或成了名人，他还是惊疑不信。

可以说，儿子与父亲的矛盾是从儿子一出世就有了，他首先使父亲的妻子的爱心转移，再就是向你讨吃讨喝以至意见相左惹你生气，最后又亲手将父亲埋葬。古语讲，男当十二替父志，儿子从十二岁起父亲就慢慢衰退了，所以做父亲的从小严打儿子，这恐怕是冥冥之中的一种人之生命本源里的嫉妒意识。若以此推想，女人的伟大就在于从中调和父与子的矛盾了。世界上如果只有大男人和小男人，其实就是凶残的野兽，上帝将女人分为老女人和小女人派下来就是要掌管这些男人的。

只有在儿子开始做了父亲，这父亲才有觉悟对自己的父亲好起来，可以与父亲在一条凳子上坐下，可以跷二郎腿，共同地衔一支烟吸，共同拔下巴上的胡须。但是，做父亲的已经丧失了一个男人在家中的真正权势后，对于儿子的能促膝相谈的态度却很有几分苦楚，或许明白这如同一个得胜的将军盛情款待一个败将只能显得人家宽大为怀一样，儿子的恭敬即使出自真诚，父亲在本能的潜意识中仍觉得这是一种耻辱，于是他开始钟爱起孙子了。这种转变皆是不经意的，不会被清醒察觉的。父亲钟爱起了孙子，便与孙子没有辈分，嬉闹无序，孙子可以嘲笑他的爱吃爆豆却没牙咬动的嘴，在厕所比试谁尿得远，自然是爷爷尿湿了鞋而被孙子拔一根胡子来惩罚了。他们同辈人在一块，如同婆婆们在一块数说儿媳一样述说儿子的不是，完全变成了长舌男，只有孙子来，最喜欢的也最能表现亲近的是动手去摸孙子的“小雀雀”。这似乎成了一种习惯，且不说这里边有多少人生的深沉的感慨、失望和向往，但现在一见孩子就要去摸简直是唯一的逗乐了。这样的场面，往往使做儿子的感到了悲凉，在孙子不成体统地与爷爷戏谑中就要打伐自己的儿子，但父亲却在这一刻里凶如老狼，开始无以复加地骂儿子，把积聚于肚子里的所有的不满全要骂出来，真骂个天昏地暗。

但爷爷对孙子不论怎样地好，孙子都是不记恩的。孙子在初为人儿时实在也是贱物，他放着是爷爷的心肝不领情而偏要做父亲的扁桃体，于父亲是多余的一丸肉，又替父亲抵抗着身上的病毒。孙子没有一个永远记着他的爷爷的，由此，有人强调要生男孩能延续家脉的学说就值得可笑了。试问，谁能记得他的先人什么模样又叫什么名字呢，最了不得的是四世同堂能知道他的爷爷、老爷爷罢了，那么，既然后人连老爷爷都不知何人，那老爷爷的那一辈人一个有男孩传脉，一个没男孩传脉，价值不是一样的吗？话又说回来，要你传种接脉，你明白这其中的玄秘吗？这正如吃饭是繁重的活计，不但要吃，吃的要耕要种要收要磨，吃时要咬要嚼要消化要拉泄，要你完成这一系列任务，就生一个食之欲给你，生育是繁苦的劳作，要性交要怀胎要生产要养活，要你完成这一系列任务就生一个性之欲给你，原来上帝在造人时玩的是让人占小利吃大亏的伎俩！而生育比吃饭更繁重辛劳，故有了一种欲之快乐后还要再加一种不能断香火的意识，于是，人就这么傻乎乎地自得其乐地繁衍着。唉唉，这话让我该怎么说呀，还是只说关于父子的话吧。

我说，作为男人的一生，是儿子也是父亲。前半生儿子是父亲的影子，后半生父亲是儿子的影子。前半生儿子对父亲不满，后半生父亲对儿子不满，这如婆婆和媳妇的关系，一代一代的媳妇都在埋怨婆婆，你也是媳妇你也是婆婆你埋怨你自己。我有时想，为什么上帝不让父亲永远是父亲，儿子永远是儿子，人数永远是固定着，儿子那就甘为人儿地永远安分了呢？但上帝偏不这样，一定是认为这样一直不死的下去虽父子没了矛盾而父与父的矛盾就又太多了。所以要重换一层人，可是人换一层还是不好，又换，就反反复复换了下去。那么，换来换去还是这些人了！可不是吗，如果不停地生人死人，人死后据说灵魂又不灭，那这个世界里到处该是幽魂，我们抬脚动手就要碰撞他们或者他们碰撞了我们。不是的，绝不是这样的，一定还是那些有数的人在换着而重新排列罢了。记得有一个理论是说世上的有些东西并不存在着什么优劣，而质量的秘诀全在于秩序排列，石墨和金刚石其构成的分子相同，而排列的秩序不一，质量截然两样。聪明人和蠢笨人之所以聪明蠢笨也在于细胞排列的秩序不同。哦，不是有许多英雄和盗匪在被枪杀时大叫“二十年又一个×吗”？这英雄和盗匪可能是看透了人的玄机的。所以我认为一代一代的人是上帝在一次次重新排列了推到世界上来的，如果认为那怎么现在比过去人多，也一定是仅仅将原有的人分劈开来，各占性格的一个侧面一个特点罢了，那么你曾经是我的父亲，我的儿子何尝又不会是你，父亲和儿子原本是没有什么区别的。明白了这一点多好呀，现时为人父的你还能再专制你的儿子吗？现时为人儿的你还能再怨恨现时你的父亲吗？不，不，还是这一世人民主、和平、仁爱地活着为好，好！

朋　友

朋友是磁石吸来的铁片儿、钉子。螺丝帽和小别针，只要愿意，从俗世上的任何尘土里都能吸来。现在，街上的小青年有江湖义气，喜欢把朋友的关系叫“铁哥们”，第一次听到这么说，以为是铁焊了那种牢不可破，但一想，磁石吸的就是关于铁的东西呀。这些东西，有的用力甩甩就掉了，有的怎么也甩不掉，可你没了磁性它们就全没有喽！昨天夜里，端了盆热水在凉台上洗脚，天上一个月亮，盆水里也有一个月亮，突然想到这就是朋友么。

我在乡下的时候，有过许多朋友，至今二十年过去，来往的还有一二，八九皆已记不起姓名，却时常怀念一位已经死去的朋友。我个子低，打篮球时他肯传球给我，我们就成了朋友，数年间身影不离。后来分手，是为着从树上摘下一堆桑葚，说好一人吃一半的，我去洗手时他吃了他的一半，又吃了我的一半的一半。那时人穷，吃是第一重要的。现在是过城里人的日子，人与人见面再不问“吃过了吗”的话。在名与利的奋斗中，我又有了相当多的朋友，但也在奋斗名与利的过程，我的朋友交换如四季。……走的走，来的来，你面前总有几张板凳，板凳总没空过。我作过大概的统计，有危难时护伤过我的朋友，有贫困时周济过我的朋友，有帮我处理过鸡零狗碎事的朋友，有利用过我又反过来踹我一脚的朋友，有诬陷过我的朋友，有加盐加醋传播过我不该传播的隐私而给我制造了巨大的麻烦的朋友。成我事的是我的朋友，坏我事的也是我的朋友。有的人认为我没有用了不再前来，有些人我看着恶心了主动与他断交，但难处理的是那些帮我忙越帮越乱的人，是那些对我有过恩却又没完没了地向我讨人情的人。

地球上人类最多，但你一生的交往最多的却不外乎方圆几里或十几里，朋友的圈子其实就是你人生的世界，你的为名为利的奋斗历程就是朋友的好与恶的历史。有人说，我是最能交朋友的，殊不知我的相当多的时间却是被铁朋友占有，常常感觉里我是一条端上饭桌的鱼，你来捣一筷子，他来挖一勺子，我被他们吃剩下一副骨架。当我一个人坐在厕所的马桶上独自享受清静的时候，我想象坐监狱是美好的，当然是坐单人号子。但有一次我独自化名去住了医院，只和戴了口罩的大夫护士见面，病床的号码就是我的一切，我却再也熬不下一个月，第二十七天里翻院墙回家给所有的朋友打电话。也就有人说啦：你最大的不幸就是不会交友。这我便不同意了，我的朋友中是有相当一些人令我吃尽了苦头，但更多的朋友是让我欣慰和自豪的。

过去的一个故事讲，有人得了病去看医生，正好两个医生一条街住着，他看见一家医生门前鬼特别多，认为这医生必是医术不高，把那么多人医死了，就去门前只有两个鬼的另一位医生家看病，结果病没有治好。旁边人推荐他去鬼多的那家医生看病，他说那家门口鬼多这家门口鬼少，旁边人说，那家医生看过万人病，死鬼五十个，这家医生在你之前就只看过两个病人呀！我想，我恐怕是门前鬼多的那个医生。根据我的性情、职业、地位和环境，我的朋友可以归两大类：一类是生活关照型。

人家给我办过事，比如买了煤，把煤一块一块搬上楼，家人病了找车去医院，介绍孩子入托。我当然也给人家办过事，写一幅字让他去巴结他的领导，画一张画让他去银行打通贷款的关节，出席他岳父的寿宴。或许人家帮我的多，或许我帮人家的多，但只要相互诚实，谁吃亏谁占便宜就无所谓，我们就是长朋友，久朋友。

一类是精神交流型。具体事都干不来，只有一张八哥嘴，或是我慕他才，或是他慕我才，在一块谈文道艺，吃茶聊天。在相当长的时间里，我把我的朋友看得非常重要，为此冷落了我的亲戚，甚至我的父母和妻子儿女，可我渐渐发现，一个人活着其实仅仅是一个人的事，生活关照型的朋友可能了解我身上的每一个痣，不一定了解我的心，精神交流型的朋友可能了解我的心，却又常常拂我的意。快乐来了，最快乐的是自己，苦难来了，最苦难的也是自己。

然而我还是交朋友，朋友多多益善，孤独的灵魂在空荡的天空中游弋，但人之所以是人，有灵魂同时有身躯的皮囊，要生活就不能没有朋友，因为出了门，门外的路泥泞，树丛和墙根又有狗吠。

西班牙有个毕加索，一生才大名大，朋友是很多的，有许多朋友似乎天生就是来扶助他的，但他经常换女人也换朋友。这样的人我们效法不来，而他说过一句话：朋友是走了的好。我对于曾经是我朋友后断交或疏远的那些人，时常想起来寒心，也时常想到他们的好处。如今倒坦然多了，因为当时寒心，是把朋友看成了自己和自己的家人，殊不知朋友毕竟是朋友，朋友是春天的花，冬天就都没有了，朋友不一定是知己，知己不一定是朋友，知己也不一定总是人，他既然吃我，耗我，毁我，那又算得了什么呢，皇帝能养一国之众，我能给几个人好处呢？这么想想，就想到他们的好处了。

今天上午，我又结识了一个新朋友，他向我诉苦说他的老婆工作在城郊外县，家人十多年不能团聚，让我写几幅字，他去贡献给人事部门的掌权人。我立即写了，他留下一罐清茶一条特级烟。待他一走，我就拨电话邀三四位旧的朋友来有福同享。这时候，我的朋友正骑了车子向我这儿赶来，我等待着他们，却小小私心勃动，先自己沏一杯喝起，燃一支吸起，便忽然体会了真朋友是无言的牺牲，如这茶这烟，于是站在门口迎接喧哗到来的朋友而仰天嗬嗬大笑了。

1997 年 2 月 5 日晚

天　马

四月二十一日，谭宗林从安康带来魏晋画像砖拓片数幅，和一包新茶。因茶思友，分出一半去寻马海舟。

马海舟是陕西画坛的怪杰，特立独行，平素不与人往来。他作画极认真，画成后却并不自珍，凭一时高兴，任人拿去。我曾为他的画作说过几句话，或许他认为搔到了痒处，或许都是矮人，反正我们是熟了。“你几时来家呀，我有许多好玩的东西!”他这么邀请着我，但他交代得太复杂，我不是狗，也不是司机，深如大海的都市里，我寻不着去他家的路。谭宗林领我过大街穿小巷，扑来扑去了半天，把一家门敲开了。

马海舟正在作画哩。大画家用小画案，我第一次见到。那么窄而短的桌子上，一半又层层叠叠堆放着古瓷和奇石异木，空出的一片毡布上，画的是一匹马，天马。马斜侧而立，四蹄有蹬踏状，但枯瘦如细狗，似有一纵即逝之架势。天上之马是不是这般模样，我不知道，马海舟是知道的，他使马鬃马尾，及四条腿上，都画成一团团丝麻，若云之浮动。我鼓掌说：好！谭宗林能搧情惑人，立即说：你叫好，何不题款几句?！我便提笔写了：

天上有龙马，
孤独难合群。
何不去世间?
我岂驮官人!

那日马海舟脸色红润，粗而极短的十指搓着，说：你总知我。

谭宗林顿生掠夺之意，从怀里掏出一张拓片来要送马海舟。拓片是一幅有着“飞天”的魏晋画像砖图案，明显看出马海舟是激动了，惊奇敦煌壁画里有“飞天”，而魏晋时竟也有“飞天”，中国美术史是要改写了。谭宗林自然就提出了交换的话来。我立即反对：此画不能送人的；拓片毕竟是拓片；既然宗林对马先生一向敬重，送一幅拓片还舍不得吗？谭宗林百般骂我，马海舟笑道：“你看了我的‘天马’，我看了你的‘飞天’，过过眼福就是，但你的‘飞天’世人难见，我看过了，送你一个更古老的东西作补偿吧。”遂拿出一幅鹰图给了谭宗林。一张大纸，赫然站有一鹰，身如峻崖，头生双角，口微微张开，似有嗷嗷之声发出，题为“八万年前有此君”。谭宗林大喜。我戏谑道：宗林带他那个拓片在城里待三天，数十张画就从画家手里赚过来了！宗林只是笑，马海舟却不理会，还在讲鹰与恐龙是同代之物，我便扭头去观赏古董架上那些秦砖汉瓦唐俑宋瓷了。他的收藏大多是民间工艺，但精妙绝伦，那奇奇怪怪的形状，以及古董上绘制的各种色彩图案，使我突然悟到马海舟作品之所以古拙怪诞，他受古时的民间工艺影响太大了。

“这四幅画，你俩各挑两幅吧！”马海舟送我了三件古玩后，突然说。他从柜子里又取出四幅画来，一一摊在床上。一幅梅，一幅兰，一幅菊，一幅竹，都是马海舟风格，笔法高古，简洁之极。如此厚意，令我和谭宗林大受感动，看哪一幅，哪一幅都好。谭宗林说：贾先生职称高，贾先生先挑。我说：“茶是谭先生带来的，谭先生先挑。”我看中菊与竹，而梅与家人姓名有关，又怕拿不到手，但我不说。

“抓纸丢儿吧，”马海舟说，“天意让拿什么就拿什么。”他裁纸，写春夏秋冬四字，各揉成团儿。我抓一个，谭抓一个，我再抓一个，谭再抓一个。绽开，我是梅与菊。梅与菊归我了，我就大加显派，说我的梅如何身孕春色，我的菊又如何淡在秋风。正热闹着，门被敲响，我们立即将画叠起藏在怀中。

进来的是一位高个，拉马海舟到一旁叽叽咕咕说什么，马海舟开始还解释着，后来全然就生气了，嚷道：“不去，绝对不去了。那人苦笑着，终于说：“那你就在家画一幅吧。”马海舟垂下头去，直闷了一会，说：“现在画是不可能的，你瞧我有朋友在这儿。我让你给他带一幅去吧。”从柜子里取出一幅画来，小得只有一面报纸那么大。“就这么大？给你说了一年了，就这么大一张，怎么拿得出手呢？”那人叫苦着，似乎不接。“那我只有这么大个画桌呀！”马海舟又要把画装进柜子，那人忙把画拿过去了。

来人一走，马海舟嚷道喝茶喝茶，端起茶杯自己先一口喝干。谭宗林问怎么回事，原来是那人来说他已给一位大的官人讲好让马海舟去家里作画的，官人家已做好了准备。“他给当官的说好了，可他事先不给我说，我是随叫随到的吗？”谭宗林说：“你够作的！”马海舟说：“我哪里作了？我不是送了画吗？对待大人物，谄是可耻的，作也非分，还是远距离些好。”他给我笑笑，我也给他笑笑。

告辞该走了，谭宗林把魏晋画像砖拓片要给马海舟，马海舟不收，却说：“下次来，你把你的那块铜镜送我就是了，那镜上镌有四匹马，你知道，我姓马，也属马。”

1997 年 4 月 7 日

治病救人

我第一次认识张宏斌，张宏斌是坐在我家西墙南边的椅子上，我坐在北边椅子上，我们中间是一尊巨大的木雕的佛祖。左右小个子，就那么坐着，丑陋如两个罗汉。对面的墙上有一副对联：相坐亦无言，不来忽忆君。感觉里我们已经熟了上百年。

我们最先说起的是矮个人的好处，从拿破仑、康德，到邓小平、鲁迅，说到了阳谷县的那一位，两人哈哈大笑。我们不忌讳我们的短，他就一口气背诵了《水浒传》上的那一段描写。我说你记忆力这般好，他说你要不要我背诵你的书？竟一仰头背诵了我一本书的三页。我极惊奇，却连忙制止：此书不宜背诵！问他看过几遍就记住了，他说三遍。我说你还能背诵什么，他说看过三遍的东西都能记住。就又背诵起《红楼梦》的所有诗词，让贾宝玉和金陵十二钗全都到我家办诗会了。

但我请张宏斌来，并不是因为他是记忆的天才，他的本行是医生，要为我的一个亲戚的儿子治癫痫病的。我差点迷醉于他的记忆力的天赋而忘却了他是医生。他看了看亲戚的那个患病的儿子，笑了笑，说："药苦，你吃不吃？"儿子说："我爱吃糖！"大家都乐起来。我将那小子拉过来，在他汗津津的背上挂，搓下污垢卷儿让他看，几个大人立即向我翻白眼，以为当着医生丢了面子。

张宏斌留下了几袋丸药，开始详细吩咐，什么时候吃什么大丸，什么时候吃什么小丸，极讲究节气前后的时间。我要付他的钱，他不收，提出能送一两本我的书。我的书都在床下塞着，他似乎不解：我把配制的药丸是藏在架子上的瓷罐里的，你怎么把书扔在床底？我说："你那药是治病的。"他说："书却救人啊！"我笑了笑，救谁呢？一本送了他，一本签上"自存自救"，放到了我的床头柜里。

他的这些药丸极其管用，亲戚的儿子服后病遂消解，数年间不再复犯。

医生我是尊敬的，而这样的奇人更令我佩服，以后我们就作了朋友。他住在岐山县，常常夜半来电话，浓重的岐山口音传染了我，我动不动也将“人”念成“日”，一次作协研究要求入会的业余作者，讨论半天意见不统一，我一急说道：有什么不高兴的么，人家要“日”，就让人家“日”嘛！

他常常被西安的病人请了来，每次来都来我家，我没有好酒，却拿明前茶，请，请上坐，就坐在佛祖旁的椅子上。我们就开始说《红楼梦》，说中医，说癫痫，说忧郁症，说精神分裂，这些现代生活垢生出的文明病。

张宏斌说，医生最大的坏处是：不能见了别人就邀请人家常去他那儿。这是对的，监狱管理员邀请不得人，火葬场也邀请不得人。中国人有这么个忌讳。但我给张宏斌介绍了许多有病的人和没病的人，还有许多名人和官人。谁的头都不是铁箍了的，名人和官人也是要患病的。作家可以拒绝，医生却要请的，没病也要请，这如在家里挂钟馗像。

同张宏斌打交道的几年里，我也粗略识得什么是癫痫和精神分裂病，什么人易患这类病和什么人已潜伏了这类病。并且，看他治病，悟出了一个道理：病要生自己的病，治病要自己拿主意。这话对一般人当然是自然而然的事，但对一些名人和官人却至关重要，名人和官人没病的时候是为大家而活着的，最复杂的事到他们那里即得到最简单的处理，一旦有病了，又往往也不是自己患病，变成大家的事，你提这样的治疗方案，他提那样的治疗方案，会诊呀，研究呀，最简单的事又变成了最复杂的事，结果小病耽误成大病，大病耽误成了不治之病。

张宏斌治病出了名，全国各地的病人都往岐山去，他收入当然滋润，而且住房宽展，他说你出书困难了，我可以资助你，西安没清静地方写作了到岐山来。我很感激他。年初，我对他说：你教我当医生。他说：我正想请你教我写文章哩。两人在电话里嗬嗬大笑：那就谁也不教谁了！

现在，我仍在西安，他还在岐山，十天半月一回见面，一个坐木雕佛祖的南边，一个坐木雕佛祖的北边，丑陋如两个罗汉。

1997 年 1 月 20 日晚

致李珖

当一门技艺成为艺术的时候，技艺人就陷入了尴尬，这如同有了雷锋，大家就希望雷锋永远地去做好事，如同看足球赛，踢赢了观众就发狂，踢输了观众就骂街。我们——你搞书法，我弄文学——有幸或不幸地成为艺术家了，我们的尊严从此是什么呢？恐怕唯一只有创造二字。冬日里的渭河滩上，又是细狗撵兔的季节，兔子就拼命地跑吧。

你送我的那幅作品，三月二十五日被一位老乡强行索去。在当今存款利息下降，他有钱又不会投资别的实业，又要以钱生钱，就收藏了相当多的字画。我翻看了他的收藏柜，竟无一张像样的东西，劝他一把火快烧了去吧，这些玩意儿虫子也瞧不上蚀的，别以为什么字画都可以赚钱的。他问我该收藏谁的好，我说李珖呀，他却不知李珖是古人还是今人，让我问了半日。我告诉他：李珖不是名家——鬼知道许多名家是怎么就成了名的——但李珖实力可畏，他是性情中人，天生地对毛笔有一种感觉，瞧着吧，他日后会有大气候的。我于是拿出你送我的那幅作品，讲解李珖不属于沉雄，但乱石铺街，秋叶落地，萧野里有英气，飘逸中有苍茫。当今书坛，兴江南之风，重于形式，过于柔弱，虽北人多有反对，却作品江湖气浓烈，乏于清正。李珖北人南相，两者合二为一，难得不染匪气，也不美人晨起，钗斜发散，正是有大造之人。我为你宣传，那幅书法就这样被他强行拿走了。

拿走了也罢，我想，李珖还可能会再送我一幅吧。李珖是不大看重钱的，即使看重，钱也是宜散不宜聚啊。

再者，我之所以让我的老乡拿走那幅作品，那幅作品也有我不满足的地方，毕竟是前几年的东西嘛。年初，我去一位朋友家，看见过悬于他家客厅的一幅你的近作，那是十分好的，我借了来观摹了数日，意欲要贪污的，却被他识破了立即讨回去了。一个真正的艺术家，是要有长距离较量的韧劲，又要有图穷匕首现的爆发力，而这其中，年龄是重要的。你送我的那幅，好是好，但不耐读，如街上看美人，个个惊艳，待娶回一位做了老婆，注意的往往是她的不足。这也如我的文章，早年少作，清新优美，如今到知天命年纪，文章没了章法，胡乱涂抹，但老来的文章虽是胡说，骨子里却有道数，每字每句皆是我从生命中体验所得，少作则是从别人的作品中学习而来。艺术精神体现在于觉悟，觉悟源于生命的体验，或沉雄，或空灵，不是故意为之的。漂亮一词可能出自于对灯笼的描写，灯笼之所以漂亮，在于透光，但透光不是灯笼的事，在于笼中的蜡烛。

你送我的那幅，形式上用力太狠，这也是我忍痛割爱于老乡的一个原因。你是有才情的人，但趣味使你常常让才情泛滥。李白自信他是大才，所以“仰天大笑出门去”，不拘小节。你见过大山上装饰盆景吗？你若有一袭长袍，或许是青布做的，你肯为了华丽，用一块丝绸去做花边吗？大方之家自然是从大方处蹈，若太重趣味，终沦为小气。我之所以看见了你悬在他人客厅的作品，敢于将送我那幅给老乡，我相信你肯再送我新作的，而新作比旧作成熟得多，供我长久拜读的。

你要给我再送一幅作品的话，我希望是你的草书，你善于逸笔，但我更乐于让你秃钩抹来，混沌苍茫，我挂于我的书屋。这样的作品可能不取悦俗眼，在时风浮靡的今日，这宜于寂寞冷落的我，也宜于在寂寞冷落中蓄养我的气势。

我的老师

我的老师孙涵泊，是朋友的孩子，今年三岁半。他不漂亮，也少言语，平时不准父亲杀鸡剖鱼，很有些善良，但对家里所有的来客都不瞅不睬，表情木然，显得傲慢。开始我见他只逗着取乐，到后来便不敢放肆，认了他是老师。许多人都笑我认三岁半的小儿为师，是我疯了，或耍娇情。我说这就是你们的错误了，谁规定老师只能以小认大？孙涵泊！孙老师，他是该做我的老师的。

幼儿园的阿姨领了孩子们去郊游，他也在其中，阿姨摘了一抱花分给大家，轮到他，他不接，小眼睛翻着白，鼻翼一扇一扇的。阿姨问："你不要？"他说："花疼不疼？"对于美好的东西，因为美好，我也常常就不觉得它的美好了，不爱惜，不保卫，有时是觉出了它的美好，因为自己没有，生嫉恨，多诽谤，甚至参与加害和摧残。孙涵泊却慈悲，视一切都有生命，都应尊重和和平相处，他真该做我的老师。

晚上看电视，七点钟前中央电视台开始播放国歌，他就要站在椅子上，不管在座的是大人还是小孩，是惊讶还是嗤笑，目不旁视，双手打起节拍。我是没有这种大气派的，为了自己的身家平安和一点事业，时时小心，事事怯场，挑了鸡蛋挑子过闹市，不敢挤人，唯恐人挤，应忍的忍了，不应忍的也忍了，最多只写"转毁为缘，默雷止谤"（将诋毁看作缘分，用沉默制止诽谤）自慰，结果失了许多志气，误了许多正事。孙涵泊却无所畏惧，竟敢指挥国歌，他真该做我的老师。

我在他家写条幅，许多人围着看，一片叫好，他也挤了过来，头歪着，一手掏耳朵。他爹问："你来看什么？"他说："看写。"再问："写的什么？"说："字。"又问："什么字？"说："黑字。"我的文章和书法本不高明，却向来有人恭维，我也恭维过别人的，比如听别人说过某某的文章好，拿来看了，怎么也看不出好在哪里，但我要在文坛上混，又要证明我的鉴赏水平，或者某某是权威，是著名的，我得表示谦虚和尊敬，我得需要提拔和获奖，我也就说："好呀，当然是，你瞧，他写的这幅春联，‘×’，多好!”孙涵泊不管形势，不瞧脸色，不斟句酌字，拐弯抹角，直奔事物根本，他真该做我的老师。

街上两人争执，先是对骂，再是拳脚，一个脸上就流下血来，遂抓起了旁边肉店案上的砍刀。围观的人轰然走散，他爹牵他正好经过，他便跑过去立于两人之间，大喊：“不许打架，打架不是好孩子，不许打架!”现在的人很烦，似乎吃了炸药，鸡毛蒜皮的事也要闹出个流血事件，但街头的斗殴发生了，却没有几个前去制止的。我也是，怕偏护了弱者挨强者的刀子，怕去制服强者，弱者悄然遁去，警察来了脱离不了干系，多一事不如少一事，还是一走了之，事后连个证明也不敢做。孙涵泊安危度外，大义凛然，有徐洪刚的英雄精神，他真该做我的老师。

我的老师话少，对我没有悬河般的教导，不布置作业，他从未以有我这么个学生而得意过，却始终表情木然，样子傲慢。我琢磨，或许他这样正是要我明白“口锐者天钝之，目空者鬼障之”的道理。我是诚惶诚恐地待我的老师的。他使我不断地发现着我的卑劣，知道了羞耻。所以，我没有理由不称他是老师!我的老师也将不会只有我一个学生吧?

哭三毛

三毛死了。我与三毛并不相识，但在将要相识的时候三毛死了。三毛托人带来口信嘱我寄几本我的新书给她。我刚刚将书寄去的时候，三毛死了。我邀请她来西安，陪她随心所欲地在黄土地上逛逛，信函她还未收到，三毛死了。三毛的死，对我是太突然了。我想三毛对于她的死也一定是突然，但是，就这么突然地将三毛死了，死了。

人活着是多么的不容易，人死灯灭却这样快捷吗？

三毛不是美女，一个高挑的身子，披着长发，携了书和笔漫游世界的形象，年轻的坚强而又孤独的三毛对于大陆年轻人的魅力，任何局外人作任何想象来估价都是不过分的。许多年里，到处逢人说三毛，我就是那其中的读者，艺术靠征服而存在，我企羡着三毛这位真正的作家。夜半的孤灯下，我常常翻开她的书，瞧着那一张似乎很苦的脸，想她毕竟是海峡那边的女子，远在天边，我是无缘等待得到相识面谈的。可我怎么也没有想到，一九九〇年十二月十五日，我从乡下返回西安的当天，蓦然发现了《陕西日报》上署名孙聪先生的一篇《三毛谈陕西》的文章。三毛竟然来过陕西？我却一点不知道！将那文章读下去，文章的后半部分几乎全写到了我。三毛说：“我特别喜欢读陕西作家贾平凹的书。”她还专门告我普通话念凹为（āo），但我听北方人都念凹（wā），这样亲切所以我一直也念平凹（wā）。她告诉我，“在台湾只看到了平凹的两本书，一本是《天狗》，一本是《浮躁》。我看第一篇时就非常喜欢，连看了三遍，每个标点我都研究，太有意思了，他用词很怪可很有味，每次看完我都要流泪。眼睛都要看瞎了。他写的商州人很好。这两本书我都快看烂了。你转告他，他的作品很深沉，我非常喜欢，今后有新书就寄我一本。我很崇拜他，他是当代最好的作家，当然这只是我个人的看法。他的书写得很好，看许多书都没像看他的书这样连看几遍，有空就看，有时我就看平凹的照片，研究他，他脑子里的东西太多了……大陆除了平凹的作品外，还爱读张贤亮和钟阿城的作品……”读罢这篇文章，我并不敢以三毛的评价而洋洋得意，但对于她一个台湾人，对于她一个声名远震的作家，我感动着她的真诚直率和坦荡，为能得到她的理解而高兴。也就在第二天，孙聪先生打问到了我的住址赶来，我才知道他是省电台的记者，于一九九〇年的十月在杭州花家山宾馆开会，偶尔在那里见到了三毛，这篇文章就是那次见面的谈话记录。孙聪先生详细地给我说了三毛让他带给我的话，说三毛到西安时很想找我，但又没有找，认为“从他的作品来看他很有意思，隔着山去看，他更有神秘感，如果见了面就没意思了，但我一定要拜访他。”说是明年或者后年，她要以私人的名义来西安，问我愿不愿给她借一辆旧自行车，陪她到商州走动。又说她在大陆几个城市寻我的别的作品，但没寻到，希望我寄她几本，她一定将书钱邮来。并开玩笑地对孙聪说：“我去找平凹，他的太太不会吃醋吧？会烧菜吗？”还送我一张名片，上边用钢笔写了：“平凹先生，您的忠实读者三毛。”于是，送走了孙聪，我便包扎了四本书去邮局，且复了信，说盼望她明年来西安，只要她肯冒险，不怕苦，不怕狼，能吃下粗饭，敢不卫生，我们就一块骑旧车子去一般人不去的地方逛逛，吃地方小吃，看地方戏曲，参加婚丧嫁娶的活动，了解社会最基层的人事。这书和信是十二月十六日寄走的。我等待着三毛的回音，等了二十天，我看到了报纸上的消息：三毛在两天前自杀身亡了。

三毛死了，死于自杀。她为什么自杀？是她完全理解了人生，是她完成了她活着要贡献的那一份艺术，是太孤独，还是别的原因，我无法了解。作为一个热爱着她的读者，我无限悲痛。我遗憾的是我们刚刚要结识，她竟死了，我们之间相识的缘分只能是在这一种神秘的境界中吗?!

三毛死了，消息见报的当天下午，我收到了许多人给我的电话，第一句都是：“你知道吗？三毛死了！”接着就沉默不语，然后差不多要说：“她是你的一位知音，她死了……”这些人都是看到了《陕西日报》上的那篇文章而向我打电话的。以后的这些天，但凡见到熟人，都这么给我说三毛，似乎三毛真是我的什么亲戚关系而来安慰我。我真诚地感谢着这些热爱三毛的读者，我为他们来向我表达对三毛死的痛惜感到荣幸，但我，一个人静静地坐下来的时候就发呆，内心一片悲哀。我并没有见过三毛，几个晚上都似乎梦见到一个高高的披着长发的女人，醒来思忆着梦的境界，不禁就想到了那一幅《洛神图》古画。但有时硬是不相信三毛会死，或许一切都是讹传，说不定某一日三毛真的就再来到了西安。可是，可是，所有的报纸、广播都在报道三毛死了，在街上走，随时可听见有人在议论三毛的死，是的，她是真死了。我只好对着报纸上的消息思念这位天才的作家，默默地祝愿她的灵魂上天列入仙班。

三毛是死了，不死的是她的书，是她的魅力。她以她的作品和她的人生创造着一个强刺激的三毛，强刺激的三毛的自杀更丰富着一个使人永远不能忘记的作家。

1991 年 1 月 7 日

怀念路遥

时间真快，路遥已经去世十五年了。十五年里常常想起他。

想起在延川的一个山头上，他指着山下的县城说：当年我穿着件破棉袄，但我在这里翻江倒海过，你信不！我当然信的，听说过他还是少年的一些事。他把一块石头使劲向沟里扔去，沟畔里一群鸟便轰然而起。想起在省作协换届时，票一投完，他在厕所里给我说：好得很，咱要的就是咱俩的票比他们多！他然后把尿尿得很高。想起他拉我去他家吃烩面片，他削土豆皮很狠，说：我弄长篇呀，你给咱多弄些中篇，不信打不出潼关！想起他从陕北写作回来，人瘦了一圈儿，我问写作咋样，他说：这回吃了大苦咧，稿子一写完，你要抽好烟哩！想起《平凡的世界》出版后一段时间受到冷落，他给我说：狗日的，一满都不懂文学！想起获奖回来，我向他祝贺，他说：你猜我在台上想啥的？我说：想啥哩？他说：我把他们都踩在脚下了！想起他几次要我调到省作协去，而我一直没去，当又到换届的时候，正是我在单位不顺心，在街上碰着他去购置呢绒大衣，我说了想去作协的想法，他却说：西安那地盘你要给咱守住啊！想想他受整时，我去看他，他说：要整倒我的人还没有生下哩！我生病住了院，他带着云烟来看我，说：该歇一歇了，你写那么多，还让别人活不活?！想起他的虎背熊腰。想起他坐在省作协大院里那个破藤椅打盹的样子。想起他病了我去看他，他说：这个病房好吧？省委常委会开了会让我住进来的。想起他快不行了，我又去医院看他，他说：等他出院了，他和我到陕北去，寻个山圪塄住下，咱一边放羊一边养身子。

他是一个优秀的作家，他是一个出色的政治家，他是一个气势磅礴的人。但他是夸父，倒在干渴的路上。

他虽然去世了，他的作品仍然被读者垂读，他的故事依旧被传颂。

陕西的作家每每聚在一起，免不了发感慨：如果路遥还活着不知现在是什么样子？这谁也说不准。但肯定是他会写出更多更好的作品，他会干出许多令人佩服又咋舌的事来。

他是一个强人。强人的身上有比一般人的优秀处，也有被一般人不可理解处。他大气，也霸道，他痛快豪爽，也使劲用狠，他让你尊敬也让你畏惧，他关心别人，却隐瞒自己的病情，他刚强自负不能容忍居于人后，但儿女情长感情脆弱内心寂寞。

陕西画界有人以为自己是石鲁，我听到石鲁的一个学生说：他算什么呀，不要说石鲁的长处，他连石鲁的短处都学不来！

路遥是一个有大抱负的人，文学或许还不是他人生的第一选择，但他干什么都会干成，他的文学就像火一样燃出炙人的灿烂的光焰。

现在，我们很少能看到有这样的人了。

有人说路遥是累死的，证据是他写过《早晨，从中午开始》的书。但路遥不是累死的，他昼伏夜出，是职业的习惯，也是一头猛兽的秉性。有人说路遥是穷死的，因为他死时还欠别人万元，但那个年代都穷呀，而路遥在陕西作家里一直抽高档烟，喝咖啡，为让女儿吃西餐曾满城跑遍。

扼杀他的是遗传基因。在他死后，他的四个弟弟都患上了与他同样的肝硬化腹水病，而且又在几乎相同的年龄段，已去世了两个，另两个现正病得厉害。这是一个悲苦的家族！一个瓷杯和一个木杯在一做出来就决定了它的寿命长短，但也就在这种基因的命运下，路遥短暂的人生是光彩的，他是以人格和文格的奇特魅力而长寿的。

在陕西，有两个人会长久，那就是石鲁和路遥。

谈人生

人生多不幸，幸运的是活着。

对人生我确实不是特别乐观，但是你还得活下去，你总不能成天愁眉苦脸的。

我当年第二个孩子出生的时候，我就不主张再生孩子。我说大人都活得累，你何必再生个孩子，不光是你把她养起来，咱也要受很多罪，孩子长大了也是，将来要活受罪。你说现在这孩子，七岁就得上学，自从七岁以后一直到死，她就没有一天能过得轻松，受那个罪干啥？当时我心里说，要生个孩子，还不如去种一棵树，树还无忧无虑的，种棵树总比你生个孩子要强。但是世俗吧，你不要孩子又不行，你还得过这种日子，那就过这种日子吧，那就只好这样受罪吧。小孩你要监管他，长大以后，上学、就业、结婚、生子……那事情是多得一塌糊涂，咱这一生就为那些奋斗了，不说奋斗了，就挣扎了一辈子吧，生下那个娃又继续……

但是你想一想，人类本来就是这样过来的。就像农村有句话说的是，年儿好过，月儿好过，日子难过。这每一天它都难过，这每一天每一天都得要过去。你说现在我活得多痛快？我倒不觉得活得多痛快呢。但是死活总得要过下去，对人来说，小段小段的，它有它的欢乐在里头。换一个角度来讲吧，我看过托尔斯泰的一句话，他的意思是："我们都诞生于爱。"父母是在激情中创造了我们的生命。他是从爱的角度来探索，我们活着的这个世界是充满爱心的，我们就来自爱。

可现在基本上好多年轻人要孩子，他不是爱，他是爱的附加品。他那是没办法的，无奈的结果。原来都是为了传宗接代，现在倒不谈这个传宗接代了。我老讲，传宗接代那个意义对现代人来讲已经淡漠了。比如说，问你爷爷是谁、叫啥，一般人都不知道他爷爷叫啥，更不知道他爷爷那个父亲叫啥，你连你爷爷的名字都不知道，你怎么给他传宗接代？所以说传宗接代对他爷爷或者对他父亲来说，是毫无意义的事情。一般人都是为了自己活着，要一个孩子还是想为自己带来笑声、欢乐、玩耍，解脱这个苦闷，但是孩子长大以后，就开始为孩子奔波。现在好多父母都是为了孩子最后能有出息，瞎耗工夫。我看到那些，自己简直是觉得很可悲。

人这一生就是很矛盾的、很无奈地跟着人家朝着这个方向走。所以我在想，咱们或许就是芸芸众生，随大溜儿，别人怎么走你就得怎么走，你不走就不行。就像“文化大革命”，你不去上街游行，你感觉自己都不是个人了，潮流到了这个时候就没办法了。我总想，自己一转眼都五十多了，五十年都过去了，你还能活多少呢？好像没干出个啥东西，马上就老了。

你看就包括这世界上多伟大多厉害的人物，他一生也就干了一两件事情，更多的人是一两件事也没干成。看电视上采访戈尔巴乔夫，作为一个个体生命来讲，每个人都是悲剧的，不管当年多显赫……他作为一个领导人来讲，或者在历史上有重要的一笔可以记载他，但是作为他的个体生命来说，是很悲凉的，这辈子很可悲的。他一个月只拿两美元的退休金，叫现在咱一般人都想象不来。平常他在位的时候，咱把他当成伟人，与咱们多么遥远，其实他也就是凡人。

每个人都有可悲、悲凉的一面。其实任何人，不管他是干啥的，原来说一家不知一家难，你要他说起自己的事情，他都和咱是一样的。关键在你如何去走前面的路。

喝 酒

我在城里工作后，父亲便没有来过，他从学校退休在家，一直照管着我的小女儿。从来我的作品没有给他寄过，姨前年来，问我是不是写过一个中篇，说父亲听别人说过，曾去县上几个书店、邮局跑了半天去买，但没有买到。我听了很伤感，以后写了东西，就寄他一份，他每每又寄还给我，上边用笔批了密密麻麻的字。给我的信上说，他很想来一趟，因为小女儿已经满地跑了，害怕离我们太久，将来会生疏的。但是，一年过去了，他却未来，只是每一月寄一张小女儿的照片，丁宁好好写作，说："你正是干事的时候，就努力干吧，农民扬场趁风也要多扬儿锨呢！但听说你喝酒厉害，这毛病要不得，我知道这全是我没给你树个好样子，我现在也不喝酒了。"接到信，我十分羞愧，便发誓再也不去喝酒，回信让他和小女儿一定来城里住，好好孝顺他老人家一些日子。

但是，没过多久，我惹出一些事来，我的作品在报刊上引起了争论。争论本是正常的事，复杂的社会上却有了不正常的看法，随即发展到作品之外的一些闹哄哄的什么风声雨声都有。我很苦恼，也更胆怯，像乡下人担了鸡蛋进城，人窝里前防后挡，唯恐被撞翻了担子。茫然中，便觉得不该让父亲来，但是，还未等我再回信，在一个雨天他却抱着孩子搭车来了。

老人显得很瘦，那双曾患过白内障的眼睛，越发比先前呆滞。一见面，我有点惶恐，他看了看我，就放下小女儿，指着我让叫爸爸。小女儿斜头看我，怯怯地刚走到我面前，突然转身又扑到父亲的怀里，父亲就笑了，说："你瞧瞧，她真生疏了，我能不来吗？"

父亲住下了，我们睡在西边房子，他睡在东边房子。小女儿慢慢和我们亲热起来，但夜里却还是要父亲搂着去睡。我丁宁爱人，把什么也不要告诉父亲，一下班回来，就笑着和他说话，他也很高兴，总是说着小女儿的可爱，逗着小女儿做好多本事给我们看。一到晚上，家里来人很多，都来谈社会上的风言风语，谈报刊上连续发表批评我的文章，我就关了西边门，让他们小声点，父亲一进来，我们就住了口。可我心里毕竟是乱的，虽然总笑着脸和父亲说话，小女儿有些吵闹了，就忍不住斥责，又常常动手去打屁股。这时候，父亲就过来抱了孩子，说孩子太嫩，怎么能打，越打越会生分，哄着到东边房子去了。我独自坐一会儿，觉得自己不对，又不想给父亲解释，便过去看他们。一推门，父亲在那里悄悄流泪，赶忙装着眼花了，揉了揉，和我说话，我心里愈发难受了。

从此，我下班回来，父亲就让我和小女儿多玩一玩，说再过一些日子，他和孩子就该回去了。但是，夜里来的人很多，人一来，他就又抱了孩子到东边房子去了。这个星期天，一早起来，父亲就写了一个条子贴在门上："今日人不在家"，要一家人到郊外的田野里去逛逛。到了田野，他拉着小女儿跑，让叫我们爸爸，妈妈。后来，他说去给孩子买些糖果，就到远远的商店去了。好长的时候，他回来了，腰里鼓囊囊的，先掏出一包糖来，给了小女儿一把，剩下的交给我爱人，让她们到一边去玩。又让我坐下，在怀里掏着，是一瓶酒，还有一包酱羊肉。我很纳闷：父亲早已不喝酒了，又反对我喝酒，现在却怎么买了酒来？他使劲用牙启开了瓶盖，说："平儿，我们喝些酒吧，我有话要给你说呢。你一直在瞒着我，但我什么都知道了。我原本是不这么快来的，可我听人说你犯了错误了，不知道到底是什么情况，怕你没有经过事，才来看看你。报纸上的文章，我前天在街上的报栏里看到了，我觉得那没有多大的事。你太顺利了，不来几次挫折，你不会有大出息呢！当然，没事咱不寻事，出了事但不要怕事，别人怎么说，你心里要有个主见。人生是三节四节过的，哪能一直走平路？搞你们这行事，你才踏上步，你要安心当一生的事儿干了，就不要被一时的得所迷惑，也不要被一时的失所迷惘。这就是我给你说的，今日喝喝酒，把那些烦闷都解了去吧。来，你喝喝，我也要喝的。"

他先喝了一口，立即脸色彤红，皮肉抽搐着，终于咽下了，嘴便张开往外哈着气。那不能喝酒却硬要喝的表情，使我手颤着接不住他递过来的酒瓶，眼泪刷刷地流下来了。

喝了半瓶酒，然后一家人在田野里尽情地玩着，一直到天黑才回去。父亲又住了几天，他带着小女儿便回乡下去了。但那半瓶酒，我再没有喝，放在书桌上，常常看着它，从此再没有了什么烦闷，也没有从此沉沦下去。

1983 年作于五味什字巷

我不是个好儿子

在我四十岁以后，在我几十年里雄心勃勃所从事的事业、爱情遭受了挫折和失意，我才觉悟了做儿子的不是。母亲的伟大不仅生下血肉的儿子，还在于她并不指望儿子的回报，不管儿子离她多远又回来多近，她永远使儿子有亲情，有力量，有根有本。人生的旅途上，母亲是加油站。

母亲一生都在乡下，没有文化，不善说会道，飞机只望见过天上的影子。她并不清楚我在远远的城里干什么，唯一晓得的是我能写字，她说我写字的时候眼睛在不停地眨，就操心我的苦，“世上的字能写完?!”一次一次地阻止我。前些年，母亲每次到城里小住，总是为我和孩子缝制过冬的衣物，棉花垫得极厚，总害怕我着凉，结果使我和孩子都穿得像狗熊一样笨拙。她过不惯城里的生活，嫌吃油太多，来人太多，客厅的灯不灭，东西一旧就扔，说：“日子没乡下整端。”最不能忍受我们打骂孩子，孩子不哭，她却哭，和我闹一场后就生气回乡下去。母亲每一次都高高兴兴来，每一次都生了气回去。回去了，我并未思念过她，甚至一年一年的夜里不曾梦着过她。母亲对我的好是我不觉得了母亲对我的好，当我得意的时候我忘记了母亲的存在，当我有委屈了就想给母亲诉说，当着她的面哭一回鼻子。

母亲姓周，这是从舅舅哪里知道的，但母亲叫什么名字，十二岁那年，一次与同村的孩子骂仗——乡下骂仗以高声大叫对方父母名字为最解气的——她父亲叫鱼，我骂她鱼，鱼，河里的鱼！她骂我：蛾，蛾，小小的蛾！我清楚了母亲是叫周小蛾的。大人物之所以大人物，是名字被千万人呼喊，母亲的名字我至今没有叫过，似乎也很少听老家村子里的人叫过，但母亲不是大人物却并不失却她的伟大，她的老实、本分、善良、勤劳在家乡有口皆碑。现在有人讥讽我有农民的品性，我并不羞耻，我就是农民的儿子，母亲教育我的忍字，使我忍了该忍的事情，避免了许多祸灾发生，而我的错误在于忍了不该忍的事情，企图以委曲求全却未能求全。

七年前，父亲作了胃癌手术，我全部的心思都在父亲身上。父亲去世后，我仍是常常梦到父亲，父亲依然还是有病痛的样子，醒来就伤心落泪，要买了阴纸来烧。在纸灰飞扬的时候，突然间我会想起乡下的母亲，又是数日不安，也就必会寄一笔钱到乡下去。寄走了钱，心安理得地又投入到我的工作中了，心中再也没有母亲的影子。老家的村子里，人人都在夸我给母亲寄钱，可我心里明白，给母亲寄钱并不是我心中多么有母亲，完全是为了我的心理平衡。而母亲收到寄去的钱总舍不得花，听妹妹说，她把钱没处放，一卷一卷塞在床下的破棉鞋里，几乎让老鼠做了窝去。我埋怨过母亲，母亲说："我要那么多钱干啥？零着攒下了将来整着给你。你们都精精神神了，我喝凉水都高兴的，我现在又不至于喝着凉水！"去年回去，她真的把积攒的钱要给我，我气恼了，要她逢集赶会了去买个零嘴吃，她果然一次买回了许多红糖，装在一个瓷罐儿里，但凡谁家的孩子去她那儿了，就三个指头一捏，往孩子嘴一塞，再一抹。孩子们为糖而来，得糖而去，母亲笑着骂着"喂不熟的狗！"末了就呆呆地发半天愣。

母亲在晚年是寂寞的，我们兄妹就商议了，主张她给大妹看管孩子，有孩子占心，累是累些，日月总是好打发的吧。小外甥就成了她的尾巴，走到哪儿带到哪儿。一次婆孙到城里来，见我书屋里挂有父亲的遗像，她眼睛就潮了，说："人一死就有了日子了，不觉是四个年头了！"我忙劝她，越劝她越流下泪来。外甥偏过来对着照片要爷爷，我以为母亲更要伤心的，母亲却说："爷爷埋在土里了。"孩子说："土里埋下什么都长哩，爷爷埋在土里怎么不再长个爷爷？"母亲竟没有恼，倒破涕而笑了。母亲疼孩子爱孩子，当着众人面要骂孩子没出息，这般的大了夜夜还要噙着她的奶头睡觉，孩子就羞了脸，过来捂她的嘴不让说。两人绞在一起倒在地上，母亲笑得直喘气。我和妹妹批评过母亲太娇惯孩子，她就说："我不懂教育嘛，你们怎么现在都英英武武的?!"我们拗不过她，就盼外甥永远长这么大。可外甥如庄稼苗一样，见风生长，不觉今年要上学了，母亲显得很失落，她依然住在妹妹家，急得心火把嘴角都烧烂了。我想，如果母亲能信佛，每日去寺院烧香，回家念经就好了，但母亲没有那个信仰。后来总算让邻居的老太太们拉着天天去练气功，我们做儿女的心才稍有了些踏实。

小时候，我对母亲的印象是她只管家里人的吃和穿，白日除了去生产队出工，夜里总是洗萝卜呀，切红薯片呀，或者纺线，纳鞋底，在门闩上拉了麻丝合绳子。母亲不会做大菜，一年一次的蒸碗大菜，父亲是亲自操作的，但母亲的面条擀得最好，满村出名。家里一来客，父亲说：吃面吧。厨房一阵案响，一阵风箱声，母亲很快就用箕盘端上几碗热腾腾的面条来。客人吃的时候，我们做孩子的就被打发着去村巷里玩，玩不了多久，我们就偷偷溜回来，盼着客人是否吃过了，是否有剩下的。果然在锅底里就留有那么一碗半碗。在那困难的年月里，纯白面条只是待客，没有客人的时候，中午可以吃一顿包谷糁面，母亲差不多是先给父亲捞一碗，然后下些浆水和菜，连菜带面再给我们兄妹捞一碗，最后她的碗里就只有包谷糁和菜了。那时少粮缺柴的，生活苦巴，我们做孩子的并不愁容满面，平日倒快活得要死，最烦恼的是帮母亲推磨子了。常常天一黑母亲就收拾磨子，在麦子里掺上白包谷或豆子磨一种杂面，偌大的石磨她一个人推不动，就要我和弟弟合推一个磨棍，月明星稀之下，走一圈又一圈，昏头晕脑的发迷怔。磨过一遍了，母亲在那里筛箩，我和弟弟就趴在磨盘上瞌睡。母亲喊我们醒来再推，我和弟弟总是说磨好了，母亲说再磨几遍，需要把麦麸磨得如蚊子翅膀一样薄才肯结束。我和弟弟就同母亲吵，扔了磨棍怄气。母亲叹叹气，末了去敲邻家的屋子，哀求人家：二嫂子，二嫂子，你起来帮我推推磨子！人家半天不吱声，她还在求，说："咱换换工，你家推磨子了，我再帮你……孩子明日要上学，不敢耽搁娃的课的。"瞧着母亲低声下气的样子，我和弟弟就不忍心了，揉揉鼻子又把磨棍拿起来。母亲操持家里的吃穿琐碎事无巨细，而家里的大事，母亲是不管的，一切由当教师的星期天才能回家的父亲做主。在我上大学的那些年，每次寒暑假结束要进城，头一天夜里总是开家庭会，家庭会差不多是父亲主讲，要用功学习呀，真诚待人呀，孔子是怎么讲，古今历史上什么人是如何奋斗的，直要讲两三个小时。母亲就坐在一边，为父亲不住吸着的水烟袋卷纸媒，纸媒卷了好多，便袖了手打盹。父亲最后说："你妈还有啥说的？"母亲一怔方清醒过来，父亲就生气了："瞧你，你竟能睡着?!"训几句。母亲只是笑着，说："你是老师能说，我说啥呀？"大家都笑笑，说天不早了，睡吧，就分头去睡。这当儿母亲却精神了，去关院门，关猪圈，检查柜盖上的各种米面瓦罐是否盖严了，防备老鼠进去，然后就收拾我的行李，然后一个人去灶房为我包天明起来吃的素饺子。

父亲去世后，我原本立即接她来城里住，她不来，说父亲三年没过，没过三年的亡人会有阳灵常常回来的，她得在家顿顿往灵牌前贡献饭菜。平日太阳暖和的时候，她也去和村里一些老太太们抹花花牌，她们玩的是两分钱一个注儿，每次出门就带两角钱三角钱，她塞在袜筒。她养过几只鸡，清早一开鸡棚，一一要在鸡屁股里揣揣有没有蛋要下，若揣着有蛋，半晌午抹牌就半途赶回来收拾产下的蛋。可她不大吃鸡蛋，只要有人来家坐了，却总热惦着要烧煎水，煎水里就卧荷包蛋。每年院里的梅李熟了，总摘一些留给我，托人往城里带，没人进城，她一直给我留着，"平爱吃酸果子"，她这话要唠叨好长时间，梅李就留到彻底腐烂了才肯倒去。她在妹妹家学练了气功，我去看她，未说几句话就叫我到小房去，一定要让我喝一个瓶子里的凉水，不喝不行，问这是怎么啦，她才说是气功师给她的信息水，治百病的，“你要喝的，你一喝肝病或许就好了!”我喝了半杯，她就又取苹果橘子让我吃，说是信息果。

我成不成为什么专家名人，母亲一向是不大理会的，她既不晓得我工作的荣耀，我工作上的烦恼和苦闷也就不给她说。一部《废都》，国之内外怎样风雨不止，我受怎样的赞誉和攻击，母亲未说过一句话。当知道我已孤单一人，又病得入了院，她悲伤得落泪，要到城里来看我，弟妹不让她来，不领她，她气得在家里骂这个骂那个，后来冒着风雪来了，她的眼睛已患了严重的疾病，却哭着说：“我娃这是什么命啊?!”

我告诉母亲，我的命并不苦的，什么委屈和劫难我都可以受得，少年时期我上山砍柴，挑百十斤的柴担在山砭道上行走，因为路窄，不到固定的歇息处是不能放下柴担的，肩膀再疼腿再酸也不能放下柴担的，从那时起我就练出了一股韧劲。而现在最苦的是我不能亲自伺候母亲！父亲去世了，作为长子，我是应该为这个家操心，使母亲在晚年活得幸福，但现在既不能照料母亲，反倒让母亲还为儿子牵肠挂肚，我这做的是什么儿子呢？把母亲送出医院，看着她上车要回去了，我还是掏出身上仅有的钱给她，我说，钱是不能代替了孝顺的，但我如今只能这样啊！母亲懂得了我的心，她把钱收了，紧紧地握在手里，再一次整整我的衣领，摸摸我的脸，说我的胡子长了，用热毛巾捂捂，好好刮刮，才上了车。眼看着车越走越远，最后看不见了。我回到病房，躺在床上开始打吊针，我的眼泪默默地流下来。

1993年11月27日草于病房

在女儿婚礼上的讲话

我二十七岁有了女儿，多少个艰辛和忙乱的日子里，总盼望着孩子长大，她就是长不大，但突然间她长大了，有了漂亮、有了健康、有了知识，今天又做了幸福的新娘！我的前半生，写下了百十余部作品，而让我最温暖的也最牵肠挂肚和最有压力的作品就是贾浅。她诞生于爱，成长于爱中，是我的淘气，是我的贴心小棉袄，也是我的朋友。我没有男孩，一直把她当男孩看，贾氏家族也一直把她当做希望之花。我是从困苦境域里一步步走过来的，我发誓不让我的孩子像我过去那样的贫穷和坎坷，但要在“长安居大不易”，我要求她自强不息，又必须善良、宽容。二十多年里，我或许对她粗暴呵斥，或许对她无为而治，贾浅无疑是做到了这一点。当年我的父亲为我而欣慰过，今天，贾浅也让我有了做父亲的欣慰。因此，我祝福我的孩子，也感谢我的孩子。

女大当嫁，这几年里，随着孩子的年龄增长，我和她的母亲对孩子越发感情复杂，一方面是她将要离开我们，一方面是迎接她的又是怎样的一个未来？我们祈祷着她能受到爱神的光顾，觅寻到她的意中人，获得她应该有的幸福。终于，在今天，她寻到了，也是我们把她交给了一个优秀的俊朗的贾少龙！我们两家大人都是从乡下来到城里，虽然一个原籍在陕北，一个原籍在陕南，偏偏都姓贾，这就是神的旨意，是天定的良缘。两个孩子生活在富裕的年代，但他们没有染上浮华习气，成长于社会变型时期，他们依然纯真清明，他们是阳光的、进步的青年，他们的结合，以后的日子会快乐、灿烂！在这庄严而热烈的婚礼上，作为父母，我们向两个孩子说三句话。第一句，是一副对联：一等人忠臣孝子，两件事读书耕田。做对国家有用的人，做对家庭有责任的人。好读书能受用一生，认真工作就一辈子有饭吃。第二句话，仍是一句老话：“浴不必江海，要之去垢；马不必骐骥，要之善走。”做普通人，干正经事，可以爱小零钱，但必须有大胸怀。第三句话，还是老话：“心系一处。”在往后的岁月里，要创造、培养、磨合、建设、维护、完善你们自己的婚姻。今天，我万分感激着爱神的来临，它在天空星界，江河大地，也在这大厅里，我祈求着它永远地关照着两个孩子！我也万分感激着从四面八方赶来参加婚礼的各行各业的亲戚朋友，在十几年、几十年的岁月中，你们曾经关注、支持、帮助过我的写作、身体和生活，你们是我最尊重和铭记的人，我也希望你们在以后的岁月里关照、爱护、提携两个孩子，我拜托大家，向大家鞠躬！

王蓬论

二十世纪七十年代末，八十年代初，陕西出现了一批中青年作家，纷纷冲出了潼关。文坛历来是竞争之地，翻翻覆覆，沉沉浮浮。在这几年里，陕西的作家质量如何，发展和前景又如何，省内国内评说不一。我以为，除过“洛阳纸贵”的北京外，论单打，比不上天津、上海、四川、江西、贵州、宁夏、河南，论团体，又比不上湖南、山西、南京。究其原因，是不是有三?

一、地域差别

陕西为周至明十三个王朝建都之地。北有黄河，中有渭河，南有汉江，山川河流结聚精光灵气，以此产生过辉煌的汉唐文化，但过则不及，盛唐之后，一种保守的、妄自尊大的惰性滋生繁衍，以此浸蚀于民风世俗，故唐后各朝政治、经济、军事皆趋于萎靡，自然文化艺术也不可幸免（从这个角度来讲，汉代文化的力和气度比雍容华贵的盛唐文化更令人推崇和向往）。都城东迁和北移之后，这里渐渐归于偏僻。当置身在碑林博物馆的那些六骏石雕面前，不禁会得出古人崇仰志在千里的良骏，今人却只看重负载忍劳的秦川孺牛，便喟然长叹。历史衍进到二十世纪八十年代，社会是信息的社会，而陕西地处西北，为东潼关、南武关、西散关、北锁关所限，性格由开放型变为封闭型，自然是赶不到时代潮流的前头。

二、生活差别

生活是文学创作的源泉。这是最古老而又最时髦的口号。每一个作家没有不遵循的，尤其是陕西的作家。陕西的作家不乏有写工写兵、写知识分子为终生题材的，但绝大部分是写农村。纵观这些作家的出身、经历，本身就是农民，或家庭成员就是农民。对于农村生活之熟悉，大大超越外地作家。但是产生的作品却落后于人，这恐怕是如何生活的问题了。正因为如第一条所指，有了地域的差别，使一些作家感到了紧迫和慌恐，而放弃了自己生活的根据地，沦于文学上的流寇，而流寇政策的教训又使一些作家退守于原地的圈子里。写农村而目注于一村一镇，写农民混同于农民，便又导致了就事论事的桎梏里。出身于农民可以是农民作家，但不可以是作家的农民，也即农民意识的作家。

三、素养差别

陕西作家的成分，正是由于大都出身农民，或从农民跃身为农村基层干部、区县文化馆干部。这有先天性的长处，亦同时有了先天性的不足。很多年来，似乎有一种观点，认为作家不是大学可以培养的，这话有其道理，但若以此走入极端，轻视艺术素养的专门训练则又误人误事。国人文化水准的提高，城乡青年普遍受到高中教育，在某种意义上讲，文学不再仅仅是普及性的了。艺术来源于生活，生活却决不等于艺术。写什么的问题固然十分重要，怎么写的问题也同样要十分重视。因而，陕西的作家初发势猛，过后劲则不足，往往在突破之时陷于困境。

如若上面三点能成立，我们应该按“面对着永恒或没有永恒的局面”的说法，我便要具体针对王蓬的创作再发一点妄论。

陕西为三块地形组成，北是陕北黄土高原，中是关中八百里秦川，南是陕南群山众岭。大凡文学艺术的产生和形成，虽是时代、社会的产物，其风格、流源又必受地理环境所影响。陕北，山原为黄土堆积，大块结构，起伏连绵，给人以粗犷、古拙之感觉。这一点，单从山川河流所致而产生的风土人情，又以此折射反映出的山曲民歌来看，陕北民歌的旋律起伏不大而舒缓悠远。相反，陕南山岭拔地而起，湾湾有奇崖，崖崖有清流，春夏秋冬之分明，朝夕阴晴之变化，使其山歌便忽起忽落，委婉幻变。而关中呢，一马平川，褐黄凝重，地间划一的渭河，亘于天边的地平线，其产生的秦腔必是慷慨激昂之律了。于是，势必产生了以路遥为代表的陕北作家特色，以陈忠实为代表的关中作家特色，以王蓬为代表的陕南作家特色。这三位作家之所以其特色显著于文坛，这种地理文赋需要深入研究。是不是可以说，陕西的作家不能形成统一流派，是有这个原因的？这也是不是陕西作家阵容不整齐的一个表面现象？历来的文坛，作家在做人上应团结亲爱，是好友，在事业上应争先恐后，是情敌。而陕西的作家最具备这种条件。论其优秀作家，自古中外只能比较其特色，而不能判之高下，只能划为爱与不爱，不能妄断其良劣。但目前陕西的作家，皆处于未成熟阶段，极需要解决的则是不能自己局限自己。立足于自己的地域，而知其长处优胜，晓其短处不足，兼收并蓄。也正于此，我觉得研究王蓬的创作，就更有其意义了。

王蓬原籍西安。也便是说，他在关中地面上诞生和度过了童年。因社会的原因，家庭的遭遇，他来到了陕南。在陕南他不是个匆匆的过客，而是一呆几十年的耕作农民。关中是黄土沉淀，壅积为源，属黄河流域。陕南是青山秀水，属长江流域。他因此具备了关中黄土的淳厚、朴拙和陕南山水的清奇、钟秀。而几十年的社会、家庭、爱情、个人命运的反反复复，曲曲折折，风风雨雨，使他沉于社会的最基层，痛感于农民的喜、怒、哀、乐。这就是说，他首先是一个农民，一个不得志的农民，而后才是一位作家。作为作家的这一种生活的体验，无疑更是一种感情的体验。汉江流域，是楚文化的产生地。楚文化遗风对他产生过巨大的影响。这从他的第一本小说集《油菜花开的夜晚》中，就可以明显看出。细读这本结集，无论是往来于猪场与移迁到乡下的工厂之间的年轻寡妇银秀（《银秀枝》），无论是历经风雨的百年物事老楸树下的老幺爹（《老楸树下》），还是关蓥山的猎手年子才（《猎手传奇》），再是竹林寨的六婶（《竹林寨的喜日》），无不观事观物富于想象，构思谋篇注重意境，用笔轻细，色彩却绚丽，行文舒缓，引人而入胜。他是很有才力，善述哀，长言情，文能续断之，断续之，飞跃升腾，在陕西作家中，有阴柔灵性之美的，就不能不算作他了。

文学创作，犹如体育运动，作家也要求有一种意识。对于现实生活，这种意识愈是强烈，愈能把握作品的总体结构和局部枝末细节。这种意识的产生，得源于深厚的生活积累和对生活的深刻认识，这便也就具备了作品的底蕴。作品的深刻与否并不建立在胆子的大小，作家的文采才华，同样也不等于嚣喧汹汹。中国几千年的文学，陶渊明、白居易、苏轼、柳宗元、韩愈、司马迁、曹雪芹、蒲松龄，尽管他们的风格各异，但反映的自然、社会、人生心境之空与灵，这是一脉相承的。空与灵，这是中国文学的一项大财富。我觉得王蓬于此是很早就注意到了的，也正在努力继承和实践着的。一本《油菜花开的夜晚》，若从每一篇来看，有的借鉴运用得很好，有的借鉴运用得不理想，但即使在一篇不大成功的文章中，也不乏有的段落、有的情节、有的场面描绘得却十分精彩。

中国的文学如何振兴，外地的作家或许比陕西的作家思考得更多，追求和实践得更多，但陕西的作家也开始了慢慢地思索和探索。情况是，有的作家从内到外极力借鉴，吸收外来文学，却在进一步的融汇、化合方面做得不好，忘掉了和忽视了中国民族的美学心理结构，出现了欲速不达的效果。有的作家则完全拒绝外来的东西，将自己束缚在一个狭隘的圈子里，我行我素。文学发展到今天，眼光一定要远，应该在中西杂交的大前提下，各人根据自己的生活经历、环境、修养、体质、爱好诸多条件，走自己的路子。王蓬的路子，走的是他自己的。楚文化的精，是不是可以说有一种“自远”的味道。这种“自远”，建立在“自近”的基础上。这也正是王蓬作品读来空灵而不空浮的原因罢。这是不是正是他扎根生活之中而才使作品产生的一种底蕴呢？

读王蓬的《油菜花开的夜晚》，同时又想到另一个问题，即所谓的大度。也可以叫做力的问题。综观国内一些名作家，大都可称为思想家，或者说是有深远的思想。当然，思想不是一个狭窄的概念；否则，会导致所谓“思想大于形象”之弊。古人讲过：雄中有韵，秀中有骨。这不仅是指文学的表面，更重要的是内涵。所以我说王蓬的作品是有底蕴，也就是说秀中有骨。但如果王蓬能重新反过来吸收陕北作家路遥的犷，做一次南北结合，那局势就更为可观了。也基于这一点上，我在前面说过要推崇汉代之风，在霍去病墓前看石雕，汉代的艺术竟能在原石之上，略凿一些流利线条，一个石虎石马之形象就凸现而出，这才是艺术的极致。所以，在整个民族振兴之时而振兴民族文学，我是崇拜大汉朔风，而鄙视清末景泰蓝之类的玩意儿的。如果以此去考察，研读当今轰动世界文坛的拉丁美洲文学，从中就会悟出更多的东西了。

王蓬近期的一系列小说、散文，似乎比《油菜花开的夜晚》还要好。他是感觉颇好的作家，又开始了进一步的学习政治、经济、哲学、美学的工作，来完满他一个作家的“人格”和作品的“文格”。无疑，作为一位陕西南方的作家，已经在为陕西作家在全国文坛产生影响做出了他的贡献。陕西的其他作家，应该向他学习，更应该使我效法。

1984 年 3 月 18 日于静虚村

陋　室

陕西平民志之四

推开一扇黑门，就进入一个世界了。一墙之外的阳光挺好，却也有风，是从旁边的高楼下过来的，压缩了的，无形而尖硬；这门就随身紧关，一切复沉沦于黑暗了。

主人是玩墨的，这黑屋大致也和谐。“爱乌及屋”嘛，眼睛看墨的颜色多了，便从门缝里斜射进来的三根五根的光线，光线的一切的生动里，也能欣赏出这一处墨用得匀，用得活，有其亮色和韵味。

屋的开间是三米，入深也是三米，三三得九，如果再有一点纵横，一切就好了，是一个囫囵数字的平方。再如果主人是一个无所为的人，一张桌子上置一个花瓶，插几枝假花，玻璃下压几张影星美人图，一个书架上放几排油瓶，醋瓶，酒瓶，那也就满足了，偏主人玩墨是玩在纸上的，这桌上桌下，书架里书架外，全堆放了纸卷，一屋子易燃之品。那么，锅盆碗盏，衣物用什就寸土必争，竟然能巧妙地放下三个沙发：一个大沙发，白日迎宾待客，夜里供儿子安眠，鬼知道儿子却能在沙发上长就那么高个子！两个小沙发，永远是夫妇享受的地方了，而且恰到好处，沙发前可以放一个永不熄灭的火炉。人以食为本，火炉上的水壶日夜是醒着的。醒着的是难受的，所以总唠唠叨叨。

主人常常在沙发上坐了，取笑水壶不旷达。

当然，始终不醒的是另一个房子，长沙发紧边的地方，有一个门洞。门洞没有帘子，好了，这正是黑帘子，永远于所有来客是一种神秘。如果有一只猫进去，放大了瞳孔，就知道这是主人的卧室，七平方米的，妙在安一张双人床，不松不紧。而又是从床上到床下，是书是报是纸卷。一个黑封了的窟，最宜于入静，因此主人一直未失眠过。

蜈蚣有一百条腿，但并未嫌弃过腿多，云鹤有两条腿，但也并未抱怨过腿少，甚至它落下来，还喜欢一腿独立！实在没有地方让家具立脚，因为人腿太多了。唯高高的乱纸堆上，明亮亮是一台小小的座钟，座钟里有一猫头鹰，怪眉怪眼。猫头鹰是夜之魂，能在这里最好，满屋有了一种庄严感。

脸一日洗几遍，脸还是不干净，眼一生不洗，眼永远是亮的。空余的地方发挥不了拖把和扫帚的功能，也就不去花那份钱，反正人是活动的，是天生的避尘珠。奇怪的是空气没有因空间狭小而稀薄，为了看清人之呼吸，就以香烟为有形的空气，吸进一口，吐出三口，袅袅扶摇到屋顶，祥云笼罩大可在俯察品类之盛后，再可仰观宇宙之大了。

主人的不修边幅，是典型环境中的典型人物也。

但卧屋里挂有一把胡琴，外室里悬有一柄长剑；胡琴被尘土封住，又没弹，但它响动的是一首无声的音乐，长剑被尘土封住，但它舞动的是一幅无形的英姿。当屋垂吊的一盏电灯，视认为一轮太阳，门后挂着的一片圆镜，视认为一轮月亮，太阳永不落，月亮永不缺。儿子说：还有八颗星星，两颗在他脸上，两颗在妈妈脸上，四颗在爸爸脸上，因为老子有一副眼镜。夜里或许断电了，炉火光亮，人之初是善的，人之影却诡变，在四面墙上忽大忽小，忽长忽短，自己常常为自己吃惊和感动。

工作了一天，身心都十分疲倦了，进入这个世界，窄小却温暖，昏暗而安妥，无害人之熬煎，亦无被害之惶恐。男的有妻，女的有夫，夫妻有子，有酒且饮，无酒清谈，随形适意，其乐无穷。夫妇又坐在两个小沙发上了，看芦苇顶棚上老鼠打架，打得那么激烈，结果就一只掉下来，不免说一声“有什么过不去的！”然后观起西墙上的裂缝。裂缝好宽，斜斜下来，有分有合的图案，看做是一棵秃树，也看做是一个枯笔字，更多的看做是抽象的画，常看常新。最得意的，也最欣赏不够的是东南墙角上的蜘蛛网，大若雨帽，经纬高超，尘烟熏迷，丝粗如绳，那是人工所不能及的艺术品啊！

主人是搞艺术的人，人亦成了艺术。这艺术真美。

主人是谁，说出来我知道，你知道，而且在这个唐都古城里的差不多的有职有位的更知道。因为在他们宽敞明亮豪华的住宅里，挂满了通过各种渠道得来的行、草、隶、篆字幅，且常常对来访者介绍说：“瞧，这字绝吧，我们这儿杰才济济，这便是著名的书法艺术家薛铸写的呀！”

草于1986年1月9日夜

荒野地

这原本是庄稼地，却生长了一片荒草。荒草一人余高，繁荣得蓬勃健美。月夜下没有风，亦不到潮露水的时分，草的枝叶及成熟的穗实萧萧而立，但一种声息在响，似乎是草籽在裂壳坠落，似乎是昆虫在咬噬，静伫良久，跳动的是体内的心一颗。扮演着的是《聊斋》里的人物，时间更进入亘古的洪荒，遥遥地听见了神对命运的招引。

月亮在天上明亮着一轮，看得清其中的一抹黑影，真疑心是荒野地的投影，而地上三尺之外便一片迷。夜是保密的，于是产生迟到的爱情。躲过那远远的如炮楼一般的守护庄稼的庵架，一只饥渴的手握住了一只饥渴的手，一瞬间十指被胶合，同时感受到了热，却冷得索索而抖。

一溜黑地淌过，松软如过草滩，又分明是脚上穿了宽松的鞋。可怜的农人种下了这一溜洋芋，四周的荒草却使它们未能健长，挖掘过的地上没有收获到拳大的洋芋。肥沃的土地上明日的清晨却能看到两行交织的脚印。

已经是草地的中央了，失却的则是东南西北的方向。境界幽幽。心身在启示着坐下来，恰好有两块石头，等待这石头是多少个年月，石头也差不多等待得发凉了。天地之间，塞涌的是这荒草，人也是荒草的一棵，再有一棵。说话的是眼睛，说尽着唐诗宋词的篇章。头顶上的月亮丰丰满满。需要有点风，风果然而至。草把月划成了有条纹的物件，且在晃动不已。不知名的昆虫在呻吟着，散发着那特有的气味。待到死过去几次，又活过来几次，一切安静了，望月亮又如深下去的一眼井水，来分辨那里面的身影了。

佛殿一样的地方，得到的是心身的和谐，方明白那一溜松软的黑地是通往未来的甬道，铺着毡毯。

生长庄稼的土地却长满了这么多荒草，这是失职的农人的过错吗？但荒草同样在结饱满的果籽，这便是土地的功能。失职的农人或许要诅咒的，而娇弱无能的庄稼没有荒草这么并不需要节令、耕作、肥料而顽强健壮啊！

因为草、人恢复了原本的形态，这个月下夜晚是这么苍茫壮阔。

生之苦难与悲愤，造就着无尽的残缺与遗憾，超越了便是幽默的角色，再不寄希望于梦境和来世，就这么在荒野地中坐下，坐下如两块石头。或许坐上百年上千年，或许很短的一别，但已够了。

走出了荒野地，另一处草浅的地方，仍发现了曾是长过瓜果的，是南瓜或是西瓜，肯定的也是未收获到要收获的东西，瓜田早废了，瓜叶腐败为泥，而绳一样纵横的瓜蔓却还发白的将也已为泥的印缀在地上。踏着这白绳的空格走，像是游戏。突然就会想起月亮上的那一株桂树，还有那一位勇敢的却砍不断树身的吴刚。

而毕竟有这么一块荒野地。

1988 年冬

再哭三毛

我只说您永远也收不到我的那封信了，可怎么也没有想到您的信竟能邮来，就在您死后的第十一天里。今天的早晨，天格外冷，但太阳很红，我从医院看了病返回机关，同事们就叫着我叫喊：“三毛来信啦！三毛给你来信啦！”这是一批您的崇拜者，自您死后，他们一直沉浸于痛惜之中，这样的话我全然以为是一种幻想。但禁不住还在问：“是真的吗，你们怎么知道?”他们就告诉说俊芳十点钟收到的（俊芳是我的妻子，我们同在市文联工作），她一看到信来自台湾，地址最后署一个“陈”字，立即知道这是您的信就拆开了，她想看又不敢看，啊地叫了一下，眼泪先流下来了，大家全都双手抖动着读完了信，就让俊芳赶快去街上复印，以免将原件弄脏弄坏了。听了这话我就往俊芳的办公室跑，俊芳从街上还没有回来，我只急得在门口打转。十多分钟后她回来了，眼睛红红的，脸色铁青，一见我便哽咽起来：“她是收到您的信了……”

收到了，是收到了，三毛，您总算在临死之前接收了一个热爱着您的忠实读者的问候！可是，当我亲手捧着了您的信，我脑子里刹那间一片空白呀！清醒了过来，我感觉到是您来了，您就站在我的面前，您就充满在所有的空气里。

这信是您一月一日夜里两点写的，您说您“后天将住院开刀去了”，据报上登载，您是三日入院的，那么您是以一九九〇年最后的晚上算起的，四日的凌晨两点您就去世了。这封信您是什么时候发出的呢，是一九九一年的一月一日白天休息起来后，还是在三日的去医院的路上？这是您给我的第一封信，也是给我的最后一封信，更是您四十八年里最后的一次笔墨，您竟在临死的时候没有忘记给我回信，您一定是要惦念着这封信的，那亡魂会护送着这封信到西安来了吧！

前几天，我流着泪水写了《哭三毛》一文，后悔着我给您的信太迟，没能收到，我们只能是有一份在朦胧中结识的缘分。写好后停也没停就跑邮局，我把它寄给了上海的《文汇报》，因为我认识《文汇报》的肖宜先生，害怕投递别的报纸因不认识编辑而误了见报时间，不能及时将我对您的痛惜、思念和一份深深的挚爱献给您。可是昨日收到《文汇报》另一位朋友的谈及别的内容的信件，竟发现我寄肖宜先生的信址写错了，《文汇报》的新址是虎丘路，我写的是原址圆明园路。我好恨我自己呀，以为那悼文肖先生是收不到了，就是收到，也不知要转多少地方费多少天日，今日正考虑怎么个补救法，您的信竟来了，您并不是没有收到我的信，您是在收到了我的信后当晚就写回信来了！

读着您的信，我的心在痉挛着，一月一日那是怎样的长夜啊，万家灯火的台北，下着雨，您孤独地在您的房间，吃着止痛片给我写信，写那么长的信，我禁不住就又哭了。您是世界上最具真情的人，在您这封绝笔信里，一如您的那些要长存于世的作品一样至情至诚，令我揪心裂肠的感动。您虽然在谈着文学，谈着对我的作品的感觉，可我哪里敢受用了您的赞誉呢，我只能感激着您的理解，只能更以您的理解而来激励我今后的创作。一遍又一遍读着您的来信，在那字里行间，在那字面背后，我是读懂了您的心态，您的人格，您的文学的追求和您的精神的大境界，是的，您是孤独的，一个真正天才的孤独啊！

现在，人们到处都在说着您，书店里您的书被抢购着，热爱着你的读者在以各种方式悼念您，哀思您，为您的死做着种种推测。可我在您的信里，看不到您在入院时有什么自杀的迹象，您说您"这一年来，内心积压着一种苦闷，它不来自我个人生活，而是因为认识了您的书本"，又说您住院是害了"不大好的病"。但是，您知道自己害了"不大好的病"，又能去医院动手术，可见您并没有对病产生绝望，倒自信四五个月就能恢复过来，详细地给了我的通讯地址和电话号码，且说明五个月后来西安，一切都作了具体的安排，为什么偏偏在入院的当天夜里，敢就是四日的三点就死了呢?！三毛，我不明白，我到底是不明白啊！您的死，您是不情愿的，那么，是什么原因而死的呀，是如同写信时一样的疼痛在折磨您吗？是一时的感情所致吗？如果说这一切仅是一种孤独苦闷的精神基础上的刺激点，如果您的孤独苦闷在某种方面像您说的是"因为认识了您的书本"，三毛，我完全理解作为一个天才的无法摆脱的孤独，可牵涉到我，我又该怎么对您说呢，我的那些书本能使您感动是您对我的偏爱而令我终生难忘，却更使我今生今世要怀上一份对您深深的内疚之痛啊！

这些天来，我一直处于恍惚之中，总觉得常常看到了您，又都形象模糊不清，走到什么地方凡是见到有女性的画片，不管是什么脸型的，似乎总觉得某一处像您，呆呆看一会儿，眼前就全是您的影子。昨日晚上，却偏偏没有做到什么离奇的梦，对您的来信没有丝毫预感，但您却来信了，信来了，您来了，您到西安来了！现在，我的笔无法把我的心情写出，我把笔放下了，又关了门，不让任何人进来，让我静静地坐一坐。不，屋里不是我独坐，对着的是您和我了，虽然您在冥中，虽然一切无声，但我们在谈着话，我们在交流着文学，交流着灵魂。这一切多好啊，那么，三毛，就让我们在往后的长长久久的岁月里一直这么交流吧。三毛！

1991 年 1 月 15 日下午收到三毛来信之后

画家逸事

十年浩劫中，画家石鲁受封为“黑帮”，枯坐家中，人争避之，唯长安工人名李世南者常去探视。世南耿直，酷爱作画。浩劫之中，闻某画家死，则奠酒哀悼；遇画作遭毁，必百计抢救、收藏之。人以为痴。

一日黄昏，世南往访石鲁，见其小院墙头残照如血，阶下荒草野径，独独一树碧桐，石鲁倚树而坐。长发长须，有如卧狮。李世南说：“老师可谓乱中静坐，院内一树，树下一你，正是一幅画景呢？”石鲁随之取纸来画，先画院子为“口”，再在院中添“木”，竟成一个“困”字，掷笔大笑。世南索画为藏，石鲁只题字而未加印。问之，默默许久，老泪纵横，说：“上海钱瘦铁答应为我治一石印，但现在两地茫茫，不能相见。昨日听到消息，说他在上海街头游斗，脚手已残，所以今日独坐长叹。从此而后，我作画便再不盖印了。”

世南遂到上海，化装农夫，去寻钱家，几日不得其所。三日后找到，则门上白纸黑字加了封条。问及旁人，回答：“钱已被斗死，家人赶出城，不知下落。”世南摔倒门下，捶地而哭。又搭车去北京见石鲁好友黄永玉。黄永玉是时也遭批判，装病谢客。世南去了几次，不被黄家信任。后说是石鲁让他来的，黄永玉披衣出门，延人叙谈，说：“这里有一石印，正要转石鲁。”世南大诧，不知印是谁刻。黄永玉说：“是上海钱瘦铁所治，他临死前，将一包字画和这石印托付一熟人，说：‘我死去并无憾事，只是这一石印未交给石鲁。你替我收藏，免得遭抄家丢失。你若日后转交石鲁，这包字画便作为酬谢。’说罢便哭，那熟人亦哭，却不肯收字画。钱瘦铁含泪与他握别，一时气绝。那人冒死收藏，后转到我处，我却未能转石鲁，日夜负疚不安。今日托你转去，我就三生有幸了。”

李世南将石印贴身藏好，赶回长安，连夜到石鲁家。石鲁捧石印大哭，说：“我不会死了！我不打倒我，谁也打不倒！等有一日我们聚会了，再说今晚情形吧。”世南终忍不住，说出钱瘦铁之死，石鲁呆若木鸡，从墙上取下古琴，猛烈弹奏，歌《黄水谣》以代哭。

李世南从此便从石鲁学习没骨大写意人物画。数年之中，居斗室，以床为案，身弯九十度作画，炎炎盛夏，汗水常落纸上为渍，年未及四十，头发脱落过半。

一九八二年，石鲁死，将石印赠李世南，世南常对人说起此事，出示石印，则隶书，笔拙硬，如铁突然。

余一日在长安酒家独饮，偶闻此轶事随追记之。其枝节细末，未经在世人物对证，特此声明。是为跋。

王木犊传

八十年代，西安出了两个滑稽人物：一个是石国庆，一个是王木犊。石国庆，祖籍于湖北，出生在四川，十一岁入陕，正值关中年馑，发育缺乏健美：面长，嘴阔，皱纹纵横其上，人见其形象皆乐。平日不善言笑，但出语则逗，正话反说，反话正说，颠三倒四，幽默而不油滑，世称“冷脸蔫怪”，他四十岁演独角戏，名噪古城，后却销声隐迹，穿一件长过膝头的涤纶哔叽上衣，衣不附体，于街头巷尾寻找王木犊。

王木犊无父无母，说一口地道关中话，多去声，咬透铁锨似的。两人先前并不相识。相传这年春天，石国庆害了一场病，突然口吃起来，往城中寻王木犊不见，在十字街口问路，对一人结结巴巴提说了半天，此人则不言不语，他愤怒离去。去后，旁人不满那人，斥责为什么对问路人一言不发，那人才开口，原来也是个口吃者，说：我患了病，说话结巴，我若回答他，他必以为我是故意学他，故不言最好。旁人觉得有理有趣，问其姓名，回答竟是王木犊也。石国庆事后得知与王木犊交臂而过，又惊又喜，又十分后悔，再寻找却未见，倒不时听到关于王木犊的事情。说是王木犊曾任一个小单位的负责人，但官不大，僚不小。一天妻子不在家，小儿子要撒尿，对他说了，他竟要求儿子写一份关于撒尿的申请报告，供他研究研究。小儿惊疑。他说：你要撒尿，不给我说我是不管的，既然给我说了，我就要对你负责，要么发生什么事故，你妈回来责怪，我如何是好？儿子问报告怎么写。他说：“那不是常用的格式吗？兹有大王木犊之子小王木犊，因喝水过多，渠道畅通，新陈代谢加速，但年纪幼小，尿库容量有限，又缺乏控制能力，需五分钟排泄一次，特申请报告，望家长批准为荷。”小儿却说：“我已经尿了。”王木犊忙问尿在哪儿？小儿说已经尿在裤子上了！结果其妻回来，王木犊非但没有推卸掉责任，反被其妻臭骂了一通。他羞愧万分，遂在单位改革中，主动退出领导岗位，闲在家中。他后去演戏，却因容貌丑陋，不能任主角，在一出戏中充当国民党士兵。原导演安排出场后，他站在台子左边，另一伪兵站在台子右边，红军战士持枪相打，先右后左，枪响人倒，但持枪者向右一打，他却先倒下了，引起观众哄堂大笑，因此剧团便把他辞退了。后来他到街道居委会任计划生育宣传干部，却不让其妻吃避孕药，偷偷将药品丢在后院的水井里。没想以井水喂狗，狗再不生崽子；以井水饮鸡，鸡不再生蛋；以井水浇灌花木、麦子，花木不再开花，麦子不再生穗，又被罢免了。当看见社会上好多人经商，发了大财，他也就领了个体营业证，自制一种“月亮牌”生发油出卖。但为了赚钱，胡乱配料，生产出来又到处做广告，搞宣传。其妻便第一个使用，没想发没新生，反将一头黑发脱个精光。夫妻反了目，市管会来人罚款，法院又传讯，他后悔莫及，在家痛哭三天。消息传出来，众人哗然。

石国庆觉得此人普通而又绝妙，说：王木犊正是我要找的人啊！他自卑和自尊结合，倔犟和脆弱相融，既聪明又糊涂，既善良又自私，既能忍让又爱嫉妒，是个可笑可悲又可爱的角色。此人若能与我搭班演独角戏，是最好不过的了。他又迫切地寻访，终于找到王木犊。王木犊正痛不欲生，要寻短见：用头猛碰棉花包，但未碰死；用丝线狠勒其腿，但未勒死；听人说“白砂糖真把人甜死了”，便一气吃下十二斤白糖，也未甜死；还要再去死，石国庆拦住了，邀他去演独角戏，两人一见如知己，从此搭班在古城演出。

王木犊演的独角戏，讲述的都是他自己经历过的事情。令人捧腹大笑，笑过之后，越嚼越有味，还要再笑。因而王木犊的名字就家喻户晓，甚至成了一个代名词。据说，某某单位整顿会上，群众给领导提意见，开口就是：我给咱王木犊主任进一言。有一个体摊贩使奸取巧，顾客就当众指着鼻子说，你这个王木犊！更有甚者，市北十字路口交警一天之内竟罚款了十二个违犯交通规则的王木犊。

王木犊名气大起来，满城人揶揄他，讥笑他，又不讨厌他，憎恶他。有人说他像阿 Q，有人又说他像堂·吉诃德，但他谁也不是，他就是他。那个个体摊贩受了顾客责斥，从此也真效仿起王木犊，知错改错，竟将自己“闻香下马”的牛羊肉泡馍店招牌摘下，换上了“王木犊”字名，而一家报纸也准备以“王木犊”为名开辟一个专栏。

有个外地漫画家来到西安，在街头，在饭店，在公共电车上，不时听到有人互相斥责“你真是个王木犊”之语，甚觉奇怪，一经打问，颇感兴趣，顿时产生以王木犊的事迹作一系列漫画的想法，就四处查访王木犊其人。但半月过去，没有收获。有人向画家提供线索：石国庆是王木犊的至朋好友，他定知王木犊的出身籍贯，居家住址。这位漫画家好不容易找着石国庆，一相问，才得知王木犊这个“公民”，这个典型角色，却无真人，是石国庆的独角戏里的人物也。

给你一根竹棍

世上的书有各种类型，回忆录却是我们常接触到且十分喜欢读的一种，它有史的庄严，人生的经验来得亲切。世界上几乎所有的伟人，名人必要做的一项最后工作，就是写回忆录，而更多的老人将写回忆录使晚境愉悦和多彩，可以说，它是作家之内的事，又是作家之外的事，大而化之，是所有人的事业。

遗憾的是现有的教科书，并没有关于回忆录的写作教材，书省君的这本书的出版，姑且不论优与劣，得体与否，但补白的意义，确实令我们深表敬意。

如同世上一切写作一样，回忆录是不需要有什么框式的，书省君之所以写成《写作纵横》而不是《回忆录写法》，它只是告诉你每一部作品本身都在向你说明作品该怎么写的道理，只是向你提供一种借鉴和启发。“这本书只能是一根竹棍”，书省君对我如是说。是的，一根竹棍扶持腿力不济的老人攀上人生最后的顶巅，到达了是可以扔掉的，但是当我们在到达了顶巅后扔掉了竹棍，我们也就深深地懂得了竹棍的价值了。

书省君是我的大学同学，十数年来，他以学业的优异一直留在母校从事写作教学，凡是写作范围内的事体他无一不涉猎和实践过，这本书耗费了他许多心血，长时间的求实而又充满激情的工作，得以使全书如此平易、通俗、自然、亲切，它的出版必会得到社会的欢迎。所以，在出版之际，愿以同学同志的身份与书省君共享收获后的欢欣。

（此文是为《回忆录写作纵横》一书写的序）

看　人

最好的风景是在街头上看人。嚼了口香糖，悠然悠然从一个商店门口踱到另一个商店门口，要买东西又似乎没多带钱，或衔一支烟的，立于电车站牌下要等一个朋友的，等得抓耳搔腮，火燎火燎。———遇得人交谈便掏出采访本来记的不是好记者，在口袋里插一支钢笔是小学生，插两支的是中学生，插得更多了，就不再是更大的知识分子，是小贩，修理钢笔的。若故作了一种观察的姿势，且不说显出村相，街头立即会有诸多人驻下脚同你看一个方向，交通堵塞，警察就要举着警棒过来了。———知非诗诗，未为奇奇（这是书上写着的），把一切的有意都无意着，你真可潇洒一回，自由地看那好的风景了。

街头上的人接踵往过走，小少时候，大人们所讲的过队伍莫非如此？可这谁家的队伍没完没了，从哪里来，往哪里去？地理学家十次八次在报纸上惊呼：河流越来越干涸了。城市是什么，城市是一堆水泥，水泥堆中的人流却这般汹涌！于是你做一次孔子，吟“逝者如斯夫”，自觉立于岸上的胸襟，但瞬间的灿烂带来的是一种悲哀：这么多的人你一个也不认识呀，他们也没一个认识你，你原本多么自傲，主体意识如何高扬，而还是作为同类，知道你的只是你的父母和你的妻子儿女，熟人也不过三五数。乡间的葬礼上常唱一段孝歌，说：“人活在世上有什么好，说一句死了就死了，亲戚朋友都不知道，”现在你真正体会到要流出眼泪了。

姑且把悲苦抛开吧，你毕竟是来看人的风景的。你首先看到的是人脸，世上的树叶没有两片相同，人脸更如此，有的俊，有的丑，俊有不同的俊，丑有不同的丑，但怎么个就俊了丑了？你看着看着，竟不知道人到底是什么，怀疑你看到的是不是人？这如同面对了一个熟悉的汉字，看得久了就不像了那个汉字。勾下头，理性地想想，人怎么细细的一个脖子，顶一个圆的骨质的脑袋，脑袋上七个洞孔，且那么长的四肢，四肢长到梢末竟又分开岔来，形象多么可怕！更不敢想，人的不停地一吸一呼，其劳累是怎样的妨碍着吃饭、说话和工作啊！是的，人是有诸多的奇妙，却使作为具体的人时不易察觉而疏忽了。在平常的经验里，以为声音在幽静时听见，殊不知嚣杂之中更是清晰，不说街头的脚步声、说话声和车子声（这些声音往往是嗡嗡一团），你只需闭上眼睛，立即就坠入一种奇异的境界，听得到脖子扭动的声，头发飘逸的声，衣服的磨蹭声，这声音不仅来自你耳朵的听觉，似乎是你全身的皮肤。由此，你有了种种思想，也斜了每个人的形形色色的服饰，深感到人在服饰上花费的精力是不是太多了呢，为什么不赤裸最美好的人的身体呢，若人群真赤裸了身体，街头又会是什么样的秩序呢？据说人是曾有过三只眼的，甚至双乳也作目用，什么原因又让其日渐退化消亡？小时候四条腿，长大了两条腿，到老了三条腿，人的生存就是这么越来越尴尬。谁也知道那漂亮的衣服里有皱的肚皮，肚皮里有嚼烂的食物和食物沦变的粪尿，不说破就是文明，说穿就是粗野，小孩无顾忌，街头上可以当众掀了裤裆，无知者无畏，有畏就是有知吗？树上有十只鸟，用枪打下一只鸟，树上是剩有九只鸟还是一只鸟也没有，这问题永远是大人测验小孩的试题，大人们又会怎样地给自己出类似的关于自身的考问呢？突然间，你有了一种醒悟，熊掌的雄壮之美是熊的生存需要而产生的，鹤足的健拔之美是鹤的生存需要而自然形成，人的异化是人创造的文明所致，人是病了。人真的是病了，你静静地听着，街头的人差不多都在不断地咳嗽。

人行道的，那一边的，人都是脸和肚子朝前地走过来，这一边的，人又是屁股和脑勺在后地走过去。正面来的，可以见到美的傲的扬头的女子，看到低着脑门的深沉的男人。从每一个人的表情上，或严肃的，或微笑的，或笑不动容的，或有笑容无声的，你立即知道他们的职业是公安人员还是在宾馆做招待。看多了那些西装革履，夹着小皮包，露着凸凸的小肚的公司的大采购和个体的小老板，看多了额上密密皱纹，对上司是谦谦后生，待下级是大呼小叫的机关干部，看多了抬脚操步正经规矩又彬彬有礼的教师，长发如狮的画家，碎步吊臀的戏曲艺人，即便是服饰上没有明显标志，姿态上又缺乏特点，你只要侧耳听一听他们正说着的笑话，也便分辨出这是社会上的哪一类人了。中国人的笑话总是包含着性的成分，社会地位低的，从事简单劳动的总是围绕着性的实在的操作而衍义，知识分子的却津津乐道于一种感觉，而见面不能交心又不能不说话不亲近，就只讲同伙中的某某怎么为儿媳倒洗脚水呀，熬鸡汤买乳罩呀的，那百分之百是我们的有着相当权力的领导。好了，在山川看风景，有人喜欢丑石，有人喜欢枯木，但更多的人愿意欣赏芳草艳花，在街头看人的风景，你当然赏心悦目是女人，当然是年轻漂亮的女人。那些并排走的，大声地说话，笑，表现了无限纯情的女孩子，她们步伐跳跃，如有弹簧，秀发飘动，如云如焰，你惊羡青春的气息，但气息表现哪儿，你又说不清，完全却体会到了贾宝玉的

“女孩儿是清水做的”感觉。最妖娆的是那些少妇们了，她们有极大方的，也有好腼腆的，年龄正当，阴阳互补，恰是长熟时期，其态媚人，如火之有焰，灯之有光，珠贝金银之有宝色。你为她们担心，街头的男人总是看她们，如果看一眼，眼珠就在被视物上留有痕迹，那么，她们的衣服上是一层又一层的眼痕，晚上回家脱衣一抖，满地都是能踩泡儿的眼珠子了。中午的太阳照着，她们的身影拖得很长，步行的或骑车的男人不远不近地跟着，总是要踩住她们的影子，企求合二为一，影子如果有感觉，影子无时无刻不在疼痛着。对于男人们的高度注意，当然你可以看出她们是乐意接受呢还是烦恶。乐意的恐怕百分之百，即使面对了很狠很馋的目光，说一声“讨厌!”那也说得十分得意。由此可想，法律若能按人的心理而定，那么要惩治一个少妇人，什么刑具也不要，只让世上的男人都不看她，不理她，这个女人就完了。作为一个女人，完全知道自己的美的价值，只是怎样利用这种价值而区别了她们的品格。吊膀的女人是吊膀女人的神气，温顺女人是温顺女人的神气，因美而贵，因贵而傲的女人，她们常常表现出目空一切，其实她们的内心最龙腾虎跃，她们只是有好的眼角余光，搭眼一扫便知道了每个男人的优劣和对她们的态度。她们最看不起那些小殷勤的男人，却会调动这些小殷勤而安全自处，她们更清楚对她们不献小殷勤的男人反倒深爱着她们，这不是老谋深算，也便是有心没胆，瞧，瞧，她们在以毒攻毒了，以同样的冷漠来增加自己的神秘和魅力，或是培养鼓动起胆怯者的大勇，偏要看到沉默的火山口喷发熔浆。想一想，到那时，他们刚的一面还有吗?其如水之柔情反倒使任何温顺的女人黯然失色了。

街头这边的人行道上，不可能看到走过去的脸面，但是，识人最好的是识脸面，脸面却不是唯一的。戏曲舞台上，演员登场常有背身而出，那肩臂的一高一低，那屁股的一抖一动，都有戏，便明白这是一个什么角色。赌博桌上，仅看着一双双参赌人的手，也就知道了这一个赌徒是多么迫不及待，那一个赌徒却早胸有成竹了。现在，看着前面卷着一个髻儿的，一脚端正，一脚外撇的水蛇腰的女人，你不妨张开你想象的翅膀吧：（有趣的是，这种想象十有八次与事实相符）她是在商场工作吗？她坐在柜台的里边，鞋总是有意无意就脱了，口里在暗唱着一支歌，脚的趾头就十趾高下动着节奏，那趾甲一定是染过红的。发型盘那么个髻儿，脖子却黑瘦，她是在脸上涂了厚的脂粉却忘记了脖子和耳根，精美的小提包鼓囊囊的，是装着钱，还是一堆化妆品，甚或什么都没有，是一包卫生纸。这女人长在前边的眼睛一定在滴溜溜四处张望了，随时要对着一个熟人大声尖叫，她会跑过每一个橱窗前从玻璃里看自己形象，遇着一个整齐的男人心会怦然跳动，手不自觉地在理一下头发，会在她家的巷口与人挤眉弄眼地说谁家媳妇是骚狐子，进了门却踢蹬了高跟鞋就歪在沙发上喊累死我了，开始骂丈夫什么时候了，饭没做好？你看过了独个的人，也不妨看看一伙两个三个的人，那走势和说话的神态，能判断出这是夫妻，夫妻是结发夫妻，还是两副旧家具的一对新人，关系是亲是疏，家境是贫是富。或压根不是夫妻，是同志，是邻居，甚或是情人，这情人是才有了关系还是偷情了数年？你注意到了吗？立于人行道的这边，看男人对女人的回头率是最好的角度了。男人的秉性永远是看着别的女人好，他们即使在家里有美貌的妻子，即使与妻子和睦亲爱，他们不分老少丑美，但凡在街头见着漂亮的女人，没有不投一眼过去的。有原本慢悠慢悠骑车而行的，猛地发现了前后有可观的，或故意减速，让那女的前行，看了后影又忍不住要看脸面，疾驶前行，在那平行的瞬间，头就扭动了。这一瞥的惊美，或是永留记忆，常忆常新，引无限冲动，或是一小时，几分钟后淡然忘却，或是看了后影，希望值太高，脸面甚是失望，这就要无声地自己嘲弄自己了。你常会发现那些与漂亮女人保持距离的男人，身子弓下去，头却仰扬着，这男人一定是在作一种祈祷：这女人如果能进前边的一个巷子去，这女人或这类女人是与我有缘的，以后便能接触。所以，这样的男人就要在一个巷口把头耷拉下来，因为那女子并没有进他所企望的巷口，而提前拐进了另一个巷口，或者如愿以偿，这是街头常有男人突然哼了歌子的原因。男人的这种秉性若认作是卑鄙，世上就全是流氓，不，他们是在表现着爱美。这个时候，你就觉得人生是多么好，男人是多么好，如果一个男人见到漂亮的女人不愉悦，那这男人干什么事情还有激情，有创造力吗？男人是创造世界的，女人是征服男人的，事情就是这样。当然了，街头上仍是有淫邪的男人的目光，年轻而从未有接待过女人经验的，夫妻感情破裂，长期分居的，干脆就是色鬼流氓，知其肉不知灵的，他们百无聊赖，就蹲于街房墙根，斜眼上瞧，专看那女人走过的刹那胸部位的耸动，然后低下头去，用手使劲地拈一下无可奈何的一张僵脸，响响地咽一口唾沫了。或者一只脚踏在栏杆的铁链上，胳膊又撑在膝盖上顶着一颗脑袋，一边看一边摇晃铁链，他们哀叹美女如云，怎么自己的老婆那么丑呢？能解脱地想，河里的鱼再好，没碗里的鱼好，哪一个女人娶到家来都会变丑的吧。解脱不了的，就骂：世上的好女人都是让狗×着！

在街头看人的风景，你实在是百看不厌，初入城市的乡民怎样于路心张望，而茫然不知往哪里去，警察的指手画脚，小偷制造拥挤，什么是悠闲，什么是匆忙，盲人行走，不舍昼夜，醉汉说话，惟其独醒。你一时犯愁了，这些人都在街头干什么，天黑了都会到哪儿去，怎么就没有走错地方而回到自己家里？如果这时候一声令下，一切停止，凝固的将是怎样的姿势和怎样的表情？突然发生地震，又都会怎样地各自逃命？每个人都是有他的父亲和母亲的，街头的人流，几十年前，同样流过的是这些人的父母吗，几十年后，流过的又是这些人的儿女吗？如若不是这样，人死了会变成鬼，鬼仍活在这个世上，那么一代代人死去仍在，活着的继续生出，街头该是多么的水泄不通啊！世界上有什么比街头丰富呢，有什么比街头更让你玄思妙想呢？在地铁入口，在立交桥头，人的脑袋如开水锅冒出的水泡，咕噜咕噜地全涌上来，蹴下来，平视着街面，各式各样的鞋脚在起落。人的脑袋的冒出，你疑惑了他们来自的另一个世界的神秘，鞋脚起落，你恐怖了他们来在这个世界要走出什么的方阵。芸芸众生，众生芸芸，这其中有多少伟人，科学家、哲学家、艺术家、文学家，到底哪一个是，哪一个将来是？你就对所有人敬畏了，于是自然而然想起了佛教上的法门之说，认识到将军也好，小偷也好，哲学家也好，暗娼也好，他们都是以各自的生存方式在体验人生，你就一时消灭了等级差别，丑美界限，而静虚平和地对待一切了。

进入到这样的境界，你突然笑起来了：我怎么就在这里看人呢，那街头的别人不是也在看我吗？于是，你看着正看你的人，你们会心点头，甚或有了羞涩，都仰头看天，竟会到天上正有一个看着你我的上帝。上帝无言，冷眼看世上忙人。到了这时，你境界再次升华，恍惚间你就是上帝在看这一切，你醒悟到人活着是多么无聊又多么有意义，人世间是多么简单又多么复杂。这样，在街头上看一回人的风景，犹如读一本历史，一本哲学，你从此看问题，办事情，心胸就不那么窄了，目光就不那么短了，不会为蝇头小利去钩心斗角，不会因一时荣辱而狂妄和消沉，人既然如蚂蚁一样来到世上，忽生忽死，忽聚忽散，短短数十年里，该自在就自在吧，该潇洒就潇洒吧，各自完满自己的一段生命，这就是生存的全部意义了。

草于1992年5月2日

孙犁论

读孙犁的文章，如读《石门铭》的书帖，其一笔一画，令人舒服，也能想见到书家书时的自在，是没有任何病疾的自在。好文章好在了不觉得它是文章，所以在孙犁那里难寻着技巧，也无法看到才华横溢处。《爨宝子》虽然也好，郑燮的六分半也好，但都好在奇与怪上，失之于清正。而世上最难得的就是清正。孙犁一生有野心，不在官场，也不往热闹地去，却没有仙风道骨气，还是一个儒，一个大儒。这样的一个人物，出现在时下的中国，尤其天津大码头上，真是不可思议。

数十年的文坛，题材在决定着作品的高低，过去是，现在变个法儿仍是，以此走红过许多人。孙犁的文章从来是能发表了就好，不在乎什么报刊和报刊的什么位置，他是什么都能写得，写出来的又都是文学。一生中凡是白纸上写出的黑字都敢堂而皇之地收在文集里，既不损其人亦不损其文，国中几个能如此？作品起码能活半个世纪的作家，才可以谈得上有创造，孙犁虽然未大红大紫过，作品却始终被人学习，且活到老，写到老，笔力未曾丝毫减弱，可见他创造的能量多大！

评论界素有“荷花淀派”之说，其实哪里有派而流？孙犁只是一个孙犁，孙犁是孤家寡人。他的模仿者纵然万千，但模仿者只看到他的风格，看不到他的风格是他生命的外化，只看到他的语言，看不到他的语言有他情操的内涵，便把清误认为了浅，把简误认为了少。因此，模仿他的人要么易成名而不成功，为一株未长大就结穗的麦子，麦穗只能有蝇头大，要么望洋生叹，半途改弦。天下的好文章不是谁要怎么就可以怎么的，除了有天才，有夙命，还得有深厚的修养，佛是修出来的，不是练出来的。常常有这样的情形，初学者都喜欢拥集孙门，学到一定水平了，就背弃其师，甚至生轻看之心，待最后有了一定成就，又不得不再来尊他。孙犁是最易让模仿者上当的作家，孙犁也是易被社会误解的作家。

孙犁不是个写史诗的人（文坛上常常把史诗作家看得过重，那怎么还有史学家呢?），但他的作品直逼心灵。到了晚年，他的文章越发老辣得没有几人能够匹敌。举一个例子，舞台上有人演诸葛，演得惟妙惟肖，可以称得“活诸葛”，但“活诸葛”毕竟不是真正的诸葛。明白了要做“活诸葛”和诸葛本身就是诸葛的含义，也就明白了孙犁的道行和价值所在。

1993 年 2 月 24 日

安妥我灵魂的这本书

——《废都》后记

一晃荡，我在城里已经住罢了二十年，但还未写出过一部关于城的小说。越是有一种内疚，越是不敢贸然下笔，甚至连商州的小说也懒得作了。依我在四十岁的觉悟，如果文章是千古的事——文章并不是谁要怎么写就可以怎么写的——它是一段故事，属天地早有了的，只是有没有夙命可得到。姑且不以国外的事作例子，中国的《西厢记》《红楼梦》，读它的时候，哪里会觉它是作家的杜撰呢？恍惚如所经历，如在梦境。好的文章，囫囵囵是一脉山，山不需要雕琢，也不需要机巧地在这儿让长一株白桦，那儿又该栽一棵兰草的。这种觉悟使我陷于了尴尬，我看不起了我以前的作品，也失却了对世上很多作品的敬畏，虽然清清楚楚这样的文章究竟还是人用笔写出来的，但为什么天下有了这样的文章而我却不能呢?！检讨起来，往日企羡的什么辞章灿烂，情趣盎然，风格独特，其实正是阻碍着天才的发展。鬼魅狰狞，上帝无言。奇才是冬雪夏雷，大才是四季转换。我已是四十岁的人，到了一日不刮脸就面目全非的年纪，不能说头脑不成熟，笔下不流畅，即使一块石头，石头也要生出一层苔衣的，而舍去了一般人能享受的升官发财、吃喝嫖赌，那么搔秃了头发，淘虚了身子，仍没美文出来，是我真个没有夙命吗？

我为我深感悲哀。这悲哀又无人与我论说。所以，出门在外，总有人知道了我是某某后要说许多恭维话，我脸烧如炭；当去书店，一发现那儿有我的书，就赶忙走开。我愈是这样，别人还以为我在谦逊。我谦逊什么呢？我实实在在地觉得我是浪了个虚名，而这虚名又使我苦楚难言。

有这种思想，作为现实生活中的一个人来说，我知道是不祥的兆头。事实也真如此。这些年里，灾难接踵而来，先是我患乙肝不愈，度过了变相牢狱的一年多医院生活，注射的针眼集中起来，又可以说经受了万箭穿身；吃过大包小包的中药草，这些草足能喂大一头牛的。再是母亲染病动手术；再是父亲得癌症又亡故；再是妹夫死去、可怜的妹妹拖着幼儿又回住在娘家；再是一场官司没完没了地纠缠我；再是为了他人而卷入单位的是是非非中受尽屈辱，直至又陷入到另一种更可怕的困境里，流言蜚语铺天盖地而来……。我没有儿子，父亲死后，我曾说过我前无古人后无来者了。现在，该走的未走，不该走的都走了，几十年奋斗的营造的一切稀里哗啦都打碎了，只剩下了肉体上精神上都有着毒病的我和我的三个字的姓名，而名字又常常被别人叫着写着用着骂着。

这个时候开始写这本书了。

要在这本书里写这个城了，这个城里却已没有了供我写这本书的一张桌子。

在一九九二年最热的天气里，托朋友安黎的关系，我逃离到了耀县。耀县是药王孙思邈的故乡，我兴奋的是在药王山上的药王洞里看到一个“坐虎针龙”的彩塑，彩塑的原意是讲药王当年曾经骑着虎为一条病龙治好了病的。我便认为我的病要好了，因为我是属龙相。后来我同另一位搞戏剧的老景被安排到一座水库管理站住，这是很吉祥的一个地方。不要说我是水命，水又历来与文学有关，且那条沟叫锦阳川就很灿烂辉煌；水库地名又是叫桃曲坡，曲有文的含义，我写的又多是女人之事，这桃便更好了。在那里，远离村庄，少鸡没狗，绿树成荫，繁花遍地，十数名管理人员待我又敬而远之，实在是难得的清静处。整整一个月里，没有广播可听，没有报纸可看，没有麻将，没有扑克。每日早晨起来去树林里掏一股黄亮亮的小便了，透着树干看远处的库面上晨雾蒸腾，直到波光粼粼了一片银的铜的，然后回来洗漱，去伙房里提开水，敲着碗筷去吃饭。夏天的苍蝇极多。饭一盛在碗里，苍蝇也站在了碗沿上，后来听说这是一种饭苍蝇，从此也不在乎了。吃过第一顿饭，我们就各在各的房间里写作，规定了谁也不能打扰谁的，于是一直到下午四点，除了大小便，再不出门。我写起来喜欢关门关窗，窗帘也要拉得严严实实，如果是一个地下的洞穴那就更好。烟是一根接一根地抽，每当老景在外边喊吃饭了，推开门直感烟雾笼罩了你了！再吃过了第二顿饭，这一天里是该轻松轻松了，就趿个拖鞋去库区里游泳。六点钟的太阳还毒着，远近并没有人，虽然勇敢着脱光了衣服，却只会狗刨式，只能在浅水里手脚乱打，打得腥臭的淤泥上来。岸上的蒿草丛里嘎嘎地有嘲笑声，原来早有人在那里窥视。他们说，水库十多年来，每年要淹死三个人的，今年只死过一个，还有两个指标的。我们就毛骨悚然，忙爬出水来穿了裤头就走。再不敢去耍水，饭后的时光就拿了长长的竹竿去打崖畔儿上的酸枣。当第一颗酸枣红起来，我们就把它打下来了，红红的酸枣是我们唯一能吃到的水果。后来很奢侈，竟能贮存很多，专等待山梁背后的一个女孩子来了吃。这女孩子是安黎的同学，人漂亮，性格也开朗，她受安黎之托常来看望我们，送笔呀纸呀药片呀，有时会带来几片烙饼。夜里，这里的夜特别黑，真正的伸手不见五指，我们就互相念着写过的章节，念着念着，我们常害肚子饥，但并没有什么可吃的。我们曾经设计过去偷附近村庄农民的南瓜和土豆，终是害怕了那里的狗，未能实施。管理站前的丁字路口边是有一棵核桃树的，树之顶尖上有一颗青皮核桃，我去告诉了老景，老景说他早已发现。黄昏的时候我们去那里抛着石头掷打，但总是目标不中，歇歇气，搜集了好大一堆石块瓦片，掷完了还是打不下来，倒累得脖子疼胳膊疼，只好一边回头看着一边走开。这个晚上，已经是十一点了，老景馋得不行，说知了的幼虫是可以油炸了吃的，并厚了脸借来了电炉子、小锅、油、盐，似乎手到擒来，一顿美味就要到口了。他领着我去树林子；用手电在这棵树上照照，又到那棵树上照照，树干上是有着蝉的壳，却没有发现一只幼虫。这样为着觅食而去，觅食的过程却获得了另一番快感。往后的每个晚上这成了我们的一项工作。不知为什么，幼虫还是一只未能捉到，提到的倒是许多萤火虫，这里的萤火虫到处在飞，星星点点又非常的亮，我们从林子中的小路上走过，常恍惚是身在了银河的。

老景长得白净，我戏谑他是唐僧，果然有一夜一只蝎子就钻进他的被窝咬了他，这使我们都提心吊胆起来，睡觉前翻来覆去地检查屋之四壁，抖动被褥。蝎子是再也没有出现的，而草蚊飞蛾每晚在我们的窗外聚汇，黑乎乎地一疙瘩一疙瘩的，用灭害灵去喷，尸体一扫一簸箕的。我们便认为这是不吉利的事。我开始打磨我在香山拣到的一块石头，这石头很奇特，上边天然形成一个“大”字，间架结构又颇似柳体。我把“大”字石头雕刻了一个人头模样系在脖子上，当做我的护身符。这护身符一直系着，直到我写完了这部书。老景却在树林子里拣到了一条七寸蛇的干尸，那干尸弯曲得特别好，他挂在白墙上，样子极像一个凝视的美妙的少女。我每天去他房间看一次蛇美人，想入非非。但他要送我，我不敢要。

在耀县锦阳川桃曲坡水库———我永远不会忘记这个地名的———呆过了整整一个月，人明显是瘦多了，却完成了三十万字的草稿。那间房子的门口，初来时是开绽了一朵灼灼的大理花的，现在它已经枯萎。我摘下一片花瓣夹在书稿里下山。一到耀县，我坐在一家咸汤面馆门口，长出了一口气，说：“让我好好吃顿面条吧！”吃了两海碗，口里还想要，肚子已经不行了，坐在那里立不起来。

回到西安，我是奉命参加这个城市的古文化艺术节书市活动的。书市上设有我的专门书柜，疯狂的读者抱着一摞一摞的书让我签名，秩序大乱，人潮翻涌，我被围在那里几乎要被挤得粉碎。几个小时后幸得十名警察用警棍组成一个圆圈，护送了我钻进大门外的一辆车中急速遁去。那样子回想起来极其可笑。事后我的一个朋友告诉说，他骑车从书市大门口经过时，正瞧着我被警察拥着下来，吓了一跳，还以为我犯了什么罪。我那时确实有犯罪的心理，虽然我不能对着读者说我太对不起你们了，但我的脸上没有一丝笑容。离开了被人拥簇的热闹之地，一个人回来，却寡寡地窝在沙发上吸烟落泪。人人都有一本难念的经，我的经比别人更难念。对谁去说？谁又能理解？这本书并没有写完，但我再没有了耀县的清静，我便第一次出去约人打麻将，第一次夜不归宿，那一夜我输了个精光。但写起这本书来我可以忘记打麻将，而打起麻将了又可以忘记这本书的写作。我这么神不守舍地握着日子，白天害怕天黑。天黑了又害怕天亮。我感觉有鬼在暗中逼我，我要彻底毁掉我自己了，但我不知道我该怎么办。这时候，我收到一位朋友的信，他在信中骂我迷醉于声名之中，为什么不加紧把这本书写完?！我并没有迷醉于声名之中，正是我知道成名不等于成功，才痛苦得不被人理解，不理解又要以自己的想法去做，才一步步陷入了众要叛亲要离的境地！但我是多么感激这位朋友的责骂，他的骂使我下狠心摆脱一切干扰，再一次逃离这个城市去完成和改抄这本书的全稿了。我虽然还不敢保险这本书到底会写成什么模样，但我起码得完成它！

于是我带着未完稿又开始了时间更长更久的流亡写作。

我先是投奔了户县李连成的家。李氏夫妇是我的乡党，待人热情，又能做一手我喜爱吃的家乡饭菜。一九八六年我改抄长篇小说《浮躁》就在他家。去后，我被安排在计生委楼上的一间空屋里。计生委的领导极其关照，拿出了他们崭新的被褥，又买了电炉子专供我取暖，我对他们的接纳十分感激，说我实在没法回报他们，如果我是一个妇女，我宁愿让他们在我肚子上开一刀，完成一个计划生育的指标。一天两顿饭，除了按时去连成家吃饭，我就待在房子里改写这本书，整层楼上再没有住人，老鼠在过道里爬过，我也能听得它的声音。窗外临着街道，因不是繁华地段，又是寒冷的冬天，并没有喧嚣。只是太阳出来的中午，有一个黑脸的老头总在窗外楼下的固定的树下卖鼠药，老头从不吆喝，却有节奏地一直敲一种竹板。那梆梆的声音先是心烦，由心烦而去欣赏，倒觉得这竹板响如寺院禅房的木鱼声，竟使我愈发心神安静了。先头的日子里，电炉子常要烧断，一天要修理六至八次；我不会修，就得喊连成来。那一日连成去乡下出了公差，电炉子又坏了，外边又刮风下雪，窗子的一块玻璃又撞碎在楼下，我冻得握不住笔，起身拿报纸去夹在窗纱扇里挡风；刚夹好，风又把它张开；再去夹，再张开，只好拉闭了门往连成家去。袖手缩脖下得楼来，回头看三楼那个还飘动着破报纸的窗户，心里突然体会到了杜甫的《茅屋为秋风所破歌》的境界。

住过了二十余天，大荔县的一位朋友来看我，硬要我到他家去住，说他新置了一院新宅，有好几间空余的房子。于是连成亲自开车送我去了渭北的一个叫邓庄的村庄，我又在那里住过了二十天。这位朋友姓马，也是一位作家，我所住的是他家二楼上的一间小房。白日里，他在楼下看书写文章，或者逗弄他一岁的孩子；我在楼上关门写作，我们谁也不理谁。只有到了晚上，两人在一处走六盘象棋。我们的棋艺都很臭，但我们下得认真，从来没有悔过子儿。渭北的天气比户县还要冷，他家的楼房又在村头，后墙之外就是一眼望不到边的大平原，房子里虽然有煤火炉，我依然得借穿了他的一件羊皮背心，又买了一条棉裤，穿得臃臃肿肿。我个子原本不高，几乎成了一个圆球，每次下那陡陡的楼梯就想到如果一脚不慎滚下去，一定会骨碌碌直滚到院门口去的。邓庄距县城五里多路，老马每日骑车进城去采买肉呀菜呀粉条呀什么的。他不在，他的媳妇抱了孩子也在村中串门去了。我的小房里烟气太大，打开门敞着，我就站立在楼栏杆处看着这个村子。正是天近黄昏，田野里浓雾又开始弥漫，村巷里有许多狗咬，邻家的鸡就扑扑棱棱往树上爬，这些鸡夜里要栖在树上，但竟要栖在四五丈高的杨树梢上，使我感到十分惊奇。

二十天里，我烧掉了他家好大一堆煤块，每顿的饭里都有豆腐，以致卖豆腐的小贩每日数次在大门外吆喝。他家的孩子刚刚走步，正是一刻也不安静地动手动脚，这孩子就与我熟了，常常偷偷从水泥楼梯台爬上来，冲着我不会说话地微笑。老马的媳妇笑着说："这孩子喜欢你，怕将来也要学文学的。"我说，孩子长大干什么都可以，千万别让弄文学。这话或许不应该对老马的媳妇说，因为老马就是弄文学的，但我那时说这样的话是一片真诚。渭北农村的供电并不正常，动不动就停电了，没有电的晚上是可怕的，我静静地长坐在藤椅上不起，大睁着夜一样黑的眼睛。这个夜晚自然是失眠了，天亮时方睡着。已经是十一点了，迷迷糊糊睁开眼，第一个感觉里竟不知自己是在哪儿。听得楼下的老马媳妇对老马说："怎不听见他叔的咳嗽声，你去敲敲门，不敢中了煤气了！"我赶忙穿衣起来，走下楼去，说我是不会死的，上帝也不会让我无知无觉地自在死去的，却问："我咳嗽得厉害吗?"老马的媳妇说："是厉害，难道你不觉得?!"我对我的咳嗽确实没有经意，也是从那次以后留心起来，才知道我不停地咳嗽着。这恐怕是我抽烟太多的缘故。我曾经想，如果把这本书从构思到最后完稿的多半年时间里所抽的烟支接连起来，绝对地有一条长长的铁路那么长。

当我所带的稿纸用完了最后的一张，我又返回到了户县，住在了先前住过的房间里。这时已经月满，年也将尽，"五豆"、"腊八"、二十三，县城里的人多起来，忙忙碌碌筹办年货。我也抓紧着我的工作，每日无论如何不能少于七千字的速度。李氏夫妇瞧我脸面发胀，食欲不振，想方设法地变换饭菜的花样，但我还是病了，而且严重的失眠。我知道一走近书桌，书里的庄之蝶、唐宛儿、柳月在纠缠我；一离开书桌躺在床上，又是现实生活中纷乱的人事在困扰我。

为了摆脱现实生活中人事的困扰，我只有面对了庄之蝶和庄之蝶的女人，我也就常常处于一种现实与幻想混在一起无法分清的境界里。这本书的写作，实在是上帝给我大大的安慰和太大的惩罚，明明是一朵光亮美艳的火焰，给了我这只黑暗中的飞蛾兴奋和追求，但诱我近去了却把我烧毁。

腊月二十九的晚上，我终于写完了全书的最后一个字。

对我来说，多事的一九九二年终于让我写完了，我不知道新的一年我将会如何地生活，我也不知道这部苦难之作命运又是怎样。从大年的三十到正月的十五，我每日回坐在书桌前目注着那四十万字的书稿，我不愿动手翻开一页。这一部比我以前的作品更优秀呢，还是情况更糟？是完成了一桩夙命呢，还是上苍的一场戏弄？一切都是茫然，茫然如我不知我生前为何物所变、死后又变何物。我便在未作全书最后的一次润色工作前写下这篇短文，目的是让我记住这本书带给我的无法向人说清的苦难，记住在生命的苦难中又唯一能安定我破碎了的灵魂的这本书。

一九九三年正月下旬

方英文

在我的朋友中，英文忠厚而幽默，我很爱他。他供职于我的家乡的那个州城里，文人都知道他，尤其乡里的那些作者、读者，地里的萝卜长青长白了，红薯真红了，就记起了他。但州城所有商店的营业员不知道，因为他不讲究穿，也没有以漂亮的媳妇而给人炫耀的意识，每次与妻子相隔了距离去商店，他总蹴在门口台阶上吸纸烟。前些年我进商州，找的是何丹萌，后来何丹萌调走了，那间霉而黑的屋里接替的是他，我就又找他。那间屋子一直住文人，且两位主人都给我备有被褥，我觉得我与这间屋子有缘分，曾一次梦里梦到几百年前这块地方就是我家的。每次去，方英文说："元春又省亲了?"我说："再投奔梁山嘛!"

我回乡的样子很野，挎包里塞一件换洗衣裳，装一册《道德经》、一册《诸葛神数》，两条纸烟，牙刷和钢笔全在口袋了，一下车进商州，喜欢买囫囵一张"锅盔"大饼，一边走一边拧着吃，见着他，手里还剩多半张，他总要说："我给你照张相!"但他没有照相机，多年来还是没有。

他儿子两岁，要儿子看着我，问："他是谁?"儿子说："贾平凹!"他说："小孩不能叫大人名！你重说。"儿子说："是人。"他于是说："我这儿子是哲学家呀，是现代派呀！他虽然刚才叫你名字，可证明你名字老幼皆知嘛!"

住下的这个夜里，他必然就开始攻击我的文章，朗读他的文章，直朗读得我的头枕在床头昏迷了，他说："你不会欣赏!"把被子替我掖好，就出去了。第二天一早就来打门，端一杯奶和两根麻花要我吃。我正要感激他，他从口袋又拿出那文章从头又念，连标点也念。我说："还好。"他说："不好，是麻花好。你不是个君子!"

他的妻子极像山口百惠，十分疼他，稍不见他，就在门口呼唤"方英文"。他一听见就得意了，说："她离不得我!"单位派他出差，他要对妻子说："你要想我了，就看咱们儿子，那是我脱的壳。"但突然一次吵架了，竟然说出个离婚二字。他说，你敢写离婚书吗？妻子没想真的写了，他看着离婚书脸都绿了，但很快说：“写得不错，只是两个字错了，你改一改。”妻子扑哧笑了，世界从此和平，此事他好得意，作为经验传授我四次。

一次我应约写一篇创作谈，他知道了，说：“搞不了创作的人才常常写创作经验的。”我很窘，把那篇文章揉了，以后再不写这类东西，也不读这一类的东西。

他常给我来信，无事来信。听说我当了一个社会上的名誉性的官儿，来信的一页纸上四分之三是他给我送头衔。我不敢迷那些虚名了。以后有人当众张扬我是什么什么职名儿时，我就觉得他在笑我，于是就摆手，说那些名分是追悼会上才用的。

有一阵他来信爱作画，先是一杯茶，我就回信画一壶酒，他于是又来一盘鸡，我到后来干脆送他一海的酒一林的肉，他愤怒了，来信说他先是君子，是我勾引他也成吃喝小人。最短的一封信，是他写了一句话：“你一定想我！”

我确实想他：他有挺阔的嘴，胖胖的屁股，一边和我下棋一边放屁。而儿子忙乱地掀他的衣服，扰乱得棋下不成，责骂儿子，儿子却说他在寻放出的屁哩；然后一块儿去厕所，两人亲自小便，说些同厕所一样不卫生的趣话；然后我们谈文学；或者像考状元一样相互命题作文。

夏天里回商州，他说某某杂志开辟了他的小说特辑，某某评论家撰写了对他的批评，“真的，大有成名的迹象了！”我没有理他，也宣布不写一个字吹捧他，人太熟了，容易捧杀或棒杀，现在文坛上佛魔不分，天才与小丑混淆，我不落嫌疑和罪恶。他也说：“看你写我的批评真还不如听我老婆的读后感。你要实在想写我了，以我为题材写你的散文去！”

于是我写了以上这些。

方 韵

方英文是我的朋友，住在商州；方韵是方英文的儿子，今年四岁。方英文常常抱怨方韵个头不长，别人家门扇上测量的刻线一条一条的，他家的门扇上只有两道。方英文说："儿呀儿呀你几时才长个儿呀！"方韵说："爸呀爸呀你几时才升工资呀！"方英文没了脾气。方英文因职称评定生过闷气，从此胃不好，爱放屁，每次方韵掀了他的后襟说要寻气蛋哩。方韵把下雪不叫下雪，叫"天脱皮呢"。说眼睛看不见了是"眼睛灭了"。方英文的住屋窄狭，隔壁却有个有权人家房子多得作了鸡室，鸡一打鸣，方韵就说"鸡响"了。鸡响了，方英文烦得就到凉台上去，拿望远镜往远处看。一看看到对面楼上一家窗口，里边有女人擦澡的，人家用报纸贴在窗子上，上面写了三个字：没意思。方韵偏问："没意思是啥意思？"父子俩晃荡晃荡到街上去，街心花园里有两只鸽子，一只白的，一只黑的，正亲喙嬉耍哩，方韵说："爸，你说哪只是女的，哪只是男的？"方英文说我不知道，方韵得了意："我知道！白鸽子是女的，黑鸽子是男的。"方英文问为什么？方韵说："因为你黑，我妈比你白。"这时候，迎面走来一对夫妇，却是女的奇黑男的特白，方英文要告诉儿子了：你的判断是不牢靠的。方韵一脸疑惑，回到家后突然想通了，说："我知道了那女的为啥黑！因为男的打麻将，女的脸气黑了，你每次打麻将，我妈脸就黑了！"方英文骂了一声把他妈的。

方韵是方英文的反对，方英文虽然心里不受活，但方英文是作家，写文章就常要引用方韵的语言。文章发表了，在家一边抖着稿费票子，一边念了给方韵听，方韵说："用我的话，没意思。"方韵看不起方英文，也看不起我，方英文来信说：方韵还认不得字，但能识得你的名字，在家翻杂志，每每看到你署名的文章，就说："又是贾平凹！"极鄙视的样子。

1993 年 6 月 15 日

说白烨

陕西有两个姓白的走了北京，一个是作家白桦，一个是评论家白烨。北京城里从来是水深浪大，两个人却都活得头角峥嵘。原本长安城里也应是藏龙卧虎，但毕竟是藏与卧的，水土养人难留人，他们走得好。遗憾的是他们开始说京语，声声不入耳，我一见到他们就强迫用秦腔，秦腔在唐代仍是国语嘛。

第一次认识白烨时，把烨念错为桦，在众人面前很窘了一回。白烨说：有一个大人物看了我在某报上写的文章，也念为白桦的，白桦那时受批判，大人物就批评报社为什么还发表白桦的言论？报社负责人忙去解释了是白烨不是白桦，桦是木字旁，烨是火字旁。我说：啊嗬，那我也是大人物了！

白烨是黄陵人，那里产煤，据说煤质优良，无烟，用报纸能点燃。我说，女人嫁到你那儿要尿三年黑水。白烨说：那里人是走虫。白烨尤其能走，他每年回陕西数次，不是来组织书稿，就是来联系出版方面的事。回陕如元春省亲，朋友们都要看看他，他也一一要回访，那些日子，分分秒秒都得计算。但是再忙，他都要抽空回老家去看望娘，再累，头发总梳得光光的，到任何地方了脱了大衣要挂着或叠了放好。他走后，朋友们常感叹他的孝道，朋友们的老婆却羡慕人家这男人的整洁。

白烨的忠实可靠是著名的，大凡委托他的事，只要承诺了，没有不落到实处的。我们笑他：若做大官，可以当顾命大臣，若在戏文里，是《赵氏孤儿》中的角色了。现在做忠实可靠是需要有情操，有大境界的。这样的人越来越少，出了一个白烨，他当然是人缘极好，在京城，在长安，在外省很多地方，都有一群喜欢他的女人，不管什么年龄层次，也不管什么政治艺术见解。常常是甲与乙生分，但甲与乙皆与白烨友好，白烨因此也做了许多团结工作。他年纪并不大，地位并不高，一张辐射的蛛网中间，守定的应是一个肥大的老蜘蛛，却是白烨。

这样的人，天生应该做编辑。

白烨就是个好编辑。

有人能写文章却耐不得编稿子的琐碎，有人能耐得其烦又缺乏鉴赏力，有人能写能耐能鉴赏但又没有长久的热情，而白烨恰恰具备了一切。我见过他为自己的文章而得意，更见过他读过别人的文章更激动的样子。我差不多每年都收到过他编辑的书籍，来信中喋喋不休地介绍此书内容如何之好，又反复征询此书版式怎样，封面设计怎样，虽是征询，其自满之情溢于纸面。和女人在一起不敢问起她的孩子，与白烨在一起，不要提说他编辑的书。

一九九三年初，我躲在西安郊县写《废都》，写得很苦，很寂寞。白烨来了，有客自远方来，我们都不亦乐乎。白烨那次来陕是编印一套丛书的，数日里寻找，寻不着，终打听清人在郊县，不顾一切就跑来了。他说："我来看看你。"我说："不，是上帝让你来取书稿的。"他叫道："写完了?!"高兴地要把我抱起来。这一夜，我没有让他走，我们吃搅团，吃酸菜，谈创作，谈编辑，几乎没眨眼。翌日清早，我们用硬纸夹夹了近一尺高的手稿，拿绳子反复扎好，装在一个塑料袋里，再装在一个布口袋里，他背走了。这部十多斤重的，耗费了我半年心血的手稿，白烨一直背到了北京，亲手交给了北京出版社的田珍颖。白烨曾经他手为我托带过好几部手稿，这一次却记载了一段难忘的传奇。

我作为作家，白烨给了我相当多的智慧上的启示和生活上的照顾，作为《美文》杂志主编，白烨从我们要刊号到编辑每一期刊物，都付出了他的精力和时间。人常说，朝里要有人。北京是我们心中的朝里，白烨是朝里的要人。《美文》杂志社里，凡有事去京，没有不去首先找白烨的，找到白烨，也没有不顺利拿到一些名家稿件的，编辑部常常在没好稿编时，就说：找白烨，给白烨打电话。白烨没吃《美文》的饭，《美文》把白烨箍住了。

一个人太好了，往往倒不显出他的好处来，这如同我们对于空气，太习惯了一呼一吸，便疏忽了我们是在不停地一呼一吸。白烨从事的是文学批评、文学编辑、文学朋友的角色，又偏偏不是那一种投机者、以稿易稿者、酒肉者，这是最易于让人疏忽的身份。也正于此，他活得正，活得不累，活得是一个评论家、编辑家、文友的本真。

1994年3月22日

读张爱玲

先读的散文，一本《流言》，一本《张看》；书名就劈面惊艳。天下的文章谁敢这样起名，又能起出这样的名，恐怕只有个张爱玲。女人的散文现在是极其的多，细细密密的碎步儿如戏台上的旦角，性急的人看不得，喜欢的又有一班只看颜色的看客，噢儿噢儿叫好，且不论了那些油头粉面，单是正经的角儿，秦香莲，白素贞，七仙女……哪一个又能比得崔莺莺？张的散文短可以不足几百字，长则万言，你难以揣度她的那些怪念头从哪儿来的，连续性的感觉不停地闪，组成了石片在水面的一连串的漂过去，溅一连串的水花。一些很著名的散文家，也是这般贯通了天地，看似胡乱说，其实骨子里是道教的写法——散文家到了大家，往往文体不纯而类如杂说——但大多如在晴朗的日子，窗明几净，一边茗茶一边瞧着外边；总是隔了一层，有学者气或佛道气。张是个俗女人的心性和口气，嘟嘟嘟地唠叨不已，又风趣，又刻薄，要离开又想听，是会说是非的女狐子。

看了张的散文，就寻张的小说，但到处寻不着。那一年到香港，什么书也没买，只买了她的几本，先看过一个长篇，有些失望，待看到《倾城之恋》《金锁记》《沉香屑》那一系列，中她的毒已经日深。——世上的毒品不一定就是鸦片，茶是毒品，酒是毒品，大凡嗜好上瘾的东西都是毒品。张的性情和素质，离我很远，明明知道读她只乱我心，但偏是要读。使我常常想起画家石鲁的故事。石鲁脑子病了的时候，几天里拒绝吃食，说："门前的树只喝水，我也喝水！"古今中外的一些大作家，有的人的作品读得多了，可以探出其思维规律，循法可学，有的则不能，这就是真正的天才。张的天才是发展得最好者之一，洛水上的神女回眸一望，再看则是水波浩渺，鹤在云中就是鹤在云中，沈三白如何在烟雾里看蚊飞，那神气毕竟不同。我往往读她的一部书，读完了如逛大的园子，弄不清了从哪儿进门的，又如何穿径过桥走到这里？又像是醒来回忆梦，一部分清楚，一部分无法理会，恍恍惚惚。她明显的有曹露的才情，又有现今人的思考，就和曹氏有了距离，她没有曹氏的气势，浑淳也不及沈从文，但她的作品的切入角度，行文的诡谲以及弥漫的一层神气，又是旁人无以类比。

天才的长处特长，短处极短，孔雀开屏最美丽的时候也暴露了屁股，何况张又是个执拗的人。时下的人，尤其是也稍要弄些文的人，已经有了毛病，读作品不是浸淫作品，不是学人家的精华，启迪自家的智慧，而是卖石灰就见不得卖面粉，还没看原著，只听别人说着好了，就来气，带气入读，就只有横挑鼻子竖挑眼。这无损于天才，却害了自家。张的书是可以收藏了常读的。

与许多人来谈张的作品，都感觉离我们很远，这不指所描述的内容，而是那种才分如云，以为她是很古的人。当知道张现在还活着，还和我们同在一个时候，这多少让我们感到形秽和丧气。

《西厢记》上说：不会相思，学会相思，就害相思！《西厢记》上又说：好思量，不思量，怎不思量？嗨，与张爱玲同活在一个世上，也是幸运，有她的书读，这就够了！

1994 年 12 月 17 日早

缘　分

一九九五年七月，周涛邀我和宋丛敏去新疆，支使了郭不、王树生陪吃陪住陪游。先在乌鲁木齐一礼拜，还要再往西去，王树生因事难以远行，就只剩下郭不。郭不说：没事，我有的是拳脚，什么地方不能去的?！三人便换了长衫，将钱装在裤衩兜里，坐飞机便到了喀什。

依周涛原定的计划，在喀什由喀什公安处接待。但一下飞机，有一个女的却找到我们，自我介绍叫郭玉英，丈夫是南疆军区的检察长，是接到周涛的电话来迎接的，问我们将住在什么宾馆？我们还不知道公安处的安排，郭玉英说："喀什就那么些大，到时候我来找，话说死，明日下午两点我来接你们去军区！"到了喀什，住在一家宾馆，宋丛敏就忙得鬼吹火。他是曾在这里工作过，给一个熟人打了电话，这个熟人竟联络了十多个熟人，于是，我和郭不又随着他不停地接待拜会，又去拜会他人。第二天的下午两点，专等着那个郭玉英，可两点钟没有来，直过了两个小时，估计郭玉英寻不着我们，正好是礼拜日，她去公安处了不好打听，我们又未留下她的电话，只好以后再说吧。四点二十，宋丛敏的旧友老曾来了电话，一定要让去他家，说馕已买下了，老婆也和了面，晚上吃揪面片。我们应允了，老曾说五分钟后他开车来接。刚过三分，门被敲响，惊奇老曾这么快的，开了门却是郭玉英。郭玉英满头大汗，说她在城里一个宾馆一个宾馆地找，找了两个多小时的。正说着，老曾就来了，这就让我们很为难，不知该跟谁走？郭玉英说："当然去军区，老曾你得紧远路客吧。"老曾无可奈何，就给家里挂电话，让老婆停止做揪面片，相跟着一块去军区。

军区在疏勒县，郭玉英的丈夫并不在家，郭玉英让我们吃着水果歇着，她去找检察长，约摸五分钟吧，一个军人抱着一块石头进屋，将石头随手放在窗下，说他姓侯，抱歉因开会没能去城里亲自迎接。我们便知道这是侯检察长了。接着郭玉英也进来，也是抱一块石头，径直放到卧室去。我是痴石头的，见他们夫妇都抱了石头回来，觉得有意思，便走到窗下看那石头，不看不知道，一看就大叫起来。这石头白色，扁圆状，石上刻凿一尊菩萨的坐像。我忙问，“哪儿找的？”老侯说；“从阿里弄的。”我说：“你也收藏石头？”他说：“给别人弄的。”老侯似乎很平静，说过了就招呼我们去饭馆吃饭。我把石头又抱着看了又看，郭不悄悄说：“起贪婪心啦?!”我说：“我想得一块佛画像石差不多想疯了，没想在这儿见着!”郭不笑笑，再没有说话。

在饭桌上，自然是吃酒吃菜，我不喝酒，但大家却都喝得高兴，也没那些礼节客套，一尽儿随形适意。老侯是言语短却极实在人，对我们能到他这里来感到高兴，说新疆这里也没什么好送的，只是英吉沙小刀闻名于世，他准备了几把。郭不就给老侯敬酒，说，老侯，你真要送个纪念品，我知道贾老师最爱的是石头。我去过他家，屋里简直成了石头展览馆了，你不如把刚才抱的那个石头送给他。郭不话一出口，我脸就红了，口里支吾道：“这，这……”心里却感激郭不知我。老宋更趁热打铁，说：“平凹也早有这个意思!”老侯说：“贾老师也爱石头？那我以后给你弄，这一块我答应了我的一个老领导的。你说那石头好吗?”我说：“好!”郭不说：“贾老师来一趟不容易，给老领导以后再弄吧，这一块让贾老师先带上。”老侯说：“那好。这一块给贾老师!”我、老宋、郭不几乎同时站起喊了个“好啊!”给老侯再续酒，又续酒。

吃罢饭，去老侯家就取了石头。这石头我从疏勒抱回喀什，从喀什抱回乌鲁木齐，从乌鲁木齐抱回到西安，现供奉在书房。

日日对这块石头顶礼膜拜时，我总想：如果当时在乌鲁木齐决定去北疆还是去南疆时不因老宋曾在喀什工作过而不去南疆，这块佛像石就难以得到了。如果到了喀什，周涛未给郭玉英打电话，这块佛像石也难以得到了。如果那个礼拜天郭玉英迟来两分钟，我们去了老曾家这块佛像石也难以得到了。如果去了郭玉英家，老侯先一分钟把佛像石抱回家然后在门口迎接我们，这块佛像石也难以得到了。如果老侯抱了佛像石如郭玉英一样抱放在卧室，我们不好意思去人家卧室，这块佛像石也难以得到了。如果老侯的老领导还在疏勒，这块佛像石也难以得到了。如果酒桌上郭不不那么说话，我又启不开口，这块佛像石也难以得到了。这一切的一切，时间卡得那么紧，我知道这全是缘分。我为我有这个缘分而激动得夜不能寐，我爱石，又信佛，佛像石能让我得到，这是神恩赐给我的幸运啊!

为了更好地珍藏这块佛像石，我在喀什详细了解这佛像石的来历，在乌鲁木齐又请一些历史学家论证。回到西安再查阅资料，得知：

一、此佛像石来自西藏阿里的古格王国。古格王国始于七百年前，终于三百年前。王国城堡遗址至今完好，有冬宫和夏宫，宫内四壁涂赤红色，壁画奇特。墙壁某处敲之空响，凿开里边尽是小欢喜佛泥塑，形象绝妙。但为模范制作。王国传说是在一场战争中灭亡的，现随处可见残戈断剑、人的头骨、马的遗骸。山下通往山上的通道两旁，摆着这种佛像石，是当地佛教徒敬奉或来此处祈祷神灵而择石凿刻的。

二、阿里属西藏的后藏，从喀什坐三天三夜汽车，翻越海拔四千五百米以上的雪原，再行二百里方能到城堡的山下，一般人难以成行，成行又难以安全翻越雪原。即使到了城堡，还有藏民在城堡看守，并不是想拿什么就能拿了什么。

三、石是雪原上的白石，不是玉，却光洁无瑕，质地细腻，坚硬有油色。菩萨造型朴而不俗美而不艳，线条简约，构图大方，刻工纯熟，内地四大佛窟的塑像和永乐宫彩绘皆不能及。更可贵的是，任何人见之，莫不感受到一种庄严又神圣的气息，可能是当地的信徒是以极虔诚的心情来刻凿的，与别处为塑像而塑像或纯艺术的塑像雕刻不同，又在西藏佛教圣地数百年，有了巨大的磁场信息。

有缘得此佛石，即使在喀什，许多信佛者、收藏奇石人、学者、画家、作家皆惊叹不已，他们知道有这种佛石，谋算了十多年未能如愿以偿的。此佛石归我后，正是我《白夜》出版的本月，对着佛石日夜冥思，我检讨我的作品里缺少了宗教的意味，在二十世纪的今日中国，我虽然在尽我的力量去注视着，批判着，召唤着，但并未彻底超越激情，大慈大悲的心怀还未完全。那么，佛石的到来，就不仅仅是一种石之缘和佛之缘，这一定还有别的更大的用意，我得庄严地对待，写下文字的记录。

夏河的早晨

这是一九九五年七月二十四日早上七点或者八点，从未有过的巨大的安静，使我醒来感到了一种恐慌，我想制造些声音，但×还在睡着，不该惊扰，悄然地去淋室洗脸，水凉得淋不到脸上去，裹了毛毡便立在了窗口的玻璃这边。想，夏河这么个县城，真活该有拉卜楞寺，是佛教密宗圣地之一，空旷的峡谷里人的孤单的灵魂必须有一个可以交谈的神啊！

昨晚竟然下了小雨，什么时候下的，什么时候又住的，一概不知道。玻璃上还未生出白雾，看得见那水泥街石上斑斑驳驳的白色和黑色，如日光下飘过的云影。街店板门都还未开，但已经有稀稀落落的人走过，那是一只脚，大概是右脚，我注意着的时候，鞋尖已走出玻璃，鞋后跟磨损得一边高一边低。

知道是个丁字路口，但现在只是个三角处，路灯杆下蹲着一个妇女。她的衣裤鞋袜一个颜色的黑，却是白帽，身边放着一个矮凳，矮凳上的筐里没有覆盖，是白的蒸馍。已经蹲得很久了，没有买主，她也不吆喝，甚至动也不动。

一辆三轮车从左往右骑，往左可以下坡到河边，这三轮车就蹬得十分费劲。骑车人是拉卜楞寺的喇嘛，或者是拉卜楞寺里的佛学院的学生，光了头，穿着红袍。昨日中午在集市上见到许多这样装束的年轻人，但都是双手藏在肩上披裹着的红衣里。这一个双手持了车把，精赤赤的半个胳膊露出来，胳膊上没毛，也不粗壮。他的胸前始终有一团热气，乳白色的，像一个不即不离的球。

终于对面的杂货铺开门了，铺主蓬头垢面地往台阶上搬瓷罐，搬扫帚，搬一筐红枣，搬卫生纸，搬草绳，草绳捆上有一个用各色玉石装饰了脸面的盘角羊头，挂在了墙上，又进屋去搬……一个长身女人，是铺主的老婆吧，头上插着一柄红塑料梳子，领袖未扣，一边用牙刷在口里搓洗，一边扭了头看搬出的价格牌，想说什么，没有说，过去用脚揩掉了“红糖每斤四元”的“四”字，铺主发了一会呆，结果还是进屋取了粉笔，补写下“五”，写得太细，又改写了一遍。

从上往下走来的是三个洋人。洋人短袖短裤，肉色赤红，有醉酒的颜色，蓝眼睛四处张望。一张软不沓沓白塑料袋儿在路沟沿上潮着，那个女洋人弯下腰看袋儿上的什么字，样子很像一匹马。三个洋人站在了杂货铺前往里看，铺主在微笑着，拿一个依然镶着玉石的人头骨做成的碗比画，洋人摆着手。

一个妇女匆匆从卖蒸馍人后边的胡同闪出来，转过三角，走到了洋人身后。妇女是藏民，穿一件厚墩墩袍，戴银灰呢绒帽，身子很粗，前袍一角撩起，露出红的里子，袍的下摆压有绿布边儿，半个肩头露出来，里边是白衬衣，袍子似乎随时要溜下去。紧跟着是她的孩子，孩子老撵不上，踩了母亲穿着的运动鞋带儿，母子节奏就不协调了。孩子看了母亲一下，继续走，又踩了带儿，步伐又乱了，母亲咕哝着什么，弯腰系带儿，这时身子就出了玻璃，后腰处系着红腰带结就拖拉在地上。

没有更高的楼，屋顶有烟囱，不冒烟，烟囱过去就目光一直到城外的山上。山上长着一棵树，冠成圆状，看不出叶子。有三块田，一块是麦田，一块是菜花田，一块土才翻了，呈铁红色。在铁红色的田边支着两个帐篷，一个帐篷大而白，印有黑色花饰，一个帐篷小，白里透灰。到夏河来的峡谷里和拉卜楞寺过去的草地上，昨天见到这样的帐篷很多，都是成双成对的鸳鸯状，后来进去过一家，大的帐篷是住处，小的帐篷是厨房。这么高的山梁上，撑了帐篷，是游牧民的住家吗？还是供旅游者享用的？可那里太冷，谁去睡的？

“你在看什么？”

“我在看这里的人间。”

“看人间？你是上帝呵？!”

我回答着，自然而然地张了嘴说话，说完了，却终于听到了这个夏河的早晨的声音。我回过头来，×已经醒，是她支着身与我制造了声音。我离开了窗口的玻璃，对×说：这里没有上帝，这里是甘南藏区，信奉的是佛教。

1995 年 10 月 31 日夜记

名角

杨凤兰是西安南郊人，十一岁上跟李正敏学戏，翌年即排《三对面》，饰青衣香莲。凤兰个头小，家人牵着去后台装扮，一边走，一边嚷道要吃冰糖葫芦。家人说："你是香莲了，还贪嘴？"凤兰嘴噘脸吊。但到锣鼓声起，粉墨登场，竟判若两人。坐则低首嘿答，立则背削肩蹇，抖起来如雨中鸡，诉起其冤，声口凄婉，自己也骨碌碌坠下泪来，一时惊动剧坛。李正敏说："这女子活该演戏，但小小年纪竟能体味苍凉，一生恐要困顿了。"愈发爱怜栽培，传授《三击掌》《徐母骂曹》《二进宫》给她。

渐渐长大，凤兰已是名角，拥有众多戏迷，她不喜张扬，见人羞怯，伏低伏小。剧团多有是非，无故牵扯到她，旁人都替她蛮脸作怒了，她仍只是忍耐，静若渊默。一年夏天，回村探母，正在屋里梳头，墙外忽有枪声，有东西跌在院中一响。出来看时，有鸟坠在捶布石下，遂矮墙头上露一人脸，背着猎枪，挤眉弄眼，示意鸟是他打中的。凤兰有些恼，提了鸟丢出去，那人却绕过来，收住了脚，在门首呆看。凤兰耳根通红，口里喃喃，微骂掩门不理。又一年后，女大当嫁，有人提亲，领来了一小伙见面，竟是打鸟人。小伙笑道："我早打中的。"时凤兰二十三岁，谭兴国大其九岁，且带有一小孩。亲戚里有反对的，但凤兰不嫌，认定有缘，遂为夫妇。

秦腔虽是大的剧种，历来却慷慨有余，委婉不足，出西北就行之不远。李正敏毕生力戒暴躁，倡导清正，死时紧握凤兰手，恨恨而终。凤兰见宗师长逝，哭昏在灵堂，立誓发扬敏腔艺术，此后愈发勤苦，早晚练功不辍，冬夏曲不离口。出演了《白蛇传》《飞虹山》《谢瑶环》。每次演出，都在家叩拜宗师遗像，谭兴国在旁收拾行装，然后骑自行车送至剧场。谭兴国那时在一家话剧院做美工，凡有凤兰演出，必坐于台下观看，一边听观众反映，一边作记录，回家便为凤兰的某一唱句、某一动作，提建议，作修正。灯下两人戏言，凤兰说："我这是为戏活着么！"兴国说："那我就为你活着！"刚说毕，窗外嘎喇喇一声雷响，两人都变了脸。

二十七岁那年，凤兰演《红灯记》，只觉得脖子越来越粗，却并不疼，也未在乎，衣服领口就由九寸加宽到一尺一，再加宽到一尺三。演第二十七场，突然昏倒在台上，急送医院，诊断为甲状腺癌，当即手术，取出了八个瘤子，最大的竟有鸭蛋大。医生告诉兴国：人只能活二年。兴国跑出医院在野地里呜呜哭了一场，回来又不敢对凤兰说。数月里人在医院伺候，夜不脱衣，竟生了满身虱子。凤兰终于知道了病情，将硬得如石板一样的半个脖子，敲着嘭嘭响，抱了李正敏的照片泪流满面。她写下了遗书，开始七天不吃不喝。兴国铺床时，褥子下发现了遗书，一下子把凤兰抱住大哭。凤兰说："我不能唱戏了？我还活着干什么?!"兴国说："有我在，你不能走，你能唱戏的，我一定要让你唱戏嘛!"谭兴国把凤兰病情材料复印了几十份，全国各大医院都寄，希望有好的医疗方案。医院差不多都回信了，唯一只能化疗。在漫长的化疗过程中，谭兴国四处求医寻药，自己又开始学中医，配处方。杨凤兰竟每天数次以手指去拨声带，帮助活动。服用了兴国的药方二百八十多服，奇迹般地活了下来。

出院五个月后，凤兰真的上台演出，演过了七场。第八场演出中，她正唱着，突然张口失声，顿时急得流泪，满场观众一时惊呆，都站起来，静悄悄的，等知道是怎么回事了，哽哽咽咽便起了哭音。从此，失声多年。凤兰再不去想到死，偏要让声再出来，但声还是不出。百药服过，去求气功，凤兰竟成了气功师最好的弟子，多半年后，慢慢有了声出来。气功师见她刻苦，悟性又好，要传真功给她，劝她不再演戏，师徒云游四方去。凤兰说："我要不为演戏，早一根绳子去了，何必遭受这么大的罪?"每次练功前，都念道李正敏，每念道精神倍增。气功师也以为奇，遂授真功给她，收为干女。发了声后，凤兰就急于要唱，但怎么也唱不成，音低小得如耳语。又是如此数年，她开始了更为艰辛的锻炼，每早每晚，都咪咪咪，吗吗吗，一个音节一个音节往上练，常常几个月或者半年方能提高一个音节。每每提高一节，就高兴得哭一场，就给李正敏的遗像去奠香焚纸。兴国照例要采买许多酒菜，邀朋友来聚餐恭贺。在去北京疗养练声期间，兴国月月将十分之八的工资寄去北京，自己领着两个孩子在家吃粗的，喝稀的，每到傍晚才去菜市，刨堆儿买菜或拣白菜帮子回来熬吃。凤兰终于从北京拨来电话，告知她能唱出"希"和"豆"的音节了，夫妇俩在电话里激动得放声大哭。

当凤兰再次出现在戏台上，剧场如爆炸一般欢呼；许多观众竟跑上台去，抱住她又哭又笑。

一个演员，演出就是生命存在的意义，杨凤兰人活下来了，又有了声音，她决心要把耽误了十多年的时间补回来，把敏派艺术继承和光大。但是灾难和不幸总是纠缠她。一次演出途中发生了车祸，同车有两人死亡，她虽然活下来，却摔成严重的脑震荡，而且一个膀子破裂，落下残疾，再也高举不起。更要命的是戏剧在中国正处于低潮，所有演出单位只能下乡到偏远地区方可维持生计，她毕竟身子孱弱，不能随团奔波。凤兰的脾气变坏了，终日在家浮躁不宁。兴国劝她，她就恼了，说："我苦苦奋斗了几十年，现在就只有去唱唱堂会吗?!"不理了兴国，兴国把饭做好，她也不吃。兴国也是苦恼，琢磨着剧场不演戏了，能不能拍电视录像片，与几个搞摄像的朋友合计了，回来对凤兰说："你如果真要演正经戏，就看你能不能成?"说了主意，凤兰猛地开窍，当了众人面搂抱了兴国，说："知我者，兴国也!"

拍电视片又谈何容易？首先需要钱，夫妇俩从此每日骑了车子，成半年天天去寻找赞助，这个公司出一万，那个熟人掏三百，见过笑脸，也见过冷脸，得到了支持，也承受了嘲弄，终于筹集了十二万八千元，兴国也因骑自行车磨破了痔疮躺倒过三次。凤兰选择的剧目是《五典坡》，《五典坡》是李正敏的拿手戏。但旧本《五典坡》芜杂，夫妇俩多方求教专家学者，亲自修改，终于开拍，辛辛苦苦拍摄了，却因经验不足，用人不当，拍成后全部报废，钱也花光了。夫妇俩号啕大哭，哭罢了，你给我擦泪，我给你擦泪，咬了牙又出去筹款。

这一次凤兰谁也不信，只信兴国，要兴国导演。兴国的本行是舞美设计，在国内获得过三次大奖，虽未从事过导演，但对艺术上的一套颇精到，又经历上次失败，就多方请教，组成强有力的拍摄班子。新的拍摄开始，一切顺利，凤兰极度亢奋，常常一天吃一顿饭。兴国更是从导演、布景、灯光、道具，以及所有演员、工作人员的接来送往，吃喝拉睡，事无巨细地安排操作，每天仅睡两个小时。一日，夫妇俩都在现场架子上，兴国扛着摄像机选机位，往后退时，凤兰瞧着危险，喊："注意！注意!"没想自己一脚踏空，仰面从高架上跌下来，左脚粉碎性骨折了。在床上又是躺了八个月。八个月后，带着一手一脚都残疾的身子将戏拍完，凤兰体重减轻了十斤，她笑着说："活该戏要拍好的，后边的戏是王宝钏寒窑十八年，我不瘦才不像哩!"片子后期制作，资金极度紧缺，夫妇俩将家中仅有的几千元存款拿出来，无济于事，就乞求，欠账，寻廉价的录音棚，跑几百里外租用便宜剪辑机器。刚刚剪辑了前两部，夫妇俩高高兴兴搭公共车返回，兴国就在车上瞌睡了，瞌睡了又醒过来，他觉得肝部疼，用拳头顶着。凤兰见他面色黑黄，大汗淋漓，忙去扶他，兴国就昏倒在她怀里。送去医院，诊断为肝癌晚期。半年后，兴国死去，临死拉住凤兰手，不让凤兰哭，说："凤兰，咱总算把戏拍完啦。"

《五典坡》新编本《王宝钏》三部放映后，震动了秦腔界。凤兰扮相俊美，表演精到，唱腔纯正，创造了一个灿烂的艺术形象，被誉为秦腔精品。一时间，三秦大地人人奔走相告，报纸上、电台电视上连篇累牍报道，各种研讨会相继召开，成为盛事。电视台播映那晚，各种祝贺电话打给凤兰，持续到凌晨四点。四点后，凤兰没有睡，设了灵桌，摆好了李正敏的遗像、谭兴国的遗像，焚香奠酒，把《王宝钏》录像带放了一遍。放毕，天已大亮，开门出来，门外站满了人，全是她的戏迷，个个泪流满面。

惜　时
——致青年朋友

我在年少的时候，喜欢做大，待到老大了，却总觉得自己还小。四年前的一日，与几个同学去春游，过河桥，桥面上一个娇嫩的女人抱了孩子，我们说：现在是娃生娃了！那女人回头说：不生娃生老汉呀?！挨了一顿骂。她骂倒无所谓，说我们是老汉使我们惊骇了。也自那回起，我发觉我越来越是丑陋，虽然已经不害怕了天灾，也不害怕了人祸，但害怕镜子。镜子里的我满头的脸，满脸的头。我痛苦地唱："我的青春小鸟一去不回来——"真的不回来了！

基于此，我不大愿意提及我以前的作品。近几年关于我的散文编选过多种版本，我决意自己不再编，也不允别人去编了。但徐庆平反复地说服我，尤其以给青年朋友编一本为由，我难能拗过她啊。还是徐庆平，女同志，在我默允了她的编选后，又提出要写个序的。唉，牛被拉上磨道了，走一圈是走，走两圈也是走，这也正是失去青春而没有自信的无奈。

人不年轻，借钱都是难以借到的。

我说这些并无别意，只是过来的人，想让年轻的朋友还年轻的时候好好珍惜。对于时间的认识或许所有的人都有饥饿感，但青春期的饥饿是吃了早饭出差赶路，赶到天黑才能吃到晚饭的饥饿，而过了青春期的饥饿是吃了上顿不知下顿有什么吃的年馑里的饥饿。

1995 年 12 月 25 日

生活的一种

——答友人书

院再小也要栽柳，柳必垂。晓起推窗，如见仙人曳裙侍立；月升中天，又似仙人临镜梳发。蓬屋常伴仙人，不以门前未留小车辙印而憾。能明灭萤火，能观风行。三月生绒花，数朵过墙头，好静收过路女儿争捉之笑。

吃酒只备小盅，小盅浅醉，能推开人事、生计、狗咬、索账之恼。能行乐，吟东坡“吾上可陪玉皇大帝，下可陪卑田院乞儿”，以残墙补远山，以水盆盛太阳，敲之熟铜声。能嘿嘿笑，笑到无声时已袒胸睡卧柳下。小儿知趣，待半小时后以唾液蘸其双乳，凉透心臆即醒，自不误了上班。

出游踏无名山水，省却门票，不看人亦不被人看。脚往哪儿，路往哪儿，喜瞧峋岩钩心斗角，倾听风前鸟叫声硬。云在山头登上山头云却更远了，遂吸清新空气，意尽而归。归来自有文章作，不会与他人同，既可再次意游，又可赚几个稿费。补回那一双龙须草鞋钱。

读闲杂书，不必规矩，坐也可，站也可，卧也可。偶向墙根，水蚀斑驳，瞥一点而逮形象，即与书中人、物合，愈看愈肖。或听室外黄鹂，莺莺恰恰能辨鸟语。

与人交，淡，淡至无味，而观知极味人。可邀来者游华山“朽朽桥头”，敢亡命过之将“到此一游”书于桥那边崖上者，不可近交。不爱惜自己性命焉能爱人？可暗示一女子寄求爱信，立即复函意欲去偷鸡摸狗者不交。接信不复冷若冰霜者亦不交，心没同情岂有真心？门前冷落，恰好，能植竹看风行，能养菊赏瘦，能识雀爪文。七月长夏睡翻身觉，醒来能知“知了”声了之时。

养生不养猫，猫狐媚。不养蛐蛐儿，蛐蛐儿斗殴残忍。可养蜘蛛，清晨见一丝斜挂檐前不必挑，明日便有纵横交错，复明日则网精美如妇人发罩。出门望天，天有经纬而自检行为，朝露落雨后出日，银珠满缀，齐放光芒，一个太阳生无数太阳。墙角有旧网亦不必扫，让灰尘蒙落，日久绳粗，如老树盘根，可作立体壁画，读传统，读现代，常读常新。

要日记，就记梦。梦醒夜半，不可睁目，慢慢坐起回忆静伏入睡，梦复续之。梦如前世生活，或行善，或凶杀，或作乐，或受苦，记其迹体验心境以察现实，以我观我而我自知，自知乃于嚣烦尘世则自立。

出门挂锁，锁宜旧，旧锁能避蠡贼破损门；屋中箱柜可在锁孔插上钥匙，贼来能保全箱柜完好。

辞 宴

——答友人的一封信

六月十六日粤菜馆的饭局我就不去了。在座的有那么多领导和大款。我虽也是局级，但文联主席是穷官、闲官，别人不装在眼里，我也不把我瞧得上，哪里敢称作同僚？他们知道我而没见过我，我没有见过人家也不知道人家具体职务，若去了，他们西装革履我一身休闲，他们坐小车我骑自行车，他们提手机我背个挎包，于我觉得寒酸，于人家又觉得我不合群，这饭就吃得不自在了。要吃饭和熟人吃着香，爱吃的多吃，不爱吃的少吃，可以打嗝儿，可以放屁，可以说趣话骂娘，和生人能这样吗？和领导能这样吗？知道的能原谅我是懒散惯了，不知道的还以为我对人家不恭，为吃一顿饭惹出许多事情来，这就犯不着了。酒席上谁是上座，谁是次座，那是不能乱了秩序的，且常常上座的领导到得最迟，菜端上来得他到来方能开席，我是半年未吃海鲜之类了，见那龙虾海蟹就急不可耐，若不自觉筷先伸了过去如何是好？即便开席，你知道我向来吃速快，吃相难看，只顾闷头吃下去，若顺我意，让满座难堪，也丢了文人的斯文，若强制自己，为吃一顿饭强制自己，这又是为什么来着？席间敬酒，先敬谁，后敬谁，顺序不能乱，谁也不得漏，我又怎么记得住哪一位是政府人，哪一位是党里人？而且又要说敬酒词，我生来口讷，说得得体我不会，说得不得体又落个傲慢。敬领导要起立，一人敬全席起立，我腿有疾，几十次起来坐下又起来我难以支持。我又不善笑，你知道，从来照相都不笑的，在席上当然要笑，那笑就易于皮笑肉不笑，就要冷落席上的气氛。更为难的是我自患病后已戒了酒，若领导让我喝，我不喝拂他的兴，喝了又得伤我身子，即使是你事先在我杯中盛白水，一旦发现，那就全没了意思。官场的事我不懂，写文章又常惹领导不满，席间人家若指导起文学上的事，我该不该掏了笔来记录？该不该和他辩论？说是不是，说不是也不是，我这般年纪了，在外随便惯了，在家也充大惯了，让我一副奴相去逢迎，百般殷勤做妓态，一时半会儿难以学会。

而你设一局饭，花销几千，忙活数日，图的是皆大欢喜，若让我去尴尬了人家，这饭局就白设了，我怎么对得住朋友？而让我难堪，这你又于心不忍，所以，还是放我过去，免了吧。几时我来做东，回报你的心意，咱坐小饭馆，一壶酒，两个人，三碗饭，四盘菜，五六十分钟吃一顿！如果领导知道了要请我而我未去，你就说我突然病了，病得很重，这虽然对我不吉利，但我宁愿重病，也免得我去坏了你的饭局而让我长久心中愧疚啊。

四方城

今冬无事，我常骑了单车在城中闲逛。城市在改造，到处是新建的居民楼区，到处也有正被拆除的废墟，我所熟悉的那些街，那些巷，面目全非，不见了那几口老井和石头牌楼，不见了那些有着砖雕门楼和照壁的四合院，以及院中竹节状的花墙和有雕饰的门墩。怅怅然，从垃圾堆里寻到半扇有着菱花格的木窗和一个鼓形的柱脚石，往回走，街上又是车水马龙，交通堵塞，真不知是该悲还是该喜？

天黄昏到家，胡武功却在门口蹲着。问：找我吗？他说找你。入屋吃酒，他从皮夹克衫里往外掏东西，他的夹克衫鼓鼓囊囊，竟掏出百余幅的照片来要我看。原来武功他们同我一样，是这个城的闲人，有兴趣在城里闲逛，而且多年前就这么闲逛了。但是，我闲逛了也就闲逛了，他们闲逛了却抓拍了这么多照片！于是我便兴趣了他那夹克衫，探手再去掏，果然又掏出一个照相机来。我说：你们做了布袋和尚嘛！

照片全摊在床上，如同一瞬间时间凝固，西安城的巷巷道道，人人事事，一下子平面摆在面前。我嗒然忘失自我，也不知在了何处。片刻，扭头看窗外，窗前老槐上正有寒鸦，拍窗它不惊，开窗以酒盅投掷，仍也不起，疑心它必在偷看了我们，是痴是僵。我对西安是熟知的，一张张看着，已不知今夜是从四堵城墙的哪一个门洞进去，拐过了几街几巷，又要从哪一个门洞出来？只急急寻找四合院中四分五裂的隔墙和篱笆中的人家，那早晨排队而入的公厕呢？那煤呢？那盛污水的土瓮呢？老爷子的马扎凳小孩子的摇篮车呢？小小的杂货店里老板娘正在点钱。蹬三轮车的小贩在张口叫卖。巷口的谁家有了丧事，孝子贤孙为吹鼓手的耳上夹烟。城墙根织沙发床的人回过头来，一脸惊恐，原来是不远处爆玉米花的人又爆出了一锅。风雨中红灯一片的夜市上，手持了大哥大的小姐与收破烂的民工同坐一桌吃起饺子了。来去匆匆的上班人群中，有老头坐在隔离礅上茫然四顾。那放风筝的孩子，风筝挂在了树上，一脸无奈。那电杆下扎堆的人指手画脚，观棋而语一定不是些君子。挂满广告条幅的商场门口，是谁摸奖摸中了，一人仰笑，数人顿足。坐在时装店塑料模特脚下的艺人拉二胡，眼睛闭着是自己陶醉，还是原本就是瞎子？擦皮鞋的老妪蹲在墙角，牵长毛狗的小姐一边走一边照镜。从仅容一身的巷道里跑过来的是谁？镜糕摊前那位洋人在说什么？股票交易厅外又是拥满了人，邮局门口代书写信件、状词的三张桌子怎么空了一人……一座转型时期中的古城里，芸芸众生在生活着。生活中有他们的美丽和丑陋，有他们的和谐与争斗。我看了这张又急切翻看那张，喃喃地问：我在哪儿，哪一张有我呢？

举起杯来，向胡武功敬酒。我说，以这么大的热情和朴实无华的镜头，这么真实地记录一个城市的百姓生活，在中国摄影史上还并不多见吧。而在这些作品中，从人与城的关系、人与人的关系、人和城与时代的关系里，你们竟能表现出如此丰富的历史性、哲理性和艺术性！

我们都是西安城的市民，我们荣幸生活在这个城里又津津乐道这座城，但正如河水，看到的河水又不是真看到的河水，在这瞬息万变的年代，谁能是真正意义上的西安记录员呢？摄影是一门能将复杂处理成简单，而又能在简单中透出复杂的艺术，如果这批照片结集，最能清点二十世纪末的西安的面目。今天的西安人或熟知西安的人，我们同历史将从古城走出去，明天的人或不熟悉这个时期西安的人又将会凭此集再走回古城啊！

我这么对胡武功说着，屋外已大风吼窗，胡武功酒红上脸，开始讲他们四人数年里的奔波，说是在去年的冬季，也就是今日同一个黄昏，他们在北门口拍摄，阴雪四集，寒风酸牙，后在一个小酒店里也是吃酒的，吃酒全为取暖，四人不觉哑笑，真该是“为乐未几，苦已百倍”。听他喋喋不休讲去，我脑子里却生想：去年寒夜，今夜谈起，今夜情景，谁又会知道呢？歪头看胡武功，胡武功说着说着，头一沉，趴在那里却睡着了，是酒力发作还是太疲倦，鼾声微起，一双鞋，是那种穿得很烂又脏的旅游鞋，已掉在床下，呈出个×状。

1996 年 11 月 20 日

孤独地走向未来

好多人在说自己孤独，说自己孤独的人其实并不孤独。孤独不是受到了冷落和遗弃，而是无知己，不被理解。真正的孤独者不言孤独，偶尔作些长啸，如我们看到的兽。

弱者都是群居着，所以有芸芸众生。弱者奋斗的目的是转化为强者，像蛹向蛾的转化，但一旦转化成功了，就失去了原本满足和享受欲望的要求。国王是这样，名人是这样，巨富们的挣钱成了一种职业，种猪们的配种更不是为了爱情。

我见过相当多的郁郁寡欢者，也见过一些把皮肤和毛发弄得怪异的人，似乎要做孤独，这不是孤独，是孤僻，他们想成为六月的麦子，却在仅长出一尺余高就出穗孕粒，结的只是蝇子头般大的实。

每个行当里都有着孤独人，在文学界我遇到了一位。他的声名流布全国，对他的诽谤也铺天盖地，他总是默默，宠辱不惊，过着日子和进行着写作，但我知道他是孤独的。

“先生，”我有一天走近了他，说，“你想想，当一碗肉大家都在眼睛盯着并努力去要吃到，你却首先将肉端跑了，能避免不被群起而攻之吗？”

他听了我的话，没有说是或者不是，也没有停下来握一下我的手，突然间泪流满脸。

“先生，先生……”我撵着他还要说。

“我并不孤独。”他说，匆匆地走掉了。

我以为我要成为他的知己，但我失败了，那他为什么要流泪呢，“我并不孤独”又是什么意思呢？

一年后这位作家又出版了新作，在书中的某一页上我读到了“圣贤庸行，大人小心”八个字，我终于明白了，尘世并不会轻易让一个人孤独的，群居需要一种平衡，嫉妒而引发的诽谤，扼杀，羞辱，打击和迫害，你若不再脱颖，你将平凡，你若继续走，走，终于使众生无法赶超了，众生就会向你欢呼和崇拜，尊你是神圣。神圣是真正的孤独。走向孤独的人难以接受怜悯和同情。

藏　者

我有一个朋友，是外地人。一个月两个月就来一次电话，我问你在哪儿，他说在你家楼下，你有空没空，不速而至，偏偏有礼貌，我不见他也没了办法。

他的脸长，颧骨高，原本是强项角色，却一身的橡皮，你夸他，损他，甚至骂他，他都是笑。这样的好脾气像清澈见底的湖水，你一走进去，它就把你淹了。

我的缺点是太爱吃茶，每年春天，清明未到，他就把茶送来，大致吃到五斤至十斤。给他钱，他是不收的，只要字，一斤茶一个字，而且是单纸上写单字。我把这些茶装在专门的冰箱里，招待天南海北的客人，没有不称道的，这时候，我就觉得我是不是给他写的字少了？

到了冬天，他就穿着那件宽大的皮夹克来了，皮夹克总是拉着拉链，从里边掏出一张拓片给我显派。我要的时候，他偏不给，我已经不要了，他却说送了你吧，还有同样的一张，你在上边题个款吧。我题过了，他又从皮夹克里掏出一张，比前一张更好，我便写一幅字要换，才换了，他又从皮夹克里掏出一张。我突然把他抱住，拉开了拉链，里边竟还有三四张，一张比一张精彩，接下来倒是我写好字去央求他了。整个一晌，我愉快地和他争闹，待他走了，就大觉后悔，我的字是很能变作钱的，却成了一头牛，被他一小勺一小勺巧妙着吃了。

有一日与一帮书画家闲聊，说起了他，大家竟与他熟，都如此地被他打劫了许多书画，骂道：这贼东西！却又说：他几时来啊，有一月半不见！

我去过他家一次，要瞧瞧他一共收藏了多少古董字画，但他家里仅有可怜的几张。问他是不是做字画买卖，他老婆抱怨不迭：他若能存一万元，我就烧高香了！他就是千辛万苦地采买茶叶和收集本地一些碑刻和画像砖拓片到西安的书画家嘻嘻哈哈地换取书画，又慷慷慨慨地分送给另一些朋友、同志。他生活需要钱却不为钱所累，他酷爱字画亦不作字画之奴，他是真正的字画爱好者和收藏者。

真正的爱好者和收藏者是不把所爱之物和藏品藏于家中而藏于眼中，凡是收藏文物古董的其实都是被文物古董所收藏。人活着最大的目的是为了死，而最大的人生意义却在生到死的过程。朋友被朋友们骂着又爱着，是因了这个朋友的真诚和有趣。他姓谭，叫宗林。

1999 年 3 月 25 日

上帝的微笑
——贺忠实同志获茅盾文学奖

当我听到《白鹿原》获奖的消息，我为之长长吁了一口气。我想，仰天浩叹的一定不仅我一人，在这个冬天里，很多很多的人是望着月亮，望着那夜之眼的。

其实，在读者和我的心中，《白鹿原》五年前就获奖了。现今的获奖，带给我们的只是悲怆之喜，无声之笑。

可以设想，假如这次还没有获奖，假如永远不能获奖，假如没有方方面面的恭喜祝贺，情况又会怎样呢？但陈忠实依然是作家陈忠实，他依然在写作，《白鹿原》依然是优秀著作，读者依然在阅读。污泥里生长着的莲花是圣洁的莲花。

作品的意义并不在于获奖，就《白鹿原》而言，它的获奖重在给作家有限的生命中一次关于人格和文格的正名，从而供生存的空间得以扩大。外部世界对作家有这样那样的需要，但作家需要什么呢？作家的灵魂往往是伟大的，躯体却卑微，他需要活着，活着就得吃喝拉撒睡，就得米面油茶酱，当然，还需要一份尊严。

上帝终于向忠实发出了微笑，我们全都有了如莲的喜悦。

龙　民

西安人最得意城市建在龙脉上，北门之外的高坡至今仍叫龙首村，老陈修建桃花源和东晋桃源两个休闲山庄的时候看重的就是龙首村至渭河滩之间的风水，因为他属相为龙，出身于农民。龙是中国的图腾，历来的皇帝虽然尊龙，自视真龙天子，但龙的文化其实是农民创造并且被农民延绵不绝地继承着，所以老陈介绍他是农民时说成是龙民。从两个山庄的起名上，你就可以窥见中国农民乌托邦式的理想色彩，它们修建的起因当然为着商业目的，但修建的过程中强烈地渗透着要给西安的建筑上留一份文化遗产的精神，其屋舍构造，池渠布局，道路走向，甚至一堵墙，一棵树，一块石头的安放，都具象在大象之中，经意于不经意之处，区别着宫廷式和好莱坞式，以现代文明的基础上充分展示农耕文化；正因为如此，山庄造成之后，游人蜂拥而至，不仅经济收入可观，其本身就成了一处园林景观。历史上，西安的北郊原上曾作过皇家的围猎苑，如今这里成了西安市民游乐的后花园。

我第一次到山庄，是朋友请去吃饭。肠胃其实有个感情问题，那一顿农家饭使我吃得鼓腹而歌。老陈那一次热情作陪，他是两天两夜因别的事未合眼了，但却毫不见倦意，他的副总连连感叹他的过人精力，我却发现了他的秘密，他非常能吃，高高一大盘的包子一口气吃个精光。席间，他绝口不张扬他的财力，谈文化方面的事，不白气，无附庸风雅的酸腐味，其独特的思维和生动诙谐的农民语言使我们一时瞠目结舌。他也是个矮个子，甚至比我还矮，又都是农家出身，同一属相，有着大致相同的经历，我们就有了比别人更多一层的亲近感，自那次认识之后，往来就成了常事，而我们文化界的许多活动也便吵吵嚷嚷地在山庄里举办了。

己卯岁的腊月，老陈又四下打电话捎信招呼朋友了，要我们去看新栽立的一块巨石上该写上什么字，耕种的几十亩麦田新种长势是如何地好，戏楼上更换了对联，又安置了一台石磙碾子，饲养的猪已经体重膘肥。我们自然是在寒风中赶去了，看完了，看累了，坐下来吃茶，他问在场的谁都属龙相，没想呼啦啦好多人举了手，“龙子龙孙这么多哇！”他说，“马上就要进入龙年了，咱们怎么庆典呀?!”原来他早有个在山庄造两千条龙的设想，而要听听朋友们的意见的。龙年闹龙，这是中国人集体无意识的事，何况在有龙脉的西安，在乌托邦色彩浓烈的山庄，有自称龙民的老陈牵头，一帮属龙相的人莫不击拳叫好。热烈地讨论之后，决定要搞就搞出气势，搞出艺术，作为山庄的一项新的建设。于是各类人才又一次聚集在山庄，从古至今皇宫的民间的各种龙的形象图案收集一起，能工巧匠们就紧锣密鼓地忙活起来了。在新的龙年里，可以想见中国的每一个城镇和乡村，必定都有着龙的庆典活动，舞龙灯、唱龙歌、祈祷着龙年的政治清明，经济繁荣，欢度着自己的祥和日子，但我却放胆地认定，在桃花源和东晋桃源的山庄里，龙的庆典活动将更具特色，因为它不像皇宫把龙当做了神权的象征，也不像一般的活动仅仅是为了祈祷，如有病的有难的想一笔生意赚钱一桩求爱成功一次赌博得赢而去菩萨像前烧香磕头，山庄里的庆典是其农耕文化的必然所为，像焰对于火，光气对于珠宝。

离开了山庄，我想起了我曾去江南的苏州、杭州等地的那一次游历。那里有许多园林，园林原本都是当时的一些盐商们的私家建筑，这些巨商有了钱要造园子，讲究的就是高雅和特色，专门邀请当世的艺术家来设计，比如大画家石涛就设计过一处园子。正是当初盐商有钱，又不是粗俗挥霍之徒，趣味高雅，目光久远，又有大艺术家参与，这些园子就变成了现在的中华民族的一份文化遗产。老陈如今做的工作的意义也就在这里吧。

先生费秉勋

当我二十出头时认识了费秉勋先生，命运就决定了今生对他的追随。他那时是陕西唯一的一家杂志编辑，我拿着文稿去请教他，就站在他的办公桌前，不敢坐，紧张得手心出汗。第一篇稿发表了，接着发表了第二篇，第三篇，从此文学的自信在心中降生，随之有了豪华的志向。就这样我们成了师生和同志。将近三十年的岁月中，他的工作有变，从编辑到了教授，不变的是他一直在从事文学的研究和评论，而我的任何文章他都读了，读了该要表示肯定意见的就坚定表示自己的意见，不管在什么时候和场合，该要批评的就放开批评，不管别人怎么说和我能不能接受。他的口才不好，说话时脸无表情，只低着头说他的。

他是一个有独立思考的非常固执的人，如果指望他去通融什么，或求他办什么事，那永远是泥牛入海，初识的人都觉得他冷漠，是书呆子，但长久地相处，他的原则性，不附和性，率直和善良，以及他的死板和吝啬，使他的人格有了诱人的魅力。

他的学问相当丰富，任何事情只要来了兴趣，他都能钻进去，这一点给我的影响十分大。每一个夏天，他避暑的最好办法就是把自己关在书房写专著，并不止一次传授这种秘密。他的有关舞蹈研究的专著，关于绘画的一系列文章，研究易经的七八本书，以及学琴，学电脑，都是在三伏天完成的。立即能安静下来，沉下心去，这是他异于他人之处，不人云亦云，坚持自己的思考，特立独行，是他学问成就的重要原因。

先生形状平实，有时显得呆头呆脑，所以常在陌生地的陌生人面前被忽略他的存在，但若熟知他的人，莫不尊重他的。大智若愚，他可以是一个典型的例子。六十岁后，他退休了，突然痴迷起了书法实践，他以前对书法艺术研究多多，但从未执笔弄墨过，实践开来，日日临帖读碑，二三年光景笔力老辣，有自家面目。我在许多人的厅室里都见过他的作品，令我惊叹不已。我常常想，他这一生在文学艺术领域里涉猎面这么广，且从事什么都成就非凡，从不守旧，求知欲强，以后谁又会知道他又要有什么作为呢？

他大我十多岁，我二十岁时称他为老师，终生都称他为老师。这不仅仅是一般的尊称，确确实实他是在为人为文上一直给我做着楷模，我时时对自己说，也当着别人的面说：永远向费先生学习。

孙犁的意义

我不是现当代中国文学的研究者，以一个作家的眼光，长期以来，我是把孙犁敬为大师的。我几乎读过他的全部作品。在当代的作家里，对我产生过极大影响的，起码其中有两个人，一个是沈从文，一个就是孙犁。我不善走动和交际，专程登门去拜见过的作家，只有孙犁；而沈从文去世了，他的一套文集恭恭敬敬地摆在我的书架上，奉若神明。

孙犁敢把一生中写过的所有文字都收入书中，这是别人所不能的。在中国这样的社会里，经历了各个时期，从青年到老年，能一直保持才情，作品的明净崇高，孙犁是第一人。

孙犁的主要作品是以农村为题材的，在他创作活跃的那个时期，出现了一大批农村题材小说的高手，但他是最独特的一个，也是最杰出的一个。他的作品往往在发表后就有了广泛的影响，但并不特别爆响，可半个多世纪过去了，许多在当时红火的书已经没有人再读了，或者再读已没有了多少对应，而他的书仍被相当多的人在读。孙犁是一面古镜，越打磨越亮。

文坛上曾流传着有关孙犁的是非，说他深居简出，说他脾气古怪，是他的性格原因呢，还是他的文学一直远离政治，远离主流文学圈子而导致的结果？这一切与他在意识上、文体上、语言上独立于当时的文坛，又能给后学者有所开启，是不是有关系呢？如果有关系，作家怎样保持他的文学的纯净，怎样积极地发展自己的天才，孙犁的意义是什么，贡献在哪里？遗憾的是对孙犁的研究虽然不断，但这些方面并未深入。如果抛开诸多的人为因素，如果以后孙犁的研究更深入下去，如果还有人再写现当代文学史，我相信，孙犁这个名字是灿烂的，神当归其位。

2002 年 12 月 5 日夜

灵山寺

我是坐在灵山寺的银杏树下，仰望着寺后的凤岭，想起了你。自从认识了你，又听捏骨师说你身上有九块凤骨，我一见到凤这个词就敏感。凤当然是虚幻的动物，人的身上怎么能有着凤骨呢，但我却觉得捏骨师说得好，花红天染，荧光自照，你的高傲引动着众多的追逐，你的冷艳却又使一切邪念止步，你应该是凤的托变。寺是小寺，寺后的岭也是小岭，而岭形绝对是一只飞来的凤，那长长的翅正在欲收未收之时，尤其凤头突出地直指着大雄宝殿的檐角，一丛枫燃得像一团焰。我刚才在寺里转遍了每一座殿堂，脚起脚落都带了空洞的回响，有一股细风，是从那个小偏门洞溜进来的，它吹拂了香案上的烟缕，烟缕就活活地动，弯着到了那一棵丁香树下，纠缠在丁香枝条上了。你叫系风，我还笑过怎么起这么个名呢，风会系得住吗，但那时烟缕让风显形，给我看到了。也就踏了石板地，从那偏门洞出去，你知道我发现什么了？门外有一个很大的水池，水清得几近墨色，原本平静如镜，但池底下有拳大的喷泉，池面上泛着涟漪，像始终浮着的一朵大的莲花。我太兴奋呀，称这是醴泉，因为凤是非练实不食非醴泉不饮的，如果凤岭是飞来的凤，一定为这醴泉来的。我就趴在池边，盛满了一陶瓶，发愿要带回给你的。

小心翼翼地提着水瓶坐到银杏树下，一直蹲在那一块小菜圃里拔草的尼姑开始看我，说："你要带回去烹茶吗?"

"不，"我说，"我要送给一个人。"

"路途远吗?"

"路途很远。"

她站起来了，长得多么干净的尼姑，阳光下却对我瘪了一下嘴。

"就用这么个瓶?"

"这是只陶瓶。"

"半老了。"

我哦了一声，脸似乎有些烧。陶瓶是我在县城买的，它确实是丑陋了点，也正是丑陋的缘故，它在商店的货橱上长久地无人理会，上面积落了厚厚的灰尘，我买它却图的是人间的奇丑，旷世的孤独。任何的器皿一制造出来就有了自己的灵魂和命运，陶瓶是活该要遇见我，也活该要来盛装醴泉的。尼姑的话分明是猜到了水是要送一位美丽的女子的，而她嘲笑陶瓶也正是嘲笑着我。我是半老了吗？我的确已半老了。半老之人还惦记着一位女子，千里迢迢为其送水，是一种浪漫呢，还是一种荒唐？

但我立即觉得半老二字的好处，它可以作我以后的别名罢了。

我再一次望着寺后的凤岭，岭上空就悠然有着一朵云。那云像是挂在那里，不停地变化着形态，有些如你或立或坐的身影。来灵山寺的时候，经过了洛河，《洛神赋》的诗句便涌上心头，一时便想：甄妃是像你那么个模样吗？现在又想起了你，你是否也是想到了我而以云来昭示呢？如果真是这样，我将水带回去，你会高兴吗？

我这么想着，心里就生了怯意，你知道我是很卑怯的，有多少人在歌颂你，送你奇珍异宝，你都是淡漠地一笑，咱们在一起吃饭，你吃得那么少，而我见什么都吃，你说过什么都能吃的人一定是平庸之辈，当一个平庸人给你送去了水，你能相信这是凤岭下的醴泉吗？“怎么，是给我带的吗？”你或许这么说，笑纳了，却将水倒进盆里，把陶瓶退还了我。

我用陶瓶盛水，当然想的是把陶瓶一并送你，你不肯将陶瓶留下，我是多么的伤感。银杏树下，我茫然地站着，太阳将树阴从我的右肩移过了左肩，我自己觉得我颓废的样子有些可怜。

我就是这样情绪复杂着走出了灵山寺，但手里依然提着陶瓶，陶瓶里是随瓶形而圆的醴泉。

寺外的漫坡下去有一条小河，河面上石桥拱得很高，上去下来都有台阶。我是准备着过了桥去那边的乡间小集市上要找饭馆。才过了桥，一家饭馆里轰出来了一男一女两个乞丐。乞丐的年纪已经大了，蓬头垢面地站在那里，先是无奈地咧咧嘴，然后男的却一下子把女的背了起来，从桥的这边上去，从桥的那边下来，自转了一下，又从那边上去，从这边下来，被背着的女的就格格地笑，她笑得有些傻，饭馆门口就出来许多人看着，看着也笑了。

“这乞丐疯了！”有人在说。

“我们没疯！”男乞丐听见了，立即反驳，“今日是我老婆生日哩！”

“是我的生日，”女乞丐也郑重地说，“他要给我过生日的！”

我一下子震在了那里，人间还有这样的一对乞丐啊，欢乐并不拒绝着贫贱！我羡慕着他们的俗气，羡慕着俗气中的融融情意，在那一刻里，请你原谅我，我是突然决定了把这一陶瓶的醴泉送给了他们。

但他们没有接受。

“能给一碗饭吗?”

“这可是醴泉!”

“明明是水么，水不是用河用井装着吗?”

这话让我明白了，他们原是不配享用醴泉的。

我提着水瓶尴尬地站在太阳底下，车脚向小集市上走，奇迹就在这时发生了，我无意地拐过一个墙角，那里堆放了一大堆根雕，卖主因无人过问，斜躺在那里开始打盹了。根雕里什么飞禽走兽的造型都有，竟然有了一只惟妙惟肖的凤，它没有任何雕琢痕迹，完全是一块古松，松的纹路将凤的骨骼和羽毛表现得十分传神。我立即将它买下。我是为你而买的，我兴奋得有点晕眩，为什么这个时候又让我获得这只凤呢，是天之赐予，还是我真有这缘分? 我说，我是没有梧桐树的，但我现在有了醴泉，我有醴泉啊，饮醴泉你会更高洁的。

我明日就赶回去，你等着一个送醴泉的人吧。我已做好心理准备，如果你肯连陶瓶一并接受，那将是我的幸福；如果你接受了醴泉退还了陶瓶，我并不会沮丧，盛过了醴泉的陶瓶不再寂寞而变得从此高古，它将永远悬挂在我的书房，蓄满的是对你的爱恋和对那一对乞丐的记忆，以及发生在灵山寺的一系列故事的。

2001 年 6 月 19 日

友谊

画面上站着的是我，坐着的是邢庆仁。

邢庆仁是一位画家。

我们曾一起在深圳何香凝美术馆办过书画展，展名叫《长安男人》，实在是长安城里两个最丑陋的男人。托尔斯泰说过幸福的家庭是一样的，不幸的家庭有各自的不幸，其实人的长相也是这样，美人差不多一个模式，丑人之间的丑的距离却大了，我俩就是证据。

和邢庆仁来往频繁始于二十世纪之末，到现在差不多已四年。四年里几乎每礼拜见一次，我还没有发现他有什么大的毛病，友谊日渐坚刚。我想了想，这是什么原因呢？可能我们都是乏于交际，忠厚老实，在这个太热闹的社会里都一直孤独吧。再是，我也总结了，做朋友一定得依着性情，而不是别的目的，待朋友就多理解朋友，体谅朋友，帮助朋友，不要成为朋友的拖累。中国十多亿人，我也活了近五十年，平日交往的也就是七八个人的小圈子，这个小圈子且随着时间不断地在变换，始终下来的才是朋友。那些在阶级斗争年月里学会了给他人掘坑的人，那些太精明聪明的人，那些最能借势的人，我是应付不了，吃些亏后，就萧然自远了。人的生活就是扒吃扒喝和在人群里扒着友谊的过程，所以，我画下了这幅画。

这样的画我同时画了两幅，一幅庆仁索要了去，一幅就挂在我的书屋。庆仁那天取画的时候，说他读了一本书，书上有这样一句话：穷人容易残忍，富人常常温柔。

“这话当然不仅指经济上的穷与富，”他说，“你想想，事业上，精神上，何尝不是这样呢？”

我想了想，就笑了。

2002年3月25日早

女人与陶瓶

在我的书房，除了书，堆放的有大大小小百十多个古陶瓶罐。许多人问我为什么爱这类东西，我说或许瓶与平谐音吧，说不清什么原因。一日有甲骨文专家和我谈起我的姓名三字，说贾字上半部的“西”来源于陶瓶的象形，下半部的“贝”就是古时的货币，古人的钱是在家时压在炕席底下的，出门则装进陶瓶了顶于头上。原来我爱陶瓶的秉性是与生俱来的！环顾书房，可惜的只是没有很多的钱，瓶里罐里都是空着。

二〇〇一年的秋天，我得知陕西的富平县有一个专烧制陶罐的陶艺村，自己以陶自喻，富平的县名又让我吉祥，便鼓动一些朋友去那里游玩。一位女熟人也嚷着她也爱陶，而且陶艺村三字中也有一个字与她的名相同，她应该去的，也就去了。在陶艺村我们每人都亲自制作了一件陶器，当然做得最好的是我。我做的就是一个瓶，烧好了我把它带了回来。

事后，我为去陶艺村的每个朋友都画像，画得最像本人的就属于这幅画。这幅画之所以没有题名“为造像”而是“女人与陶瓶”，我想，女人与陶瓶是有许多意味的。女人如贾宝玉所说是水做的，那么陶瓶是泥做的；女人是美丽的，陶瓶是粗陋的。当女人在做陶瓶时，陶瓶给了女人的大气，女人给了陶瓶的高贵。

我印象深刻的是我的那个女熟人在做陶瓶时的神情，她做得并不好，但却专注。她做陶瓶并不是为了装钱币，而是要把她的憧憬装进去，由于太想做好反而泥坯拉动时使瓶形变歪。大家都在笑她，我没有笑，当丑陋的瓶形渐渐在她的手中完成时，我觉得那丑陋的瓶子有了灵魂，他们在瞬间里对应和融合了。

女熟人来取这幅画了，她带给我了一束晚菊。我戏谑着说为什么不送一束玫瑰或勿忘我呢？她说：晚菊是半老徐娘啊！我将菊花就插进了我制作的那只陶瓶里，我也就说了：陶瓶不厌徐娘老，犹有容光照紫霞。

相　思

一个盒子，是原竹做成的，竹节的部分截下来，打磨，雕琢，玲珑剔透得万般可爱了，上边装一块活动的玻璃，这便是你的珍藏了。下了班，或者吃着饭，或者要睡觉去，这盒子就放在你的手心，你屏住气，专注地凝视，高度的近视使你不得不贴得盒子那么近，以至口鼻的热气在玻璃上哈出一层水珠。盒子里边是一只蟋蟀，长长的腿，细细的触须，但比蟋蟀小多了，小到了五倍，十倍，浑身金黄，像是一片跃动的金砾。于是，你不自觉地就哼起评弹调来，在这漠漠的戈壁滩上，空气的流通是没有任何阻碍的，评弹调就游丝一般的，铮铮飘远。

唉，你是个粗糙的人，那额角，那鼻头，那方方的下巴颏子，使人想象着本不是长出的，是用斧子砍出来的，除了两个眼镜片子，你身上还有闪亮的物件吗？头发总是乱的，胡子被剪刀铰得七长八短，你应该是一个放形骸外的角色，竟偏偏玩这种玩意儿?!

你说，这是黄蛉，是你从老家带来的。

这使人多么不理解！你的老家在苏州，苏州，是何等样一个美妙的地方啊，你生在那里，长到十九岁，大学毕业后就到大西北来了。大西北是寸草不生的玄武岩山，是有孤烟直长的大沙漠，你是学地质的，帆布做成的偌大的地质挎包在肩上，你已经奔波了二十年。二十年的帐篷，在沙山沙海里，犹如一叶小舟，冷月弯弯地照着，苏州城外的寒山寺的钟声，是能“夜半到客船”吗？妻子，那位如花似玉的美人儿，在望着你，相思的网撒满了脸面，她在打捞着远去的一颗爱的心。你每年回去一次，每一次在门前植一丛慈竹，但是，你又走了，留给她的是一丛一丛竹叶的“个”字。孩子已经六岁了，他的记忆里，你只是一个照片上的平面人，他在你植的竹园里喊着“爸爸”，你不能回答，你的竹园里却生殖了无穷无尽的黄蛉，它们在鸣叫着，“窸窸窣窣”的，那是你的神经，是你的精灵，是你的乡思乡音。所以，她捉住一只，装在这精巧的盒子里，在你再一次回去的时候，送给了你吗？

你拥抱着你的妻子，吻着你的儿子，求他们宽恕你，但你还是又一次走了，你说："祖国需要金子，大西北的沙漠里是有金子的，等十个金矿找到，我就回来了！"

一个竹子做成的盒子，一个盒子里装着的黄蛉，便和你从苏州出发，八千里路云和月，你们一起生活在了大西北。

你或许冷了不知道添衣，热了不知道减衣，但你却明明白白提醒自己：黄蛉的生存是要有一定的温度的。冬天里，大家坐在钻机下休息，都点着烟吸，你不会吸烟，就从怀里掏出黄蛉来看。这黄蛉盒子你不装在贴身的衬衣兜里，你担心体温会热坏它，你又不肯装在大衣的外兜，害怕风寒冻坏，你花费了三个钟头，拙手拙脚地在大衣内侧大针脚缝一个小口袋。夜里，一盏孤灯伴着你，你画着图纸，鉴定着矿石，你常常把吃饭忘掉了，当炊事员送来晚饭，你总是疑惑地说："我还没吃饭吗？"但你忘不了给黄蛉喂食，它只吃苹果，每次只削切豆粒大一点放在里边，这苹果却同你的仪器、书籍一样重要，你是专意让人从内地带买来的。

现在，七斗星已经斜了，银河里风平浪静，你要睡下了，你便要将黄蛉盒子轻轻放在枕头底下，并不是枕头底下，你怕枕头的重量压了它。往被窝里放，又怕被窝热气烫了它。你用枕巾盖住，放在你的脖子下。这是你最惬意的时候，万籁俱寂，你，听见了黄蛉的"窸窸窣窣"声，那是世界上最微弱的声音，也是最清脆的音乐，是金石之响，是心律之韵。你于是就入了梦里。

啊，你是梦见了你的妻子吗？梦见了你的儿子吗？在这么深的夜里，月光静泻，风儿没有起，狗儿没有咬，你的妻子打着灯笼正站在竹园边上，你的儿子，蹑手蹑脚进了竹园，竹叶上的露珠滑下来，落在他的头上，他穿着一身雪白的衣服，像一个幽灵，往竹丛里走。立即，无数的黑点溅满了他的全身，他快活地大叫，你的妻子就跑来，用一只玻璃杯子，对着那白衣上的黑点一罩，黑点便弹进去，一只黄蛉就捉在儿子手中拎着的土瓷罐里了。

他们捉了好多好多的黄蛉，母子围着土瓷罐，就听着那"窸窸窣窣"的生命之歌。

妻子说："这歌子是唱给你爸爸的，这歌子在召唤着你的爸爸。"

于是，在你的脖子下，在你的耳膜下，"窸窸窣窣"的声音叫得更响了，更清了，你听见了这爱情的召唤，这家庭的召唤。

第二天早上，你爬起来，背起帆布做成的偌大的地质包，你又去找金子了。你依稀还记得夜里的梦，说："是的，我是要回去的，要回去就得加紧我的工作！"

写于1984年2月21日早

商州初录

引 言

这本小书是写商州的。为商州写书，我一直处在慌恐之中，早在七八年前构思它的时候，就有过这样那样的担心。因为大凡天下流传的地理之书，多记载的是出名人的名地，人以地传，地以人传。而商州从未出现过一个武官骁将，比如霸王，一经《史记》写出，楚地便谁个不晓？但乌骓马出自商州黑龙潭里，虽能“追风逐日”，毕竟是胯下之物、喑哑牲口，便无人知道了。也未有过倾国倾城佳人，米脂有貂蝉，马嵬死玉环，商州处处只是有着桃花，从没见到有一年半载的“羞而不发”，也终是于世默默，天下无闻。搜遍全州，可怜得连一座像样的山也不曾有，虽离西岳华山最近，但山在关中地面，可望而不可得，有话说：在华山上不慎失足，“要寻尸首，山南商州”，可此等忌讳之事，商州人谁肯提起？截至目前，中央委员会里是没有商州人的。三十年代，这一带出了个打游击的司令巩德芳，领着上千人马，在商州城里九进八出，威风不减陕北的刘志丹，如今他的部下有在北京干事的，有在西安省城干事的，他应是个了不起的人物了，可惜偏偏在战争中就死了。八十年代以来，姚雪垠先生著的《李自成》风靡于世，那就写的是闯王在商州的活动，但先生如椽之笔写尽军营战事，着墨商州地方的极少，世人仍是只看热闹，哪里管得地理风情？可贺可喜的是近几年商州出了一种葡萄甜酒，畅销全国，商州人以此得意外面世界从此可知商州了，却酒到外地，少数人一看牌子：“丹江牌”，脑子里立即浮起东北牡丹江来，何等悲哀之事！而又是多数人喝酒从不看标签下的地方小字，何况杯酒下肚，醉眼蒙眬，谁能看清小字，谁看清了又专要记在心里？

我曾经查过商州十八本地方志，本本都有记载：商州者，商鞅封地也。这便是足见商州历史悠久，并非荒洪蛮夷之地的证据吧！如果和商州人聊起来，他们津津乐道的还是这点，说丹江边上便有这么一山，并不高峻，山峁纵横，正呈现一个“商”字，以此山脚下有一个镇落，从远古至今一直叫“商镇”不改。还说，在明、清，延至民国初年，通往八百里秦川有四大关隘，北是金锁关，东是潼关，西是大散关，南是武关；武关便在商州。一条丹江水从秦岭东坡发源，一路东南而去，经商县、丹凤、商南，又以丹凤为中，北是洛南，南是山阳，西是柞水、镇安，七个县匀匀撒开，距离相等，势如七勺星斗。从河南、湖北、湖南、川、云、贵的商人入关，三千里山路，唯有这武关通行，而商州人去南阳担水烟，去汉中贩丝绵，去江西运细瓷，也都是由水路到汉口。龙驹寨便是红极一时的水旱大码头。那年月，日日夜夜，商州七县的山货全都转运而来，龙驹寨就有四十六家叫得响的货栈，运出去的是木耳、花椒、天麻、党参、核桃、板栗、柿饼、生漆、木材、竹器，运回来的是食盐、碱面、布匹、丝棉、锅碗、陶瓷、烟卷、火纸、硝磺。但是，历史是多么荣耀，先业是多么昭著，一切“俱往矣”！如今的商州，陕西人去过的甚少，全国人知道的更少。陕西的区域通称陕南、陕北、关中；关中指秦岭以北，陕南指安康、汉中；商州西部，北就有亘绵的秦岭，东是伏牛山，南是大巴山；四面三山，这块不规不则的地面，常常就全然被疏忽了，遗忘了。

正是久久被疏忽了，遗忘了，外面的世界愈是城市兴起，交通发达，工业跃进，市面繁华，旅游一日兴似一日，商州便愈是显得古老，落后，撵不上时代的步伐。但亦正如此，这块地方因此而保持了自己特有的神秘。今日世界，人们想尽一切办法以人的需要来进行电气化、自动化、机械化，但这种人工化的发展往往使人又失去了单纯、清静，而这块地方便显出它的难得处了。我曾呼吁：外来的游客，国内的游客为什么不到商州去啊?!那里虽然还没有通上火车，但山之灵光，水之秀气定会使你不知汽车的颠簸，一到那里，你就会失声叫好，真正会感觉到这里的一切似乎是天地自然的有心安排，是如同地下的文物一样而特意要保留下来的胜景！

就在更多的人被这个地方吸引的时候，自然又会听到各种各样对商州的议论了。有人说那里是天下最贫困的地方，山是青石，水是湍急，屋檐沟傍河而筑，地分挂山坡，耕犁牛不能打转。但有人又说那里是绝好的国家自然公园，土里长树，石上也长树，山有多高，水就有多高。有山洼，就有人家，白云在村头停驻，山鸡和家鸡同群。屋后是扶疏的青竹，门前是妖妖的山桃，再是木桩篱笆，再是青石碾盘，拾级而下，便有溪有流，遇石翻雪浪，无石抖绿绸。水中又有鱼，大不足斤半，小可许二指，鲢、鲫、鲤、鲇，不用垂钓，用盆儿往外泼水，便可收获。有人说那里苦焦，人一年到头吃不上一顿白麦馍馍，红白喜事，席面上红萝卜上，白萝卜下，逢着大年，家家乐得蒸馍，却还是一斗白麦细粉，五升白包谷粗面，掺和而蒸，以谁家馍炸裂甚者为佳。一年四季，五谷为六，瓜菜为四，尤其到了冬日，各家以八斗大瓮窝一瓮浆水酸菜，窖一窑红薯，苦一棚白菜，一个冬天也便过去了。更有那“商州炒面客”之说，说是二三月青黄不接，没有一家不吃稻糠拌柿子晒干磨成的炒面，涩不可下咽，粗不能屙出。但又会有人说，那里不论到任何地方，只要有水，掬之则甜，若发生口渴，随时见着有长猪耳朵草的地方，用手掘掘，便可见一洼清泉，白日倒影白云，夜晚可见明月，冬喝不碜牙，夏饮肚不疼，所以商州人没有喝开水的习惯，亦没有喝茶水的嗜好，笑关中人讲究喝茶，那里水尽是盐碱质的。还说水不仅甘甜，可贵的是水土硬，生长的粮食耐磨耐吃，虽一天三顿包谷糊汤，却比关中人吃馍馍还能耐饥。陕北人称小米为命粮，但陕北小米养女不养男，商州人称包谷糊汤为命饭，男的也养，女的也养，久吃不厌，愈吃愈香，连出门在外工作的，不论在北京、上海，不论做何等官职，也不曾有被“洋”化了的而忘却这种饭谱。更奇怪的是商州人在年轻时，是会有人跑出山来，到关中泾阳、三原、高陵，或河南灵宝、三门峡去谋生定居，但一过四十，就又都纷纷退回，也有一些姑娘到山外寻家，但也都少不了离婚逃回，长则六年七年，少则三月便罢，两月就了。

众说不一，说者或者亲身经历，或者推测猜度，听者却要是非不能分辨了，反更加对商州神秘起来了。用什么语言可以说清商州是个什么地方呢？这是我七八年来迟迟不能写出这本书的原因。我虽然土生土长在那里，那里的一丛柏树下还有我的祖坟，还有双亲高堂，还有众亲广戚，我虽然涂抹了不少文章，但真正要写出这个地方，似乎中国的三千个方块字拼成的形容词是太少了，太少了，我只能这么说：这个地方是多么好啊！

它没有关中的大片平原，也没有陕南的巉峻山峰，像关中一样也产小麦，亩产可收六百斤，像陕南一样也产大米，亩产可收八百斤。五谷杂粮都长，但五谷杂粮不多。气候没关中干燥，却也没陕南沉闷。也长青桐，但都不高，因木质不硬，懒得栽培，自生自灭。橘子树有的是，却结的不是橘子，乡里称苟蛋子，其味生臭，满身是刺，多成了庄户围墙的篱笆。所产的莲菜，不是七个眼，八个眼，出奇地十一个眼，味道是别处的不能类比。核桃树到处都长，核桃大如山桃，皮薄如蛋壳，手握之即破。要是到了秋末，到深山去，栗树无家无主，栗落满地，一个时辰便捡得一袋。但是，这里没有羊，吃羊肉的人必是上了年纪的老人，或是坐了月子的婆娘，再就是得了重病，才能享受这上等滋养。外面世界号称“天上龙肉，地上鱼肉”，但这里满河是鱼，却没人去吃。有好事顽童去河里捕鱼，多是为了玩耍，再是为过往司机。偶尔用柳条穿一串回来，大人是不肯让在锅里煎做，嫌其腥味，孩子便以荷叶包了，青泥涂了，在灶火口烘烤。如今慢慢有动口的人家，但都不大会做，如熬南瓜一样，炒得一塌糊涂。螃蟹也多，随便将河边石头一掀，便见拳大的恶物横行而走，就免不了视如蛇蝎，惊呼而散。鳖是更多，常见夏日中午，有爬上河岸来晒盖的，大者如小碗盘，小者如墨盒，捉回来在腿上缚绳，如擒到松鼠一样，成为玩物。那南瓜却何其之多，门前屋后，坎头涧畔，凡有一抔黄土之地，皆都生长，煮也吃，熬也吃，炒也吃，若有至宾上客，以南瓜和绿豆做成“搅饭”，吃后便三天不知肉味。请注意，狼虫虎豹是常见到的，冬日夜晚，也会光临村中，所以家家猪圈必在墙上用白灰画有圆圈，据说野虫看见就畏而却步，否则小者被叼走，大者会被咬住尾巴，以其毛尾作鞭赶走，而猪却吓得不吱一声。当然，养狗就是必不可少的营生了，狗的忠诚，在这里最为突出，只是情爱时令人讨厌，常交结一起，用棍不能打开。

可是，有一点说出来脸上无光，这就是这里不产煤。金银铜铁锡样样都有，就是偏偏没煤！以前总笑话铜关煤区黑天黑地，姑娘嫁过去要尿三年黑水，到后来说起铜关，就眼红不已。深山里，烧饭、烧炕，烤火，全是木块木料，三尺长的大板斧，三下两下将一根木椽劈开，这使城里人目瞪口呆，也使川道人连声遗憾。川道人烧光了山上树木，又刨完了粗桩细根，就一年四季，夏烧麦秸，秋烧稻草，不夏不秋，扫树叶，割荆棘。现在开始兴沼气池，或出山去拉煤，这当然是那些挣大钱的人家，和那些门道稠的庄户。

山坡上的路多是沿畔，虽一边靠崖，崖却不贴身，一边临沟，望之便要头晕，毛道上车辆不能通，交通工具就只有扁担、背篓。常见背柴人远远走来，背上如小山，不见头，不见身，只有两条细腿在极快移动。沿路因为没有更多的歇身处，故一条路上设有若干个固定歇处，不论背百儿八十，还是担百儿八十，再苦再累，必得到了固定歇处方歇，故商州男人都不高大，却忍耐性罕见，肩头都有拳头大的死肉疙瘩。也因此这里人一般出外，多不为人显眼，以为身单好欺，但到了忍无可忍了，则反抗必要结果，动起手脚来，三五壮汉不可近身。历代官府有言：山民如水，可载舟，亦可覆舟。若给他们滴水好处，便会得以涌泉之报，若欲是高压，便水中葫芦压下浮上。地方志上就写有：李自成在商州，手下善攻能守者，多为商州本地人；民国年代，常有暴动。就是在“文化大革命”中，每县都有榔头队，拳头队，石头队，县县联合，死人无数，单是山阳县一次武斗，一派用石头在河滩砸死十名俘虏，另一派又将十五名俘虏用铁丝捆了，从岸上“下饺子”投下河潭。男人是这么强悍，但女人却是那么多情，温顺而善良。女大十八变，虽不是苗条婀娜，却健美异常，眼都双层皮，睫毛长而黑，常使外地人吃惊不已。走遍丹江、洛河、乾佑河、金钱河，四河流域，村村都有百岁妇女，但极少有九十男人。七个县中的剧团，女演员台架、身段、容貌，唱、念、说、打，出色者成批，男主角却善武功，乏唱声，只好在关中聘请。

陕北人讲穿不求吃，关中人好吃不爱穿，这里人皆传为笑料，或讥之为

"穷穿"，或骂之为"瞎吃"，他们是量家当而行，以自然为本，里外如一。大凡逢年过节，或走亲串门，赶集过会，就从头到脚，花花绿绿，崭然一新。有了，七碟子八碗地吃，色是色，形是形，味是味，富而不奢；没了，一样的红薯面，蒸馍也好，压饸饹也好，做漏鱼也好，油盐酱醋，调料要重，穷而不酸。有了钱，吃得像样了，穿得像样了，顶讲究的倒有两样：一是自行车，一是门楼。车子上用红线缠，用蓝布包，还要剪各种花环套在轴上，一看车子，就能看出主人的家景，心性。门楼更是必不可少，盖五间房的有门楼，盖两间房的也有门楼，顶上做飞禽走兽，壁上雕花鸟虫鱼，不论干部家，农夫家，识字家，文盲家，上都有字匾，旧时一村没有念书人，那字就以碗按印画成圆圈，如今全写上"山青水秀"，或"源远流长"。

我也听到好多对商州的不逊之言，说进了山，男人都可怕，有进山者，看见山坡有人用尺二牙子镢在掘地，若上去问路，瞧见有钱财的，便会出其不意用镢头打死，掏了钱财，掘坑将尸首埋了，然后又心安理得地掘他的地。又说男女关系混乱。有兄弟数人，只娶一个老婆，等到分家，将家产分成几份，这老婆也算作一份，然而平分，要柜者，不能要瓮，柜瓮都要者，就不得老婆……我在这里宣布，这全是诬蔑！商州在旧社会，确实土匪多，常常路断人稀，但如今从未有过以镢劈死过路人的事件，偶尔有几个杀人罪犯，但谁家坟里没几棵弯弯柏树？世上的坏人是平均分配的，商州岂能排除？说起作风混乱，更是一派胡言，这里男女可以说、笑、打、闹，以爷孙的关系为最好，无话不说，无事不做，也常有老嫂比母之美谈，但家哥和弟媳界限分明，有话则说，无话则避。尤其一下地干活，男女会不分了老少，班辈，什么破格话都可说，似乎一块土地，就像城市人的游泳池，男女都可以穿裤头来。若是开会，更是所有人一起上炕，以被覆脚，如一个车轮，团团而坐。

商州到底过去是什么样子，这么多年来又是什么样子，而现在又是什么样子，这已经成了极需要向外面世界披露的问题，所以，这也就是我写这本小书的目的。据可靠消息，商州的铁路正在测量线路，一旦铁路修通，外面的人就成批而入，山里的人就成批走出，商州就有它对这个社会的价值和意义而明白天下了。如今，我写这本小书的工作，只当是铁路线勘测队的任务一样，先使外边的多少懂得这块地方，以公平而平静的眼光看待这个地方。一旦到了铁路修起，这本小书就便可作卖辣面的人去包装了，或是去当了商州姑娘剪铰的鞋样了。但我却是多么欣慰，多多少少为生我养我的商州尽些力量，也算对得起这块美丽、富饶而充满着野情野味的神秘的地方和这块地方的勤劳、勇敢而又多情多善的父老兄弟了。

黑龙口

从西安要往商州去，只有一条公路。冬天里，雪下着，星星点点，车在关中平原上跑两个钟头，像进了三月的梨花园里似的，旅人们就会把头伸出来，用手去接那雪花儿取乐。柏油路是不见白的，水淋淋的有点滑，车悠悠忽忽，快得像是在水皮子上漂；麦田里雪驻了一鸡爪子厚，一动不动露在雪上的麦苗尖儿，越发地绿得深。偶尔里，便见一只野兔子狠命地跑蹿起来，"叭"的一声，兔子跑得无踪无影了，捕猎的人却被枪的后坐力蹬倒在地上，望着枪口的一股白烟，做着无声地苦笑。

车到了峪口，嘎地停了，司机跳下去装轮胎链条；用一下力，吐一团白气。旅人们都觉得可笑，回答说：要进山了。山是什么样子，城里的人不大理会，想象那里青的石，绿的水，石上有密密的林，水里有银银的鱼；进山不空回，一定要带点什么纪念品回来：一颗松塔，几枚彩石。车开过一座石桥，倏乎间从一片村庄前绕过，猛一转弯，便看见远处的山了。山上并没有树，也没有仄仄的怪石，全然被雪盖住，高得与天齐平。车开始上坡，山越来越近，似乎要一直爬上去，但陡然跌落在沟底，贴着山根七歪八拐地往里钻，阴森森的，冷得入骨。路旁的川里，石头磊磊，大者如屋，小者似斗，被冰封住，却有一种咕咕的声音传来，才知道那是河流了。山已看不见顶，两边对峙着，使足了力气的样子，随时都要将车挤成扁的了。车走得慢起来，大声地吭吭着，似乎极不稳，不时就撞了山壁上垂下来的冰锥，噹啷啷响。旅人都惊慌起来了，使劲地抓住扶手，呼叫着司机停下。司机只是旋转方向盘，手脚忙乱，车依然往里走。

雪是不下了，风却很大，一直从两边山头上卷来，常常就一个雪柱在车前方向不定地旋转。拐弯的地方，雪驻不住，路面干净得如晴日，弯后，雪却积起一尺多深，车不时就横了身子，旅人们就得下车，前面的铲雪，后面的推车，稍有滑动，就赶忙抱了石头垫在轮子下。旅人们都缩成一团，冻得打着牙花；

将所有能披在身上的东西全都披上了，脚腿还是失去知觉，就咚咚地跺起来。司机说：

“到黑龙口暖和吧！”

体内已没有多少热量，有的人却偏偏要不时地解小手。司机还是说：

“车一停就是滑道，坚持一下吧，到黑龙口就好了。”

黑龙口是什么地方，多么可怕的一个名字！但听司机的口气，那一定是个最迷人的福地了。

车走了一个钟头，山终于合起来了，原来那么深的峡谷，竟是出于一脉，然而车已经开上了山脉的最高点。看得见了树，却再不是那绿的，由根到梢，全然冰霜，像玉，更像玻璃，太阳正好出来，晶亮得耀眼。蓦地就看见有人家了，在玻璃丛里，不知道屋顶是草搭的，还是瓦苫着，门窗黑漆漆的，有鸡在门口刨食，一只狗呼地跑出来，追着汽车大跑大咬，同时就有三两个头包着手巾的小孩站在门口，端着比头大的碗吃饭，怯怯地看着。

“这就是黑龙口吗？”

旅人们活跃起来，用手揉着满是鸡皮疙瘩的脸，瞪着乞求的眼看司机。有的鼻涕、眼泪也掉下来，咝咝地吸气，但立即牙根麻生生地疼了，又紧闭了嘴唇。可是，车却没有停，又三回两转地在山脉顶上走了一气，突然顺着山脉那边的深谷里盘旋而下了。那车溜得飞快，一个拐弯，全车人就一起向左边挤，忽地，又一起向右边挤。路只有丈五宽窄；车轮齐着路沿，路沿下是深不见底的沟渊，旅人们“啊啊”叫着，把眼睛一齐闭上，让心在喉咙间悬着……终于，觉得没有飞机降落时的心慌了，睁开眼来，车已稳稳地行驶在沟底了。他们再也不敢回头看那盘旋下来的路，在心里默默地祝福着司机，好像他是一位普救众生的菩萨，是他把他们从死亡的苦海里引渡过来的。

旅人们都疲乏了，再不去想那黑龙口，将头埋在衣领里，昏昏睡去了。但是，车嘎地停了，司机大声地说：

“黑龙口到了，休息半小时。”

啊，黑龙口！旅人们永远记着了，这商州的第一个地方，这个最神圣的名字！

其实，这是个小极小极的镇子。只有一排儿房舍，坐北向南，房是草顶，门面墙却尽是木板。后墙砌着山崖，门前便是公路，公路下去就是河，河过去就是南边的山。街房几十户人家，点上一根香烟吸着，从东走到西，从西走到东，可走三个来回。南北二山的沟洼里，稀落着一些人家，都是屋后一片林子，门前一台石磨。河面上还是冰，但听不见水声，人从冰上走着，有人凿了窟窿，放进一篮什么菜去，在那里淘着，淘菜人手冻得红萝卜一样，不时伸进襟下暖暖，很响地吸着鼻子，往岸上开来的车看。冰封了河，是不走桥子，桥是两棵柳树砍倒后架在那里的，如今拴了几头毛驴，像是在出卖，驴粪屙下来，捡粪的老头忙去铲，但已经冻了，铲在粪筐里也不见散。

街面人家的尽西头儿，却出奇地有一幢二层楼，一砖到顶，门窗的颜色都染成品蓝，窗上又都贴着窗花，觉得有些俗气：那是这里集体的建筑，上层是旅社，下边是饭店；服务人员是本地人，虽然穿着白大褂，但都胖乎乎的，脸上凸着肉块，颧骨上有两块黑红的颜色。饭店的旁边，是一个大栅栏门，敞开着，便是车站，站场很小，车就只得靠路边停着。再过去是商店，粮站，对着这些大建筑，就在靠河边的公路上，却高高低低搭起了十多处小棚，有饭馆、茶铺、油粉摊、豆腐担、柿子、核桃、苹果、栗子、鸡蛋、麻花……闹闹嚷嚷，是黑龙口最繁华热闹的地面了。

黑龙口的人不多，几乎家家都有做生意的。这生意极有规律：九点前，荒旷无人，九点一到，生意摊骤然摆齐。因为从西安到商州来的车，都是九点到这里歇息，从商州各县到西安，也是十点到这里停车。于是乎，旅人饥者，有吃，渴者，有茶，想买东西者，小么零甚山货俱全。集市热闹两个小时，过往车一走，就又荡然无存，只有几只狗在那里抢骨头了。

车一辆辆开来了，还未停稳，小贩们就蜂拥而至，端着麻花，烧饼，一声声在门口、窗下叫喊。旅人们一见这般情形，第一个印象是服务态度好，就乐了。一乐就在怀里摸钱，似乎不买，有点不近情理了。

司机是冷若冰霜的，除非是那些山羊、野鸡、河鳖一类的东西，才肯破费。他们关了车门，披着那羊皮大衣，扑扇扑扇地往大楼饭店里走去了，一直可以走进饭店的操作室，与师傅们打着招呼，一碗素面钱能吃到一碗红烧肉。等抹着油光光的嘴出来的时候，身后便有三四人跟着，那是饭店师傅们介绍搭车的熟人。

旅人们下了车，有的已经呕吐，弄脏了车帮，自个去河边提水来洗。这多是些上年纪的女人，最闻不惯汽油味，一直拿手巾搭了鼻子嘴儿，肚子里已经吐得一干二净，但食欲不开，然后蹲在那里，做短暂的休息。一般旅人，大都一下车就有些站不稳了，在阳光地里，使劲地跺脚，使劲地搓手，那些时兴女子，一出站门，看着面前的山，眉头就绾上了疙瘩，但立即就得意起来了，因为她们的鲜艳，立即成了所有人注目的对象。她们便有节奏地迈着步子，或许拍一下呢子大衣，或许甩一下波浪般的披发，向每一个小摊贩前走去。小贩们忙怯怯地介绍货物，她们只是问："多少钱?""好吃吗?"但那小吃，她们说不卫生，只是贪那土特产：核桃、栗子，三角钱一斤，她们可以买一大提兜。末了，再抓一把放进去。卖主也不计较，因为她们是高贵的女子，买了他们的东西，也是给他们赏脸，也是再好不过的生意广告：瞧，那么贵气的人都买我的货呢！即使她们不多拿，他们也要给她们一些额外呢。

但是，别的买者却休想占他们的一点便宜。他们都不识字，算得极精，如果企图蒙他们，一下子买了那么多的东西，直追问："一共多少钱？多少钱？"他们是歪了头，一语不发，嘴唇抖抖的，然后就一扬脸说个数儿来。你就是用笔在纸上再演算一通，一分儿也不会差错。

人们买了小吃小物，就去食堂了。大楼饭店里只卖馍、菜和荤面。面很黑，但劲很大，在嘴里要长时间地嚼，肉却是大条子肉。白花花地令人生畏。城里人讲究吃瘦肉，便都去吃门外的私人饭菜了。

紧接着的是两家私人面铺，一家卖削面，大油糅合，油光光的闪亮。卖主站在锅前，挽了袖子，在光光的头上顶块白布，啪地将面团盘上去，便操起两把锃亮柳叶刀，在头上哗哗削起来：寒光闪闪，面片纷纷，一起落在滚烫的锅里。然后，碗筷叮当，调料齐备，面片捞上来，喊一声："不吃的不香！"另一家，却扯面，抓起面团，双手扯住，啪啪啪在案板上猛甩，那面着魔似的拉开，忽地又用手一挽，又啪啪直甩，如此几下，哗地一撒手，面条就丝一般，网状地分开在案上。旅人在城里吃惯了挂面，哪里见过这等面食，问时，卖主大声说道：

"细、薄、光、煎、酸、汪。"

细薄光者，说是面条的形，煎酸汪者，说是面条的味，吃者一时围住，供不应求。

那些时兴女子是不屑这边吃面条的，她们买了熟鸡蛋，坐在大楼饭店里买了馍夹着吃，但馍掰开来，却发现里边有个什么东西，一时反了胃，拿去和服务员论理：

"这馍里有虱子！"

"虱子？"

"就是虱子！"

"你想想，冬天里起面，酵子发不开，在炕上要用被子捂，能不跑进去一两个虱子？"

时兴女子们一时恶心，赶忙捂了口，也不要馍了，也不索退钱，唾着唾沫一路出去了。

面食铺里，还是围了一堆人，都吃得满头大汗，一边吃，一边夸着，一边问卖主：

"是祖传的？"

"当然喽。"

“卖了半辈子了？”

“半年吧。”

“半年？”

“可不！你是才到商州的吗？要不是新政策下来，我要卖面，寻着上批判会吗？那阵儿，你要吃吗，对不起，就去那楼里饭店里吃虿馍吧。”

“那饭店真糟糕，怎么会干出那事！”

“快啦，出不了一个月，他们就得关门了。”

“早早就应该关门！”

“那么容易？那都是公社、大队干部的儿子、儿媳、小舅子哩。”

卖主说着，便不说了，对着一个走过来的瘦个子人叫道：

“吃不？来一碗！”

那人说是去买油，晃了一下碗，却看着锅里的面条。但卖主终未给他吃，瘦个子走了。

“你只卖嘴，光说不盛。”旅人们说。

“知道吗？这是我们原先的队长大人，如今分了地，他甭想再整人了，在别人，理也懒得理呢。”

那瘦个子去远处的卖油老汉那儿，灌了半斤油，油倒在碗里，他却说油太贵，要降价，双方争吵起来，他便把油又倒回油篓，不买了。接着又去买一个老太婆的辣面子，称了一斤，倒在油碗里，却嚷道辣面子有假，掺的盐太多，不买了，倒回了辣面子。卖面食的这边看得清清楚楚，说：

“瞧，他这一手，回去刮刮碗，勺里一炒，油也有了，辣子也有了。”

“他怎么是这种吃小利的人？”

“懒惯了，如今当干部没滋润，但又不失口福，能不这样吗？”

旅人们便都哈哈笑起来了。

在黑龙口待了半个小时，司机按了喇叭：车子要走了。旅人们都上了车，车上立时空间小起来，每人都舒展了身子，又大包小包买了东西，吵吵嚷嚷坐不下去，最后只好插木楔一般，脚手儿不能随便活动了。车正要发动，突然车站通知，前边打来电话，五十里外的麻街岭，风雪很大，路面坍方了几处，车不能走了，得在黑龙口过夜，消息传开，旅人们暗暗叫苦，才知道黑龙口并不是大平川的第一个镇子，而下边还要翻很高很高的麻街岭。

小商小贩们大都熄火收摊，准备回家去了，知道消息后，却欢呼雀跃，喜欢得跑来拉旅人：

“到我们家去住吧，一晚上六角钱，多便宜呢！”

旅人们却只往大楼旅社去，但那里住满了，只好被小商小贩们纠缠着，到一家家茅草屋去了。

住在公路边的人家里，情况没有多大出奇，住在山洼人家的旅人，却大觉新鲜了。从冰冻的河面上一步一步走过去，但无论如何，却上不到那门前的小路上去，冰冻成了玻璃板，一上去就滑倒了。那些穿高跟鞋的女子就呜呜地哭。平日傲得不许一个男子碰着，如今无奈，哭过一通，还是被这些粗脚大手的山民们扶着、背着上去，她们还要用手死死抠住他们的胳膊，一丝儿不肯放松。男性旅人们，则是无人背的，山民们会在旁边扯下一节葛条，在鞋底上系上几道。这果然趴滑，稳稳走上去了，于是他们才明白了上山时司机为什么要在轮胎上拴链条。

到了门前，家家都是有一道篱笆的，但不是城里人的那种细竹棍儿，或是泥杆儿，全是碗口粗的原木桩，一根一根，立栽着。一只狗呼地扑出来，汪汪大叫，主人喊一声，便安静下来，给你摇起尾巴。屋里暗极了，锅台、炕台，四堵墙壁，乌黑发亮。炕上的被窝里蠕蠕动的，爬下来了，原来是个年轻的媳妇，在炕上出黄豆芽菜。见客进门，忙将唾沫吐在手心，使劲抹那头上的乱发，接着就扫地，就拍打炕沿上的土，招呼着往羊皮褥子上让坐。

屋里并不暖和，主人就到后坡去，在雪窝里三扒两拉，拖出几节木头来，拿了一把老长的木把斧头，在门槛上劈起来。旅人大为可惜，说这木头可以做大立柜，做沙发架，主人只嘿嘿地笑，几下劈成碎片，在炕口前一个大坑里烧起来了。火很旺，屋里顿时热烘烘的，屋檐上的冰锥往下滴着水儿。

夜里睡在炕上，是六角钱，若再掏一元，可以包吃包喝，尽你享用。那火炕边，立即会煨上柿子酒，烤上拳头大的洋芋。一个时辰后，从火里刨出来，一剥开皮，一股喷鼻香味，吃上两口，便干得喉咙发噎，须主人捶一阵后背，千叮咛万叮咛慢慢来吃。吃毕洋芋，旅人们已经连连打嗝儿了，主人就取了碗来，盛满柿子酒让你。你一开始说不会喝，也就罢了，若接住了，喝了一碗，必要再喝二碗。柿子酒虽不暴烈，但一碗下肚，已是腹热脸红，要推托时，主人会变了脸，说你看不起他。喝了二碗，媳妇又来敬酒，她一碗，你一碗，你不能失了男子汉的脸面，喝下去了，你便醉了八成，舌头都有些硬了。

天黑了，主人会让旅人睡在炕上，媳妇会抱一床新被子，换了被头，换了枕巾。只说人家年轻夫妇要到另外的地方去睡了，但关了门，主人脱鞋上了炕，媳妇也脱鞋上了炕，只是主人睡在中间，作了界墙而已。刚睡下，或许炕头上的喇叭就响了，要么是叫主人去开分地包产会，要么是主人去开党员生活会。主人起来了，窸窸窣窣地穿衣服，末了把油灯点着。他要出门，旅人也醒了，赶忙就起来穿衣，主人说：睡你的，我开完会就回来，旅人肯定要说出什么话来，主人用眼光制止了。

“你是学过习的?”主人要这么说。

“学过习的?”旅人疑惑不解。

主人便将一条扁担放在炕中间。旅人明白了，闭了眼睛睡觉。那灯耀得睡不着，媳妇不去吹，他也不敢动身去吹，灯光下。媳妇看着他，眼睛活得要说话。旅人就赶忙合上眼，但入不了梦，觉得身上有什么动。伸手一摸。肉肉的，忙丢进炕下的火坑，轻轻地“叭”了一声。一个钟头，炕热得有些烫，但不敢起身，只好翻来覆去，如烙烧饼一般。正难受着，主人回来了，看看炕上的扁担，看看旅人，就端了一碗凉水来让你喝。你喝了，他放心了你，拿了酒又让你喝，说你真是学过习的人。你若不喝，说你必是有对不起人的事，一顿好打，赶到门外，你那放在炕上的行李就休想再带走。重新睡下了，旅人还是烙得不行。主人会将一页木板垫在褥下，你就会睡得十分地舒服。但到黎明炕便要凉了，凉得像一块冰，需得起来穿了衣服再睡不可。

天亮起来，旅人便像亲人一样被招待了，你问那猪圈墙上，为什么画那么多白灰圈儿?他会告诉说，冬天狼多，夜里常来叼猪，但却最怕这白圈儿，夜里没有听到狼嗥吗?旅人说未听见，可能是睡得太死了。他就会又说，夜里出来解手，常会遇见这东西的，它会装着妇人的哭声呢。旅人听得直吐舌头，说冬天在这里投宿真不是轻松事。主人便又说，夏天的夜里那才怕人呢，半夜里，床下有吱吱声，一揭褥子，下边便有一条彩花蛇的。旅人吓得噤了声。主人却说:“没事，抓起来从窗口甩出去就是了。”接着嘿嘿一笑，好像随便得很。

如果雪还在下，如果前边的麻街岭路还没有修起，旅人们就要在这里多住几天了。那么，主人们就会领你夜里去放狐子药。天明去收药，或许，只能见到狐子的脚印，还有的是狐子竟将那用鸡皮包裹的烈性炸药轻轻用土埋了，但常常是会收获到被炸死的狐狸的。一起拿回来，将皮剥下，吃肉是没了问题，就是旅人看中了那狐皮，一阵讨价还价，生意也便做成了。

“你带有书吗?”

他们老是这么问。一旦知道你是带了书的人，就如何缠住你，要以狐皮换书，他们就会去叫来小弟小妹，儿子，女儿，翻你的书捆。孩子们最喜爱高考复习资料书，一换到手，就拿到火炕边入迷地读了。

清早起来随便往每个人家里走走，就会发现那晚辈的人和他们的父老不同:老一辈人爱土地，小一辈人最恋书。小的全不穿大裆裤，不扎裹腿，不剃光头，都一身咔叽，衣口袋里插一支钢笔，早晚还要刷牙，一嘴的白沫。做父母的就要对旅人说:

“赶明日路通了，你们把这干净鬼也带去吧!”

说完，就作个谑笑，又说:

“刷刷就是了，那嘴里有屎吗？快去看你的书，只要好好学，我们养你一辈子也行，若做样子，就收拾了，帮我去卖些吃喝，一天也可赚四元五元哩！”

旅人已经和这里山民交上朋友了，什么话也就能说得来了。

“你们脚上的皮鞋走路不绊石头吗？”

“城里的路没有石头。”

“真好，半年都穿不烂哩。”

“能穿二三年的。你们也可以穿嘛。”

“怕脚带不动。赶明日到了县上，该买台收音机了。”

“你们口袋里真有钱哩。”

“有什么呀，只是手上活泛些了。”

说到这儿，他们就神秘起来，俯过身要问：

“你们在城里，离政策近，说说，这政策不会变了吧？”

“变不了啦！”

“真的？”

“真的！”

他们就唠叨起来，说这黑龙口是商州最贫困的地方，过了麻街岭，沿川下去，那里才叫富呢，夏里秋里收得好，副业也多，赚钱的门路多哩。

“我们这穷地方，还要好好干几年，要不你们城里人来，光笑话我们了。”

从山沟下来，路过冰冻的河，又会碰见那个捡粪的老汉了。谈开来，他说他是个孤老，在公路边修了四个厕所，专供旅人们用的。那粪池十天半月就满了，他便出售给各家，八分钱一担。光这一样收入，就够他花费了，老汉很乐观，和旅人谈得投机，见一媳妇抱了小孩过来，就把小孩撑在手上，让立楞楞，然后逗弄小孩的小牛牛，说：

“小子，好好长！爷爷这辈子是完了，就看你们了，噢！”

他乐滋滋笑着，逗弄着，惬意得像喝了一罐子醇美的酒，眼里是几分感慨，几分得意，又几分羡慕和嫉妒。有好事的旅人忙用照相机摄了这镜头，说要给这照片题名“希望”。

麻街岭的路终于修通了。旅人们坐车要离开了，头都伸出车窗，还是一眼一眼往后看着这黑龙口。

黑龙口就是怪，一来就觉得有味，一走就再也不能忘记。司机却说：

“要去商州，这才是一个门口儿，有趣的地方还在前边呢！”

莽岭一条沟

洛南和丹凤相接的地方，横亘着无尽的山岭，蜿蜿蜒蜒，成几百里地，有戴土而出的，有负石而来的，负石的林木瘦耸，戴土的林木肥茂；既是一座山的，木在山上土厚之处，便有千尺之松，在水边土薄之处，则数尺之蘖而已。大凡群山有势，众水有脉，四面八方的客山便一起向莽岭奔趋了。回抱处就见水流，走二十里，三十里，水边是有了一户两户人家。人家门前屋后，绿树细而高长，向着头顶上的天空拥挤，那极白净的炊烟也被拉直成一条细线。而在悬崖险峻处，树皆怪木，枝叶错综，使其沟壑隐而不见，白云又忽聚忽散，幽幽冥冥，如有了神差鬼使。山崖之间常会夹出流水，轰隆隆泻一道瀑布。潭下却寂寂寞寞，水草根泛出的水泡，浮起，破灭，全然无声无息。而路呢，忽而爬上崖头，忽而陷落沟底；如牛如虎的怪石侧侧卧卧，布满两旁；人走进去，逢草只看见一顶草帽在草梢浮动，遇石，轻脚轻手，也一片响声，蚂蚱如急雨一般在脚面飞溅。常常要走投无路了，又常常一步过去，却峰回路转，别一个境界。古书上讲：山深如海；真是越走越深不可测。如果是一个生人，从大平原上初来乍到，第一个印象是这里可以作一个绝好的流放地：即使罪犯不加管制，放其逃生，也终不会逃出这山的世界、林的世界。也不禁顿然失笑北京城、上海市整日呼叫人口暴溢，但没想将十个北京城，十个上海市的人一起放在这里，也充其量是个撒一把芝麻，不见踪影呢。

也就是这莽岭山脉，两个县可恰恰被它截然分开。看山的北面，每条沟里都有水，水流向北；山的南面，每条沟里也是有水，水流向南。水与水的发源地，几乎都是一个无息的泉眼，泉眼与泉眼，又几乎仅仅相距几十里，甚至几里，但是，流向北去，便作了黄河流域，流向南边，竟成了长江流域。如今两县之间的公路，要绕一个大大的“C”形，从洛南出永丰关，过大荆川，到黑龙口，翻麻街岭，经商县沿丹江而下，才到丹凤。两县靠得如此近，两县来往又如此远！但是，也该应了天设地造的古语，出奇地是就在莽岭主峰左四十里的地方，竟有一条沟接通了两县的隔阂。这条沟是那样的隐蔽，那样的神秘，至今别的地方的人一无所知，就是洛南、丹凤的人也理会的寥寥无几；只是莽岭两边的农民常去走动，但农民走动为着生计，并不想作书以示天下，以至后来渐渐地有人知道了，探险似的来往了，便称作是商洛的“胡志明小道”。

这条沟没有路牌，也从无有人丈量，里数由人嘴说，有说六十里的，有说八十里的，但人口是十分的准确：十六家。十六家分两县户口，但丹凤人住的有洛南的地，洛南人有耕的是丹凤的田。自古洛南人面黑，丹凤人脸红。他们是黑红黑红，一种强悍的颜色。从沟南口到沟北口，他们的语言始终吐字一致，但绝对是地地道道的南腔北调。或许山把他们包围得太厚了，林把他们掩蔽得太严了，他们几乎与外边世界隔绝了，只是到了“文化大革命”中，丹凤武斗，一派将一派赶出县境，从这里向洛南逃窜，山沟人才见到了一溜带串的人群，也只有到了“四人帮”粉碎后第二年，这里才有了电话，从山顶到河畔弯弯斜斜栽了电杆，而电线总是松松地下坠，站满无数的鸟儿。也就是从那时起，他们开始有人订了报纸，十五天后看着半个月的新闻。沟是太大太大了，路却是极窄极窄，常要涉水过河。水并不怎么深。但紧急得厉害，似乎已经不是水了，是一道铁流，外地人趟过，即使不被冲倒，也少不了被流沙走石撞伤腿面，踢掉脚指甲。十六户人家，你几乎不知他们都是住在哪里，偶尔转过山嘴，一个黑石崖缝里就长出一搂粗的老松来，使你瞠目结舌；老松之后，那突出而空悬的岩石下，突然就有了人家，房顶却是有前半边，没后半边，那半边就是石岩，屋地也一半是土，一半是凿入的石洞。推门进去，屋里黑阴阴的，或许点着油灯，或许没有，当屋一个偌大的火坑，劈柴架起，火光红红的，人影反映在墙上，忽大忽小，如跳动着鬼的舞蹈。主人一个大字形站在那里，体格健壮，眼睛生光，牙齿雪白，屋梁挂着的一吊一吊熏肉，不注意就碰着了头脑，这是他们表示富有的标志：一年宰杀几头肥猪，用烟火香料熏得焦黄，吃一块，割一块，春夏秋冬，荤腥不断。如果进屋就端坐火坑边，让烟就吃，让水就喝，他们便认作是看得起他们的朋友，敬他一尺，回敬一丈，自酿的酒就端上来，双手捧递。他们大都不善言辞，一脸憨厚诚实的笑容，问他们什么，就回答什么，声调高极，这是常年喊山的本领。末了最感兴趣的是听县上的，省上的，乃至国家的、世界的各种各样消息。可以断定，城镇卖老鼠药的天才的演说家到这里，一定要大受欢迎。听到顺心处，哈哈大笑，听到气愤处，叫娘骂老子；不知不觉，他们就要在火堆里烤熟小碗大的土豆，将皮剥了，塞在你手，食之，干面如栗，三口就得喝水，一个便可饱肚。

这十六户人家，一家离一家一二十里，但算起来，拐弯抹角都是些亲戚，谁也知道谁的爷的小名，谁也知道谁的媳妇是哪里的女儿。生存的需要，使他们结成血缘之网、生活之网。外地人不愿在这里安家，他们却死也不肯离开这块热土，如果翻开各家历史，他们有的至今还未去过县城，想象不出县城的街道是多么宽，而走路脚抬得那么低，有的甚至还未走出过这条沟。娘将身子在土炕上的麦草里一生下，屋里的门槛上一条绳，就拴住了一个活泼泼的生命。稍稍长大，心性就野了，山上也去，林里也去，爬树捉雀，钻水摸鱼，如门前的崖上的野鸮子，一出壳就跑了，飞了，闯荡山的海、林的海了。长大成人，白天就在山坡上种地，夜里就抱着老婆在火炕上打鼾。地没有一块席大的平坦，牛不能转身，也立不住蹄脚，就是在山路上，每年也要滚死一两个老牛。河畔里年年刨地，不涨水，那便是要屙金就屙金，要尿银就尿银，一暴涨，就一场了了。广种薄收，是这里的特点。亩产有收到四百斤的高产，亩产也有收到仅十斤的籽种，但是，他们可以每人平均四十亩地，能收就收，不收作罢，反正他们相信，人的力气却是使不尽的，而且又不花钱。那坡坡涧涧，楞楞坎坎，有一抔土，就种一窝瓜，栽一株苗。即使一切都颗粒不收了，山上有的是赚钱的东西，割荆条，编笆席，砍毛竹，扎扫帚，挖药，放蜂，烧木炭，育木耳，卖核桃、柿饼、板栗、野桃、酸枣。只要一双腿好，担到山沟外的川道镇上，就有了粮，有了布，有了油盐调和。柴是出门就有，常常在门前的坡上赤手去扳那树杈、树根，脚手四条用上去，将身子憋足了劲，缩成一个疙瘩团块，似乎随时要忽地弹射而去，样子使人看了十分野蛮而又百分的优美。终年的劳累，使他们区别于别处人的是一副双肩都长出拳头大的死肉疙瘩，两只大手，硬茧如壳，抓棘拔草不用镰刀，腿肚子上的脉管精露，如盘绕了一堆蚯蚓。

川道人没有肯来居住的，但少不了进沟里砍柴，掮椽，采药，打猎。不为生计，不想进沟，进沟就必不空回。山路慢慢踩开了，附近川道的人，那些有急事的，贪图赶近路的，就开始从洛南到丹凤，从丹凤到洛南，过往这条沟了。即使和这条沟的人一样的身份，一样的地位，但只要不是这条沟的人，这条沟的人都要视之为比他们高出一等的角色。他们在山路上遇见了，就总要笑笑的，打老远停下来，又侧了身，让来人先过。山路上是不宜穿皮鞋的，布鞋也是不耐穿的，凡进山就要穿草鞋。但这已经是这里的习惯了：每一个人在半路上草鞋破了，换上新的，就将旧草鞋双双好生放在路边，后边的人走到这儿，草鞋或许也破了一只，就在前边人放下的草鞋里找一只较好的换上，即使实在不能穿了，也抽一条草绳儿可以修补脚上穿的，如果要换新的，又将旧的端端放在这里。这么一来，大凡走十里、二十里路，总会遇见路边有一批旧草鞋。共产主义虽然并没有实现，但人的善良在这里却保留、发展着美好的因素。以致使外地新来的人新奇、感叹之余，也被感染了，学习了，以此照办。

秋天里，山里是异常丰富的，到处都有着核桃、栗子、山梨、柿子，过路人经过，廉洁之人，大开眼界，更是坐怀不乱，而贪心营私之徒就禁不住诱惑，寸心大乱，干些偷偷摸摸勾当。主人家发觉了，却并不责骂，善眉善眼儿的，招呼进家去吃，不正经的人反倒不好意思再吃了，说千声万声谢谢。更叫绝的是，这条沟家家门前，石条上放着黑瓷罐子，白瓷粗碗，那罐子里的竹叶茶，尽喝包饱，分文不收。这几乎成了他们的家规，走山路的口渴舌燥，似乎这与他们有关，舍茶供水则是应尽的义务呢。假若遇着吃饭，也要筷子敲着碗沿让个没完没了。饥着渴着给一口，胜似饱着给一斗，过路人没有不记着他们的恩德的。付钱是不要的，递纸烟过去，又都说那棒棒货没劲，他们抽一种生烟叶子，老远对坐就可闻到那一股烈的呛味。但也正是身上有了这种味儿，平日上山干活，下沟钻林，疲倦了随地而睡，百样虫子也不敢近身。最乐意的，也是他们看作最体面的是临走时和过路人文明握手，他们手如铁钳，常使对方疼痛失声，他们则开心得哈哈大笑。万一过路人实在走不动了，只要出一元钱，他们可以把你抬出山去。那抬法古老而别出新意：两根木椽，中间用葛条织一个网兜；你躺上去，嘴脸看天，两人一前一后，上坡下坎，转弯翻山，一走一颤，一颤一软，抬者行走如飞，躺者便腾云驾雾。你不要觉得让人抬着太残酷了，而他们从沟里往外交售肥猪，也总是以此作工具。

走进沟四十里的地方，你会走到一个仙境般的去处，山势莫名其妙地形成一个漩涡状，一道小溪，呜溅溅地响，溪上架一座石拱桥，不是半圆，倒是满月，桥头左一棵大柳，右一棵大柳，枝叶交错，如驻一片绿云，百鸟不见其影，却一片啁啾，似天乐从天而降。树下就有了三间房子，屋顶耸而四墙低，有罗马建筑的风味，里边住着一个老汉，六十二岁，一个老婆，五十九岁，无儿无女，却怀有绝招的接骨医术。老汉是沟里最大的名人，常常有人到这儿求医，门前上下的路面要比别处稍稍宽阔。没有病人了，采药归来，就坐在门前练起手功：将瓷碗砸成碎片儿和谷糠搅和装在一条口袋里，双手就探进去摸着，将碎瓷片捏成碗的全形。得空天天如此，年年如此，那一双手有了回天之奇功，腰酸腿疼的，一捏就好了，折膊断腿的，一捏也就接了，那些在别处接骨不好造成瘸跛的人来，老汉看一眼，冷冷地，只是让其背身儿在门前场地走动，走动着，老汉突然一个健步上去，朝那坏腿弯膊上猛踢一脚，或狠击一拳，那人冷不防，一声大叫，等拧过身来，忽觉腿也直了，膊也端了，才知道这是老汉的绝招疗法。医术高妙，费用却贱，有钱的掏几个，没钱的便作罢，“只好传个名就是了!”于是，百十里远近，干儿干女倒认了好几十。

但是，世上一切都是平均分配的，有了善就有了恶，有直树就有弯材；这沟里偏偏就野虫特多。夏秋之际，那花脚蚊虫成群成团追人叮血，若要大便，必须先放火烧起身旁茅草，只能在烟雾腾腾之中下蹲。蛇更是到处都见，行走手里不能断了木棍，见草丛就要磕打。野蜂又多，隐在树下，稍不留神惊动了，嗡嗡而来，需立即伏地不动，要是逃奔扑打，愈跑愈追，愈打愈多，立时蜇得面目全非。更可恶的是狼，常在夜里游荡，这一年竟不知从哪儿跑来两只灰色的老狼，凶残罕见，伤害了不少过往行人，接骨老汉也就在这一场狼事中死去了。

对于老汉的死，传说众多，最可靠的说是一个夜里，老两口在炕上睡下了，炕是用木柴火烧热的，因火过旺，炕烙得厉害，老两口卸了小卧房门垫在席下。席是竹篾子织的，天长日久，身子皮肉的磨蹭，汗液的浸蚀，烟火的熏燎，已经焦红光亮得如上了一层漆。刚刚重新睡好，就听见敲门声，声音又怪，像是用手在抓。问了几声，没有人答，隔窗一看，外边月光白花花的，竟有一只老狼半立着抓门，又刨门下土。老婆啊了一声就吓瘫了，老汉说：坏了，这正是那条恶物，今日是要我的命来了！老婆就跪在炕上磕头作揖，求天保佑，老汉便隔窗对狼说：“狼，你是吃我的吗？我是医生，一把老骨头，你要来吃我？真要吃，我也没办法，你不要挖门，我开门让你进来吧。”门开了，狼并不进来，只是嗥嗥地叫，老汉感到疑惑，说：“你不是为了吃我，难道要我去治病不成？”狼顿时不叫了，头扬着直摇尾巴。老汉好生奇怪，又说：“真是治病，你后退三步吧。”狼真的又后退了三步。老汉只好要跟狼去，老婆抱住不放，老汉流着泪说：“这有什么办法？反正是一死，我就随它去了！”狼在前边走，他在后边走，狼还不时回头看看，他只好捏着两手汗脚高步低跟着。不知走了多少路，到了半山腰一个石洞前，那狼绕他转了一圈，就进了洞去，不一会儿引出另一条更老的狼来，一瘸一跛的，反身后退在他面前。他一低头，才发现这条狼的后腚上肿得面盆大一个脓包，水明明的。他战战兢兢不敢近前，两条狼就一起嗥叫，他捡起一节树枝，猛地向那脓包刺去，病狼惨叫一声，脓水喷了出来。他撒脚就跑，一口气到了山下，回头看时，狼却没有追他，失魂落魄回到家里，天已经快大亮了。

给狼看病的事一传开，没有人不起一身鸡皮疙瘩，又个个惊奇，说这野虫竟然会来请医，莫非成了狼精，这条沟怕从此永远遭殃了。却又更佩服起老汉的医术：“哈，连狼都请他看病哩！”但老汉却睡倒了三天，起来后性格大变，再不肯多说多笑，也从此看病不再收钱。但是，一个月后，狼又在一个夜里抓他的门了，他拿了菜刀，开门要和狼拼时，那狼却起身走了。那门口放着一堆小孩脖子上戴的银项圈、铜宝锁。他才明白这是狼吃了谁家的小孩，将这戴具叼来回报他的看病之恩了。老汉一时感到了自己的罪恶，对老婆说：“我学医是为人解灾去难的，而这恶狼不知伤害了多少性命，我却为它治病，我还算个什么医生呢?!”就疯跑起来，老婆去撵，他就在崖头跳下去死了。

这事是不是真实，反正这条沟里人都这么讲，老汉死的那几天，没有一个人不痛哭流涕。十六家人就联合起来组成猎队，日日夜夜在沟里追捕那两条老狼，三个月后终于打死了恶物，用狼油在老汉的坟前点了两大盆油灯，直点过五天五夜油尽灯熄。至今那老汉的坟前有一半间屋大的仄石为碑，上凿有老汉的高超医术和沉痛的教训。

沟里没了害人之物，过往行人就又多起来。十六户人家就又共同筹资修起山路，修了半年，方修出八里路，但他们有他们的韧性，下决心继续修下去，说："这一辈人修不起，还有娃辈，娃辈不成，还有孙辈，人是绝不了根的，这条沟说不定还要修火车呢！"

桃冲

从商洛进入关中，本来只有一条正道：过武关，涉五百里河川，仰观山高月小，俯察水落石出，在蓝田县的峪口里拐六六三十六个转角弯儿才挣脱而去。但是，谁也没有想到，就在西岳华山的脚下竟有了一条暗道，使这个保守如瓶的商洛从此开了后门：这就是由北而南的石门河了。天地永远平行，平行使它们天长地久，日月相随相附，日月使圆缺盈亏；河流肆流，总会交合，所以本来很伟大的，很有个性的河道水流，便大的纳了小的，浊的混了清的。这石门河原来是一流莹亮的玻璃，河底的一颗石子都藏不住，偏偏在一处叫尖角的地方，就与混浊不堪的洛河相遇了。清浊交汇，流量骤然增大，又偏偏右有石崖，左有石崖，相搏相激的水声就惊涛裂岸，爆发出极大的仇恨。先是一边清，一边浊，再是全然混混，那一尺多厚的白沫、枯枝、败叶、死猫臭狗，就浮在两边石崖根下，整日整夜，扑上来，又退下去，吃水线一层一层蚀在那崖壁上，软的东西就这么一天一天将硬的石崖咬得坑坑洼洼。而靠近水面的地方，暗洞就淘成了，水在里边酝酿、激荡，发出如瓮一样嗡嗡韵声，冬日，或天旱之夏，水落下去，那石洞就全然裸露，像一间一间房屋，沿河边过往的人，有雨在那里避淋，有日在那里歇凉。一到涨水，远近的人就站在石洞顶上突出的地方，将粗长麻绳一头系在身上，一头拴在石嘴，探身在那里捞取上游冲下来的原木、柴草，或者南瓜、红薯。此时节，女人是禁止到那里去的。男人皆脱个精光，一身上下的青泥。常常有粗大木料漂下来，有人就沉浮中流，骑在木料上向岸边划游。结果就有发了横财的，但也有从此再没有上岸的，使老婆、儿女沿岸奔跑哭嚎，将大量的纸钱、烧酒抛在水中。但是，到了初夏，或者秋末，水势大却平稳，上游七里地的地方，洛河面架有几十丈长的双木绑成的板桥，石门河则以石头支成六十多个的列石，“紧过列石慢过桥”，一般老人、妇女、孩子是不能胜任的，那下游就从这边石崖上到那边石崖上拉一道铁丝，一只渡船就牵着铁丝悠悠往返。摆渡的是一个老汉，因此挣了好多零钱，等这一带人都还没有穿上凡立丁布的时候，老汉就第一个穿了，见风就飘，无风也颤；他的一个儿子，一个小女，甚至连那个红眼老婆，也都穿上了灯芯绒衣裤。并且没事一家人都到船上来，一边摆渡，一边将最稀罕的收音机放在船头，咿咿呀呀地唱。没有不热羡老汉的，“他怎么就这般好过呢?!”有人就有了嫉恨，盼望老汉某一日船突然破了，或许失脚掉在水里。

老汉是桃冲人，活该要发财。他身体很好、能吃能睡，还能喝酒。河里涨大水了，就收了船去，系在门前的一株弯身老桃树下，要么父子抬起来，一直停搁在台阶上。有人想趁大水将那缆绳砍断，或者推下去让水冲走，却毫无办法，因为老汉是住在桃冲的。

桃冲就在两河相汇处。这简直是个不可思议的地方，两水交合的中间竟夹出一个小小的两头尖的滩。滩四边很平，中间才突然隆起一个高地，周围用石头砌了，成一个平台。老汉的家就住在平台上。先是房屋并不多，三间“五檩四椽”明檐上厅，两边各两间茅草厦舍，门前是一个土场，堆一座两座麦草，蹲三个四个碌碡。后来就有了两户本家，借着老汉父辈的交情也搬住过来，横七竖八地也盖了些房，那场地就移在平台下的滩上。这台上台下，滩里滩外，都种植了桃花。三月天里，桃花开得夭夭的，房子便只能看出黑的瓦顶，到了桃花败的时候，红英坠落，河里就一道一溜红的花瓣兜着漩涡向下流去。环境如此美好，自然都是主人日月宽绰所致。而且到了后来，为了使这块地方常年有颜色，又在桃林中植了竹子。这方圆竹子是极稀少的，但在这里却极快繁衍开来，几年光景，一片碧绿，一片清韵，桃花也显得更红更艳得可爱了。

年年河里涨水，两岸的石崖洞口全都淹了，但从未有水淹过这滩，滩边也从不曾以石筑堰。最大程度，这水可以浸没了场地，但平台依然无事。两边捞木料、柴火的人，眼瞧着台上的人毫不费力地站在门前用长长的捞兜就可轻易收获，更是气得咒骂。于是到处都在传说：这滩是龙的脊背，水涨，滩也在涨。

但是，这滩上的人家毕竟和左岸的人家是一个生产队，他们要干活，就都要到左岸去或到右岸去。左岸的石崖下是一个村庄，房子依崖而筑，门前修一洼水田，前边用偌大的石头摞成滚水形大堤，堤上密密麻麻长满了柳树。因为水汽的原因吧，这石崖是铁黑色的，这树也是铁黑色的，房屋四墙特高特高，又被更高更高的柳树罩了上空，日光少照，瓦就也成了铁黑色，上边落满了枯叶，地面常年水渍渍的潮湿，生出一种也是铁黑色的苔茸。铁黑色成了这里统一的调子，打远处看，几乎山、林、房不可分辨，只感觉那浓浓的一团铁黑色的地方，就是村庄了，从村庄往下弯去，便是淤沙地，肥得插筷子都能出芽的土。村子里的人都孤立滩上的人，富使他们失去了人缘。在涨大水的时候，滩上人不得过去，村里分柴分菜，就没有他们的份。滩上人也不计较，反倒穿着清楚，说话口大气粗，常常当着众人面掏烟袋，总要随便带出一角二角钱来，接着又那么随便地胡乱往口袋一塞。而村子里的人在桃熟时，夜夜有过来偷桃吃的，或许一到夏天，就来偷采嫩竹叶去熬茶。滩上人看见了，从不撵打，反倒还请进家去，尽饱去吃，只要求留下桃核，说积多砸仁，一斤可卖得五角多人民币呢。

右岸却比左岸峻峭多了，河边没有一溜可耕种的田，水势倒过去，那边河槽极低，平日不涨水也潭深数丈。遇到冬天，水清起来，将石片丢下去，并不立即下沉，如树叶一般，悠悠地旋，数分钟才悄然落底。太阳是从来照不到那里去的，水边的崖壁上就四季更换着苔衣。有一条路可到山顶，那里向阳处是一丛细高细高的散子柏，顶上着一朵小三角形叶冠，如无数根立直的长矛，再后，一片如卧牛一般的黑顽石，间隙处被开掘了种地，一户人家就住在那石后。这人家是属于另一个生产队的。滩上的人却与这户人家极好，桃熟了送桃，竹叶泡制了送茶。因为侧着这户人家往右斜去，便是山崖最陡的地方，稀稀落落长些如桩如柱的刺柏，半壁有一个石洞，洞内住满了成千上万的扑鸽，平日飞出来，旋风般地在崖前河上空起落，一片白影，满空哨音。那深潭的水面清风徐来，被日光一照，洞下的石壁上就浮幻出一片奇丽的光影，像云在翻滚，像海在涨潮，像万千银蛇在舞。滩上的人在午饭时，个个端了碗坐在门前往这边看，说是看电影。那扑鸽就整天绕着光影激动，后来发现，石洞里有几尺厚的扑鸽粪，滩上人就经山上人家同意，将绳系在山上树根，慢慢吊身下去，进洞扫粪，每年扫一次可得十三四筐哩。这肥料施给烟和辣子，收获极好，这又给滩上人家增加了一份不少的收入。摆渡老汉曾一次进洞，大胆地往深处走，出来说：洞大可容数百人，行进五十步后洞往下，视之荧光如瑶室，石壁间乳脂结长数尺，或如狮而踞，或如牛而卧，或如柱如塔，如栏杆，如葡萄挂，又有小如翎眼、薄如蝉翼的东西散布，像是飞霜在林木上。再往下，竟有了水池，水中石头皆软，捡出则坚，击之，皆成钟声。如此绝妙，逗人兴趣，但却再无一人敢缚绳进洞。

这黑石崖更有无比好处，表面铁黑，凿开却尽是石灰石，白得刺眼。老汉的儿子长大了，比老汉更精明，又多了一层文化，就第一个动手开石，私人在那里烧石灰：将石灰石和炭块一层隔一层垒起，外用土坯砌了，泥巴涂了，在下点火烧炼，一直烧七天八夜，泥巴干裂，扒掉土坯，即是白面一般的石灰了。石灰销路很广，两岸人争相来烧，从此那里就成了石灰窑场，一家接一家，日夜烟火不熄。大家都烧起来了，老汉一家却偃旗息鼓，只是加紧摆渡，从右到左运人，从左到右载灰。滩上人越发富了，左岸右岸的人的腰包也都鼓囊囊的了。

但是，这窑烧过一年，烟火就熄了，窑坑也坍了，老汉的渡船横在滩前的浅水里，水鸟在上边屙下一道一道的白屎，不久，老汉也悄悄在这桃冲消失了。

那是社教一开始，干部人人“下楼”，生产队的队长、会计都下台了，老汉成了走资本主义道路的尖子，鸡毛蒜皮一律算上，老汉一家要交出五千元的“黑钱”。结果，变卖了一切家具，又溜了四间厦子房上的瓦，一家就穷得干腿打得炕沿子响了。这个生产队家家没了来路钱，但心里倒还乐哉了：因为老汉垮了，一个令人起嫉妒火的角色从此没有了。要富都富，要穷都穷，这是他们的人生理想。老汉带着一家人就出了山，跑到远远的河南去落脚了。

十年过去了，十八年过去了，石门河和洛河依然流动。依然相汇，桃冲依然没有被水冲去。只是洛河上游建了好多电站、水库，河水渐渐小多了。那只小小的渡船，再也没有了。人们又在上走七里的地方恢复那长长的列石和长长的双木绑成的板桥。大胆的依然从上面经过，胆小的就又绕十里地去过那一条水泥大桥。人们再也不穿当年最时兴的凡立丁布了，全穿上了的确良和涤卡。桃冲的桃树花开花落，村里人不免想起了老汉一家，觉得那家是委屈了，后悔当时那么嫉恨人家，而怀念起老汉的精明和能干，说那船摆得好，费也收得不多。“现在的政策是用着老汉那种人了，他要活着不走，该是万元户，要上县城戴花领奖了呢!”

也就在这一日，老汉突然回来了，依然带着一个老婆，一个儿子，一个小女。当出现在河畔的时候，人们都惊喜了，一起围上去，叫着老汉的名字，但又万分惊讶：近二十年过去了，老汉竟还是当年的样子?！老汉说：他并不是那老汉，而是老汉的儿子。人们才真的发觉果然是老汉的儿子；儿子也长成老汉了！儿子再说，他的父亲早去世了，娘也死了三年，老两口临死都念叨桃冲是好地方，让儿子将来一定把他们的骨头带回去，埋在滩上。众人捧着儿子背上的红布包儿，里边是一口精制的匣子，装着老两口的碎骨，装着一对桃冲主人的鬼魂；热泪全流下来了。他们欢迎老汉的后辈回来，帮他们在桃冲修整了房舍，老汉就在门楣上贴了一副对联：

经去归来只因世事变幻

老安少怀共叙天伦之乐

儿子长着老子的模样，也有着老子的秉性，善眉善眼儿，却心底刚强，体力虽然不济了，却一定要造起一个渡船来，继承父亲的工作。儿子水中的功夫似乎比老子更高一着，不用铁丝，船只也可自由往来，不管刮风下雨，不论白日黑夜，这边岸上有人吆喝，船便开动了，汩汩地从桃花丛里推出船，一篙点地，船就箭一般嗖嗖而去。而且一张嘴十分诙谐，喜欢和晚一辈的小女子，俊媳妇戏说趣话，船上做伴的小女就拿眼瞪着，说：“爹……!”做爹的倒更高兴，遇着好男孩子，总要说让这小男将来到桃冲招女婿，小女就羞得脸红，拿水撩他。

儿子的儿子，又是一个当年老汉的儿子，一身的疙瘩肉，就整日整夜在左边岸上放炮开石，挖窑烧灰。到了初冬，小伙就特别喜欢捕鱼，将竹子砍下来，结起竹筏，涉水中流，又倚崖傍石挂网，又常常没进水里，捕上一筐一筐鱼来。当地人是不大吃鱼的，就卖给县城机关去，八角钱一斤，一次可获六七十元。落雪时节，河边结了冰，就凿冰垂钓，赤脚踩水，冻得嘴脸乌青，口不能言，就在石崖下生火取暖，但又不敢近火边，唯恐寒气入腹。老娘和小媳妇都叫他不要干这种营生，他只是笑笑：倒不是为钱，却为着乐趣。

那做娘的和小媳妇，全是河南人。河南的地方产白麻，她们都是种白麻的能手，就在桃冲滩移植，果然丰收。一时两岸人就兴起种白麻，一到冬日，河滩就挖出大大小小的浅坑沤麻。常常又哼河南坠子，两岸人都叫着好听，那河南的土话就人人都能说出三四句了。

日子一天天又富起来。人人都富，所有的人心就齐了；谁也不嫉恨桃冲的人，桃冲的人家又大种桃花和青竹。五月时节，这平台上就又只能看得见黑色的瓦顶了，一到黄昏，人们歇息的时候，那黑石崖上的扑鸽又旋风似的在河面上空飞动，石壁上的离离奇奇的光影又演起来，桃冲滩上的人就都瞧着好看。摆渡的老汉却悠闲了，就在水边的桃花林里，舟船自横，他坐在那里戴着硬式石头镜看起书来。他看的是陶渊明的诗：

采菊东篱下
悠然见南山

一抬头，就看见河对面的石崖下，石灰窑的烟雾正袅袅而上，日光照在水面，又反映过去，烟雾却再也不是白的、灰的，却成了一种淡淡的综合色。他眼睛不好，终没有分辨出那里边是有红的，还是有蓝的、白的、黄的。

一对情人

一出列湾村就开始过丹江河，一过河也就进山了。谁也没有想到这里竟是进口；丹江河拐进这个湾后，南岸尽是齐楞楞的黑石崖，如果距离这个地方偏左，或者偏右，就永远不得发现了。本来是一面完整的石壁，突然裂出一个缝来；我总疑心这是山的暗道机关，随时会砰然一声合起来。从右边石壁人工凿出的二十三阶石级走上去，一步一个回响，到了石缝里，才看见缝中的路就是一座石拱桥面，依缝而曲，一曲之处便见下面水流得湍急，水声轰轰回荡，觉得桥也在悠悠晃动了。

向里看去，那河边的乱石窝里，有三个男人在那里烧火，柴是从身后田地里抱来的包谷秆吧，火燃得很旺，三个人一边围火吃烟，一边叫喊着什么，声音全听不见，只有嘴在一张一合，开始在石头上使劲磕烟锅了，磕下去，无声，抬上来了，"叭"地一下。

走出了石缝，那个轰轰的世界也就留在了身后，我慢慢恢复了知觉，看见河两边的白冰开始不断塌落，发出细微的嚓嚓声，中流并不是雪的浪花，而绿得新嫩，如几十层叠放在一起的玻璃的颜色。三个人分明是在吵嚷了，一个提出赶路，另一个就开始骂，好像这一切都是在友善的气氛中进行，只有这野蛮的辱骂，作践，甚至拧耳朵，搡拳头才是一种爱的表示。

"看把你急死了！二十八年都熬过来了，就等不及了？"一个又骂起来了。"她在她娘家好生生给你长着，你罕心的东西，发不了霉的，也不会别人抢着去吃了！馍不吃在笼里放着，你慌着哪个？"

另一个就脚踏手拍地笑，嘴里的烟袋杆子上，直往下滴流着口水。火对面的一个光头年轻的便憨呼呼地笑，说："她爹厉害哩，半年了，还不让我到他们家去。"

"你不是已经有了三百元了吗？"

"三百五十三元了。"光头说，"人家要一千二，分文不少！"

“这老狗！遇着我就得放他的黑血了！你掮了一个月的椽，才三百元，要凑够千二，那到什么时候？等那女的得你手了，你还有力气爬得上去吗？我们都是过来的人，你干脆这次进山，路过那儿，争取和她见见，先把那事干了再说！一干就牢靠了，她死了心，是一顿臭屎也得吃，等生米做了熟饭，那老狗还能不肯？”

光头直是摇头。两个男人就笑得更疯，一个说：“没采，没采，没尝过甜头呢！”一个说：“傻兄弟，别末了落个什么也没有！”光头一抬脸儿瞧见我了，低声说：“勾子嘴儿没正经，别让人家听见了！”

我笑笑地走过去，给他们三人打了招呼，弯腰就火点烟时，那光头用手捏起一个火炭蛋，一边吸溜着口舌，一边不断在两个手中倒换，末了，极快地按在我的烟袋锅里。我抽着了，说声“祝你走运！”他们疑惑地看着我，随即便向我眨眼，却并不同我走。在等我走过河上的一段列石，往一个山嘴后去的时候，回头一看，那三个男人还在那里吃烟。

转过山嘴，这沟里的场面却豁然大了起来。两山之间，相距几乎有二里地，又一溜趟平。人家虽然不多，但每一个山嘴窝里，就有了一户庄院，门前都是一丛竹，青里泛黄，疏疏落落直往上长，长过屋顶，就四边分散开来，如撑着一柄大伞。房子不像是川道人家习惯的硬四川式的屋架，明檐特别宽，有六根柱子露出，沿明柱上下扎有三道檐簸，上边架有红薯干片，柿子，包谷棒子。山墙开有两个“吉”字假窗，下挂一串一串的烤烟叶子，辣椒辫儿。门前有篱笆，路就顺着一块一块麦田石堰绕下来，到了河滩。

河水很宽，也很浅，看着倒不是水走而是沙流，毛柳梢，野芦苇，一律枯黑，变得僵硬，在风中铮泠泠颤响。我逆河而上，沙净无泥，湿漉漉的却一星半点不粘鞋。山越走越深，不知已经走了多少里，中午时分，到了一个蛋儿窝村子。

说是村子，也不过五户人家，集中在河滩中的一个高石台上。台前一家，台后一家，台上三家。台子最高处有一个大石头，上有一个小小的土地神庙，庙后一棵弯腰古柏。我进去讨了吃喝，山里人十分好客；这是一个老头，一尺多长的白胡子，正在火塘口熬茶，熬得一个时辰，倒给我喝，苦涩不能下咽。老头就皱着眉，接着哈哈大笑，给我烫自家做的柿子烧酒。一碗下肚，十分可口，连喝三碗，便脖硬腿软起来，站起身要给老者回敬，竟从椅子上溜下桌底，就再也不省人事了。

一觉醒来，已是第二天早上，老者说我酒量不大，睡手倒好，便又做了一顿面条。面条在碗里捞得老高，吃到碗底，下面竟是白花花的肥肉条子！我大发感慨，说山里人真正实在，老者就笑了：“这条沟里，随便到哪家去，包你饿不了肚子！只是不会做，沟垴驼子老五家的闺女做的才真算得上滋味，可惜那女子就托生在那不死的家里！”

我问怎么啦？老者说：“他吃人千千万，人吃他万不能，一辈子交不过！今年八月十五一场病只说该死了，没想又活了……甭说了，家丑不可外扬的。”我哈哈一笑，对话也便终止，吃罢饭继续往深山走。

中午赶到山垴，前日所见的那三个男人有两个正好也在河边。身边放着三根檩木，每根至少有一百五六十斤，两个男人从怀里掏出一手帕冷米饭，用两个树棍儿扒着往口里填，吃过一阵，就趴在河里喝一气水。见了我，认出来了，用树棍儿筷子指着饭让我。

“那个光头呢？”我问了一句。两个男人就嘻嘻哈哈地笑，用眼睛直瞅着左身后的山洼洼眨眼。

我坐下来和两个男人吃烟，他们才说：光头去会那女子了。他们昨日上来，三个人就趴在这里大声吹口哨，口哨声很高，学着黄鹂子叫，学着夜猫子叫。这叫声是女子和光头定的约会暗号。果然女子就从山根下的家里出来，一见面哭哭啼啼，说她爹横竖为难，一千二百元看来是不能少的，商定今日从山梁那边掮了木头回来再具体谈谈，今天下来，女子早早就在这里等着。现在他们放哨，一对情人正在山洼洼后边哩。

我觉得十分有趣，也就等着一对情人出来看看结果。这两个男人吃足喝饱了，躺在石头上歇了一气，就不耐烦了，一声声又吹起口哨，后来就学着狼嗥，如小孩哭一样。果然，那山洼洼后就跑来了光头，一脸的高兴。一个男人就骂道：“你好受活！把我们就搁在这儿冷着?!”光头说：“我也冷呀!”那男人就又骂道：“放你娘的屁，谈恋爱还知道冷？”另一个就问：“干了吧？你小子不枉活一场人了!”光头又摇头又摆手，两个男人不信，光头便指天咒地发誓，说他要真干了，上山滚坡，过河溺水。一个男人就叫道：“你哄了鬼去！我什么没经过，瞧你头发乱成鸡窝，满脸热汗，你是不是还要发誓：谁干了让谁在糖罐里甜死，在棉花堆上碰死，在头发丝上吊死!?”

光头一气之下就趴在河边喝水，叽哽叽哽喝了一通，站起来说：“现在信了吧?!”

两个男人便没劲了。光头却从怀里掏出一包红布卷儿，打开说：“女子和我一个心的，和她爹吵了三天了，她爹直骂她是‘找汉子找急了!’要当着她在担子上吊肉帘子。她只好依了他，说定一千二分文不少，但她就偷了她爹一百元，又将家里一个铜香炉卖了一百元，又挖药赚了一百元，全交给我啦!”

两个男人“啊”的一声就发呆了，眼红起来，几乎又产生了嫉妒，将光头打倒在地上说：“你小子丑人怪样子，倒有这份福分！那女子算是瞎了眼，给了钱，倒没得到热火，把钱撂到烂泥坑了！”

光头收拾了布包，在衬衣兜里装了，用别针又别了，说这别针也是那女子一块带来的。“我抱了一下，亲了一口哩。”

“好啊，你这不正经的狂小子！你怎么就敢大天白日在野地里亲了人家？那女子要是反感起来，以为你是个流氓坯子，那事情不是要吹了吗？人家亲了你吗？”

“亲了，没亲在嘴上。你们吹了口哨，我一惊，她亲在这里。”光头摸着下巴。

后来，三个男人又说闹了一通，就掮起檩木出发了。他们都穿着草鞋，鞋里边塞满了包谷胡子，套着粗布白袜子，三尺长的裹腿紧紧地在膝盖以下扎着人字形。天很冷，却全把棉衣脱了，斜搭在肩上，那檩木扛在右肩，左手便将一根木棒一头放在左肩，一头撬起檩木，小步溜丢地从河面一排列石上跳过。

就在这个时候，对面山梁上一个人旋风似的跑下来，那光头先停下，接着就丢下檩木跑过去。我们都站在这边远远看着。过一会儿，光头跑来了，两个男人问又是怎么啦？光头倒骂了一句："没甚事的，她在山上看着咱们走，却在那里摘了一个干木胡梨儿，这瓜女子，我哪儿倒稀罕吃了这个?!”两个男人说："你才瓜哩！你要不稀罕吃了，让我们吃！”那光头忙将木胡梨儿丢在口里就咬，噎得直伸脖子。

这天下午，我并没有立即到山梁那边去，却拐脚到山根下的那人家去。这是三间房子，两边盖有牛棚，猪圈，狗窝，鸡架，房后是一片梢林，密密麻麻长满了栲树，霜叶红得火辣辣的。院子里横七竖八堆着树干、树枝，上屋门掩着，推开了，烟熏得四堵墙黑乎乎一片，三间房一边是隔了两个小屋，一间是盘了一个大锅台，一间空荡荡的，正面安一张八仙大桌，土漆油得能照出人影，后边的一排三丈长的大板柜上，摆满了大大小小瓦盆瓦罐，各贴着“日进百斗”“黄金万两”的红字条。

“有人吗？”我开始发问，大声咳嗽了一声。

西边的前小屋里一阵阵窸窸窣窣响，走出个人来，六十岁的光景，腰弓得如马虾，人干瘦，显得一副特大的鼻子，鼻翼两处都有着烟黑，右手拄着一个拐杖。让我坐下，便把那拐杖的小头擦擦，递过来，我才看清是一杆长烟袋。我突然记得蛋儿窝那老者的话，这莫非就是那个驼背老五吗？我后悔偏就到了他家，这吃喝怕就要为难了。我便故意提出买些饭吃，他果然讷讷了许久。说家里人不在，他手脚不灵活，又说山里人不卫生，饭做得少盐没调和的，但后来，还是进了小屋去，站在炕上，将楼板上吊的柿串儿摘下三个柿子端出。这柿子半干半软，下坠得如牛蛋，上边烟火熏得发黑，他用手抹抹灰土，说："这柿子好生甜哩！冬天里，我们一到晚上吃几个，就算一顿饭了呢！”

我问：“家里就你一个人吗？”

“还有个女子。”

“听说面条做得最好？”

“你知道？你怎么知道了？你一定知道她的坏名声了！这丢了先人的女子，坏名声传得这么远啊！咳咳，女大不中留，实在不能留啊！”

这驼背竟莫名其妙地骂起女儿来，使我十分尴尬。正不知怎么说，门口光线一暗，进来一个女子，却比老汉高出一半，脸子白白的，眼睛大得要占了脸三分之一的面积，穿一身浅花小袄，腰卡得细细的，胸部那么高……

我从来没见过这么出脱的女子！

“爹，你又嚼我什么舌根了?！我到山上砍柴去了！”那女子说着，就拿眼睛大胆地盯我。我立即认出这女子就是和光头好的那个，刚才没有看清眉脸，但身段儿是一点不会错的。

“砍柴？不怕把你魂丢在山上？一天到黑不沾家，我让狼吃了，你也不知道哩！我在匣子里的钱怎么没有了？”

我替那女子捏了一把汗。那女子却倒动了火：“你问我吗？我怎么知道？你一辈子把钱看得那么重，钱比你女子还金贵，你问我，是我偷了不成！”

老汉不言语了，又嚷道山里老鼠多，是不是老鼠拉走了？又怀疑自己记错了地方？直气得用长烟袋在门框上叩得笃笃响。那女子开始要给我做饭，出门下台阶的时候，我发现她极快地笑了一声。

饭后我要往山梁那边去，那女子一直送我到了河边。我说：“冬天的山上还有木胡梨吗？”

“不多见到。”她说，立即就又盯住了我，脸色通红。我忙装出一切不理会，转别了脸儿。

在山梁后的镇上干完了我的事，转回来，已经是第五天了。我又顺脚往驼背老五家去，但屋里没有见到那女子，老汉卧在一堆柴草中，鼻涕一把泪一把地哭。好容易问清了，才知老汉后来终于想起那笔钱就是装在匣子里，老鼠是不会叼的，便质问女儿。女儿熬不过，如实说了，老汉将女儿打了一顿，关在柴火房里，又上了锁。

等到第三天，那光头又掮木头走到河边，向这里打口哨，那女子就踢断后窗跑了。老汉追到河边，将那光头臭骂了一顿，说现在就是拿出十万黄金也不肯把女儿嫁给他了。女子大哭，他又举木棍就打，那光头的两个同伴男人扑过来，一个夺棍，一个抱腰，让光头和女儿一块逃走了。

“这不要脸的女子！跟野汉子跑了！跑了！”老汉气得又在门框上磕打长杆

烟袋，“叭”地便断成两截。

我走出门来，哈哈笑了一声，想这老汉也委实可怜，又想这一对情人也可爱得了得。走到河边，老汉却跑出来，伤心地给我说：“你是下川道去的吗？你能不能替我找找我那贱女子，让她回来，她能丢下我，我哪里敢没有她啊！你对她说，他们的事做爹的认了，那二百元钱我不要了，一千元行了，可那小子得招到我家，将来为我摔孝子盆啊！”

龙驹寨

龙驹寨就是丹凤县城。整个商州在外面世界，知道的人是不多的，但能知道商州的，也便就知道龙驹寨了。丹江从秦岭东坡发源，冒出时是在一丛毛柳树下滴着点儿，流过商县三百里路，也不见成什么气候，只是到了龙驹寨，北边接纳了留仙坪过来的老君河，南边接纳了寺坪过来的大峪河，三水相汇，河面冲开，南山到北山距离七里八里，甚至十里，丹江便有了吼声。经过四方岭，南北二山又相对一收，水位骤然升高，形成有名的阳谷峡，乱石穿空，惊涛裂岸，冲起千堆雪，其风急水吼，使两边石壁四季不生草木。刚一转弯，陡然一个葫芦形的大坝子，东西二十三里之遥，南北十五里长短，龙驹寨就坐落在河的北岸，地势从低向高，缓缓上进，一直到了北边的凤冠山上。凤冠山更是奇特，没脉势蔓延，无山基相续，平坦地崛而矗起，长十里，宽半里，一道山峰，不分主次，锯齿般地裂开，远远望之宛若凤冠。山的东侧，便流出一水，从几十丈高的黑石崖上跌下，形成一道瀑布，潭深不可测，瀑布注下，作嘭嘭巨响，如鸣大鼓，这便是产乌骓马的地方。龙驹寨背靠奇山，足蹬异水，历代被称为宝地。据说早年一州官到了此地，惊呼长叹：此帝王风水也！但是，从远古到如今，这里却没有产生过帝王国君，也没有帝王国君在这里留下什么足迹。一帮阴阳师解释说：千年精光，万年神气，本是应出天之骄子，只是当项羽得了龙潭黑龙，化作乌骓马后，这凤冠山的赤凤刚刚冒出雄冠，便再没有出来，龙飞凤舞的年代从此也就消失了。

正如破落的家族再贫再穷但家风未倒一样，龙驹寨终未发迹，但毕竟仙气奇气犹在。清末以前的几千年里，这里的大码头威名于世。全商州的人大都是旱鸭子，在山上可以飞走如兽，但在水里，犹如一块石头，立即沉底。只有龙驹寨人，上山可以打猎，下河可以捕鱼。遗憾的是现在，山川活动，日走星移，春夏秋冬，寒暑交替，丹江水渐渐小起来，又加上商县沿河两岸，大沟小溪，修筑电站，水库，河水只有了往昔的三分之一，两岸人口增多，向河滩要田，河面也愈来愈窄，从此，龙驹寨再没有往来大船，只是南北岸头拴拉一道铁索，一只渡舟，一个船公，攀扯铁索，舟便直线而去，直线而归，载两岸人走动，但是，龙驹寨人的口气从未减弱，凡是外地来客，第一是要介绍那南城边的平浪宫的。这宫是当年码头水工所建筑，高十五丈，木石结构，雕梁画栋，这是光荣历史的记载和见证，若是客人讥笑“过去的都过去了!”龙驹寨人就丢剥上衣，用指甲在胳膊上、胸膛上抓出几道印来，不是暗红，却显白色，以此显示是在水里泡成的水色，说：有种的，下河去交手?！外地客就畏而却步，拱手求饶了。

正是这块地方，是方圆几百里地政治、经济、文化、交通、贸易的中心点。龙驹寨人的山性、水性比别的地方高强。解放前的战争年代，这里成了红、白拉锯区。游击队司令巩德芳就是龙驹寨西二十里路的巩家湾人，巩司令的得力干将，游击队团长蔡兴运就是龙驹寨西十三里路的磨丈沟人。那时节，龙驹寨里没有安生日月，常常夜半三更，枪声就响，全城人胆大的蹲在屋顶看热闹，下边的人问：“哪儿出事了?”上边的人说：“北山的。”北山的，就是指巩蔡的人马，因为他们的根据地就是北五六十里外的留仙坪。“打得凶吗?”“保安部房着了!”话语未落，“嘎咕儿”一声，一颗流弹飞来，将房上脊兽打得粉碎，看热闹的就从屋檐掉下，再也不敢出门。也常常在第二天，那平浪宫大门上要么悬挂保安队什么长的头颅，要么是保安队捉缉巩蔡的布告，也常常从商县方向下来大批部队，围住全城，搜查“共匪”，鸡飞而狗咬。

这些“北山的”，几年里攻进龙驹寨好多次，但不久就又退出，直到一九四九年，一举拿下，全歼了保安队，龙驹寨彻底解放。接着行政区域化寨为县，也就从那时起，龙驹寨便开始慢慢被外界遗忘，只知道丹凤县城了。

在差不多三十年里，龙驹寨基本上没有变样。从丹江一上岸，便是县城；说是县城，其实一条街道而已。凤冠山东西两侧分别流下两条小河，东是东河，西是西河，县城的东关就是以东河为界，一座石拱桥，桥头一家酒店，进了酒店便算入了东关。西关也是以西河为界，一座石拱桥，桥后一座老爷庙，庙台下也便是西关口。整个街道，南北两排平房，相对平行，蔓延而去，北边的门对着南边的窗，南边人一口唾沫可以直接射进北边屋的中堂。街道并不端，呈出波浪形，从正空下看，两边高，接着低，中间却高，如平浮着一只舒展翅膀的飞鸟。若站在南山岭上，或是站在东四方岭上，街道的弯曲度一律由南趋向北，又像一只舒翅而北的飞鸟。街面没有铺一块砖，尽是斗大的、磨盘大的平面石头，有青碧色的，黄橙色的，瓦蓝色的，豆沙色的，白玉色的，长年月久，石板被脚踩出两边高中间低的洼势。每天早晨，人们去井台挑水，井台全在街南坡根下，不用辘轳，不用吊杆，水在凿出的一眼石窟里，用瓢舀着就是了。

挑了水，颤颤悠悠从那一个一个小巷道上来，井水便星星点点洒在石板上，终日不干。到了街的中间，也就是平浪宫后门那里，丹江渡口北上的路，凤冠山南下的路，在这里十字相交，便是整个县城最繁华的地面。从早到晚，小商小贩的货摊不撤，各家各户的酒家，烟铺，面馆，旅社，商店门面不关。房屋在这里也最挤，一间房在此可卖七百元，东西两头的只能售四百，所以，这里窗多，门多，每一处墙头也没了空隙，全被挂满广告招牌："王记麻花"，"特效老鼠药"，"麻家竹器"，"五味烧鸡"。以至有一年地震，一家房子向东倾斜，不久，一溜北排四十五家房子全然东斜，但十多年不曾倒下。

县城各地，都是一四七，二五八，三六九日逢集，龙驹寨不分日月，不论早晚，总是人多。在这几百里方圆，这里就是北京城，就是大上海，山民们以进城为终生荣耀。每到城里来，这十字交叉口，就又如北京的王府井，上海的南京路，虽然不为买卖，只图开眼，在那里挤得一身臭汗，或者踏丢了鞋，或者被小偷摸了钱包，也是心情痛快。最是那些深山人，尤其喜欢进城，鸡叫头遍就起身，穿得新新的，背着木材、土豆、柿饼、木耳、核桃、药草、兽皮，在县城专门市场出售了，或者背着背笼，或者挎着空篮，或者把皮绳缠在腰里，扁担掮在肩上，在大大小小的商店进进出出，百货看过。"喂，喂，"叫着售货员；售货员说："你在叫狗吗?"他们方学着城里人说句"同志!"却觉得拗口。再要"洋碱"、"洋盆"、"洋伞"。售货员再训："这儿没有外国货。"他们就脸红红的，出门却觉得高兴。然后沿街任步而走，玩猴的也看，吹糖人的也看，书店里也去，画店里也去，电影院前也看广告，法院门口也看布告，虽只字不识，但耳朵极灵，什么新闻都记在心里。然后就去那私人理发店里理个分头，油抹得重重的，粘成一片，左右分开。他们得意洋洋地下饭馆了，要一个沙锅豆腐，切一盘猪耳朵酱肉，三个蒸馍，一碗蛋汤，吃得满口流油，满头生汗，城里小生意人最欢迎这些顾客，一是可以赚得他们的，二是可以逗逗他们的痴憨；山里人满足了，城里人也满足了。

也是奇怪的事情，全商州最能跟上时代的，不是离西安省城最近的商县、洛南，往往却是龙驹寨。西安街头出现什么风气，龙驹寨很快也就出现什么风气；这就苦坏了四周八方的深山人。县城人穿起皮鞋，他们也要穿穿皮质的，便买了胶鞋，雨天穿，旱天也穿，常是里边出了汗泥，也不肯脱去，以致灌进冷水，抬脚动步，咕咕价响。后来，县城人又穿起空前绝后的凉鞋，他们就以布条仿制而成，常在山路上半天就穿烂了。他们慢慢恨起县城人变化无常，那卖山货的钱不能使他们跟上时代。但是，他们不知道龙驹寨人也有他们的苦恼：他们也在恨西安人一时一个样！比如才兴起窄裤管，一条裤子还未穿烂，又兴起宽裤管，像个布袋；才兴起波浪式的烫发，他们烫得满头卷毛，又买了电梳子，西安人却又热起日本型的了。

衣着时髦，热衷的当然是年轻人了。但是，最令全体龙驹寨人一天一天不满的是县城的城市建设。因为龙驹寨还没有一座二层楼，街道也没有用水泥铺，剧院没有，总租借丹凤中学礼堂公演。就是看电影，也是露天场地，一到阴雨天气，夜夜就简直无法活了。他们联合向上请求，县委、县政府也重视起来，先是水泥铺街面，栽路灯，再是沿凤冠山下的公路两边建新街，盖饭店大楼。龙驹寨街道的人总谋算有一天将他们的平房全部搬倒，都像大城市的人一样住三间一套的单元房，吃水有龙头，养花有凉台。但这一要求终未实现，他们归结于县上主事人不是龙驹寨人。这简直是一个不可思议的事，大凡解放以来，在这县城为领导的都是龙驹寨四周乡下人。于是，他们又得以结论：乡下人领导城里人；一旦做了领导的人，却后代皆不强不壮，不聪不明。比如，这个书记，那个县长，主任，局长，不是有傻儿痴女，便是吃喝玩乐，浪荡无赖而不成正果。龙驹寨人便都去谋官，谋不上了，就达观而乐："一人当官，三代风水尽矣!"

如今县城扩大了，商店增多了，人都时髦了，但也便哑巴吃黄连，有苦说不出。因为开支吃不消：往日一个鸡蛋五分钱，如今一角一只；往日木炭一元五十斤，如今一元二十斤还是青㭎木烧的。再是，菜贵、油贵、肉贵，除了存自行车一直是二分钱外，钱几乎花得如流水一般。深山人也一日一日刁猾起来，山货漫天要价，账算得极精。四舍五入，入的多，舍的少。更是修了丹江大桥，河南河北通途，渡舟取消，"关口、渡口、气死霸王"的时期过去了；要是往日夏秋发水，龙驹寨人赤条条背人过河，老太太有之，壮年婆娘有之，黄花少女也有之，背至中流，什么话也可说，什么地方也可摸，而且要多少钱，就能得到多少钱，如今闲在家里了。而且街道加宽，车辆增多，每天无数的手扶拖拉机涌来，噪音烦人，事故增多。再是每一家市民，每天家家有客，大舅二舅，三姨，五姨，七姑八婆，还有拐弯抹角的外甥，老表，旧亲老故，凡是进城，就来家用饭，饭还管得了，烟酒茶糖一月一堆开支。先还大礼招待，慢慢有啥吃啥，到了后来，就只有一张热情的嘴和一条冰冷的板凳了。城乡人便从此而生分了。毕竟乡下人报复城里人容易，若要挑着山货过亲戚门，草帽一按，匆匆便过，又故意抬价，要动起手脚，又三五结伙。原先是城里人算计赚乡下人钱，现在是乡下人谋划赚城里人钱；辣面里掺谷皮，豆腐里搅包谷面，萝卜不洗，白菜里冻冰……风气不好起来，先都自鸣得意，后来发觉自己在欺哄自己，待人不公平诚实的，就是县城人，乡下人抓住也打也骂，县城人抓住乡下人自然也打也骂，一些老年人也就自动当起义务宣传员，白日在市场纠察，夜里在四邻走访，一时这些老年人大受社会欢迎。老年人也乐得负责，只是都喜欢贪杯，常是一早一晚，几个人一起到酒馆去，站在柜台外，买得一两烧酒，一口倒在嘴里，顺门便走，久而久之，那口如同打酒列子，觉得少了，不行，觉得多了，滴点不沾。而这批老年人中，年事最高的，办事最认真的，口酒最标准的，是平浪宫后的刘来魁老汉。老汉是早年河上艄公，高个头、白胡子，八十三岁那年，全县城为他修了一匾，县长亲自送到家里，至今高悬中堂之上。

摸鱼捉鳖的人

在冯家湾已经待了五天。因为上游的土门公路出现塌方，班车一直没有下来，我不能到竹林关去，就天天抱着一本书到湾前河堤的树荫下去消磨时间。先是并不在意，后来老是遇着一个人在河滩上慢慢地走上去，一直走到远处的一座大石崖底下，然后又折过头慢慢地走下来，一双赤脚在泥沙里跳跳地踩，手里拿着一柄类似双股叉的东西在身子的前后左右乱扎。他从来不说话，也不见笑，那么走了两三遭后，就坐在河边那边碾盘大小的花岗石上，从怀里掏出一个酒瓶来，摸摸看看，就丢在水里。那酒瓶并不沉底，一上一下顺波逐流，渐渐就看不见了。

这条河是丹凤县和山阳县交界线。河的上游有一个小小的镇子，叫做土门，河的下游便是有名的风景区竹林关。关在陕西，关东是河南，关南是湖北，这便有了鸡鸣听三省之说。这个时候，虽然是夏季，但河水异常清澄，远处的那座大石崖遮住了太阳，将河面铺荫了半边，水在那崖下打着涡儿，显得平静，缓慢，呈墨绿色，稍稍往上看去，大石崖上边是最高的河床，因为两边山崖在河底连接，旱天少水的时候，那黑黑的石床就裸露出来，地层是经过地质变化的。一层一层石板立栽着，像是电焊过的鱼脊。现在那石层看不到了，水在上边泛着雪浪花。河水的哗哗声，也正是从那里发出的。再往上，河面就特别地宽，水是浅了些，也平得均匀，颜色绿得新鲜。两边山根下的水雾就升起来了，却是谁也无法解释的淡蓝色，袅袅腾起，如磷火一般。那人就一直看着那迷迷离离的山水，似乎已经是在瞌睡了。

“喂——!”我叫了他一声。

他回过头来。这是一张很不中看的脸，前额很窄，发际和眉毛几乎连起来，眼睛小小的，甚至给人一种错觉：那不是先天生的。是生后他的父母用指甲抠成的，或是绣花针挑成的。鼻根低洼下去，鼻头却是绝对的蒜头样。嘴唇上留着胡须，本来是嘴两边的酒窝，他却长在一对小眼睛下，看我的时候，就深深地显出来。在商州，我还没有见过这么难看的脸。“这也算是人吗?”我想。

“要过河吗?”他站起来，对我说。

我摇摇头，想不到他会这样猜测我。

“不要钱的，一分钱也不要。”

“谢谢你。”我觉得这人心地倒是好的，但一看见他那张可笑而又可恶的脸，心里就产生了一种说不出的不愉快。“我不是过河的。”

他重新又坐了下来，盯着河面。因为太晒了吧，他从石头旁一棵弯腰的老柳树上折下一把细枝来，编成了一个柳叶帽匝在头上，但总不肯离开那块石头。太阳把他那发黑的肩膀晒出了油汗，亮亮的，显得身上那件背心越发白了。但是，后来他在背心上抓起来，发出嚓嚓的抓挠声，背心却动也不动，我才发现那不是背心，他压根儿就没有穿什么衣服，那白背心的模样是他穿了好久的背心，现在脱了，露出的背心形状的肉白。我觉得有意思极了，想和他多说几句话，他却“噢”地叫了一声，从石头上跳下去，简直可以说是滚了下去，没命似的跑到河边，又蹑手蹑脚地挪步，猛地一扑，一扬，一件黑黑的东西“日——儿!”掠过头顶，“叭!”地落在沙滩上，是一只老大的河鳖。他抓起来，嘿嘿嘿地向我跑来了。

“你买吗?”他说。“有三斤重，一定有三斤，说不定有三斤三两；一元五?”

我明白他的职业了。在商州的每一条河岸上，都有一些这样的人：他们从河里抓鱼捉鳖，然后出售给穿四个兜的干部，或者守在公路边，等着从县上、地区、省城过往的司机、乘客。他一定看出我是干部模样的人了。

“一元，买了吧?”他又在说。

我说我不买。却问他家住在哪里，今年多大了，家里有什么人，一天能捉到多少鳖。他张着嘴看着我，一时怕是感觉到了自己的丑陋，什么也没有说，将鳖放在脚下踏着，用双股叉尖在鳖后盖软骨处扎一个洞，用柳枝拴了，吊在叉杆上转身而去。

第二天，我又在河边看见这个丑陋的人了，他还站在那块石头上，又将一个酒瓶丢进河水中，然后就去扎鳖，他的运气似乎要比昨天好得多，竟捉住了三只鳖，还有一只拳头般大的，已经要拴柳枝了，看了看，随手却向河里掷去。他好大的力气，那小鳖竟一下子掷过河面，在那边的浅水里砸出一片水花。

第三天，他照样又在那里捉鳖，后来又跳下水去，在河堤下的石排根摸鱼，一连收获了五条鲇鱼，甩在岸上。再摸时，竟抓住一条菜花小蛇，吓得大呼小叫，已经爬到河岸上了还哇哇不停。

“好危险啊!”我跑过去，浑身也吓得直哆嗦。

“这水里怎么会有蛇呢? 以前全没有这种事! 它会咬死人哩!”

“这行当真不好受。”

“那么，”他就又张着口望着我，“你要这鱼吗？你不要鳖，这鱼好吃哩，五条，一元钱，行吗？”

不知怎么，我竟把这鱼买下了。我明明白白知道这鱼我是不会吃的，因为我的房东对我说过他们最闻不惯那鱼腥味儿，他们的锅会让我煎鱼吗？何况我又不会做。但我却掏出一元钱把这鱼买下了。

他很是感激，好像这一元钱不是他以鱼卖得的价钱，而是我施惠他的。他话多起来，说这河里鱼鳖很多，他们以前全是捉鱼鳖去玩，那鲇鱼最难捉，必须用中指去夹，要不就一下子溜脱，别小看那一斤重的鱼，在水里的力气不比一个小狗好对付。又说鳖是有窝的，发现窝了，一叉下去，就能扎住。中午太阳好的时候，鳖就爬出河来晒盖，要打翻它，要不那龟头出来，会咬住人不放，如何打也不肯松口，必须等到天上打响雷，或者用刀剁下那头来。他又说，后来城里的人喜欢吃这些乱七八糟东西，他们就有了挣钱的门路。

“我们忘不了城里人的好处！是他们舍得钱，才使我们能有零花钱了。”

我说，话可不能这样说，应该是你们养活了城里人。不是你们这么下苦，城里人哪儿能吃到这些鲜物儿？他不同意我的观点，和我争辩起来，末了就笑了：“城里人什么都吃！是不是死猫死狗地吃多了，口臭了，每天早上才刷牙呀？”我哈哈笑了。

“真有趣！”我说，“你今年多大了？”

“三十四了。你看着老吧，其实是三十三，七月十六日才过生日。”

“孩子几岁了？”

“我还没结婚呢。”

没结婚？我不敢再问了。因为在山地，三十多岁的人没有结婚，是一件十分不体面的事，如同有了天大的短处，一般忌讳让人提起的。

“其实，媳妇是在丈人家长着呢。你说怪不，我们村的媳妇，有的在一条巷子里，有的在几百里的地方，婚姻是天生一定的，这我是信了！”

“你的那位对象住在哪儿呢？”

“我不知道，我想她很快就给我来信了。”

我不明白他这是什么意思，再问时，他掉头走了。走到那个石头上，就从怀里掏出一个酒瓶，看了看，轻轻丢进河水中去了。

“你怎么把酒瓶丢在河里？”我大声问道。

“它不会摔破的。”

“里边有酒吗？”

“没有。”

“你丢那干啥?”

“给媳妇的……”

“给媳妇?”我嘎地笑了,“给王八媳妇?”

他突然面对着我,怒目而视,那一张丑陋的脸异常凶恶。我立即意识到自己的过错,使他感到了自尊心的伤害吧?

“你才娶王八媳妇!我那媳妇说不定还是城里人哩!”

他恨恨地说着,转身回去了。

我终于明白到这是怎么一类的人物了。在商州,娶媳妇是艰难的,因为彩礼重,一般人往往省吃俭用上十年来积攒钱的,而这个捉鳖者,靠这种手艺能赚得几个钱呢?又长得那么难看,三十三岁自然是娶不上媳妇了。但他毕竟是人,是个精力充沛的男人,性欲的求而不得将他变得越发丑陋,性格越发古怪了。

但是,到了第四天,他突然见了我,还是笑着打招呼,还让同他一块来的三个孩子向我问好。

“你到上边那大石崖下去过吗?”他说。

“没有。”

“那里水好深,鱼才多哩。你要陪我去,我一定送你几条鱼。”

我随他往上走。河滩上,走一段,一个大水池,水是从河底和北边山底浸流汇集的,水很深,下面是绿藻,使整个池子如硫化铜一样。走到大石崖下,水黑油油的,看不见底,人一走近却便倒出影来。他让我和三个孩子从下边不停地往河里丢石头,一边丢,一边往上走,说是这样就把游鱼赶到那深潭去。三个孩子丢了一阵,便乱丢起来,他大声骂娘,再就揪住一个,摔在沙滩上,喝令他滚远!那孩子害怕了,不敢言语,却不走。于是,他吼道:“还乱投不?”

“不啦!”那小孩说,“我嫌从下边投累……”

“嫌累的滚蛋!”

那两个孩子就讨好了:“我不累!我不累!”

等石头丢到潭边,他从怀里掏出一个酒瓶,在里边装上黄色炸药,把雷管、导火索装好,口上糊了河泥,然后点着丢进潭中。孩子们哗地向后跑,站在远远的地方,趴在沙石上,胆大的,又探头探脑朝河边走……

“咚!”惊天动地一声响,几十丈高的水柱冲天而起,恰好一阵风过,细沫般的水珠刷刷刷斜落下来,淋得我们浑身都湿了。大家叫着,笑着,涌到河边,河里泛着浊浪,泡沫,却并未见鱼肚子朝上漂起来。我失望地说:“没有,咳,连一个小鱼儿也没有。”他说:“甭急!漂上来都是小鱼,大鱼才从水底走哩!”于是我们又跑到下游去看,还是什么也没有。他很悲观,孩子们却一样高兴,大声喊："没有哟，一个也没有哟！"

"这是怎么回事？这潭里这么干净？一斤炸药就这样听了个响声？"丑陋者说着，脸更难看了。后来，就又从怀里掏出一个酒瓶，丢进河里去了。

"还要炸吗？"

"那不是炸药。"

"给媳妇……"我话一出口，不敢说了。

他却给我笑笑，和三个孩子跑走了。

我终不明白，他为什么每一次到河边，都要丢一个空酒瓶呢？那酒瓶每一次丢下，并不下沉，可见口子是封得严严的，那里边装着什么吗？

以后又是两天，他依然在丢。我决定要看看这个秘密了。就在我要走的那天中午，我瞧见他又往河里去了，就到了下游的堤上看看。他果然又丢下一个瓶子，我忙跑到河水中将冲下的酒瓶捞起。这是一只口封得特别严的酒瓶，里边有一张纸条，打开了，原来是一封信：

"我叫任一民，家住丹凤县土门公社冯家湾，现在三十三岁（实足年龄），上无父母，下无兄妹，房子三间，厦屋间半，粮食装了两个八斗瓮，还有一窖芋头，钱也积存了许多，我还有手艺，会摸鱼捉鳖，只是没有成家。这瓶子如果是一个男人拾到，请封好瓶口还放在河里，若是一个女的拾了，是成过家的，也请封好放在河里，是没成家的姑娘得了，这就是咱们有姻缘，盼能来信。以后的日子，我能养活你的，我不会打你，你来我们村落户也成，我也可以招过门去，生下孩子姓你的姓也行。我等着你的信。"

我看着这封真诚而有趣的求爱信，竟再没有嘲笑和厌恶起这位丑陋的摸鱼捉鳖人了。但我是个男人，又是个异地的游客，我只好小心翼翼地将信装进酒瓶，盖上油纸包着的木塞，按好铁盖，轻轻放进河里去了。

我站起来，远远看见就在河的上游，那个求爱者正在河滩跑着，是不是又捉住了一只鳖或者一串鱼呢？

刘家兄弟

商州的泥水匠，最有名的是在贾家沟。贾家沟的泥水匠，最有名的是加力老汉。老汉如战国时孔子一样，徒子七十二，徒孙三千，遍布商州七个县。每年三月初三，是老汉的生日，徒子徒孙都要赶来，老汉设了酒席，然后各方徒子徒孙在门前场地里表演，单砖砌墙，无依无靠，看谁砌得高，而以木桩击之不倒？再以不规不则之乱石拱起墓顶，将碌碡推上去碾，看谁拱得不坍不垮？后以一把八磅大锤，要一锤下去，看谁将一块大石打出齐楞见线，如刀裁一般？如此表演，连续几天几夜，看热闹的围着像观戏一样，精彩的，一哇声叫好，拙笨的，一股脑叫嘘。于是，合格者，师傅牵手入席，淘汰者，哪儿来的哪儿回去，所带寿礼分文不收，所设酒席，滴水不予。

加力老汉，并不姓贾，也不是贾家沟的原籍。他一辈子从未向人透露过自己的籍贯。贾家沟的人记得，在跑广东长毛贼那时节，有一天村里来了母子三人，那妇人粗手大脚，面黑如漆，两个儿子都是一米七八个头，一身力气，这老大便是刘加力，老二叫刘加列。母子三人住在老爷庙时，给人打短工为生。因为都没有手艺，就只好打土坯，见天可打出一垒土坯，或是给人家扯大锯，两人粗的原木，一天解开六页木板。过了三年，刘加列吃不下苦，在四乡游手好闲起来，又染上赌博，但手气不好，输掉了家里的积存，寒冬腊月，一顶帽子都戴不上，娘仨就常常在吃饭时吵闹。加力嫌娘饭做得稠，加列嫌娘饭做得稀，娘骂起来，他便将碗摔在娘面前，再以头撞墙，粗气吼得如牛叫。后就常在麦场上和人打赌，用屁股撅碌碡。他一身好膘，左眉中间断了两截，人称断刀眉，每每剥脱外衣，露出从脖子下一直长到肚脐窝的黑毛，蹲下身去，用屁股只一蹶，七八百斤的石碌碌碡就忽地立栽起来。然后便去向赌输的人讨钱，有五元的，有七元的，一分不少，若翻起脸来，断刀眉骤然飞动，扑过来常常抱住对方的大腿，用手握人家生殖器……慢慢乡里为恶，成了这一带害物。贾家沟曾酝酿过撵刘家出村，但谁也不敢领头，直至贾家前院的老二因和兄弟反目，重盖了一院房子，老庄子偏不卖给兄弟，刘家就趁机买房，从此正正经经成为贾家沟的人家了。

到了民国二十三年，本地方出了“金狗、银狮、梅花鹿”，这是三个大土匪头子：金狗者，长一头红秃疤，银狮者，是一头白毛，梅花鹿者，生一身牛皮癣。三个土匪头子，手下各有十几条“汉阳造”，几十个毛毛兵，遇着“长毛贼”来，便联合作对，“长毛贼”一走，又互相倾轧，各自又在地方上收租纳税，离贾家沟二十里的镇公所也毫无办法，只好明里缉拿，暗里勾结。这地面便一二十年里日月不得安宁，常在三更半夜，枪声一起，村人就携老扶幼，弃家而逃，加力母子也跑了几回，加列就烦了，说家里要粮没粮，要钱没钱，怕谁个怎的，就在一次跑贼中未走。没想那金狗领着土匪进村，抓了一个女人到了老爷庙，在条凳上绑了手强奸，吓得躲在庙梁上的加列掉了下来，金狗瞧他的模样，却并没有打他，反问他入不入伙，又将那女人让他也干了一回，说是要入伙，三天后到南山磊磊石见面，以后不愁没有黄花少女。

这加列得了好处，过后稍稍对娘提说入伙之事，没想被娘一场臭骂，没敢去南山。后来有人给加力说媒，加列便向娘要媳妇，气得娘嘴脸乌青，吐过几次血。加力干涉，他竟扬着斧头要见个死活。从此便学起喝酒，越喝量越大，家里又没多余钱，就出门要投金狗，娘抱住不放，他说：“人不发横财不富，呆在这里，出门看人眉高眼低，回家少吃没穿，等儿去干大事，挣了大钱，接娘也去享福！”做娘的苦苦哀求，说伤天害理之事万万干不得，如今社会要枪杆的，哪一个有好死？加列便吼道：“不要我去，我要赌钱，你给我一百元吧，我要媳妇，你现在就给我娶一个！”娘便拿头来抵，他一闪身，娘撞在墙头，血流满面，他趁机就跑了。

投了金狗，加列练出双手打枪，深得重用。先在南山跑了半年，抢了好多财宝，后来又因分赃不平，与金狗伤了和气，投奔了梅花鹿。三天后一个半夜，他回到家里，将一包银元哗啦倒在床上，给娘和兄耀眼，加力一把抓着丢在门外，兄弟两人斗打起来，结果加力腿上挨了一枪，自此，兄弟成了冤家对头。

为了替加列赎罪，加力母子在贾家沟沿门磕头。不久加力只身去河南拜师学艺，回来专为四乡八村盖房修舍，分文不取。他腿受枪伤后微瘸，用力不比前几年，但人极聪慧，为人和气，泥水手艺越做越好，深得村邻惜爱，慢慢远近人家就有送子拜师的，一年之内竟带了十六个徒弟。后来娶了一家做生意的女子，成全了家庭。这女子见过世面，人又精干，上伺服老母，如待生身亲娘，一天三顿煎汤热饭端在娘的手里，在村里，又因稍识文字，说话好听，办事吃得亏。尤其在众徒弟之间，声望更高，不管家里有多有少，尽力做好吃好喝，自己却省吃节用，亏了一张肚皮。几年后，生养了三男二女，便自幼教学识字，懂得人情世故。人常说，家有贤妻，夫在外不遭横事。加力一心忙在他的事业上，远近人家，都以加力盖房、拱墓为荣，加力的声誉一天一天远振开来。

加列在外也混得人模狗样，在山阳县打死了一个有钱的镇长，便将那姨太太收作婆娘。这婆娘生得小巧，好日子过惯了，说话、做事不知轻重，平日出门，加列在前，她随后，右有护兵，左有保镖，威风得厉害。第二年生了一子，清明节时，那婆娘在贾家沟后四十里的石家坪打秋千，围看的人黑压压一片，那婆娘越发得意，不想一用劲，断了裤带，裤子溜了下来，加列在下顿时黑了脸，便一枪打去，那婆娘一跟头栽下来死了。婆娘一死，孩子没了亲娘，他丢在石家坪保长家里，就扬长而去了，加力得到消息，指天咒地骂了几天，总念这儿子是刘家的根苗，抱了回来，重新取名周彦。

贾家沟村前的河边，是陡峭峭的黑石大崖。早些年里，土匪才闹世，村人就在崖壁上凿石洞，洞口大如门，里边有一间房的，也有三间四间房大的。有的大户人家，还凿有前厅后厅，安有卧室，厨房，粮仓，水窖。每每听说土匪来了，就将钱财物件，背上石洞。石洞外壁上凿有石窝子，斜栽上石碓，木桩，上洞时架木板为路，上一节，抽一节板，上至洞口，木板抽空，土匪就是赶到山下，也只有望洞兴叹，即使枪打炮击，人皆闭洞不出，平常可待一天半晌，有时竟达十天半月。后来“长毛贼”来，金狗，银狮，梅花鹿等大土匪也在最陡处凿避身石洞。没想，三股土匪相继闹翻，金狗、银狮联合攻打梅花鹿，梅花鹿携带家眷、人马就躲在石洞，整整三天三夜，河滩里往上打枪，石洞口往下打枪，结果石洞上打下一人，河滩里也躺了三具尸。金狗、银狮动起怒来，就在山下堆满了包谷秆、麦秸，放火烧洞，烧了两天两夜，石洞里没粮没水了，加列在洞里反了戈，打死了梅花鹿一家大小，夜里自己从洞口拉一麻绳往下溜。溜到半崖，梅花鹿的小老婆并未打死，在上用刀斩断了麻绳，加列就掉进山下火堆，等刨出来，已成了盆子大一团黑炭。

加列死于烈火，贾家沟连夜打火把、灯笼庆贺，加力母子也在庆贺人群中，放了一串鞭炮，一家三代将尸体搬回。但是，当装在一口二斗瓮里埋掉时，全家却一片恸哭。

这周彦长到七岁，加力就引导着学泥水匠手艺，周彦却自幼身单，又患了气管炎病，手不能挑，肩不能担，只好作罢，终日双手缩袖，夏坐树荫，冬晒阳坡。人便慢慢痴傻起来。这一年老娘临终，哭着拉住加力和媳妇的手说：“我生了一个好儿，也生了一个牲畜，加列死得惨，是罪有应得，只是这周彦可怜，你们要好好照应啊!”

这周彦长到三十一岁，娶不下媳妇，后来从老山沟要饭过来一个女人，加力托徒弟撮合，好歹成了亲。但这周彦成夜腰弯如笼攀儿，靠墙就睡，一睡到天明。做婶娘的夜夜在窗下听房，小两口不见动静，回到卧房只是长吁短叹。第二天一早，等周彦起来，她就站在台阶将鸡放出，公鸡在撵母鸡，扑扑啦啦作成一团，她就说："周彦，你看鸡干啥哩?"周彦还不理会，夜里还是没个动静。加力叹息说："唉，难道有了天地报应？为了赎清我弟罪孽，我一心抚周彦成人，他却这等不够成色!"不出一年，那小媳妇离了婚。周彦也不久死去了。

加力把周彦的葬礼办得很体面，街坊四邻都怨他失了长辈身份，他只是不听。又偏将周彦的坟埋在加列坟边，埋葬加列时，他用两根苦楝木棍抬着那只二斗瓮的，埋后就将那棍插在坟头，没想竟活起来。如今周彦坟前两棵苦楝树已长出几丈高低，秋天枝叶旺盛，落着苦楝籽儿，孩子们捡来当石子儿玩，冬天里枝丫光秃，成群的乌鸦落在上边，村人就将那树砍了，解成板，搭了沟前小河面上的木桥，供千人踏，万人过。

又过了一年，贾家沟突然有了怪事：三月三日，加力老汉又过生日，徒子徒孙纷纷赶来，酒席上正喝到六成，一个徒弟突然仰面后倒，口吐白沫，接着就神志不清，说的却是当年加列在南山抢人，在石家坪打婆娘一类的事。满院在座的人吓了一跳，有人叫道："这是通说了!"通说者，是指凶死鬼阴魂不散，附在一人身上而借口逞凶。就有人削了桃木楔，在加列和周彦的坟上齐齐钉了一圈，那徒弟的病也就好了。

奇怪的是桃木楔也却活了起来，几年光景成了一片桃林，春日里花开得红夭夭的。远近人说起贾家沟，便说："是村前有桃花的吗?"外人一来，见了桃花，也总是说："瞧，这多好的桃花!"那时节，桃花里的两堆土坟已经平了，加力老汉在那里修了一碑，上刻着："做人不做加列"六个大字。

小白菜

商州的人才尖子出在山阳，山阳的人才尖子出在剧团，剧团的人才尖子，数来数去，只有小白菜了。

小白菜人有人才，台有台架，腔正声圆，念打得法。年年春节，县剧团大演，人们瞅着海报，初一没她的戏，初一电影院人挤人，初二没有她的戏，初二社火要得最热闹。单等初三小白菜上了台，一整天剧团的售票员权重如宰相；电影院关了门，说书的，耍龙的，也便收了场；他们知道开场只是空场，何况自个也戏瘾发了作。戏演开来，她幕后一叫板，掌声便响，千声锣，万点鼓，她只是现个背影，一步一移，一移一步，人们一声地叫好，小白菜还是不转过脸。等一转脸，一声吊起，满场没一个出声的，咳嗽的，吃瓜子的，都骤然凝固，如木，如石，魂儿魄儿一尽儿让她收勾而去了。演起《救裴生》，演到站着慢慢往下坐，谁也看不出是怎么坐下去的，满场子人头却矮下去；演到由坐慢慢往上站，谁也看不见是怎么站起来的，满场人脖子却长上来。远近人都说："看了小白菜的戏，三天吃肉不知意（味）。"

小白菜是漫川关人，十一岁进剧团，声唱得中听，人长得心疼；女大十八变，长到十六，身子发育全了，头发油亮，胸部高隆，声也更音深韵长，就在山阳演红了，一出名，县上开什么会，办什么事，总要剧团去庆贺，剧团也总让小白菜去，全县人没有不知道她的。她起先生生怯怯，后来走到哪儿，人爱到哪儿，心里也很高兴，叫到什么地方去就去，叫她上台演一段就演，一对双皮大眼睛噙着光彩，扑闪闪地盯人。

娘死得早，家里有一个老爹，十天半个月来县上看看闺女，小白菜就领爹逛这个商店，进那个饭店。饭店里有人给她让座，影院里有人给她让位，爹说：你认得这么多人？她笑笑，说有认得的，也有不认得的。爹受了一辈子苦，觉得有这么个女儿，心里很感激。偶尔女儿回来，她不会骑自行车，也没钱买得起自行车，但每次半路见汽车一扬手，司机就停下车，送到家里。满车人都来家里坐，爹喜得轻轻狂狂，八经八辈家里哪能请来个客，如今一车干部来家，走了院子里留一层皮鞋印，七天七夜舍不得扫去。

平日离家远，小白菜不回家，星期天同宿舍的三个同伴家在县城附近，一走了，她去洗衣服，井台上就站满了人。人家向她说，她就说，说得困了，不言语了，人家眼光还是不离她。回到宿舍，县城的小伙子，这个来叫她去看电影，那个来给她送本书。她有些累，想关了门睡觉，心想人家都好心好意，哪能下了那份狠心，只好陪着。一个星期天，任事也干不了，却累得筋疲力尽，每到星期天，她总发愁："怎么又是星期天?!"

同宿舍的演员听了这话，心里不悦意：你害怕星期天，别人也害怕了？一样是姑娘，一样在演戏，你怎么那么红火？等以后有小伙子再来，在门上留字条，在窗台上放糖果，同宿舍的就把字条撕了，把糖果乱丢在她床上。她回来问：哪儿来的？回答是：男人送的呗！她要说句：送这个干啥？就会有不热不冷的回敬：那不是吃着甜吗？门房也对她提了意见：就你的电话多！领导也找她：你还小，交识不要杂。她不明白这是怎么啦？后来，男演员一个比一个亲近她，女演员一个比一个疏远她。再后来，男演员几次打架，县城里小伙子也几次打架打到剧团来，一了解，又是为了她。女演员就一窝蜂指责她：年纪不大，惹事倒多。她气得呜呜地哭。

不久，求爱信雪片似的飞来，看这封，她感动了，读那封，她心软了：这么多男人，如果只要其中一个向她求爱，她就立即要答应的，但这么多，她不知道怎么办。想给爹说，又羞口，向同伴说吧，又怕说她乱爱，便一五一十汇报给领导。领导批评她，说不要想，不要理，年纪还小，演戏重要。她听从了，一个不回信，来信却不毁，一封一封藏在箱子底，只是大门儿不敢随便出。

求爱的落了空，有的静心想想，觉得无望，作了罢，有的心不死，一封接一封写，坚信：热身子能暖热石头。有的则怀了鬼胎，想得空将她那个，来一场"生米做熟饭"。而有的功夫下在扫荡情敌，扬言她给他回了信，订了亲，还吃了饭，戴了他的表，已得了她做姑娘最宝贵的东西……说这话的一时竟不是一个，而是三个、四个，分别又都拿出她的一张照片。

风声传出，一而十，十而百，竟天摇地动，说她每次演出，台前跳跳唱唱，幕后就和人咬舌头；还说有一天晚上和一个人在公路大树下不知干什么，过路人只听见那树叶摇得哗哗响；还说一个半夜，有司机开车转过十字路口，车灯一开，照出她和一人在墙角抱着，逃跑时险些让车轧死；还说她今年奶子那么高，全是被男人手揣的。领导把她叫去，她哭得两眼烂桃儿一般，不肯承认。领导问："他们为什么有你的照片？"她说："鬼知道，怕是我演出时，他们偷拍的，要不是偷的剧照。"领导想想，这有可能，以前就发现每一次演出前挂的剧照，小白菜的总被人偷去，就宣布以后不要贴挂剧照了。

领导对她没有什么，但剧团内部却对领导产生了怀疑：小白菜是不是和他……?不出几日，外面就传开小白菜把剧团领导拉下水了。领导先是不理，照样让小白菜上台，上台就演主角，但领导的老婆吃了醋，老夫老妻闹了别扭，领导就有意离小白菜远了。她每次去领导家，女主人在，就买了糖果送小孩，和女主人没话找话说，人家还是眉不是眉，眼不是眼。女主人不在，她一去，领导就要打窗子，又打门，和她说话，声提得老高。小白菜觉得伤心，什么人也不见，也不找了。

她以前喜欢打扮，现在要是穿得好了，同伴就说："穿得那么艳乍，去给男人耀眼啊!"不打扮了，又会被说："瞧，偏要与众不同，显示自己。"她只好看全团百分之八十的人穿衣而穿衣，梳头而梳头。只是一心一意用劲在练功上、练声上。她开始谁也不恨了，恨自己：为什么什么衣服一穿到自己身上就合体好看呢？为什么一样的饭菜吃了，自己脸蛋就红润有水色呢？她甚至想毁了容，羡慕那些麻子姑娘，活得多清静啊，想一想，就哭一哭，哭了老爹，又哭早早死去的娘。

到了二十三岁，她入不上共青团，剧团团支部报了她几次，上级不给批，她去找文化局长，局长过问了这事，但从此说她和局长好。后来地区会演，县委领导亲自抓剧团，她演得好，书记在大会上表扬她，她又落得与书记好。她想不通：自己怎么就是个烂泥坑?!一气之下不演戏了，要求管理服装。一管一个月，这个月安然是安然了，但她生了病。也是天生的怪毛病，不演戏就生病，而且她不上台，演戏场场坐不满，她只得又演，百病却没有了。她想：我这命真苦，真贱，这辈子怕不得有好日子过了。

到了结婚年龄，剧团同龄的姑娘都结婚了，生娃了，她还是孤身一人。老爹又死了，一个亲人也没有，她托人给她找外地的，想一结婚一走了事，但总有人千方百计要把她的名声传给远方的男的，结果事情又坏了。她横了心：罢罢罢，洁身自好，反倒不好，也就真那么干干，也不委屈被人作践了一场。她很快和剧团一位写字幕的小伙好了，小伙人不体面，笨嘴拙舌，却写得一手好字，她一和他好，就感动得哭了。她从此也得了温暖，什么话儿也给他说，他什么事儿都护着她，三个月里，她便将自己女儿身子交给了他。但是，他们双双被捉住了，虽然声称他们要定亲，谁肯理睬，严加处理，便将她从剧团开除了。

她回到老家，病了半年，病稍好些，一早一晚关了门又唱又练功，这倒不是想重上戏台，倒是为了她的身体。后来，她和一个县水泥厂的工人结了婚，结婚三个月，那工人借她失过身为名，动不动就打她，她受不了，又离了婚。

就在这个时候，洛南县剧团知道了她的下落，又来招她到洛南剧团去。

她人还未到洛南，洛南已有风声。剧团领导在全团会上宣布了纪律："此人戏演得叫绝，但作风不好。来了，不可避远她，但绝不能太亲近，谁要与她出事了，当心受处分!"她去了，戏又演得轰动洛南。下乡演出每到一处，围幕里坐满，围幕外又坐一圈，执勤人员看不住往进涌的人，常常双方争吵，甚至大打出手，结果围幕被人用手扯成几丈长的裂缝。半年里，全剧团人人眼红她，人人不敢来亲近，她心里总是慌落落的。过了一年，一个演员冷不防抱住她亲了一口，一个拉提琴的夜里钻进她的宿舍，她反抗，被又爱又恨咬伤了她的手。

"你什么人都给好处，怎么对我这样?"那人赖着脸说。

"放你娘的屁!"她从来没骂过这么粗的话。

他掏了一把钱，她把钱从窗子扔了出去。

"你再不走，我就喊人啊!"

那人走了，却先下了手，说她拉拢他。她哭诉真情，没人相信，还要给她处分。她告到县委，县委为她平了反。

这事发生不久，"文化大革命"开始了。县县揪走资派，大凡大小领导，一律批斗，她无官无职，却是名演员，也大字报糊上街，说她是大流氓，大破鞋，是走资派的半夜尿壶。

后来，武斗闹起来了，走资派全集中在商州地区卫校里办"学习班"，也无人再理会她。武斗逐步升级，全商州七个县，各派和各派联合一起，今日攻丹凤，明日打商南，搞得枪声四起，路断人稀。山阳县的一派被另一派赶出了县境，来到洛南，同派又组成武斗队，司令就是当年偷取她照片在外胡言乱语的那个。一到洛南，就把她叫去，要她在司令部干事，她不，说她是黑人，司令哈哈一笑，拍着腔子保她没事，许愿"革命"成功了，他当了官，一定让她当个剧团团长。她不答应不行，要走又走不了，就在司令部呆着。没想第三天，司令叫她去，一去就关了门，要和她"玩玩"，她吓得变脸失色，抱住桌子不丢手。那司令踢翻桌子，将她压在地上糟蹋了。她哭了一夜，想到自杀，司令却派人看守她，又要求长期和她来往，她不答应，这司令要她好好想想，三天后见话。三天后，司令对她说：要同意了，四天后随他到商县，因为他们这一派为了证明自己最革命，准备将集中在卫校的走资派抢回来，设法庭审判，下牢的下牢，枪毙的枪毙，然后进驻地区，成立红色政权。她听了，吓得一身冷汗。那些各县走资派，有的她不认识，有的在地区会演时见过，但山阳县委书记，洛南县委书记，她是熟悉的，他们都是好人，难道四天之后就全要遭不测之祸灾吗?她突然同意了，却要求明日让她回山阳老家看看，然后去商县找司令。这一夜，她和那司令睡在一起，她早早吃了几片安眠药，一夜没有苏醒。

第二天，小白菜搭车走了，她有司令的手令，沿县各关卡没有阻挡。但她并没有去山阳，却直接到商县，打扮成乡下邋遢婆娘，跑到卫校翻墙进去。那些老头子却都狠狠地瞪着她：“你来干什么？我们这里好多人就是吃了你的亏！”

“吃了我的亏？”她惊叫着。

“罪状是拉他们下水，你还来惹祸吗？”

她突然感觉到了一个女人的自尊心，刷地流下眼泪，顺门就走。已经翻过墙了，却又站住，眼泪涌流不止，又翻墙进去，对他们说了三天后的情报。但是，这些人却看着她冷笑了。

“你们不相信我？”她急得哭起来。

“你是让我们跑，再让他们把我们抓起来，更有罪状吗？这情报你怎么就会知道？”

“我和司令睡过觉，知道吗?!”她大声说着，气愤歪曲了她的脸，眼泪却流得更快了。

老头子们木待在那里，只是不动。

她扯开了衣领，露出胸膛上被司令糟蹋时咬下的紫色牙痕，叫道：“信不信由你们，要活，赶快就跑，全国这么大，哪儿没个藏身处？不信，就等着死吧！”

她翻过墙头走了。

这一夜，这些“走资派”买通了看守，一下子全溜逃了。

三天后，穷凶极恶的造反派扑到商县，包围了卫校，但一切落空。将看守抓来拷问，供出了小白菜。那司令一怒之下，四处搜查，五天后小白菜被捉拿了。司令亲自捆了她的双手、双脚，将她强奸，又让别的四个头头又轮奸了一番，最后装进麻袋，活活让人用棍打死了。

小白菜死后，这一派宣布了她的罪状：一生破鞋，批斗之中，仍与走资派乱搞男女关系，事情败露，自绝于人民，死得可耻，死有余辜。

消息传开，戏迷们都遗憾不能看到她的戏了，又恨她作风太乱，不是个正正经经的女人。

“四人帮”粉碎了，造反派头头逮捕了，那些走资派纷纷重新任职，小白菜的案件得以明白。四处打问小白菜的坟墓时，但无人知晓，只好在开追悼会那天，将她生前演戏所穿的戏装放在一只老大的骨灰盒里，会场高音喇叭播放她过去的唱腔录音。

一对恩爱夫妻

在石庄公社的冒尖户会上，我总算看见了他。这几天，就听公社的人讲，他们夫妻恩爱很深，在全社是摇了铃的；没想冒尖户会他也参加，而且又是他们夫妻培育木耳致富的，可见这恩爱之事倒是千真万确的了。会是从晚上擦黑开起的，小小的会议室里，人人都抽着旱烟，房子里烟雾腾腾的。他自始至终没有说话，呆呆地坐在靠墙角的凳子上，后来就双手抱着青光色的脑袋，眼睛一条线地合起来。主持会的人说："都不要瞌睡了！"他挪了挪身子，依然还合着眼睛。主持人就点了他的名："大来，你梦周公了？"他说："我听哩！"大家就都笑了，说他从来都是这样：看上去是瞌睡了，但其实耳朵精灵哩。大家一笑，他也便笑了，笑起来眼睛很小，甚至有肉肉的模样。我便想：他是这么个人物，窝窝囊囊的，怎么会讨得女人的喜欢呢？但他确是这一带有名的爱老婆和被老婆爱的，那老婆是怎么个模样呢？两口子又怎么就能成了冒尖户？

会开完的时候，因为公社没有客房，书记让我和他打通铺，我说很想了解了解大来的夫妻生活，书记就仰脖儿想想，说很好。叫过大来一讲，大来却为难了：

"这能行吗？家里卫生不好，虱子倒没有，只是有浆水菜，城里人闻不惯那味儿的。"

"我就喜欢吃浆水菜哩！"我说，"如果你不嫌弃，你能住我就不能住吗？"

他笑了，眼睛又小小的退了进去，说："哪里话！你真要去，我倒是念了佛呢！"

他便开始点着个松油节。说他家离公社十里路，要翻两座山的，夜里出门开会，看戏，串亲戚，就都要点这松油节照路的。那松油节果然好燃，在油灯上一点就着了，火光极亮，只是烟大。他的怀里就塞了好多松油节儿。点完一节换上一节，让我走在他的身后，走过公社门前的河滩，过桥，就直往一条沟道钻去。

路实在不好走，尽是在石头窝里拐来拐去，后来就爬山。虽然他照着火光，我还是不时就被路上的石头磕绊了脚，他就停下来，将我拉起，替我揉揉，叮咛走山路不比在城里的街道上，脚一定要抬高。

“这都是习惯，我到城里去，平平的路，脚还抬得老高，城里的人一看那走势就知道是山里来的‘家娃’了！”

“你们村里就来了你一个吗？”我问他。

“可不就我一个！那条小沟里，就我一家嘛。”

“一家？”我有些吃惊了。“夜里出门总是你一个人？”

“可不，那几年，咱共产党的会多，小队呀，大队呀，常在夜里开会。咱对付人没有心眼，但咱有力气，狼虫虎豹的我不怯。”

“真不容易。公社这么远，来回得一整宿哩。”

“现在会少多了。那几年动不动开会，不去还要扣工分，整整十年了，扣了我上百个工分呢，今夜里我是第一次去那大院的。”

“怎么不去？”

“唉，那大院里原先有雄鬼哩。”

“雄鬼？”

我越来越听不懂他的话，向前跃了一步，风气将松油节的火焰闪得几乎灭了，他忙用手护住，说道：“现在好了，他早滚蛋了，‘四人帮’一倒，查出他是‘双突击’上去的，他果真没好报。”

我才听出他说的雄鬼，原来是指着一个什么人了。

“我一见着那雄鬼，黑血就翻，每次路过那大院门口，头就要转过去。就在他滚蛋后，我也不想到那个地方去。今日公社派人来一定要我去，去就去，现在是堂堂正正的人了！刚才开会时，我就在想，我老婆今夜和我要是一块去，就好了。”

他时时不忘了老婆。我说：“后来不是召开全公社大会，要让你们坐台子戴花吗？”他在前边嘿嘿地笑起来。

“哎呀，你真是对老婆好！”我说。

“要过日子嘛。咱上无父母，左右无亲戚四邻，还有什么亲人呢？”

鸡叫两遍的时候，我们到了他的家，沟虽然不大，但却很深，还在山坳上，就瞧见沟底有一处亮光，大来笑着说：“那儿就是，她还在等着我哩。”

我们顺着一片矮梢林子中的小路走下去，那沟底是一道小溪，水轻轻抖着，碎着一溪星的银光，从溪上一架用原木捆成的小桥过去，就是他的家了。门掩着，一推开，堂屋和卧房的界墙上有一个小洞窗儿，一盏老式铁座油灯放在那里，灯光就一半照在炕上，一半照在中堂，进门时风把灯光吹得一忽闪，中堂的墙上就迷迷离离地悠动。满屋的箱柜、瓮罐，当头是三个大极了的包谷棒捆。两个孩子已经睡着了，他的老婆却没有在。果然冲鼻而来的是一股浓重的浆水菜味。

“菊娃——!”大来站在门口，朝溪下的方向喊。黑暗里一声：“来了!”就一阵脚步声由远而近，一个人背了一捆木棒慢慢走上来，在门前咚的放了，说：“怎么开到现在？那个地方你真还能呆住?!”

“咱现在怎么不能待了？后来还要在全公社大会台上坐呢，书记说一定要你去！谁叫你去那儿背耳棒的，我瞅空就背回来了!”

“我坐着没事。瞧，你倒心疼起我了，这耳棒不拿回来，明日拿什么搭架呀？锅里有搅团呢。”

她啪啪地拍着身上的土，大来告诉我这木棒就是培育木耳用的，那老婆突然才发现了我，锐声叫道：“来客了?”

“是城里一个同志，晚上来家睡的。”大来说。

“你这死鬼！怎么就不言不语了?！你们快坐着，我重新做些饭去。”

她招呼我在屋里坐了，站在门口，和大来商量起给我做什么好饭。我瞧见她背影是那么修长，削削的肩，蓬松光亮的头发，心里不觉叫奇：深山野沟里竟有这么娟好的女人！这憨大来竟会守着这么一个老婆，怪不得那么爱她。可她怎么就也能爱着大来?

我赶忙说：什么饭也不要做，要吃，就吃搅团。她就说那使不得的，怎么端得出手？我一再强调，说我在城里白米白面吃多了，吃搅团正好调调口味，她才不执拗了，走进来喜欢地说：

“那好吧，明日给你改善生活。”

灯光下，她那张脸却使我大吃一惊：满脸的疤点，一只眼往下斜着，因为下巴上的疤将皮肉拉得很紧，嘴微微向左抽。那牙却是白而整齐，但也更衬得脸难看了。

我真遗憾这女人怎么配有这么一张脸！看那样子，这是后天造成的，我想问一声，又怕伤了她的心，便低下头不语了。她很快抱了柴火就去了厨房，听得见风箱呼呼啦啦响了。

这时候，土炕墙角的喇叭呜呜地响起来，有声音在喊着“大来!”大来爬上炕，对着喇叭对喊着。“到家了吗?”“到家了。”“到家了就好。”“还有什么事吗?”“照顾好客人。”“这你放心。”他跳下炕，说：“书记不放心你，怕夜里走山路出了事呢!”

我好奇起来，山区的联系就是靠这喇叭吗？他说，这个公社面积在全县最大，人口却最少，一切事就都靠这喇叭联络的。

我们开始吃起搅团来，虽然是包谷面做的，但确实中口，再加上那辣子特别有味，醋又是自己做的，吃起特香。那女人先是陪我们说话，我一直不敢正视她的脸。她也感觉到了，就不自然起来，我忙又说又笑着来掩饰，但她已起身去给我支床，取了一件半新被子，说城里人最讲究被头，便动手拆了旧被头，缝上新的。

吃罢饭，又烧了热水，让我洗了，又一定要大来洗手脸和脚，大来有些不愿意，那女人就说："夜里你们男人家睡那边新床，你跑了一天路，脏手脏脚的叫客人闻臭气呀?!"

接着，就又从柜里取出一升核桃，一升柿饼，放在新床边上，说让砸着仁儿包在柿饼里吃，朝我笑笑，进了卧房，关门吹灯睡下了。

我和大来坐在床上，一边吃着山货，他就看着我说了："山里人家，你不笑话吧?"

"笑话什么呢？瞧你这人!"我说。

"你也看见了，娃子娘，也怪可怜的，走不到人前去。"

他是在指他老婆的脸了，我一时不知怎么回应，就说："她是害过什么病?"

"是我烧的。"

"烧的?"我痛惜不已，"山里柴火多，不小心就引起火灾……"

"不，是故意烧的。"

"咹?!"

一个男人谁不愿意自己的老婆长得漂亮，他却要故意去破坏她的脸面？他们夫妻在这一带是有名的恩爱，怎么能干出这事？

大来脸色暗下来，不说话了，开始合上眼睛抽烟，抬起头来的时候，眼里噙着泪水。"我也看出你是好人，我就给你说了吧，我从来不愿再提这事，一提起心里就发疼。"

他说，他是二十八那年娶的她。她娘家在后山六十里外的韩河村，自幼长得十分出脱，是韩河一带的人尖尖，长到二十，说亲的挤破了门，但她偏偏爱上了他。他那时就会培养木耳，去韩河帮人传艺，见的面多了，她看上他人老实，手艺好，一年后就嫁了过来。小两口相敬相爱，日子虽不富裕，但喝口冷水也是甜的。第二年生了个儿子。到了第三年，公社的原书记和县农林局几个领导到这条沟里来，他们就认识了。小两口十分感激领导能到他们家来，就买了肉，灌了酒招待，没想那书记看中了他的老婆。以后常常来，说是检查工作，或是关心社员，来了就吃好的，喝好的。有时他不在，书记来了便不走，说些不三不四的话。回来老婆向他说了，他倒还训了老婆一顿，说领导哪会是那种人，人家既然看得上到咱家来，咱就要尽力量当上客招待。但有一天，他去山上犁地，书记又来了，她是端茶水的时候，书记笑淫淫地说：

“深山里还有你这等好的人才！”

“书记，你怎么说这话！”她说。

“这大来哪儿来的艳福，你看得上大来？”

“书记，你不要……”

书记却站起来抓住了她的手，接着就抱她的腰，她立即打了一下，挣脱了跳在门口，说：“他爹在山上犁地，他要回来啦！”

书记咽咽唾沫，将五元钱放在桌子上，出来走了。

她赶出来把钱扔在他脚下，转身就跑，书记却哈哈笑了，说：“你这娘儿的脸为什么要那么好看呢？”

大来回来，听老婆说了，当下气得浑身打颤，就要跑下山去找书记。老婆却将他抱住了：“你这要寻事吗，人家是书记呀！”“他不能这样欺负人！”“你又没有证据，谁能信你的，还是忍了吧，反正我不会依了他的。”他便忍了。

以后他去山上做活，就让老婆看见书记要再来，就早早躲开，要么就两口一块到山上去，就是山下逢集赶会，他轻易也不去，或者夫妻一块去，一块回。书记果然好长时间没有得逞，但越是没有得逞，愈是常来。后来公社在三十里外修水库，书记就点名让他们队派他去当长期民工，他知道后，坚决不去，但以此被扣上破坏农业学大寨的罪名，在公社大会上批判，他只好去了。他走后，书记终于一次把他老婆按在炕上，老婆反抗，搏斗了一个时辰，渐渐没了力气，就被糟蹋了。他从水库工地回来，到公社去告状，反被书记说是陷害，他又告到县上，县上派人调查，没有人证物证，也不了了之。书记又以报复诬陷之名，勒令他去水库工地，然后，十天八天去他家，老婆就如跑贼一样，又被强奸过两次。他老婆连夜跑到水库，找他回来，两口抱头痛哭。他几乎要发疯了，磨了一天斧头，想下山去拼命，老婆说：“把他杀了，你还能活吗？你一死，那我怎么办呀，你还是让我死吧！”他又抱住老婆：“你不能死，你死了，那我怎么办呀！”夫妻俩又是大哭。

“全怪我这一张脸，全怪我这一张脸害了我，也害了你！”老婆说。

他突然想出一个办法来，但他不敢说出，更不敢说给老婆。一个人在山上转了半天，最后还是回来，在衣服上涂了好多漆，要老婆用汽油给他洗洗。老婆端着汽油盆子正洗着，他从后边划着了火柴，丢了进去，火立即腾起来，冷不防将她的脸烧坏了。她尖叫一声，昏倒在地，他抱起来大哭：“我怎么干出这事？我不是人啊，我不是人啊！”老婆醒过来，流着眼泪，却安慰他：“这样好，就这样！”

果然，书记从此就再也不来了。

他们夫妻的日子安静了，他永远属于她，她也永远属于他。

也从此，他们再也不肯到那叫人伤心落泪的公社大院去了。

鸡叫四遍的时候，我们睡下了。我合着眼睛，听见门外的梢树林里起着涛声，门前的小溪在哗啦哗啦响，不知在什么时候，就睡着了。我梦见就在这间屋子里，大来和他的女人正忙着将一堆堆耳棒抱在门前土场上，架起人字架，点上木耳菌种，眨眼，那木耳就生出了黑点儿，又立即大起来，如人的耳朵，又大成一朵朵黑色的花。我也帮他们开始采摘，采了一筐，又采了一筐，三人就到了山下，在供销社卖了好多钱。突然有了锣鼓声，他们俩又坐在了冒尖户授奖大会上，新书记给他们戴花，大来眼睛小小的，一副憨相，窘得手脚没处放。那老婆却大方极了，嫌大来不自然，就在桌下踩大来的脚。没想台下的人全看见了，就一齐哈哈地笑。那老婆也满脸通红，红润光洁。人都在说：

“这大来有这么俊样的老婆!”

“瞧人家的眉眼儿哟!”

棣 花

无论如何我是该写写棣花这个地方了。商州的人，或许是常出门的，或许一辈子没有走出过门前的大山，但是，棣花却是知道的。棣花之所以出名，有各种各样的说法。文人界的，都知道那里出过商州唯一的举人韩玄子，韩玄子当年文才如何，现无据可查，但举人的第八代子孙仍还健在，民国初年就以画虎闻名全州，至今各县一些老户人家，中堂之上都挂有他的作品，或立于莽林咆哮，或卧于石下眈眈。现因手颤不能作画，民间却流传当年作虎时，先要铺好宣纸，蘸好笔墨，便蒙头大睡，一觉醒来，将笔在口中抹着，突然脸色大变，凶恶异常，猛扑上去，刷刷刷刷来，眨眼便在纸上跳出一只兽中王来。拳脚行的，却都知道那里出过一个厉害角色，身不高四尺，头小，手小，脚小，却应了“小五全”之相术，自幼习得少林武功。他的徒弟各县都有，便流传着他神乎其神的举动，说是他从不关门，从不被贼偷，冬夏以坐为睡。有一年两个人不服他，趁他在河边沙地里午休，一齐扑上，一人压头，一人以手扣住肛门，想扼翻在地，他醒来只一弓，跳了起来，将一人撞出一丈二远，当场折了一根肋骨，将一人的手夹在肛门，弓腰在沙地上走了一圈，猛一放松，那人后退三步跌倒，中指已夹得没了皮肉。所以，懂得这行的人，不管走多么远，若和人斗打，只要说声：“我怕了你小子，老子是棣花出来的!”对手就再也不敢动弹了。一个大画笔，一个硬拳脚为世人皆知，但那些小商小贩知道棣花的，倒是棣花的集市。棣花的集市与别处的不同，每七天一次，早晨七点钟人便涌集，一直到晚上十点人群不散。中午太阳端的时辰，达到高潮，那人如要把棣花街挤破一般。西至商县的孝义，夜村，白杨店，沙河子，北上许家庄，油坊沟，苗沟，南到两岔河，谢沟，巫山眉，东到茶坊，两岭，双堡子，百十里方圆，人物，货物，都集中到这里买卖交易，所以棣花的好多人家都开有饭店，旅馆，甚至有的人家在大路畔竟连修三个厕所。也有的三家、四家合作，在棣花街前的河面上架起木桥，过桥者一次二分，一天可收入上百元哩。

其实，棣花并不是个县城，也不是个区镇，仅仅是个十六个小队的大队而已。它装在一个山的盆盆里，盆一半是河，一半是塬，村庄分散，却极规律，组成三二三队形，河边的一片呈带状，东是东街村，西是西街村，中是正街，一条街道又向两边延伸，西可通雷家坡，东可通石板沟，出现一个弓形，而长坪公路就从塬上通过，正好是弓上弦。面对西街村的河对面山上，有一奇景，人称“松中藏月”，那月并不是月，是山峰，两边高，中间低，宛若一柄下弦月，而月内长满青松，尽一搂粗细，棵棵并排，距离相等，可以从树缝看出山峰低洼线和山那边的云天。而东街村前，却是一个大场，北是两座大庙，南是戏楼，青条石砌起，雕木翘檐，戏台高地二丈，场面不大，音响效果极好。就在东西二街靠近正街的交界处，各从塬根流出一泉，称为“二龙戏珠”，其水冬不枯，夏不溢，甘甜清冽，供全棣花人吃，喝，洗，刷。泉水流下，注入正街后上百亩的池塘之中，这就是有名的荷花塘了。

这地方自出了韩举人、李拳脚之后，便普遍重文崇武。男人都长得白白净净，武而不粗，文而不酸。女人皆有水色，要么雍容丰满，要么素净苗条，绝无粗短黑红和枯瘦干瘪之相。直至今日，这里在外工作的人很多，号称“干部归了窝儿”的地方，这些人脚走天南海北，眼观四面八方，但年年春节回家，相互谈起来，口气是一致的：还是咱棣花这地方好！

因为地方太好了，人就格外得意。春节里他们利用一年一度的休假日，尽情寻着快活，举办各类娱乐活动，或锣鼓不停，或鞭炮不绝，或酒席不散。远近人以棣花人乐而赶来取乐，棣花人以远近人赶来乐而更乐，真可谓家乡山水乐于心，而乐于锣鼓、鞭炮、酒肉也！

一到腊月，廿三日是小年，晚上家家烙烧饼，那戏楼上便开戏了，看戏的涌满了场子，孩子们都高高爬在大场四周的杨柳树上，或庙宇的屋脊上。夏天里、秋天里收获的麦秸堆、谷秆堆，七个八个地堆在东西场边，人们就搭着梯子上去，将草埋住身子，一边取暖，一边看戏，常常就瞌睡了，一觉醒来，满天星斗，遍地银霜，戏不知什么时候早就散了。戏是老戏，演员却是本地人，每一个角色出来，下边就啾啾议论：这是谁家的儿子，好一表人才；这是谁家的媳妇，扮啥像啥；这是谁家的公公，儿子孙子都一大堆了，还抬脚动手地在台上蹦跶。最有名的是正街后巷的冬生，他已经四十，每每却扮着二八女郎，那扮相，身段，唱腔都极妙，每年冬天，戏班子就是他组织的。可惜他没有中指，演到怒指奴才的时候，只是用二拇指来指，下边就说：“瞧那指头，像个锥子！”“知道吗？他老婆说他男不男、女不女的，不让他演，打起来，让老婆咬的。”“噢，不是说他害了病了吗？”“他不唱戏就害病。”还有一个三十岁演小丑的，在台下说话结结巴巴，可一上台，口齿却十分流利，这免不了叫台下人惊奇；但使人看不上的是他兼报节目，却总要学着普通话，因为说得十分生硬，人称“醋熘普通话”，他一报幕，下边就笑，有人在骂：“呀，又听洋腔了!”“醋熘熘，醋熘。”“真是难听死了!”“哼，红薯把他吃得变种了!”虽然就是这样一些演员，但戏演得确实不错，戏本都是常年演的，台上一唱，台下就有人跟着哼，台上常忘了词儿，或走了调儿，台下就呜呜地叫。有时演到热闹处，台下就都往前挤，你挤我，我挤你，脚扎根不动，身子如风中草，那些小孩子们就涌在戏台两边，来了就赶，赶了又来，如苍蝇一样讨厌。这样，就出了一个叫关印的人，他脑子迟钝，却一身力气，最爱热闹，戏班就专让他维持秩序。他受到重用，十分卖力，就手持谷秆，哪儿人挤，哪儿抽打，哪儿秩序就安静下来。这戏从廿三一直演到正月十六，关印就执勤二十三天。

到了正月初一，早晨起来吃了大肉水饺，各小队就忙着收拾扮社火了。十六个小队，每队扮二至三台，谁也不能重复谁，一切都在悄悄进行，严加守密。只是锣鼓家伙声一村敲起，村村应和，鼓是牛皮鼓，大如蒲篮，铜锣如筛，重十八斤，需两人抬着来敲，出奇的是那社火号杆长三尺，不好吹响，一村最多仅一两人能吹。中午十二点一过，大塬上的钟楼上五十吨的铁铸大钟被三个人用榔头撞响，十六个小队就抬出社火在正街集中，然后由西到东，在大场上绕转三匝，然后再由东到西，上塬，到雷家塬，再到石板沟，后返回正街。那社火被人山人海拥着，排在一起，各显出千秋。别处的社火一般都是平台，在一张桌上铺了单子，围了花树，三四个小孩扮成历史人物站在上边，桌子四边绑了长椽，八人抬着过市，而单子里边，桌子之下，往往要吊半个磨扇，以防桌子翻倒，而棣花的社火则从不系吊磨扇，也从看不上平台，都以铁打了芯子，作出玄而又玄的造型。当然，十六个队年年出众的是西街村，而号角吹得最响最长的是贾塬村。东街村年年比不过西街村，这年腊月就重新打芯子，合计新花样，做出了一台“哪吒出世”，下边是三张偌大的荷叶，一枝莲茎，一指粗细，支楞楞，颤巍巍长五尺有二，上是一朵白中泛红的盛开荷花，花中坐一小孩，做哪吒模样。一抬出，人人喝彩，大叫：“今年要夺魁了!”抬到正街，西街的就迎面过来，一看人家，又逊眼了。过来的是“孙悟空三打白骨精”，那大圣高出桌面一丈，一脚凌空前跷，一脚后蹬，做腾云驾雾状，那金箍棒握在手中，棒头用尼龙绳空悬白骨精，那妖怪竟是不满一岁的婴儿所扮，抬起一走动，那婴儿就摇晃不已，人们全涌过去狂喊：“盖帽了!”东街的便又抬出第二台，是“游龟山”，一条彩船，首坐田玉川，尾站胡凤莲，船不断打转，如在水中起伏。西街的也涌出第二台，则是“李清照荡秋千”，一架秋千，一女孩在上不断蹬荡。自然西街的又取胜了，东街的就小声叫骂：“西街今年是什么人出的主意?”“还是韩家第八!”“这老不死！来贵呢?”叫来贵的知道什么意思，忙回去化装小丑，在一条做好的木椽大龙头上坐了，怀抱一个喷雾器，被四五人抬着，哪儿人多，哪儿去耍，龙头猛地向东一抛，猛地向西一抛，来贵就将怀中喷雾器中的水喷出来，惹得一片笑声。接着雷家坡的屋檐高的高跷队，后塬的狮子队，正街的竹马队，浩浩荡荡，来回闹着跑。每一次经过正街，沿街的单位就鞭炮齐鸣，若在某一家门前热闹，这叫“轰庄子”，最为吉庆，主人就少不了拿出一条好烟，再将一节三尺长的红绸子布缠在狮子头上，龙首上，或社火上的孩子身上，耍闹人就斜叼着纸烟，热闹得更起劲了。

大凡这个时候，最活跃的是青年男女，这几天儿女们如何疯张，大人们一般不管。他们就三三两两的一边看社火，一边直瞅着人窝中的中意的人，有暗中察访的，有叫同伴偷偷相看的，也常有三三两两的男女就跑到河边树林子里去了。

棣花就是这样的地方，山美，水美，人美。所以棣花的姑娘从不愿嫁到外地，外地的姑娘千方百计要嫁到棣花，小伙子就从没有过到了二十六岁没有成家的了，农民辛辛苦苦劳动，一年复一年，一月复一月，但辛苦得乐哉，寿命便长，大都三世同堂；人称“人活七十古来稀”，但十六个小队，队队都有百岁老人。

屠夫刘川海

一看见嘴唇上的黄胡子，我便认出是他了；他也看见了我，眼睛笑成一条肉缝，栽死扑活地向我跟前跑。我习惯性地伸出了手，他站定在我的面前，却将两只手“双”在袖筒里：“不，不，农民不兴这个！”我腾地脸红了。大前年我在镇安县开多种经营现场会，他是柞水县代表，我们住在一个旅馆里，说笑熟了，就曾经戏谑过我们当干部的讲究多：见面要握手啊，分别要再见呀……现在，我猛地警惕着自己，尽量避免一些普通话用语，比如，刚说了“昨晚到这刘家塬的”，就忙再说：“夜儿里到大队的”。要不，他会给人编排说我是“坐碗来的”。

“你快到屋里去吧！”他说，指着村口的三间瓦房。“我女儿在家，你去就说你的名字，说是见过我了。真不凑巧，村北头来顺家要杀猪，请了几次了。我应了声。应人事小，误人事大，腊月天误一个时辰，市面上肉价一高一低要错好多价哩！”说着就把右手提着的竹笼子揭开，里边放着杀猪的尖叶刀，大砍刀，浮石，铁钩什么的。

“你还干的老本行？”我说。

“有什么办法？过年人都要吃肉，猪总得有人杀。咱白刀子进，红刀子出，这事也不能干得久了，我想等一日我到了阴间，那些猪鬼会把我一刀一刀剁了下油锅的。可话说回来，猪天造的是人的一道菜，就像养女子大了，就是别人家的人。你不是写书人吗，前年你缠我给你讲了一些花案，这次我给你再讲吧，我现今是治保委员，在这四乡八村，你打听打听，一出那种事，哪个遮住了咱的眼光？”

他还是那么个爱说话，我便乐了。村北头一家小媳妇打远处喊：“二叔，水都烧开了，啥把你牵挂得走不开?!”他给我挤眼，骂声：“去你娘的！不知谁有牵挂？”就又对我悄声说：“瞧见吗？这是来顺的媳妇，人都说好，发觉了，这小狐子和村西十字路口的大水好哩，秋里新红薯一下来，撇下丈夫和孩子，拿了两个热红薯就和大水到村口老爷庙墙后吃去了。”说罢，骂骂咧咧跑走了。

我寻到他的家，门前正好是一个大场地，沿场边一溜堆放着小山包似的几座麦秸草堆，风正吹着，有几团草叶卷成球儿模样，呼呼噜噜直卷到土墙院子门口。院子里空静静的，我的朋友早给说过，他老婆五年前就死了，撇下一个女儿给他，日子好不恓惶了几年，如今女儿大了，才松泛些，里里外外有人干事。他除了杀猪，一天就嘻嘻哈哈要个快嘴儿。我走进院子，故意踏动脚步，还是没有人接应，只见厨房的窗口里往外喷着烟雾、蒸气，就喊了声：“有人吗?”

“谁呀?”厨房门口喷出一团热气，热气散了，才看清站着一个姑娘，细皮白肉的，刘海上，眉毛上，水蒸气立即凝成水珠了。我说了我的名字，又说了见过她爹，她乐了，拉我进屋。原来她在蒸馍。商州的腊月廿七、廿八、廿九三天，是讲究家家蒸馍，她已蒸出了几锅，白腾腾的摆了一蒲篮，就双手给我抓了几个出来：

“我爹常说你哩，说你最爱听他说话。你吃呀，看蒸的碱匀不匀?”

我问起他们的家境，她就唠叨起爹的不是，说他爱管闲事，好起来就他好，不好起来就他不好，五十多岁的人了，叫村里年轻人都不爱惦他。

“这是怎么啦?”

“怎么说他这个老子哩！他总是不满现在的年轻人不正经，谈恋爱没媒人……回到家，吃饭时就咕嘟着。当然我不爱听，就顶撞，他就发火，说我什么都不懂，大人一把屎一把尿抓养大，现在就不听指拨了？指责我现在不是小娃娃了，做了大人了。他说：‘你掉过脸去？哈！不听老人言，有你吃的亏！’有时骂起人来，气得饭也不吃了，我要吃着，就骂我没出息，坐不是姑娘的坐相，吃饭狼吞虎咽。我只好坐好，听他说着，眼泪就想流，他就又骂道：‘吃你的饭，拿好筷子！啊哈！……你哭了？你这不受教的！’你瞧他这样子！恐怕是杀猪杀得多了，人心理也变了态了！”

我笑起来，说他爹年纪也不是七老八十的，但新事情还这么看不过眼?

“可不！把我一天管得死死的，今日腊月廿八，这里逢集，我说去集上看看，他粗声吼着，让我在家，说一个大姑娘家，人面前疯来疯去不是体统。呀，馍熟了!”

她叫着，跳起身来，就去锅台，双手拍着笼盖，叫道：“长！长!”然后就哗地揭开笼盖，满屋子一片白气，什么也看不清了，只听见她叫道：“好得太！全炸开了!”接着她一口一口吹气，热气渐渐散了，她很响地在水桶里用水瓢舀水，水蘸一下，从笼里搬出一个馍来，动作像舞蹈一样。商州人白面不多，常要蒸馍时往里掺白色谷面，馍就十分讲究要炸裂。她把馍搬完了，用筷子蘸上红纸泡的红水儿一下一下点在馍顶上。又让我趁热吃了一个。

馍一连蒸过三锅，一切收拾毕了，她让我在院子里的太阳下坐着，就去上屋的箱子里取出一双新布鞋来。那鞋底纳着麻麻密密的麻绳眼儿，帮子也浆得生硬，整个鞋结实得像个铁壳子，就用木楦子来楦。楦子很紧，塞不进去，就又灌上些水，用锤子轻轻敲打。

“这是给你爹过年鞋?”

“给我爹已经做好了。”

“那是谁的?”

“我的。噢，你吃烟吧!”

她脸红了起来，又说她去隔壁那家办个事，就走了。两家的隔墙不高，我看见她站在那家院子里对着窗口喊着要买布证“你是啥价?”“你卖吗?你是卖主，你说。”“集市上是一毛八。”“你却是我的嫂子!”“那你说?”“一毛二一尺。”“那叫你只看一眼。”“三毛!”“你有那个大方?”“少了不卖，多了不卖，你要多少?”“一角五。”“好吧，反正我给外人捎的，就让嫂子发个财!”两个人就一手交钱，一手交布证，又说了开来：“妹子，你给嫂子说实话，要是给你那位相好的扯衣服，我白送你，你给嫂子说……”“说得中听!我哪有相好的，你给我找一个吧!嘘，院那边有我爹的客人哩!”她们往这边看，我忙低了头。

后来她回来，问我去不去集市上，若去，和她一块走，不去，就在家守着门。我当然是去的，她就背过我把那鞋用布包了，夹在胳膊下。

集市是极大的，窄窄的一条道挤得人山人海，姑娘让我紧跟着她先去买了窗户纸。她拣纸十分仔细，要平整的，面匀的，用手一一摸了，搭在眼前对着太阳照了。买了白的，再买红的，绿的，黄的。这里的房屋最精心打扮的是窗子，白纸全部糊好了，中间的方格上，是表现手艺的地方，一格红，一格绿，一格黄，妥妥帖帖糊上，便每一格上再贴上窗花。窗花绝对是彩色的，几十种刀具，哪里该添，哪里该去，哪里该透光，一合计就在一张纸上刻成了，然后染色，然后涂酒，白天日光透进来，晚上灯光照上去，鲜明夺目，旖旎可爱呢。

买完纸，姑娘突然不见了，苦得我左找右寻，才见她在一个墙角和一个小伙子说话哩。她低着头，小伙背着身，似乎漫不经心地看别的地方，但嘴在一张一合说着。我叫她一声，她慌手慌脚起来，将那包鞋的包儿放在地上，站起来拉我往人窝走。我回头一看，那小伙已拾了鞋，塞在怀里。

“那是谁?”我问。

“不告诉你!”

“是不是你的那个?”

“不知道!”

她回了一句，一个人从人窝挤过去，朝我喊：“快跟上!”但很快被人挤得不见了。我却无论如何不得过去，一队担柴的直叫着“撞——！撞——!”人皆两边闪道，人脚扎了根似的，身子却前后左右倒伏。等担柴的过去，那姑娘踪影也不得见了。我只好怏怏返回村子，因不能进朋友的家门，就去村北头看朋友杀猪去。

第一条猪已经杀好了，我的朋友正叼着烟歇着说话，他满口白沫直道他的见闻，然后扳指头数着四村八邻谁家女儿不好，自己找男人，谁家寡妇守了二十年了，终熬不过又嫁了人，又讲他怎么去捉奸，那野汉子怎么样，那骚婆娘又怎么样。

“尽是伤风败俗！叔一辈子就见不得这种恶事了，要不知道犯罪，我真想杀猪一样放了他们的血！你见过后村王小小的三媳妇吗?”

“见过。”旁边的人应道。

“哈，她到她男人的单位待了半年，回来就学会握手，女的也握，男的也握，王小小骂了一顿，她还说：‘那怕啥，城里人还抱住亲嘴哩!’王小小当场掮了她个嘴巴!”

“人家说的也没错呀!”

“她忘了自己是干啥的！你知道吗，她和她村一个小伙好上了，大白天的在包谷地里咬舌头。”

“二叔，这些事怎么总让你看见了?”

“叔这眼睛尖哩，就盯着这些事哩！这几个村里，谁家媳妇，女子正经不正经，咱心里有的是数。”

“那你说说咱村里吧。”

他正要说，抬头看见我了，笑着站起来说：“你到家去了吧，见着我那闺女了吧？说句海口，我不让她出去，她就得乖乖在家待着。”我笑笑，却还给他点着头。

这时候，一阵猪叫，几个人又拉进一头猪来，使尽力气压倒在桃树下的方桌上，我的朋友丢掉烟蒂，系紧腰里皮绳，挽高袖子，握刀过去。左手握着猪的黄瓜嘴，左脚扛在猪的脊背上，右腿直蹦蹦蹬地，握刀的右手翻过刀背，朝猪嘴头上狠地一磕，猪一吸气，脖子下显出一个坑儿，刀尖刚触到那坑儿，眼睛便向旁边乜斜，见压猪的小伙们把猪的下腿全抓得死死的，就喝道：“谁叫你捉下边两条腿?”小伙子们脸红了：因为把四条腿都抓死了，猪蹬踏不成，血就会淤在肚里，杀出的肉就不新鲜。于是，手一松，缩回去了。我的朋友又是用刀背磕了一下猪嘴头，一刀捅进那坑儿，刀一抽，一股红血“刷”地冒了出来，猪哼的一声，四蹄乱蹬，有人就拿过盆子接血，猪浑身颤抖了一阵，不动弹了。

这时候，我的朋友把血刀在猪背上篦了篦，刀尖在猪嘴头上扎个窟窿，拴条葛绳，挽了圈圈，便叼刀在口长长出了口气。再把一双血手往猪身上抹抹，将那最高最长的猪鬃在指头上一卷，“铮铮”拔下几撮，丢在他带的家具笼里。猪鬃是归杀猪匠的。

男主人从厨房提来滚水，桶口落得低低地倒在大环锅里。我的朋友提一桶冷水，放在锅里转了几转，伸手在水里一蘸，一抽，口里吸溜着，在试烫水哩。终于，烫水正到温度，一声喊，小伙子们提猪的四条腿，男主人提猪的尾巴，我的朋友抓住猪嘴上的葛绳，将猪慢慢放在烫水里压着，转着，翻来倒去。烫好了，一齐动手，用浮石将猪毛“嗤噜，嗤噜”刮去，用铁钩将猪挂在架上。我的朋友就取了捅条，在猪交裆上捅了，然后嘴搭近去猛吹，一边吹，一边用棒槌敲着猪身，眼见得猪浑身胀起来了。然后用木塞塞了窟窿口，用一勺热水洒了，用刀子刮了，刀又叼在嘴里，拔掉木塞，捉住猪耳朵，照脖项肉缝里用手转割一圈，人转到猪背后，双手一用劲，“咔嚓”一声，猪头提在手里了。

现在，开膛破肚，取出尿泡，旁边的孩子们一把夺过去，倒了尿，便吹成了大气球。取出大肠，小肠，心肺，肚子，肝子，几个人就忙着摘油，翻肚，洗肠了。一阵忙乱，我的朋友取过砍刀，割掉脖项，割掉尾巴，那尾巴偏要夹在猪的嘴里，就扳过猪一只后腿，令一个小伙扳住另一只后腿，刀子咔嚓咔嚓从上到下分去，这便是“分边子”了。围看的人头都凑了过来看膘色，有人把手指放在当腰子眼——第七个胛骨地方——量量，叫道：“嗬！二指！”一个婆娘，也伸过手来量，说：“咦，还不止哩！三指啊！”有人便将她拨开，斥道：“去，女三（指）男二（指）哩，你那指头算指头？”

当人们在嘁嘁咻咻看膘色，估价时，男主人和我的朋友、队干部蹲在井边均价啦。队干部说：“两股子！怎么样？”男主人说：“行，就这，正好！”队干部就往过一跳，朝众人喊：“两股子！”小伙子们都愣了，不知什么意思，老年人则面面相觑：“哟！一大一小！？”“啊！是一元一角？”“太贵了吧？”“行，行，这是行市价。”我的朋友腿一叉，正经八百地说：“谁来？打！”一时热闹了，这个要“给我打一吊！”那个要“给我割一刀子！”想吃肥膘的要“槽头”；想包饺子的要“勾把子”。还有些奸能人，手总不离腰子眼，喊：从这里！从这里！三下五除二，一个猪卖完了，女主人说：“咳，弄得啥吗，都没给自家留。”男主人凶道：“去！有你说的啥？”我的朋友哈哈大笑：“怎么没留，头水，下水（肚里货），里三，外三。就够你老两口子！”女主人经不住逗，也便笑了。

这一顿饭，自然在这家吃，我也便被好客的主人留下了。吃罢饭，又去另一家杀了猪，当我们回到家的时候，天已经黑严了。但是，姑娘没有在家。“人呢？”他说，脸上有了怒色，回过头来，却对我笑笑，“怕到后街菊香家去了。”

说起菊香，他就又兴趣了，说是菊香的娘年轻时是个破鞋，菊香爹打过几顿，如今菊香爹死了，她娘做了老寡妇，但自己的儿媳妇也有些不干不净的，菊香娘就很伤心，又不敢向儿子说明，常把他家女儿叫去说恓惶。

“咳，这就叫报应！前檐水不往后檐流，她活该了！”

又坐了一个时辰，姑娘还没有回来，他就说天黑了，要去叫她。但去了不久，就急火火回来，对我说：“他娘的，实在不像话！现在的年轻人……”我问清了，才知他路过大场，那麦秸草堆后有两个人影在悄悄说话，他听不清是谁的声，但肯定是一男一女。

“走，你帮我捉这不要脸的东西去！叫他们知道知道羞耻！”

我说现在的年轻人不能和过去相比，人家或许在谈恋爱，管那些事干啥呢？他说：“我是治保委员啊！我能不管？”

他拉我出门，让我站在这边小路口上，便独自猫腰从大场那边走去，突然骂道：“狗日的，羞了你先人了！”那两个人影极快跑走了，一个从麦地里过去，一个朝这边小路跑来。我认清了，原来竟是他家的姑娘！我一缩身蹴在路下渠里，让她跑了过去。我的朋友过来怨我没有挡住，问看清是什么样的，我说看不清，他又只是骂道：

“你看这像话不像话？这是谁家的不要脸！”

我们回到院子，姑娘的房子里亮着灯，俊俏俏的身影映在窗纸上，她正在贴窗花。我的朋友问：“回来啦？”“回来啦。”“晚上到谁家去也该早早回来，你知道吗，大场那边又出恶心事啦！”

白浪街

丹江流经竹林关，向东南而去，便进入了商南县境。一百十一里到徐家店，九十里到梳洗楼，五里到月亮湾，再一十八里拐出沿江第四个大湾川到荆紫关，淅川，内乡，均县，老河口。汪汪洋洋九百九十里水路，山高月小，水落石出。船只是不少的，都窄小窄小，又极少有桅杆竖立，偶尔有的，也从不见有帆扯起来。因为水流湍急，顺江而下，只需把舵，不用划桨，便半天一晌，“轻舟已过万重山”了。假若从龙驹寨到河南西峡，走的是旱路，处处古关驿站，至今那些地方旧名依故，仍是武关，大岭关，双石关，马家驿，林河驿等等。而老河口至龙驹寨，则水滩甚多，险峻而可名的竟达一百三十多处！江边石崖上，低头便见纤绳磨出的石渠和纤夫脚踩的石窝；虽然山根石皮上的一座座镇河神塔都差不多坍了半截，或只留有一堆砖石，那夕阳里依稀可见苍苔缀满了那石壁上的“源远流长”字样。一条江上，上有一座“平浪宫”在龙驹寨，下有一座“平浪宫”在荆紫关，一样的纯木结构，一样的雕梁画栋。破除迷信了，虽然再也看不到船船供养着小白蛇，进“平浪宫”去供香火，三磕六拜，但在弄潮人的心上，龙驹寨、荆紫关是最神圣的地方。那些上了年纪的船公，每每摸弄着五指分开的大脚，就夸说：“想当年，我和你爷从龙驹寨运苍术、五味子、木耳、漆油到荆紫关，从荆紫关运火纸、黄表、白糖、苏木到龙驹寨，那是什么情景！你到过龙驹寨吗？到过荆紫关吗？荆紫关到了商州的边缘，可是繁华地面呢！”

荆紫关确是商州的边缘，确是繁华的地面。似乎这一切全是为商州天造地设的，一闪进关，江面十分开阔。黄昏中平川地里虽不大见孤烟直长的景象，落日在长河里却是异常的圆。初来乍到，认识论为之改变：商州有这么大平地！但江东荆紫关，关内关外住满河南人，江西村村相连，管道纵横，却是河南、湖北口音，唯有到了山根下一条叫白浪的小河南岸街上，才略略听到一些秦腔呢。

这街叫白浪街，小极小极的。这头看不到那头，走过去，似乎并不感觉这是条街道，只是两排屋舍对面开门，门一律装板门罢了。这里最崇尚的颜色是黑白：门窗用土漆刷黑，凝重、锃亮，俨然如铁门钢窗，家里的一切家什，大到柜子、箱子，小到罐子、盆子，土漆使其光明如镜，到了正午，你一人在家，家里四面八方都是你。日子富裕的，墙壁要用白灰搪抹，即使再贫再寒，那屋脊一定是白灰抹的，这是江边人对小白蛇（白龙）信奉的象征，每每太阳升起空间一片迷离之时，远远看那山根儿，村舍不甚清楚，那错错落落的屋脊就明显出对等的白直线段。烧柴不足是这里致命的弱点，节柴灶就风云全街，每一家一进门就是一个砖砌的双锅灶，粗大的烟囱，如“人”字立在灶上，灶门是黑，烟囱是白。黑白在这里和谐统一，黑白使这里显示亮色。即使白浪河，其实并无波浪，更非白色，只是人们对这一条浅浅的满河黑色碎石的沙河理想而已。

街面十分单薄，两排房子，北边的沿河堤筑起，南边的房后就一片田地，一直到山根。数来数去，组成这街的是四十二间房子，一分为二，北二十一间，南二十一间，北边的斜着而上，南边的斜着而下。街道三步宽，中间却要流一道溪水，一半有石条棚，一半没有棚，清清亮亮，无声无息，夜里也听不到响动，只是一道星月。街里九棵柳树，弯腰扭身，一副媚态。风一吹，万千柔枝，一会打在北边木板门上，一会刷在南边方格窗上，东西南北风向，在街上是无法以树判断的。九棵柳中，位置最中的，身腰最弯的，年龄最古老而空了心的是一棵垂柳。典型的粗和细的结合体，桩如桶，枝如发。树下就侧卧着一块无规无则之怪石。既伤于观赏，又碍于街面，但谁也不能去动它。那简直是这条街的街徽。重大的集会，这石上是主席台，重要的布告，这石上的树身是张贴栏，就是民事纠纷起咒发誓，也只能站在石前。

就是这条白浪街，陕西、河南、湖北三省在这里相交，三省交结，界牌就是这一块仄石。小小的仄石竟如泰山一样举足轻重，神圣不可侵犯。以这怪石东西直线上下，南边的是湖北地面，以这怪石南北直线上下，北边的街上是陕西，下是河南。因为街道不直，所以街西头一家，三间上屋属湖北，院子却属陕西，据说解放以前，地界清楚，人居杂乱，湖北人住在陕西地上，年年给陕西纳粮，陕西人住在河南地上，年年给河南纳粮。如今人随地走，那世世代代杂居的人就只得改其籍贯了。但若查起籍贯，陕西的为白浪大队，河南的为白浪大队，湖北的也为白浪大队，大凡找白浪某某之人，一定需要强调某某省名方可。

一条街上分为三省，三省人是三省人的容貌，三省人是三省人的语言，三省人是三省人的商店。如此不到半里路的街面，商店三座，座座都是楼房。人有竞争的秉性，所以各显其能，各表其功。先是陕西商店推倒土屋，一砖到顶修起十多间一座商厅；后就是河南弃旧翻新堆起两层木石结构楼房；再就是湖北人，一下子发奋起四层水泥建筑。货物也一家胜筹一家，比来比去，各有长短，陕西的棉纺织品最为赢，湖北以百货齐全取胜，河南挖空心思，则常常以供应短缺品压倒一切。地势造成了竞争的局面，竞争促进了地势的繁荣，就是这弹丸之地，成了这偌大的平川地带最热闹的地方。每天这里人打着漩涡，四十二户人家，家家都做生意，门窗全然打开，办有饭店，旅店，酒店，肉店，烟店。那些附近的生意人也就担筐背篓，也来摆摊，天不明就来占却地点，天黑严才收摊而回，有的则以石围圈，或夜不归宿，披被守地。别处买不到的东西，到这里可以买，别处见不到的东西，到这里可以见。“小香港”的名声就不胫而走了。

三省人在这里混居，他们都是炎黄的子孙，都是共产党的领导，但是，每一省都不愿意丢失自己的省风省俗，顽强地表现各自的特点。他们有他们不同于别人的长处，他们也有他们不同于别人的短处。

湖北人在这里人数最多。“天有九头鸟，地有湖北佬”，他们待人和气，处事机灵。所开的饭店餐具干净，桌椅整洁，即使家境再穷，那男人卫生帽一定是雪白雪白，那女人的头上一定是纹丝不乱。若是有客稍稍在门口向里一张望，就热情出迎，介绍饭菜，帮拿行李，你不得不进去吃喝，似乎你不是来给他“送”钱的，倒是来享他的福的。在一张八仙桌前坐下，先喝茶，再吸烟，问起这白浪街的历史，他一边叮叮咣咣刀随案板响，一边说了三朝，道了五代。又问起这街上人家，他会说了东头李家是几口男几口女，讲了西头刘家有几只鸡几头猪；忍不住又自夸这里男人义气，女人好看。或许一声呐喊，对门的窗子里就探出一个俊脸儿，说是其姐在县上剧团，其妹的照片在县照相馆橱窗里放大了尺二，说这姑娘好不，应声好，就说这姑娘从不刷牙，牙比玉白，长年下田，腰身细软。要问起这儿特产，那更是天花乱坠，说这里的火纸，吃水烟一吹就着；说这里的瓷盘从汉口运来，光洁如玻璃片，结实得落地不碎，就是碎了，碎片儿刮汗毛比刀子还利；说这里的老鼠药特有功效，小老鼠吃了顺地倒，大老鼠吃了跳三跳，末了还是顺地倒。说的时候就拿出货来，当场推销。一顿饭毕，客饱肚满载而去，桌面上就留下七元八元的，主人一边端着残茶出来顺门泼了，一边低头还在说：照看不好，包涵包涵。他们的生意竟扩张起来，丹江对岸的荆紫关码头街上有他们的“租地”，虽然仍是小摊生意，天才的演说使他们大获暴利，似乎他们的大力丸，轻可以治痒、重可以防癌，人吃了有牛的力气，牛吃了有猪的肥膘，似乎那代售的避孕片，只要和在水里，人喝了不再多生，狗喝了不再下崽，浇麦麦不结穗，浇树树不开花。一张嘴使他们财源茂盛，财源茂盛使他们的嘴从不受亏，常常三个指头高擎饭碗，将面条高挑过鼻，沿街唏唏溜溜的吃。他们是三省之中最富有的公民。

河南人则以能干闻名，他们勤苦而不恋家，强悍却又狡慧，靠山吃山，靠水吃水，大人小孩没有不会水性的，每三日五日，结伙成群，背了七八个汽车内胎逆江而上，在五十里、六十里的地方去买柴买油桐籽。柴是一分钱二斤、油桐籽是四角钱一斤。收齐了，就在江边啃了干粮，喝了生水。憋足力气吹圆内胎，便扎柴排顺江漂下。一整天里，柴排上就是他们的家，丈夫坐在排头，妻子坐在排尾，孩子坐在中间。夏天里江水暴溢，大浪滔滔，那柴排可接连三个、四个，一家几口全只穿短裤，一身紫铜色的颜色，在阳光下闪亮，柴排忽上忽下，好一个气派！到了春天，江水平缓，过姚家湾，梁家湾，马家堡，界牌滩，看两岸静峰峭峭，赏山峰林木森森，江心的浪花雪白，崖下的深潭黝黑。遇见浅滩，就跳下水去连推带拉，排下湍流，又手忙脚乱，偶尔排撞在礁石上，将孩子弹落水中，父母并不惊慌，排依然在走，孩子眨眼间冒出水来，又跳上排。到了最平稳之处，清风徐来，水波不兴，一家人就仰躺排上，看天上水纹一样的云，看地下云纹一样的水，醒悟云和水是一个东西，只是一个有鸟一个有鱼而区别天和地了。每到一湾，湾里都有人家，江边有洗衣的女人，免不了评头论足，唱起野蛮而优美的歌子，惹得江边女子掷石大骂，他们倒乐得快活，从怀里掏出酒来，大声猜拳，有喝到六成七成，自觉高级干部的轿车也未比柴排平稳，自觉天上神仙也未比他们自在。每到一个大湾的渡口，那里总停有渡船，无人过渡，船公在那里翻衣捉虱，就喊一声："别让一个溜掉！"满江笑声。月到江心，柴排靠岸，连夜去荆紫关拍卖了，柴是一斤二分，油桐籽五角一斤；三天辛苦，挣得一大把票子，酒也有了，肉也有了，过一个时期"吃饱了，喝涨了"的富豪日子。一等家里又空了，就又逆江进山。他们的口福永远不能受损，他们的力气也是永远使用不竭。精打细算与他们无缘，钱来得快去得快，大起大落的性格使他们的生活大喜大悲。

陕西人，固有的风格使他们永远处于一种中不溜的地位。勤劳是他们的本分，保守是他们的性格。拙于口才，做生意总是亏本，出远门不习惯，只有小打小闹。对于河南、湖北人的大吃大喝，他们并不馋眼，看见河南、湖北人的大苦大累反倒相讥。他们是真正的安分农民，长年在土坷垃里劳作。土地包产到户后，地里的活一旦做完，油盐酱醋的零花钱来源就靠打些麻绳了。走进每一家，门道里都安有拧绳车子，婆娘们盘腿而坐，一手摇车把，一手加草，一抖一抖的，车轮转得是一个虚的圆团，车轴杆的单股草绳就发疯似的肿大。再就是男子们在院子里开始合绳：十股八股单绳拉直，两边一起上劲，长绳就抖得眼花缭乱，白天里，日光在上边跳，夜晚里，月光在上边碎，然后四股合一条，如长蛇一样扔满了一地。一条绳交给国家收购站，钱是赚不了几分，但他们个个心宽体胖，又年高寿长。河南人、湖北人请教养身之道，回答是：不研究行情，夜里睡得香，心便宽；不心重赚钱；茶饭不好，却吃得及时，便自然体胖。河南、湖北人自然看不上这养身之道，但却极愿意与陕西人相处，因为他们极其厚道，街前街后的树多是他们栽植，道路多是他们修铺，他们注意文化，晚辈里多有高中毕业，能画中堂上的老虎，能写门框上的对联，清夜月下，悠悠有吹箫弹琴的，又是陕西人氏，“宁叫人亏我，不叫我亏人”，因而多少年来，公安人员的摩托车始终未在陕西人家的门前停过。

三省人如此不同，但却和谐地统一在这条街上。地域的限制，使他们不可能分裂仇恨，他们各自保持着本省的尊严，但团结友爱却是他们共同的追求。街中的一条溪水，利用起来，在街东头修起闸门，水分三股，三股水打起三个水轮，一是湖北人用来带动压面机，一是河南人用来带动轧花机，一是陕西人用来带动磨面机。每到夏天傍晚，当街那棵垂柳下就安起一张小桌打扑克，一张桌坐了三省，代表各是两人，轮换交替，围着观看的却是三省的老老少少，当然有输有赢，友谊第一，比赛第二。月月有节，正月十五，二月初二，五月端午，八月中秋，再是腊月初八，大年三十，陕西商店给所有人供应鸡蛋，湖北商店给所有人供应白糖，河南就又是粉条，又是烟酒。票证在这里无用，后门在这里失去环境。即使在“文化大革命”中，各省枪声炮声一片，这条街上风平浪静；陕西境内一乱，陕西人就跑到湖北境内，湖北境内一乱，湖北人就跑到河南境内。他们各是各的避风港，各是各的保护人。各家妇女，最拿手的是各省的烹调，但又能做得两省的饭菜。孩子们地道的是本省语言，却又能精通两省的方言土语。任何一家盖房子，所有人都来“送菜”，送菜者，并不仅仅送菜，有肉的拿肉，有酒的提酒，来者对于主人都是帮工，主人对于帮工都待如至客；一间新房便将三省人扭和在一起了。一家姑娘出嫁，三省人来送“汤”，一家儿子结婚，新娘子三省沿家磕头作拜。街中有一家陕西人，姓荆，六十三岁，长身长脸，女儿八个，八个女儿三个嫁河南，三个嫁湖北，两人留陕西，人称“三省总督”。老荆五十八岁开始过寿日，寿日时女儿、女婿都来，一家人南腔北调语音不同，酸辣咸甜口味有别，一家热闹，三省快乐。

一条白浪街，成为三省边街，三省的省长他们没有见过，三县的县长也从未到过这里，但他们各自不仅熟知本省，更熟知别省。街上有三份报纸，流传阅读，一家报上登了不正之风的罪恶，秦人骂“瞎”，楚人骂“操蛋”，豫人骂“狗球”；一家报上刊了振兴新闻，秦人说“燎”，楚人叫“美”，豫人喊“中”。山高皇帝远，报纸却使他们离政策近。只是可惜他们很少有戏看，陕西人首先搭起戏班子，湖北人也参加，河南人也参加，演秦腔，演豫剧，演汉调。条件差，一把二胡演过《血泪仇》，广告色涂脸演过《梁秋燕》，以豆腐包披肩演过《智取威虎山》，越闹越大，《于无声处》的现代戏也演，《春草闯堂》的古典戏也演。那戏台就在白浪河边，看的人山人海。一时间，演员成了这里头面人物，每每过年，这里兴送对联，大家联合给演员家送对联，送的人庄重，被送的人更珍贵，对联就一直保存一年，完好无损。那戏台两边的对联，字字斗般大小，先是以红纸贴成，后就以红漆直接在门框上书写，一边是："丹江有船三日过五县"，一边是"白浪无波一石踏三省"，横额是"天时地利人和"。

镇柞的山

古时有个标准：山不在高，有仙则名。于是便有了西岳之险，峨嵋之秀，匡庐幽深，黄山峻伟；人皆以爱山之奇而满足心境，山皆以足人所欲而遂得其名。可见爱山者其实爱己，名山者并非山之实际也。镇安柞水一带的山，纵横千里，高耸入云，却从未被天下知晓；究其原因，似乎所有名山的特点无不包括，但却不能准确地有一个两个词儿的结论。面对着它们，你印象到的，感觉到的，山就是山，你就是你，物我不能归一，只能说：哦，瞧这山啊，这山多像山啊！

镇柞的山，正是特点太多了而失去了特点可怜不能出名，也正是不能出名而可敬地保持了山的实质和内容。

有人说：天下的山都跑到这儿来了。这话应该是正确的，整个镇安柞水的版图，自有半水半田九分山之说，高大是少见的，布局又都突如其来，没有铺设，也没有枝蔓，方圆几十里一个大山岭接着一个大山岭。沟壑显得少，却显得深，迷离叵测的曲折并不突出，但长得要命，空气阴沉如经过了高度的压缩。道路常是从山下往山上盘旋，拐一个弯，拐一个弯，再拐一个弯，路面随着拐弯而左高右低，右高左低，车似乎不是在行路，而是在轧一条斜仄不平的钢板。一个弯与一个弯垂直线只有十米左右，弯路却至少二里，常常四个轮子的倒没有一头羊爬山快。好不容易到了山顶，山的峰峦如海的波涛，无穷无尽，只说此处离太阳近了，却红红的太阳照着，不觉其热。

一山来了一山迎，
百里都无半里平；
宜是老禅遥指处，
只堪图画不堪行。

这是唐代贾岛路过这里写下的诗句。于是你想象任何雄鹰在这里也会折翅，任何飓风在这里也会消声，真正的过往英雄，只能是两个球形的太阳和月亮。

当然，高山之顶有高山之顶的好处，蛇是用不着害怕了，任何一处草丛里都可以去躺去卧，也不见那泥葫芦一样的野蜂巢欲坠不坠地挂在石嘴上，花开得极少，鸟也没有，但蹲下拉一次大便吧，苍蝇却倏忽飞来，令你思考着一个哲理：美好的东西或许有或许没有，但丑恶的东西却绝对得分布均匀。

开始下山了，车速快得像飞行，旅客的心嗡地常要空悬在腔内，几乎要昏眩过去。你闭上眼睛，听见的不再是汽车的哼哼，只有气的发泄，风的呼响，遐想着古时飞天的境界。峡谷越来越深，越深越窄，崖石上是一层厚厚的绿苔，一搂粗两搂粗的老树上也锈着绿的苔毛，太阳在头顶上空的峡间，也似乎变成一个怯怯的绿的刺猬了。汗老是出不来，皮肤上潮潮的，憋得难受。你怀疑这是要到山的腹地里，那里或许就是民间说的阴曹地府。

百思不解的是山有多高，水就有多高，水有多高，人就居住得有多高。那一家一户间或就在一片树林子里，远远已经看见，越近去却越不能觅寻；或许山岩下又有了住房，远处一点不能发觉，猛地转过岩头，几乎是三步五步的距离，房舍就兀然出现，思想不来那砖瓦是如何一页一块搬上去的。瀑布随时都可以看见，有的阔大，从整个石梁上滚下，白的主色上紫烟弥漫，气浪轰动着幽深的峡谷，三四里外脸上就有了潮潮的水沫的感觉。有的极高极高，流下来，已经不能垂直，薄薄的化为一带，如纱一样飘逸。有的则柔得只能从石壁上沫沫的滑下，远处看并不均匀，倒像是溜下的牛奶，或者干脆是一溜儿肥皂泡沫。河谷里，水从来不见有一里长的碧青，因为河床是石的，坑洼不平，且山上滚落下来的石头，三间屋大的，一间屋大的，水缘石而成轮状、扇状、窝状，翻一色白花。这种白赋予了河石，遇着天旱少水季节，一河石头白得像纸糊一般，疑心是山的遗骨，白光光地将一座山与一座山的绿分开。小型水电站就应运而生，常有那半山一块平地，地中涌出一巨泉，久涝不滥，久旱不涸，只稍稍将泉水引流到一个坎下，一座小电站就轻而易举形成了。那住得再高的人家，用不着到山下的河里去挑水，只消在门前砍一株竹子，打通关节，从后墙孔里直插到屋后石缝里的小泉里，水就会一直流进锅来，不用了，也只稍斜一下竹竿便罢，方便倒胜过城里的自来水龙头，且少了那许多漂白粉，冬暖夏凉，生喝甘甜，从不坏肚。

遗憾的是地太少了，未修台田的，一片一片像缀起的补丁，修了台田的，可怜却总是席大的炕大的转不开牛。地里又都是黑碎石片碴，永远吸不了鞋底，不小心却会割破脚心，耕作农具便限制到一种扇形的板锄。这类地土，如果在别的地方，寸草也不会生长，这里却最适宜种包谷、洋芋、扁豆、绿豆、芸豆、黄豆、南瓜、红薯，农民称道这石碴里有油。那一种老包谷，颗粒并不大，却十分饱满，是离太阳近的缘故吧，太阳的金黄使其灿灿发光，做饭易煳锅，嚼起特别味长。洋芋只要下种便有收获，两个洋芋在火塘边烤了，便会吃得连打饱嗝儿。最富有的是山上的树，浅山里树很杂，蛇出没无常，冷不防就从草丛里拐行而来，身上又都五颜六色，或许缠在树上，或许盘在岩头，或许如枯木一般横在路上。外地人免不了一步一个心跳，本地人却用树枝一挑，“日”地甩出去，随便得很。还有一种什么草，叶下尽长着茸茸的倒钩白刺，视之如绒毛似的，手一捉，竟如蝎蜇一般，奇怪的是解铃还须系铃人，只要将这草捣碎成泥敷在伤处，则立即痛止。那商芝更是满山都是，春天里长得如佛手，摘下晾干，蒸可以吃，炒可以吃，据说秦时四皓避乱隐居商州，就是以此为食，营养丰富，滋味比黄花菜倒淳。于是那黄花菜便不稀罕了，家家门前的地堰上，都长着一丛一丛，花开了也不去采，不为食用，只为好看。深山的林却浩瀚无边，森林开发队一日一日在那里修路建场，但那些可做栋的梁的松树、柏树、栲树、槲树、桦树，路险不能运出，只好在那里枯死、腐烂。山民们用麻袋装了那黑灰似的木土背下山到公路边，一麻袋三角钱卖给那些栽花育草的城里司机们了。浅山里有野兔、山羊，深山里有野猪狗熊。山民们人人一身兼三职：农夫、药户、猎人。三四人、七八人结伙成队上山围猎，守点的严阵以待，赶山的大声吆喝，那阵势雄壮得如古罗马大战。虽每个村子少不了有被野兽抓破了头的脸的残疾人，但出猎便不空回。曾经一个人看见了一群野猪从岩上跑来，只一枪打中了为首的一头掉下岩来，后边的一条线紧跑的野猪以为前边的同伙在跳涧，一个一个也就从那里跌下岩死了，竟有十一头。

山果在这里最有特色，桃儿都是茶碗大，一律歪嘴儿，白的嫩白，红的艳红，是山中少女脸的缩小。夏天的日子里在山里行走，几天几日也用不着去吃五谷，这种仙物可以吃饱又不伤胃。秋天的板栗、核桃更是满山遍野，无家无主，只要你肯捡就是。若是一个人到山洼去，一洼半人高的绿草，草头一层红的黄的紫的花蕊，仰身而卧，吸几口花香，听几声鸟鸣，如痴如醉，再爬起来往坡根去，在那栗子树，核桃树身上蹬上一脚，那果子就哗哗坠落一地。山木丛杂，不能大面积地种植谷蔬，又近山之家不须柴薪砍伐，山民们就挖药材，扳竹笋，采蘑菇、香蕈，捡核桃、栗子，剥棕，取构，割漆，收蜜，摘茶，锯板，烧炭，缠葛，破竹，编荆。常常在日暮时分，听见山的这儿那儿有着山歌，和者盖寡，间或就见河中有了木排，人在上边坐着，三点两点，归家“一叶扁舟”去了。随之，山洼处处冒起炊烟，四野云接，鸦群盘旋，三三五五的剪了尾巴的狗在吠。

从远古以来，这里一切都是自产自供，瞧瞧建筑，便足看出人的性格：从来没有院落，住屋又都是四四方方一个大间，以门槛为界，从不向外扩张。阴阳先生的择屋场风水，原则只有一条，就是深藏。一般从不结村聚庄，一家一户居之，即使三五集而一起，必是在背风洼地，从不像陕北人的村寨或县城总是在高山顶上，眼观四方，俯视众壑，志在天外。他们家再穷再贫，从不想到外地谋生，对于在外工作的人，倒常常要议论个离乡背井的苦楚，即使现在已经十分热闹的柞水县城，镇安县城地势建筑也一个是槽状，一个是瓮形。至今在深山里，也多少存在着宁肯家里的东西腐烂坏臭，也绝不愿出售贩卖的习惯。古时整个地区没有钱店，当行货绸缎、皮毛、毡毯、衣服鞋袜、银镂匠作等铺，花布、油盐、釜甑、锄镢、药材等项，俱系随便贩运，朝买夕卖，本小利微，至于坐贾行商大本生意则几乎绝迹。而现在城镇，除了国营商店、饭馆、旅社外，小商小贩也还不多。间或几家营业的，也是要卖烟酒，全是烟酒，要卖油条，全是油条。工匠从无外来，故夺巧技艺者稀少，日常用具皆自个为之，器坚朴耐用，但样子劣拙不堪。

正因为这里闭塞，也以此保守了传统古朴之风俗。此地老根老总的户少，除台湾省外，各地都有新迁户，客籍便称之为下河人。但井间相错，婚姻相通，任恤相感，庆吊往来，浃洽投机，故五里一腔，十里一调，而礼节尚习不甚相远。家家日月稍宽裕，必要酿酒，料或用包谷，或用大米，或用柿子，或用甜菽杆，常在门前路边，以地坎挖灶，安上锅，放上发酵的料，上架一锅，烧酒而成，过往人只要说酒好，随便舀喝。再是腌肉，每家每年至少养二至三头肥猪，或者交售一头，或者全部宰了，腌以盐，熏以烟，即为腊肉。喝酒吃肉，在这里不仅为生活之需，同时也成了一种娱乐和艺术。一般的亲戚，一般的工作干部，他们并不认官职大小，名望轻重，只要是从外地来的，必是有饭就有肉，有肉就有酒，自酿的酒初喝味道并不好，但愈喝愈上口，酒令五花八门，冬天的夜晚便可以从黄昏一直喝到第二天清早，以谁家酒桌下醉倒的人多为荣耀。吃肉更是以方块见长，常在稀饭里煮有肉块，竟使外地人来吃面条吃过半碗，才发觉碗底尽是大肉片子而感慨万千。故在这里工作的干部调到外地，都善吃善喝，问之，便说“镇柞锻炼的”。并感叹之：在镇柞，不会喝酒吃肉就不能当干部啊！风气淳朴，欲尚朴野，外面世界多认为山民性情不驯，其实绝无强悍之徒，全陕西以商州容易治理，商州又以镇柞易治著名。

地以人重，人因地灵，镇柞地处偏僻，挺生者不多，但山川蜿蜒，灵淑之气有结，人才仍辈出矣。随着时代的变迁，社会的发展，山里一天一天发生着现代的变化，山外一天一天也认识了这块土地的神奇和丰富。

现在年轻的山民已经彻底看不起父辈那种急于谋生而缓于谋道的生活，差不多不愿那种六七人合挤在一炕的习惯。尽一切力量去求学，学成回来，不死缠身于那一亩二亩瘠贫的山地，勃勃欲兴之气甚盛。生在山里，重新认识山，靠山而吃山，光挖药一项，天麻、猪苓、党参、肉桂，家家门前屋檐下都是一晒一席，扩大茶园，自办茶坊，种植桐树，榨取桐油，割土漆而置染新式家具，请工匠熟制各类皮革……山上万宝俱全，土特产运出去，钱财就源源不断流淌而来。商店里，开始出售手表、电视机、录音机，也有了姑娘们穿的高跟皮鞋，也有了小伙子们的黑墨蛤蟆镜。

原先干部皆关中或商州川道那边支援来的，来时都不愿来，来了全不安心，有"祖国山河可爱，镇安柞水除外"的俗语流传。而今争相前往，但本地干部迅速成长，从县上到区到社，层层干部出门就背着草鞋，翻山越岭，抓政治，抓生产，抓科学。山僻干部事简责轻，若要无事，便仅吃肉喝酒也应付不了，最足钝人志气，所以他们时时提醒，严格要求，激发无事寻出有事，有事终归无事，体察风物，熟悉民情，兴利除弊。

小型水电站日益发展，村村都有了电灯、电磨，粉碎机，用不着麦子用枷、棒槌打了，用不着粮食在屋角的手摇石磨上磨了。那板栗、核桃、猕猴桃，因为有电，机器加工，其罐头畅销全国。更有那一山栲树、槲树，放养起山蚕，一年两次，收成好不壮观。且家家注重起种桑，不养蚕的摘叶卖，养蚕的有丝织绸，不能自织便将丝卖，无丝而又不能买者就多代人缫丝。于是，县上机构庞大的丝绸厂就建成了，一座丝绸厂是镇柞最大的工业，亦是最大的文明之地。大凡别的地方，代表当地富裕的标志是商店，代表当地人物容颜的标志是剧团，但镇柞的丝绸厂却两者兼而一身地代表了。工厂招收工人的条件要干净利索，眼明亮，牙整齐，心细，手巧，故机器织出的绸缎如霞如云，管理机器的女工华美娇艳，简直使你不能想象这山野之内竟有如此风流人物。

老一代人流传的俗语有：洋芋糊汤疙瘩火，除了神仙就是我。现在竟成了一种讥讽的笑话。在县城村镇，夜里的彩色电视机占却了所有人的心身，一场国家队的排球赛胜利，竟也会几十人，近百人连夜游行庆贺，一次电影百花评奖，一次全国小说评奖，竟也会有十几人集体写票寄往北京。在那些深山老林里，山民们或许正捧着糊汤碗，或许冬至天气还未换上棉裤，或许二、三月青黄不能接上，但常发生有人急急火火跑老远的路去对相好的人讲："某某进政治局了!""谁谁下台了!"样子可笑却可敬。天明六点半的新闻广播，青年山民也会准时醒来收听。他们注意着国家政策的颁布，研究着生财变富的门路，捕捉着生意买卖的信息。当他们大把大把嚼着油炸的蚕蛹，嘴角流油地向你夸说着他们的计划时，你会感到吃惊而又有几分嫉妒。他们虽然不像城市人那样向现代化迈进的节奏迅速，但你却热羡这里水好，用不着漂白粉；这里的空气好，用不着除尘器；这里的花草好，用不着在盆里移栽。城里的好处在这里越来越多，这里的好处在城里却越来越少了。

1983 年 7 月 18 日

《秦腔》后记

在陕西东南，沿着丹江往下走，到了丹凤县和商县（现在商洛专区改制为商洛市，商县为商州区）交界的地方有个叫棣花街的村镇，那就是我的故乡。我出生在那里，并一直长到了十九岁。丹江从秦岭发源，在高山峻岭中突围去的汉江，沿途冲积形成了六七个盆地，棣花街属于较小的盆地，却最完备盆地的特点：四山环抱，水田纵横，产五谷杂粮，生长芦苇和莲藕。村镇前是笔架山，村镇中有木板门石老街，高高的台阶，大的场子，分布着塔，寺院，钟楼，魁星阁和戏楼。村镇人一直把街道叫官路，官路曾经是古长安通往东南的唯一要道，走过了多少商贾、军队和文人骚客，现还保留着骡马帮会会馆的遗址，流传着秦王鼓乐和李自成的闯王拳法。如果往江南岸的峭崖上看，能看到当年逃兵荒匪乱的石窟，据说如今石窟里还有干尸，一近傍晚，成群的蝙蝠飞出来，棣花街就麻碴碴地黑了。让村镇人夸夸其谈的是祖宗们接待过李白、杜甫、王维、韩愈一些人物，他们在街上住宿过，写过许多诗词。我十九岁以前，没有走出过棣花街方圆三十里，穿草鞋，留着个盖盖头，除了上学，时常背了碾成的米去南北二山去多换人家的包谷和土豆，他们问："哪里的？"我说："棣花街的！"他们就不敢在秤上捣鬼。那时候这里的自然风景和人文景观依然在商洛专区著名，常有穿了皮鞋的城里人从312国道上下来，在老街上参观和照相。但老虎不吃人，声名在外，棣花街人多地少，日子是极度的贫困。那个春上，河堤上的柳树和槐树刚一生芽，就会被捋光了，泉池里是一筐一筐，石头压着煮过的树叶，在水里泡着拔涩。我和弟弟帮母亲把炒过的干苕蔓在碾子上砸，罗出面儿了便迫不及待地往口里塞，晚上稀粪就顺了裤腿流。我家隔壁的厦子屋里，住着一个李姓的老头，他一辈子编草鞋，一双草鞋三分钱，临死最大的愿望能吃上一碗包谷糁糊汤，就是没吃上，队长为他盖棺，说："别变成饿死鬼。"塞在他怀里的，仍是一颗熟红苕。全村镇没有一个胖子，人人脖子细长，一开会，大场子上黑乎乎一片，都是清一色的土皂衣裤。就在这一群人里谁能想到有那么多的能人呢：宽仁善制木。本旺能泥塑。东街李家兄弟精通胡琴，夜夜在门前的榆树下拉奏。中街的冬生爱唱秦腔，吃了上顿没下顿的，老婆都跟人去讨饭了，他仍在屋里唱，唱着旦角。五林叔一下雨就让我们一伙孩子给他剥玉米棒子或推石磨，他然后盘脚搭手坐在那里说《封神演义》，有人对照了书本，竟和书本上一字不差。生平在偷偷地读《易经》，他最后成了阴阳先生。百庆学绘画，拿锅黑当墨，在墙上可以画出二十四孝图。刘新春整理鼓谱。刘烈有土木设计上的本事，率领八个弟子修建了几乎全县所有的重要建筑。西街的韩姓和东街的贾姓是棣花街上的大族，韩述绩和贾毛顺的文墨最深，毛笔字写得宽博温润，包揽了全村镇门楼上的题匾。每年从腊月三十至正月十五，棣花街都是唱大戏和闹社火，演员的补贴是每人每次三斤热红苕，戏和社火去县上会演，总能拿了头名奖牌。以至于外地来镇上工作的干部，来时有人叮咛：到棣花街了千万不能随便说文写字。再是我离开了故乡生活在了西安，以写作出了名，故乡人并不以为然，甚至有人在棣花街上说起了我，回应的是：像他那样的，这里能拉一车！

就在这样的故乡，我生活了十九年。我在祠堂改作的教室里认得了字。我一直是病包，却从来没进过医院，不是喝姜汤捂汗，就是拔火罐或用瓷片割破眉心放血，久久不能治愈的病那都是“撞了鬼”，就请神作法。我学会了各种农活，学会了秦腔和写对联、铭锦。我是个农民，善良本分，又自私好强，能出大力，有了苦不对人说。我感激着故乡的水土，它使我如芦苇丛里的萤火虫，夜里自带了一盏小灯，如满山遍野的棠棣花，鲜艳的颜色是自染的。但是，我又恨故乡，故乡的贫困使我的身体始终没有长开，红苕吃坏了我的胃。我终于在偶尔的机遇中离开了故乡，那曾经在棣花街是一件惊天动地的事情，记得我背着被褥坐在去省城的汽车上，经过秦岭时停车小便，我说：我把农民皮剥了！可后来，做起城里人了，我才发现，我的本性依旧是农民，如乌鸡一样，那是乌在了骨头上的。

我必须逢年过节就回故乡，去参加老亲世故的寿辰、婚嫁、丧葬，行门户，吃宴席，我一进村镇的街道，村镇人并不看重我是个作家，只是说：贾家老四的儿子回来了！我得赶紧上前递纸烟。我城里小屋在相当长的年月里都是故乡在省城的办事处，我备了一大摞粗瓷海碗，几张钢丝床，小屋里一来人肯定要吃捞面，腥油拌的辣子，大疙瘩蒜，喝酒就划拳，惹得同楼道的人家怒目而视。所以，棣花街上发生了任何事，比如谁得了孙子，是顺生还是横生，谁又死了，埋完人后的饭是上了一道肉还是两道肉，谁家的媳妇不会过日子，谁家兄弟分家为一个筐篮成了仇人，我全知道。一九七九年到一九八九年的十年里，故乡的消息总是让我振奋，土地承包了，风调雨顺了，粮食够吃了，来人总是给我带新碾出的米，各种煮锅的豆子，甚至是半扇子猪肉，他们要评价公园里的花木比他们院子里的花木好看，要进戏园子，要我给他们写中堂对联，我还笑着说：棣花街人到底还高贵！那些年是乡亲们最快活的岁月，他们在重新分来的土地上精心务弄，冬天的月夜下，常常还有人在地里忙活，田堰上放着旱烟匣子和收音机，收音机里声嘶力竭地吼秦腔。我一回去，不是这一家开始盖新房，就是另一家为儿子结婚做家具，或者老年人又在晒他们做好的那些将来要穿的寿衣寿鞋了。农民一生三大事就是给孩子办结婚，为老人送终，再造一座房子，这些他们都体体面面地进行着，他们很舒心，都把邓小平的像贴在墙上，给他上香和磕头。我的那些昔日一块套过牛，砍过柴，偷过红苕萝卜和豌豆的伙伴会坐满我家旧院子，我们抽纸烟，喝烧酒，唱秦腔，全晕了头，相互称“哥哥”，棣花街人把“哥哥（gē）”发音为“哥哥（guǒ）”，热闹得像一窝鸟叫。

对于农村、农民和土地，我们从小接受教育，也从生存体验中，形成了固有的概念，即我们是农业国家，土地供养了我们一切，农民善良和勤劳。但是，长期以来，农村却是最落后的地方，农民是最贫困的人群。当国家实行起改革，社会发生转型，首先从农村开始，它的伟大功绩解决了农民吃饭问题，虽然我们都知道像中国这样的变化没有前史可鉴，一切都充满了生气，一切又都混乱着，人搅着事，事搅着人，只能扑扑腾腾往前拥着走，可农村在解决了农民吃饭问题后，国家的注意力转移到了城市，农村又怎么办呢，农民不仅仅只是吃饱肚子，水里的葫芦压下去了，一次就会永远沉在水底吗？就在要进入新的世纪的那一年，我的父亲去世了。父亲的去世使贾氏家族在棣花街的显赫威势开始衰败，而棣花街似乎也度过了它暂短的欣欣向荣岁月，这里没有矿藏，没有工业，有限的土地在极度地发挥了它的潜力后，粮食产量不再提高，而化肥、农药、种子以及各种各样的税费迅速上涨，农村又成了一切社会压力的泄洪池。体制对治理发生了松弛，旧的东西稀里哗啦地没了，像泼去的水，新的东西迟迟没再来，来了也抓不住，四面八方的风方向不定地吹，农民是一群鸡，羽毛翻皱，脚步趔趄，无所适从，他们无法再守住土地，他们一步一步从土地上出走，虽然他们是土命，把树和草拔起来又抖净了根须上的土栽在哪儿都是难活。我仍然是不断地回到我的故乡，但那条国道已经改造了，以更宽的路面横穿了村镇后的塬地，铁路也将修有梯田的牛头岭劈开，听说又开始在河堤内的水田里修高速公路了，盆地就那么小，交通的发达使耕地日益锐减。而老街人家在这些年里十有八九迁居到国道边，他们当然没再盖那种一明两暗的硬梁房，全是水泥预制板搭就的二层楼，冬冷夏热，水泥地面上满是黄泥片，厅间蛮大，摆设的仍是那一个木板柜和三只四只土瓮。巷口的一堆妇女抱着孩子，我都不认识，只能以其相貌推测着叫起我还熟悉的他们父亲的名字，果然全部准确，而他们知道了我是谁时，一哇声地叫我“八爷!”（我在我那一辈里排行老八。）我站在老街上，老街几乎要废弃了，门面板有的还在，有的全然腐烂，从塌了一角的檐头到门框脑上亮亮地挂了蛛网，蜘蛛是长腿花纹的大蜘蛛，形象丑陋，使你立即想到那是魔鬼的变种。街面上生满了草，没有老鼠，黑蚊子一抬脚就轰轰响，那间曾经是商店的门面屋前，石砌的台阶上有蛇蜕一半在石缝里一半吊着。张家的老五，当年的劳模，常年披着褂子当村干部的，现在脑中风了，流着哈喇子走过来，他喜欢地望着我笑，给我说话，但我听不清他说些什么。堂兄在告诉我，许民娃的娘糊涂了，在炕上拉屎又把屎抹在墙上。关印还是贪吃，他当了支书的侄儿家被人在饭里投了毒，他去吃了三大碗，当时就倒在地上死了。后沟里有人吵架，一个说：你张狂啥呀，你把老子×咬了?! 那一个把帽子一卸，竟然扑上去就咬×，把×咬下来了。村镇出外打工的几十人，男的一半在铜川下煤窑，在潼关背金矿，一半在省城里拉煤，捡破烂；女的谁知道在外边干什么，她们从来不说，回来都花枝招展。但打工伤亡的不下十个，都是在白木棺材上缚一只白公鸡送了回来，多的赔偿一万元，少的不足两千，又全是为了这些赔偿，婆媳打闹，纠纷不绝。因抢劫坐牢的三个，因赌博被拘留过十八人。选村干部宗族械斗过一次。抗税惹得公安局来了一车人。村镇里没有了精壮劳力，原本地不够种，地又荒了许多，死了人都熬煎抬不到坟里去。我站在街巷的石磙子碾盘前，想，难道棣花街上我的亲人、熟人就这么很快地要消失吗，这条老街很快就要消失吗？土地也从此要消失吗？真的是在城市化，而农村能真正地消失吗？如果消失不了，那又该怎么办呢？

父亲去世之后，我的长辈们接二连三地都去世，和我同辈的人也都老了，日子艰辛使他们的容貌看上去比我能大十岁，也开始在死去。我把母亲接到了城里跟我过活，棣花街这几年我回去次数减少，故乡是以父母的存在而存在的，现在的故乡对于我越来越成为一种概念。每当我路过城街的劳务市场，站满了那些粗手粗脚衣衫破烂的年轻农民，总觉得其中许多人面熟，就猜测他们是我故乡死去的父老的托生。我甚至有过这样的念头：如果将来母亲也过世了，我还回故乡吗？或许不再回去，或许回去得更勤吧。故乡呀，我感激着故乡给了我的生命，把我送到了城里，每一次想故乡那腐败的老街，那老婆婆在院子里用湿草燃起熏蚊子的火，火不起焰，只冒着酸酸的呛呛的黑烟，我强烈地冲动着要为故乡写些什么。我以前写过，那都是写整个商州，真正为棣花街写得太零碎太少。我清楚，故乡将出现另一种形状，我将越来越陌生，它以后或许像有了疤的苹果，苹果腐烂，如一泡脓水，或许它会淤地里生出了荷花，愈开愈艳，但那都再不属于我，而目前的态势与我相关，我有责任和感情写下它。法门寺的塔在倒塌了一半的时候，我用散文记载过一半塔的模样，那是至今世上唯一写一半塔的文字，现在我为故乡写这本书，却是为了忘却的回忆。

我决心以这本书为故乡竖起一块碑子。

当我雄心勃勃在二三年的春天动笔之前，我奠祭了棣花街上近十年二十年的亡人，也为棣花街上未亡的人把一杯酒洒在地上，从此我书房当庭摆放的那一个巨大的汉罐里，日日燃香，香烟袅袅，如一根线端端冲上屋顶。我的写作充满了矛盾和痛苦，我不知道该赞歌现实还是诅咒现实，是为棣花街的父老乡亲庆幸还是为他们悲哀。那些亡人，包括我的父亲，当了一辈村干部的伯父，以及我的三位婶婶；那些未亡人，包括现在又是村干部的堂兄和在乡派出所当警察的族侄，他们总是像抢镜头一样在我眼前涌现，死鬼和活鬼一起向我诉说，诉说时又是那么争争吵吵。我就放下笔盯着汉罐长出来的烟线，烟线在我长长的吁气中突然地散乱，我就感觉到满屋子中幽灵飘浮。

书稿整整写了一年零九个月，这期间，我基本上没有再干别事，缺席了多少会议被领导批评，拒绝了多少应酬让朋友们恨骂，我只是写我的。每日清晨从住所带了一包擀成的面条或包好的素饺，赶到写作的书房，门窗依然是严闭的，大开着灯光，掐断电话，中午在煤气灶煮了面条和素饺，一直到天黑方出去吃饭喝茶会友。一日一日这么过着，寂寞是难熬的，休息的方法就写毛笔字和画画，我画了唐僧玄奘的像，以他当年在城南大雁塔译经的清苦来激励自己。我画了《悲天悯猫图》，一只狗卧在那里，仰面朝天而悲嚎，一只猫蹑手蹑脚过来看狗。我画《抚琴人》，题写：“精神寂寞方抚琴。”又写了条幅：“到底毛颖足吞虏，沧浪随处可濯缨。”我把这些字画挂在四壁，更有两个大字一直在书桌前：“守候”，让守住灵魂的候来监视我。古人讲：文章惊恐成。这部书稿真的一直在惊恐中写作，完成了一稿，不满意，再写，还不满意，又写了三稿，仍是不满意，在三稿上又修改了一次。这是我从来都没有过的现象，我不知道是年龄大了，精力不济，还是我江郎才尽，总是结不了稿，连家人都看着我可怜了，说：结束吧，结束吧，再改你就改傻了！我是差不多要傻了，难道是土变的，身上的泥垢越搓越搓不净，书稿也是越改越这儿不是那儿不够吗？

写作的整个过程中，有一位朋友一直在关注着，我每写完一稿，他就拿去复印。那个小小的复印店，复印了四稿，每一稿都近八百页，他得到了一笔很好的收入，他就极热情，和我的朋友就都最早读这书稿。他们都来自农村，但却不是文学圈中的人，读得非常兴趣，跑来对我说：“你要树碑了，这是个大碑子啊！”他们的话当然给了我反复修改的信心，但终于放下了最后一稿的笔，坐在烟雾腾腾的书房里，我又一次怀疑我所写出的这些文字了。我的故乡是棣花街，我的故事是清风街；棣花街是月，清风街是水中月；棣花街是花，清风街是镜里花。但水中的月镜里的花依然是那些生老病离死，吃喝拉撒睡，这种密实的流年式的叙写，农村人或在农村生活过的人能进入，城里人能进入吗，陕西人能进入，外省人能进入吗？我不是不懂得也不是没写过戏剧性的情节，也不是陌生和拒绝那一种“有意味的形式”，只因我写的是一堆鸡零狗碎的泼烦日子，它只能是这一种写法，这如同马腿的矫健是马为觅食跑出来的，鸟声的悦耳是鸟为求爱唱出来的。我唯一表现我的，是我在哪儿不经意地进入，如何地变换角色和控制节奏。在时尚于理念写作的今天，时尚于家族史诗写作的今天，我把浓茶倒在宜兴瓷碗里会不会被人看做是清水呢？穿一件土布袄去吃宴席会不会被耻笑我贫穷呢？如果慢慢去读，能理解我的迷惘和辛酸，可很多人习惯了翻着读，是否说“没意思”就撂到尘埃里去了呢？更可怕的，是那些先入为主的人，他要是一听说我又写了一本书，还不去读就要骂母猪生不下狮子，狗嘴里吐不出象牙。我早年在棣花街时，就遇着过一个因地畔纠纷与我家置了气的邻居妇女，她看我家什么都不顺眼，骂过我娘，也骂过我，连我家的鸡狗走路她都骂过。我久久地不敢把书稿交付给出版社，还是帮我复印的那个朋友给我鼓劲，他说：“真是傻呀你，一袋子粮食摆在街市上，讲究吃海鲜的人不光顾，要减肥的只吃蔬菜水果的人不光顾，总有吃米吃面的主儿吧?!”

但现在我倒担心起故乡人如何对待这本书了，既然张狂着要竖一块碑子，他们肯让我竖吗，认可这块碑子吗？清风街里的人人事事，棣花街上却能寻着根根蔓蔓，画鬼容易画人难，我不至于太没本事，要写老虎却写成了狗吧。再是，犯不犯忌讳呢？我是不懂政治的，但我怕政治。十几年前我写《商州初录》，有人就大加讨伐，说“调子灰暗，把农民的垢甲搓下来给农民看，甭说为人民写作，为社会主义写作，连‘进步作家’都不如!”雨果说：人有石头，上帝有云。而如今还有没有这样的人呢？我知道，在我的故乡，有许多是做了的不一定说，说了的不一定做，但我是作家，作家是受苦与抨击的先知，作家职业的性质决定了他与现实社会可能要发生摩擦，却绝没企图和罪恶。我听说过甚至还亲眼目睹过一个乡级干部对着县级领导，一个县级干部对着省级领导，述职的时候，他们要使尽成绩，连虱子都长了双眼皮；当他们申报款项，却恓惶了还再恓惶，人在喝风屙屁，屁都没个屁味。竖一块碑子，并不是在修一座祠堂，中国从来都没有像今天这样渴望强大，人们从来没有像今天需要活得儒雅，我以清风街的故事为碑了，行将过来的棣花街，故乡啊，从此失去记忆。

石头沟里一位复退军人

一觉醒来，就听见后窗外有吱扭扭、吱扭扭的响声，炕那头的复退军人还在呼呼噜噜地睡着不醒。这复退军人三十三岁，前年从青藏高原回来，虽然已经务农三年了，但身上还保留着军人的气质：一是行走，坐卧，胸部总挺得高高的；二是能苦能累，能吃能睡；三是穿一身黄军衣，领章帽徽当然没有了，但风纪扣扣得极严。我昨天下午一赶到这里，他就对我十分友好，一定留我住下，又当夜勒死了一只后山跑过来的游狗，打了二斤烧酒。吃狗肉喝烧酒，里外发热；两个人头歪头倒在炕上就一直没有苏醒。

“喂，伙计！”我叫着。

复退军人依然沉睡如泥。我侧起身来，撩起后窗帘往外一看，才见屋后田边的那台大石磙碾子被一个女人推着。这女人窄袄窄裤儿，腰俏俏的；头上抹着很重的头油，纹丝不乱；一双用粉涂得雪白的单布鞋，弓弓的小巧，起落上下没一点声响。碾磙子太大了，一丈多长的碾杆，一个人推着很费力。碾盘上铺着的一层鲜玉米颗粒，被石磙子碾过，噼噼啪啪地响，黄白浆水就溅得一碾盘都是。

我穿衣起来，一边到门前的河里去洗脸，一边看着推碾子的女人，想这是谁家的小媳妇，这么俊样，怎么一大清早独自来推碾子，那么大的石磙子，她推得动吗？

正看着想，那女人听见泼水声，掉过脸儿也来看我，没想目光正碰在一起，她一笑，脸先飞上了红，忙推着石磙子走，偏在石磙子和我一条方向线上的时候，她再不推，躲在那边细声地咳嗽。

就在这个时候，我睡的那个后窗打开了，露出复退军人的黑脸。那女人立即闪出来，往那里睨了一眼，忙又向我这边看，我忙埋下头去。等再去看那窗口，已经关上了。不久，有一头毛驴，背上有着套绳，从后门端端走出来，走过田埂小路，站在碾盘下。那女人也站住了，动手将毛驴套上了碾杆，却大声骂道："你来干啥？你还敢来?！看我打死你！"

一根树枝扬在半空，似乎使出了全身力气，但落下来，轻飘飘的，只在毛驴后胯下一捅，毛驴小步溜丢推着石磙子吱扭扭飞转。

我知道这女人是和复退军人熟识的了，但为什么却不把毛驴拉出去帮忙？我赶回来，复退军人已经洗好了脸，在镜前用手挤腮帮上的粉刺儿，一边轻轻地哼着歌子。我说："伙计，你家毛驴跑出去了，那个女人不作声就套上，帮她推碾子哩！"

"是吗?"他好像才知道了这事。"这毛虫，怎么就跑出去了?！"但他并没有去拉回毛驴，也不从后门出去看看，只是轻轻地哼他的歌子。

"这女人是哪里的?"我问他。

"上边堖畔的。"

"是谁家小媳妇?"

"不是谁家小媳妇。"

我终于证实了，这小巧女人和复退军人是相好的了。

"你们既然很熟，她一个人能推了碾子？你该去帮帮手啊！"

他突然脸红了："我才不管她哩！"

后来，毛驴就又独自走回来了，驴背上放着套绳，套绳中间有一个十分干净的新手帕包儿，复退军人打开了，里边是碾成的鲜包谷粥团。

"她送你的?"我说。

"她恐怕是让我招待你的。"他说，"你吃过这包谷粥粑粑吗？比白面馍馍好吃哩。"

这一天早上，我们就做了稀饭和包谷粥粑粑。那粑粑果然十分清香，愈嚼愈有味道。我们边吃边说着话，他告诉我：他们这里叫石头沟，沟底流的不是水，而是石头。我说这一点我昨日一来就看出来了，因为在这条沟里走了十五里，沟道里先还有水，走着走着水就没了，再走一半里，水又出现了，原来这沟里的河是渗河。走过七八里，河里便很少有沙，全是石头，大的如屋，小的如枕，你垒我，我垒你，全光圆白净，有水的地方，水就在石头中隐伏，浅潭中游几条小鱼，没水的地方，连一棵草也没有。他说，这里便是沟堖，上边坡堰上的村子，是这条沟唯一的村子，共五十户人家。这五十户分为三姓，主要是孙家，其次是田家，再是韩家。他家姓宁，是仅有的独户，与村子较远。平日他家和坡堰上的人家来往不多，但全村唯一的石磙子碾子却在他家屋后，少不了有人来碾谷子、稻子、包谷颗的。他末了就又说起他自己，说他当了几年兵，在青藏高原上一个劳改场看管犯人。复退后，去年双亲相继谢世，三个妹妹也早嫁了人，他就成了一家之主：进门一把火，出门一把锁，一桌饭端上来，他不说吃，谁也不会吃。“我能吃苦，什么都可以，就是闷得慌。”他买了一个收音机，每夜听到鸡叫，但还是常失眠。

“你怎么不找个媳妇呢？”我说。

“一个人倒清静。”他笑了，又问我，“你说呢？”

饭后，我便一个人到后边的坡堰村子去了。这村子确实不小，但房屋极不规律，没有两家是一排儿盖的，由下往上，一家比一家高。村里没有一条端端的街，也没有一条平平的路，都是从这家到那家，一条仄路，斜着朝上，或斜着往下。我在村子里转了几转，人们都拿眼睛好奇地盯我。我发现村里穿黄军衣的，黄军鞋的，戴黄军帽的人很多，便向几位正聊天的人打听，他们就一哄笑了。

“我们这里有兵种哩！”

“兵种？”

“你看见最上头的那个门楼吗？”一个人用嘴努着，“那是孙家二爷，七个儿子，都当过兵，到了孙子辈，又当了三个。”

我有些吃惊：这孙家人口好旺，出了这么多军人?！“那河下的宁家，不是也出过个兵吗？”

“他算什么兵？看管了几年犯人！回来还是个农民，连媳妇都丢了。”

这些人说起来，兴趣倒来了，似乎谈论别人的不幸和愚蠢，最能开心。我便也从中知道了这复退军人家底是全村最薄的。孙家有个叔父在大队当领导，那几年招兵，孙家每年要走一个，三四年回来，就都安排了，有在县饮食公司的，木材检查站的，交通局的，汽车队的……都发了财，日子过得人模狗样的。这姓宁的老汉看得眼红，就粜了五斗包谷，给孙家那个叔父送礼，好歹让儿子当了兵。这儿子未穿军衣前，在队里烧炭场，终日人比炭黑，长到二十七，媳妇找不下，刚一换上军衣，就有三个媒人来提亲，结果选中了一门，三下五除二，见面，看家，订了百年相好。临到部队前一天，丈人、丈母和那宝贝女子来家送行，吃了喝了，临走拿了三身衣服，五十元钱。没想到了部队，三年复员，小伙没有得了国家的事干，那女的便闹着又退了婚。宁家父母一口气窝在肚里，气最软，气又最硬，积成癌症，不上一年就都眼睛不合地去了。

“现在再没有个提亲的？”我问。

“给他认门猪亲！他被八指脚迷住了，不三不四的，谁家黄花少女肯嫁了他？”

“八指脚？”

“是个人，破鞋，鬼狐狸儿变的，见了男人就走不动啦！”

“放你娘的狗屁！”一句未了，半空里火爆爆骂了一声。我和那聊闲话的人都吓呆了，仰头一看，三丈远的一家小院里，有一棵桶粗的核桃树，树丫上爬着一个女人，一边用长杆子打磕着核桃，一边朝这边骂，我认出正是清早推碾的那女人。

“我就骂了你，破鞋!”那男的跳起来，“你害死了我们田家的人，又去勾引人家姓孙的，你怎么不就去给孙家铺床暖被?你现在又给宁家骚情，看他姓宁的就敢要了你?!”

那女人气得嘴脸乌青，摘了青皮核桃朝这边打来，那男的也从地上捡了石头瓦片往树上打，两厢一时如下了冰雹。我一看大事不好，飞似的跑下村子，直奔复退军人家。他一听，便抄了一根扁担冲出了门，却在院中，将那扁担在捶布石上摔断了，使劲地打自己。我以为他是气疯了，他却哇的一声哭了个死去活来。

直到这天晚上，复退军人才一五一十告诉我实情。原来这女人是个寡妇，第一个姓田的丈夫好吃懒做，脾性又特别坏，三天两头和她打闹，她就和孙家一个当兵的暗中好起来。有一年，那当兵的回家探亲，她去孙家和那男的说了半宿话。她丈夫后来知道，将她一顿好打，又要剁一个指头让吸取教训，她跪下求饶，那时她人聪明俊俏，正在大队业余宣传队演戏，说剁了指头怎么上台啊，丈夫竟剁了她一个脚指头。那丈夫也是鬼迷了心，剁了她的，又持刀去寻着那当兵的，也逼着剁了一个脚指头。结果被抓了牢狱，一个月里，又染了重病，死在牢里。她依然痴情那孙家当兵的，但人家一复员，在县汽车队开了车，看中了本单位一个打字员，就把她甩了。从此她声名扫地，几年里再也抬不起了头。

“村里人都看不起她了，”复退军人说，“但她性子硬，从来不服，自田家丈夫一死，田家人要赶她出门，先是孙家势力大，没有赶走，后来田孙两家一气要赶她出村，她还是不走。她长得嫩面，人又能干，上炕的剪子下炕的镰，从不要人帮她。一年四季衣着上收拾得干干净净，村里人越是看不惯，她越故意，但我知道她心里很苦，常常夜里关了门啼哭。”

“你知道?”我说。

复退军人不言语了。将昨日吃剩下的狗肉又切了一盘，陪我喝起酒来。一杯又一杯，他喝到八成，用拳头就使劲捶自己的头，说：“我这兵当的窝囊，我不像个当兵的啊!”

我知道这是醉了，就收了酒肉，各自睡下。到了半夜，后窗上有嘭嘭的敲打声，我忙叫复退军人，那响声却没有了。复退军人听我说了，“哦”的一声，说他出去看看，不要我起来，出门又将小房门锁了。一直有了好长时间，他回来了，一进门就喊我起来，没头没脑地说：“人在事中迷，你给我出出主意!”

“什么事?”我吓了一跳，翻身坐起。

“她又被人打了!”

“谁?”

“桂枝。”

门推开了，那女人披头散发走了进来说，是夜里田家人又要撵她，不准她再住原丈夫的三间房，孙家人也趁机起哄，什么难听的话都骂了。她和人家吵起来，说只要活着，她就不走，还要刚刚正正在石头沟住下去。人家要打她，她抄起擀面杖叫道:“谁动我一根指头，就叫她像田家那死鬼一个下场!”那帮人也不敢动她，问她有什么理由赖着?她说:“我要招人!”问招的哪一个?她喊了三声:“宁有生!”那帮人听了，又气又骂，又是冷笑，说姓宁的没那个胆量，一哄才散了。

“同志!”那女人突然在我面前跪下了，鼻涕眼泪一齐流了下来。“我名声已经倒了，我也不怕你笑话。但我哪儿是坏人?我坏在了什么地方?我坏就坏在没有认清孙家那个牲畜，我痴心待他，他却要弄了我!痴心儿不是我错，我还要痴心待人。是我先爱上宁有生的，要说勾引，就算是我勾引，他孤苦一人，被人看不上眼，我知道他的苦处，难道我们就不能热热火火成一个家?可他不像个血性男人，总是不敢公开，是我抖出来了，怕人家追问他时他撑不起腰杆，我就来逼他明日去村里公开的!”

这女人口齿流利，句句说得有板有眼，我一下子感觉到了自己的责任，便站了起来，给复退军人鼓劲，说这里家族势力还这么厉害，就要当个生活的强者。如果一个强了，两个都强，一个强不起来，两个人也就全毁了。

复退军人瓷在了那里。

“你说话呀，说话呀!”那女人抓住了他的胳膊，呜呜又哭了。“你老是这样，你只有自己糟蹋自己!我以前不是这样吗?我吃尽了性软的亏，今日在这同志面前，你把话说清:你要活得像个人，你明日就当众人面公开，咱有的是力气，人也不比谁笨，日子会过得红火。你要还是这样下去，咱就一刀两断!我就是当一辈子寡妇，我也不会走，我也不去寻短见。”

复退军人猛地过去抱了酒碗喝了一气，一边抹嘴，一边说:“依你的办，我也是窝囊够了!”

第二天早上，因为我急着要赶到北边留仙坪去，不能在这里多待了，临走时，复退军人和那女人双双送我上了沟那边的便道上，我祝福他们成功，那女人“格”地笑出了声。

三个月后，我回到了这个县上，县城里正流传着一件新闻:石头沟一个寡妇和一个复退军人为了结婚，在公社领不出结婚证，又上告到县上，指控石头沟孙家和田家暗中给公社文书使了黑钱。结果，县委追究，官司打了一月，孙家的那个大队领导终于撤了职，寡妇和复退军人结了婚。两人卖了寡妇的房子，积了本钱承包了一孔木炭窑，收入很大。有人便给我说：早上还见他们担了炭在县城南市上出售，炭是好炭，一律栲木料，易燃，耐烧，散热性强，只是燃起来爱爆火星儿。

走进塔里木

八月里走进塔里木，为的是看油田大会战。沿着那条震惊了世界的沙漠公路深入，知道了塔克拉玛干为什么称作死亡之海，知道了中国人向大漠要油的决心有多大。那日的太阳极好，红得眼睛也难以睁开，喉咙冒烟，嘴唇干裂，浑身的皮也明显地觉得发紧。车上的司机告诉说，地表温度最高时是七十摄氏度，那才叫个烤呀！公路未修的时候，车队载着人和物资从库尔勒出发，沿着塔里木盆地边沿走，经过阿克苏，经过喀什，再到和田，这是多么漫长的道路，然后沙漠车才能进入塔克拉玛干腹地。这么一趟回来，人干巴巴的，完全都失了形！司机的话使我们看重了车上带着的那几瓶矿泉水，并且相互恶作剧，拧对方的肉，问：熟了没？喉咙也就疼得咽不下唾沫，将手巾弄湿捂在口鼻上。在热气里闷蒸了两个小时，突然间却起风了，先是柏油路上沙流如蛇，如烟，再就看见路边有人骑毛驴，人同毛驴全歪得四十度斜角地走，倏忽飘起，像剪纸一般落在远处的沙梁上。天开始黑暗，太阳不知坠到哪里去了，前边一直有四辆装载着木箱的卡车在疾驶，一辆已经在风中掀翻了，另外的三辆停在那里用绳索拉扯，仍摇晃如船。我们的小车是不敢停的，停下来就有可能打滚，但开得快又有御风起空的危险。司机说，这毕竟还不是大沙暴，在修这条公路和钻井的时候，大沙暴卷走了许多器械，单是推土机就有十多台没踪影了。我们紧张得脸都煞白了，幸好大的沙暴并没有发生，而沉甸甸的雾和沙尘，使车灯打开也难见路。艰艰难难地赶到塔中，风沙大得车门推不开，迎接我们的工人已都穿着棉大衣，谁也不敢张嘴，张嘴一口沙。

接待我们的是副调度长王兆霖，人称沙漠王的，他笑着说：中央领导每次来，天气总是好的，你们一来就坏了。我们也笑了，说这正是老天想让我们好好体验体验这里的生活嘛！

我们走进了大漠腹地，大漠让我们在一天之内看到了它多种面目，我们不是为浪漫而来，也不是为觅寻海市蜃楼和孤烟直长的诗句。塔里木大到一个法国的面积，号称第二个中东，它的石油储量最为丰富，地面自然条件又最为恶劣，地下地质结构又最为复杂，国家石油开发战略转移，二十一世纪中国石油的命运在此所系，那么，这里演绎着的是一场什么样的故事，这里的人如何为着自己的生存和为着壮丽的理想在奋斗呢？我们在塔中始终未逢到好天气，风沙依旧肆虐，所带的衣服全然穿在身上，仍冻得嘴脸乌青。沙漠王是典型的石油人性格，高声快语，又诙谐有趣，领我们去看第一口千吨井，讲这里的过去，讲这里的将来。去英雄的沙漠车队，介绍每一个司机的故事，去看用铁板铺成跑道的飞机场，去亲自坐上沙漠车在沙梁间奔驶，领受颠簸的滋味，去看各处的活动房，去看工人床头上都放的什么书。在过去有关大庆油田的影视中，我们了解了石油人生活的简陋，而眼前的塔里木，自然条件的恶劣更甚于大庆，但生活区的活动房里却也很现代化了，有电视录像看，有空调机和淋浴器，吃的喝的全都从库尔勒运进，竟也节约下水办起了绿色试验园，绿草簇簇，花在风沙弥漫的黄昏里明亮。艰苦奋斗永远是石油人生活的主旋律，但石油人并不是只会做苦行僧，他们在用着干打垒的精神摧毁着干打垒，这里仍是改革的前沿阵地。不论是筑路、钻井、修房和运输，生产体制已经与世界接轨，机械和工艺是世界一流，效益当然也是高效益，新的时代，新的石油人，在荒凉的大漠里，为国家铸造着新的辉煌。

我们在沙漠腹地的日子并不长，嘴里的沙子总是刷不净，忽冷忽热的气候难以适应，我就感冒了，又开始拉肚子，但我们太喜欢那红色的信号服和安全帽，喜欢去井位，在飓风中爬井台，虽然到底弄不明白那里的生产程序和机械名称，却还要喋喋不休地问这问那。新疆是中国最大气的地方，过去的年月里容纳了多少逃难的人，逃婚的人，甚至逃罪的人，而今的塔里木油田上，为了一个共同的目标，五湖四海的人走到一起。塔里木改变了他们的人生观，培养了他们特有的性格和行为方式。他们是那样好客，给你说，给你唱，却极少提到这里的艰苦，也不抱怨这恶劣的气候，说许多趣话，甚至那些带彩的段子，使你感受到生命的蓬勃和饱满。我们采访了那些在石油战线上奋斗了一生的老大学生，更多地采访了那些才从大学毕业分配来的大学生，问他们为什么没有留在大城市，没有去东南沿海地区。他们对这些似乎毫无兴趣，只是互相戏谑：谁谁在这里举行婚礼的那天，竟自己喝醉了酒，沉睡得一夜不起；谁谁去出车，车在半途坏了，爬了两天两夜，又饥又渴昏倒在沙梁上，幸亏派飞机搜索才救回来，去修那辆车时，才发现车座下面还有着一瓶矿泉水的，真是笨得要死。谁谁的媳妇千里迢迢到库尔勒，指挥部派专车将人送到工地，说好明日再送回库尔勒，可活该倒霉，这一夜却起了特大沙暴，甭说亲热，连睁大眼睛端详一下媳妇都不可能。这些年轻人给我们留下了极深的印象，从沙漠回来后，当我们在繁华的城市坐着小车，就每每想起了他们。世上有许多东西我们一时一刻离不了，但我们却常常忽略，如太阳如空气，我们每日坐车，就忘了车的行走需要的是石油！现在的小孩子，肚子饥了要馍馍吃，馍馍是哪儿来的，孩子们只知道馍馍是从厨房来的。我们也做过一次小小的调查，问过十三个坐车的人：车没油了怎么办？回答都是：去加油站啊！谁又知道发生在沙漠中的这些极普通又极普遍的故事呢？

接触了不同岗位不同层次的石油人，临走时，我们见到了塔指的三个领导。邱中建，这是石油战线上无人不晓的一个名字，他的一生几乎与中国所有的大油田的历史连在一起，如今已经六十多岁的人，祖国需要他到塔里木来，需要他来指挥这一场新体制新工艺高水平高效益的石油大会战，他离开了北京和家人，一人就长年待在塔里木。钟树德呢，这位塔指的大功臣，为了中国的石油事业，他献出了自己的一只眼睛。他自始至终在塔指，大漠中的每一口井台上都流过他的血汗。当我们见到他的时候，他才从塔中回到库尔勒不久，而那只完全失明的眼睛，因失去了功能，沙子落进去，摩擦得还是血红血红。梁狄刚更是个传奇人物，他的母亲居住在香港，年纪大了，一直希望他也能定居香港，但他虽是大孝子，可忠孝难两全，当中央电视台的记者采访他时，他没有什么华丽的辞藻，只说了句：我不能丢弃我的专业。与这些领导交谈，你如坐在一张世界地图前，坐在一张中国地图前，他们的襟怀和视角是那么大，绝口不提自己的事，只强调这一生就是要为中国找石油。塔里木油田可能是他们人生最后要找的一个大油田了，党和人民让他们来，这就是他们一生最大的幸福。但他们压力很大，因为中央领导一个接一个来塔里木，历史的重任使他们不敢懈怠，如何尽快地发现大的场面，使他们只有日日夜夜超负荷地工作着。

我们去塔里木，我们是几个普通得不能再普通的人，又行色匆匆，但石油人却是那样的热情！所到之处，工人们让签字。签什么字呀，一个作家浪得再有虚名，就是写出的书到处有人读，而比起石油人是多么微不足道啊！他们一有机会就让我写毛笔字，我写惯了那些唐诗宋词，我依旧要这么写时，工人们却自己想词，他们想出的词几乎全是豪言壮语。这些豪言壮语在别的地方已经消失了，或者有，只是领导的鼓动词，而这里的工人却已经将这些语言渗进了自己的生活，他们实实在在，没有丁点虚伪和矫饰，他们就是这样干的，信仰和力量就来自这里。于是，我遵嘱写下的差不多都是“笑傲沙海”、“生命在大漠”、“我为祖国献石油”等等。写毕字，晚上躺下，眼前总还是这些石油人的一张张黑红的面孔，想，这里真是一块别种意义的净土啊，这就是涌动在石油战线上的清正之气，这也是支持一个民族的浩然之气啊！回到库尔勒，我们应邀在那里作报告。我们是作家，却并没有讲什么文学和文学写作的技巧，只是讲几天来我们的感受。是的，如何把恶劣的自然环境转化为生存的欢乐，如何把国家的重托和期望转化为工作的能量，如何把人性的种种欲求转化为特有的性格和语言，使我们进一步了解了石油人。如今社会，有些人在扮演着贪污腐化的角色，有些人在扮演着醉生梦死的角色，有些人在扮演着浮躁轻薄的角色，有些人在扮演着萎靡不振的角色，而石油人在扮演着自己的英雄角色。石油人的今生担当着的是找石油的事，人间的一股英雄气便驰骋纵横！

从沙漠腹地归来，经过了塔克拉玛干边沿的塔里木河，河道的旧址上是一眼望不到头的胡杨林。这些胡杨林证明着历史上海洋的存在，但现在它们全死了，成了之所以称为死亡之海的依据。这些枯死的胡杨粗大无比，树皮全无，枝条如铁如骨僵硬地撑在黄沙之上。据说，它们是千年不死，死了千年不倒，倒了千年不烂。去沙漠腹地时，我们路过这里，拍摄了无数的照片。胡杨林如一个远古战场的遗迹，悲壮得使我们要哭。返回再经过这里，我们又是停下来去拍摄。那里修公路时所堆起的松沙，扑扑腾腾涌到膝盖，我们大喊大叫。为什么呐喊，为谁呐喊，大家谁也没说，但心里又都明白，塔里木油田过去现在是没有个雕塑馆的，但有这个胡杨林，我们进入大漠腹地看到了当今的石油人，这些树就是石油人的形象，一树一个雕塑，一片林子就是一群英雄！我们狂热地在那里奔跑呐喊之后，就全跪倒在沙梁上，每人将矿泉水喝干，捧着沙子装了进去带走。这些沙子现在存放在我们各自的书房，我们不可能去当石油人，也不可能长时间生活在那里，而那个八月长留在记忆中，将要成为往后人生长途上要永嚼的一份干粮了。

1996 年 10 月

西大三年

一九七二年四月二十八日，汽车将一个十九岁的孩子拉进西大校内，这孩子和他的那只绿皮破箱就被搁置在了陌生的地方。

这是一个十分孱弱的生命，梦幻般的机遇并没有使他发狂，巨大的忧郁和孤独，他只能小心翼翼地睁眼看世界。他数过，从宿舍到教室是五百二十四步，从教室到图书馆是三百零三步。因为他老是低着头，他发现学校的蚂蚁很多。当眼前有了好些各类鞋脚时，他就踽踽地走了，他走的样子很滑稽，一只极大的书包，沉重使他的一个肩膀低下去，一个肩膀高上来。

他唯有一次上台参加过集体歌咏，其实嘴张着并没有发声。所以，谁也未注意过他，这正合他的心境。他是一个没有上过高中的乡下人，知识的自卑使他敬畏一切人，悄无声息地坐在阅览室的一角，用一个指头敲老师的家门，默默地听同窗的高谈阔论。但是，旁人的议论和嘲笑并没有使他惶恐和消沉，一次政治考试分数过低，他将试卷贴于床头，早晚让耻辱盯着自己。

他当过宿舍的舍长，当然尽职尽责，遗憾的是他没有蚊帐，夏夜的蚊子轮番向他进攻。实在烦躁到极致，他反倒冷静了，想：小小的蚊子能吃完我吗？这蚊子或许是叮过什么更有知识的人的。那么，这蚊子也是知识化了的蚊子，它传染给我的也一定是知识吧。冬天里，他的被子太薄，长长的夜里他的膝盖以下总是凉的，他一直蜷着睡，这虽然影响了他以后继续长高，但这样却练就了他善于聚集内力的功夫。

他无意于将来要当作家，只是什么书都看，看了就做笔记，什么话也不讲。当黄昏一人独行于校内树林子里，面对了所有杨树上那长疤的地方，认定那是人之眼，天地神灵之大眼，便充裕而坚定，长久高望树上的云朵，总要发现那云活活的是一群腾龙跃虎。

他的身体先还较好，虽然打篮球别人因个子小不给传球而从此兴趣殆尽，虽然他跳不过鞍马，虽然打乒乓球尽败于女生，但是，当一次献血活动，被抽去300CC之后又将血费购买书了，不久就患了一场大病，再未恢复过来。这好，他却住了单间，有了不上操、不十点熄灯的方便了，但创作活动也于此开始。当今有人批评他的文章多少有病态意味，其实根因也正在此。

最不幸的是肚子常饥，一下课就去站长长的买饭队，叮叮当当敲自己的碗筷，而一块玉米面发糕和一勺大混菜，总是不品滋味地胡乱扒下。他有他的改善生活日，一首诗或一篇文章写出，四角五分钱的价格，他可以去边家村食堂买一碗米饭和一碗鸡蛋汤。因为饭菜的诱惑，所以他那时写作极勤。但他的诗只能在班壁报上发表。

他忘不了的是授过他知识的每一位老师，年长的，年轻的。他热爱每一个同学，男性的，女性的。他梦里还常梦到图书馆二楼阅览室的那把木椅，那树林子中的一块怪模怪样石头，那宿舍窗外的一棵粗桩和细枝组合的杨树，以及那树叶上一只裂背的仅是空壳了的蝉。

整整十五年后，他才敢说，他曾经撕过阅览室一张报纸上的一块文章，而且是预谋了一个上午。他掏三倍价为图书馆赔偿的那本书，说丢了那是谎言，其实现在还保藏在他的书柜里。他是在学校偷偷吸烟。他是远远看见一个留辫子的女学生而曾做过一首自己也吃惊的情诗。

一九七五年的九月，他毕业了，离开校门，他依旧提着那只绿皮破箱，又走向了另一个陌生的地方。

十篇短信

一

盛夏人皮是破竹篓，出汗淋漓如漏。老母坐不住家，一日数次下楼去寻老太太们闲聊，倒不嫌热。我也以写书避暑。（坐桌前以唾液沾双乳上，便有凉风通体。此秘诀你可试试，不要与玩麻将者说。）写书宜写闲情书。能闲聊是真知己，闲情书易成美文。但母亲没喝水习惯，怕她上火，劝多喝水，她说口里不要，肚里也不要。我和妹妹都是能喝水的，来家的那些朋友，也无一不能喝。今早忽然醒悟、蹲机关的人上了班都是一支烟，一杯水，一张报的，母亲则是从来没有工作过！

二

来时不必带土产，有便车捎些西瓜给母亲即可。切切。我倒不信你能江郎才尽，瞧照片上，腰又大了一圈，那里边装什么？文坛上有人是晨鸡暮犬，他们出于职责，当可闻鸡而起，听吠安睡，有人则是老鼠磨牙，咬你的箱子磨他的牙罢了。前年你写那部书一成功，我就知道你要坏了人缘的，现在果然是，但麻将桌上连坐五庄，必然要得罪人，输家是有资格发脾气，也可以欠账，也可以骂人母。只担心你那口疮，治得如何？口要善待才是，除了吃饭，除了在领导面前说“是”外，将来那些人还要请你去谈创作经验啊！

三

因养了一盆郁金香，会开到一半我就溜了。听说×××颇有微词？我这屁股坐惯了书桌前的椅子，坐主席台上的椅子不自在。你几时来看花？美人不说话就是花，花一说话就是美人。

四

我当主编，忙的却是你们，几次想卸了这帽子，但卸不了，这也是不理事当不了官，能当大官不要理事。天这么热，办公室又没空调，不知买没买人丹丸？我赶了半天写下这期“读稿人语”，让小史捎去，再让捎去一盘五色冰淇淋。六块，一人三块。吃罢将盘子一定还我。

五

儿女小时可以打，如拍打衣服上土，稍大了就是皮球，越打越蹦得高。我大学毕了业，先父还踢我一脚，待到后来一日，他吸烟，也递我一支，我才知道我从此不挨打了。但有人说父子如兄弟，如同志，那倒又过分，因为儿女的秉性是永远不崇拜父母的。我女儿看三流电视剧也伤心落泪，读我的书却总认为是她看着我写的，不是真的。让她去吧，龙种或许生跳蚤，丑猪或许养麒麟，只须叮咛“吃喝嫖赌不能抽（大烟），坑蒙拐骗不能偷（东西）”就罢了。窑炉只管烧瓷罐，瓷罐到社会上去，你能管得着去做油罐还是尿罐？老江说组织一次南山游的，又不见了动静，如果南山去不成，三月十五日午时去豪门菜馆吃海鲜，我做东。

六

空气装在皮圈里即为轮胎，我如果能手一抓就一把风，掷去砸人，先砸倒那姓曹的！盛世的皇帝寿命都高，因为他为国人谋福利。损人利己者则如通缉的逃犯，惶惶不可终日，岂能身体安康？发不义之财，若不做慈善业消耗，如人只吃饭而不长肛门，终有一日自己把自己憋死。

七

那只鳖不能让山兄去放生，他会放生到他的肚腹去。

不要嫌老婆脸黑，黑是黑，是本色，将来生子，还能卖好价钱的面粉。那日到×校开会，去了那么多作家，主持人要我站起来让学生们看看，我站起来躬腰点头，掌声雷动，主持人又说：同学们这么欢迎你，你站起来么！我说我是站起来的呀！主持人说：噢，你个子低。掌声更是雷动。我不嫌我个头矮，人不是白菜，大了好卖。做人不要心存自己是女人或是男人，也不必心存自己丑或自己美，一存心就坏了事。以貌取人者是奴才，与小奴才什么计较？

八

我要闭门写作呀，有事三十天后见。若有人寻到你打问我的行踪，只说我自杀了。记住，是安乐死，不是上吊，上吊吐舌头形象不佳。

九

能让别人利用，也是好事。研究《红楼梦》可以当博士，画钟馗可以逼鬼，给当官的当秘书可以自己当官。藤蔓多正因着你是乔木。无山不起云，起云山显得更高，若你周围没那些营营之辈，你又会是何等面目？朋友都是走了的好。今夜月光满地，刚才开窗我还以为巷口的下水道又堵塞，是水漫淹，就想你若踏水来访多好！我可教你作曲解烦。作曲并不难，“言之不尽歌咏之”，曲就是把说不尽的话从心里起便放慢音节哼出来，记下便可了，如记不下，旁边放录音机来录。学那钢琴就非是一月半月能操作，且十个指头，怎能按得住那么多个键呢？

十

买书不要买豪华本，豪华本的书那是卖给不读书的人的。读书也不必只读纸做的书，山水可以读，云雨可以读，官场可以读，商界可以读。赌徒和妓女也都是书。只在家读书本，读了书还是读书，无异于整日喝酒、打牌和吸烟土，于社会、家人有什么好处？

得空来吃茶，我前日得明前茶一罐。

（特别鸣谢《延河》文学月刊社！）